经时济世
继往开来
贺教育部
重大攻关项目
成果出版

季羡林
时年九十有八

教育部哲学社會科学研究重大課題攻関項目

“十三五”国家重点出版物出版规划项目

义务教育学校布局问题研究

RESEARCH ON THE LAYOUT AND ADJUSTMENT OF COMPULSORY EDUCATION SCHOOLS

雷万鹏
等著

中国财经出版传媒集团
经济科学出版社
Economic Science Press

图书在版编目（CIP）数据

义务教育学校布局问题研究/雷万鹏等著．—北京：经济科学出版社，2020.12

教育部哲学社会科学研究重大课题攻关项目 “十三五”国家重点出版物出版规划项目

ISBN 978-7-5218-2137-6

Ⅰ.①义…　Ⅱ.①雷…　Ⅲ.①义务教育-发展-研究-中国　Ⅳ.①G522.3

中国版本图书馆 CIP 数据核字（2020）第 242889 号

责任编辑：赵　芳

责任校对：杨　海

责任印制：范　艳　张佳裕

义务教育学校布局问题研究

雷万鹏　等著

经济科学出版社出版、发行　新华书店经销

社址：北京市海淀区阜成路甲 28 号　邮编：100142

总编部电话：010-88191217　发行部电话：010-88191522

网址：www.esp.com.cn

电子邮箱：esp@esp.com.cn

天猫网店：经济科学出版社旗舰店

网址：http://jjkxcbs.tmall.com

北京季蜂印刷有限公司印装

787×1092　16 开　30.75 印张　600000 字

2021 年 5 月第 1 版　2021 年 5 月第 1 次印刷

ISBN 978-7-5218-2137-6　定价：123.00 元

（图书出现印装问题，本社负责调换。电话：010-88191510）

课题组主要成员

首席专家： 雷万鹏

主要成员： 方　彤　王建梁　陈沛照　熊　淳
张雪艳　张婧梅　谢　瑶　徐　璐
钱　佳　叶庆娜　蒋龙艳　汪　曦
汪传艳　王浩文　黄旭中　季　洋

编审委员会成员

总 序

哲学社会科学是人们认识世界、改造世界的重要工具，是推动历史发展和社会进步的重要力量，其发展水平反映了一个民族的思维能力、精神品格、文明素质，体现了一个国家的综合国力和国际竞争力。一个国家的发展水平，既取决于自然科学发展水平，也取决于哲学社会科学发展水平。

党和国家高度重视哲学社会科学。党的十八大提出要建设哲学社会科学创新体系，推进马克思主义中国化、时代化、大众化，坚持不懈用中国特色社会主义理论体系武装全党、教育人民。2016 年 5 月 17 日，习近平总书记亲自主持召开哲学社会科学工作座谈会并发表重要讲话。讲话从坚持和发展中国特色社会主义事业全局的高度，深刻阐释了哲学社会科学的战略地位，全面分析了哲学社会科学面临的新形势，明确了加快构建中国特色哲学社会科学的新目标，对哲学社会科学工作者提出了新期待，体现了我们党对哲学社会科学发展规律的认识达到了一个新高度，是一篇新形势下繁荣发展我国哲学社会科学事业的纲领性文献，为哲学社会科学事业提供了强大精神动力，指明了前进方向。

高校是我国哲学社会科学事业的主力军。贯彻落实习近平总书记哲学社会科学座谈会重要讲话精神，加快构建中国特色哲学社会科学，高校应发挥重要作用：要坚持和巩固马克思主义的指导地位，用中国化的马克思主义指导哲学社会科学；要实施以育人育才为中心的哲学社会科学整体发展战略，构筑学生、学术、学科一体的综合发展体系；要以人为本，从人抓起，积极实施人才工程，构建种类齐全、梯队衔接的高校哲学社会科学人才体系；要深化科研管理体制改革，发挥高校人才、智力和学科优势，提升学术原创能力，激发创新创造活力，建设中国特色新型高校智库；要加强组织领导、做好统筹规划、营造良好学术生态，形成统筹推进高校哲学社会科学发展新格局。

哲学社会科学研究重大课题攻关项目计划是教育部贯彻落实党中央决策部署的一项重大举措，是实施“高校哲学社会科学繁荣计划”的重要内容。重大攻关项目采取招投标的组织方式，按照“公平竞争，择优立项，严格管理，铸造精品”的要求进行，每年评审立项约40个项目。项目研究实行首席专家负责制，鼓励跨学科、跨学校、跨地区的联合研究，协同创新。重大攻关项目以解决国家现代化建设过程中重大理论和实际问题为主攻方向，以提升为党和政府咨询决策服务能力和推动哲学社会科学发展为战略目标，集合优秀研究团队和顶尖人才联合攻关。自2003年以来，项目开展取得了丰硕成果，形成了特色品牌。一大批标志性成果纷纷涌现，一大批科研名家脱颖而出，高校哲学社会科学整体实力和社会影响力快速提升。国务院副总理刘延东同志做出重要批示，指出重大攻关项目有效调动各方面的积极性，产生了一批重要成果，影响广泛，成效显著；要总结经验，再接再厉，紧密服务国家需求，更好地优化资源，突出重点，多出精品，多出人才，为经济社会发展做出新的贡献。

作为教育部社科研究项目中的拳头产品，我们始终秉持以管理创新服务学术创新的理念，坚持科学管理、民主管理、依法管理，切实增强服务意识，不断创新管理模式，健全管理制度，加强对重大攻关项目的选题遴选、评审立项、组织开题、中期检查到最终成果鉴定的全过程管理，逐渐探索并形成一套成熟有效、符合学术研究规律的管理办法，努力将重大攻关项目打造成学术精品工程。我们将项目最终成果汇编成“教育部哲学社会科学研究重大课题攻关项目成果文库”统一组织出版。经济科学出版社倾全社之力，精心组织编辑力量，努力铸造出版精品。国学大师季羡林先生为本文库题词：“经时济世　继往开来——贺教育部重大攻关项目成果出版”；欧阳中石先生题写了“教育部哲学社会科学研究重大课题攻关项目”的书名，充分体现了他们对繁荣发展高校哲学社会科学的深切勉励和由衷期望。

伟大的时代呼唤伟大的理论，伟大的理论推动伟大的实践。高校哲学社会科学将不忘初心，继续前进。深入贯彻落实习近平总书记系列重要讲话精神，坚持道路自信、理论自信、制度自信、文化自信，立足中国、借鉴国外，挖掘历史、把握当代，关怀人类、面向未来，立时代之潮头、发思想之先声，为加快构建中国特色哲学社会科学，实现中华民族伟大复兴的中国梦做出新的更大贡献！

教育部社会科学司

前　言

教育是彰显人的天赋潜能，促进个体成长，扩展人的可行能力的重要力量，也是经济发展、社会进步和文化繁荣之关键支撑。自2001年开始我国启动了新一轮义务教育学校布局调整工作，学校布局调整旨在通过新建、改建、扩建、异地搬迁、合并等形式调整学校布局结构，优化教育资源配置，推动城乡教育一体化发展。中小学布局调整政策实施近20年来，我国基础教育发生了巨大变化，学校布局结构和办学效益不断改善，适应城镇化发展的集中化办学、规模化办学格局基本形成。但与此同时，中小学布局调整政策实施也产生了一些突出的问题，部分地区学校撤并运动导致学生上学路途变远、交通安全隐患增加、家庭经济负担加重，师生家长对布局调整褒贬不一，部分县市在学校撤并过程中程序不规范、决策不民主、大量校产闲置废弃，以及学校管理中出现的城镇“大班额”、农村小规模学校和寄宿制学校发展困境等问题集中凸显。在此背景下，课题组综合运用教育学、经济学、社会学和人类学分析范式对学校布局调整问题进行大规模实证研究，聆听不同利益主体的需求和期望，全面评估义务教育学校布局调整政策实施的利弊得失，揭示学校布局中的矛盾冲突及其化解措施。

学校布局调整政策实施的动因是什么？政策实施效果如何？学校布局调整对家庭教育支出产生怎样的影响？如何认识乡村学校的价值和功能？如何制定科学的学校布局调整政策以顺应人口流动与城镇化发展的需求？对于上述问题的回答，不可能仅仅依靠经验与直觉，更需要在科学理论的指导下，扎根中国大地进行长期深入的实证研究。

2009年我主持的教育部哲学社会科学重大攻关项目“义务教育学校布局问题研究”（项目批准号：09JZD0035）得以立项，本书是华中师范大学研究团队探索农村教育发展的阶段性成果。自课题立项以来，研究团队先后前往浙江、山东、湖北、湖南、内蒙古、陕西等11个省份进行了艰辛的田野调查，收集了来自学生、教师、校长、教育管理者、家长和村民等利益主体有价值的信息。课题研究既有田野调查，也有国际比较；既有问卷调查，也有深度访谈，多种方法的有效运用有助于全方位理解义务教育学校布局调整政策的实施及其效果。

围绕课题研究，团队成员公开发表了30多篇学术论文，其中有16篇论文分别被《新华文摘》、《中国社会科学文摘》、人大书报资料中心全文转载。在课题研究过程中，课题组成员不仅注重学术论文发表，更注重教育决策咨询。围绕农村小规模学校发展、农村寄宿制学校发展、学校布局调整标准等议题，课题组先后为教育部提交了13份教育政策咨询报告。课题组成员还全程参加了国务院和教育部组织的有关学校布局调整的调研与政策文本起草，上述研究为2012年《国务院办公厅关于规范农村义务教育学校布局调整的意见》的颁布实施提供了有力支持。

城镇化不是“人人进城”，城镇化时代的教育不等于矮化乡村教育，不等于消除乡村学校。义务教育事关民族素质提升和中华民族伟大复兴。站在新的历史起点，义务教育学校布局调整已迈入一个新阶段。中国经济快速发展、社会结构急剧转型及城镇化进程迅速推进，导致学校布局调整所处政策环境和现实需求发生了较大变化。一系列相关问题与学校布局政策相互重叠与交织，加大了学校布局调整政策研究的不确定性。比如，城市学校布局调整问题、农村留守儿童问题、农民工随迁子女问题、学生营养餐问题、农村代课教师问题、教师绩效工资改革问题等，这些问题将成为本团队开展学校布局调整后续研究的方向和线索。希望本书的出版能够深化人们对学校布局调整政策的理解，能够丰富中国特色教育政策研究，能够激发更多的学者投身于农村教育研究。

多年来，研究生导师范先佐教授、钟宇平教授始终关心我的成长和发展，两位先生的谆谆教导与殷切关怀令我永远感怀、感恩；原教育部基础教育一司杨念鲁副司长大力支持本课题研究，在项目论证、实地调研给予我极大的帮助和指导；十年来直接或间接参与本研究的团队成员达100余人，教育部教育发展研究中心、北京师范大学、中国人民大学、南京大学、西北民族大学等院校的专家学者，在调研工具研发方面提供了专业化指导；华中师范大学教育学院30多位参与课题的博士生和硕士生，在资料收集、问卷调查、深度访谈、个案追踪、报告撰写等方面做了大量工作，我们师生的足迹遍及中国11个省份，在广袤的田野和村落，我们感受到教师和村民的热情，感悟到乡村教育的艰难与希望，体味到田野调查与人生成长的多样风景；教育部社会科学研究与思想政治工作司的领导对本课题研究给予了重要指导，华中师范大学为本课题研究提供了业务指导和条件保障，在此一并致谢！

雷万鹏

摘 要

本书是教育部哲学社会科学重大攻关项目“义务教育学校布局问题研究”的主要成果。

伴随我国经济转轨、社会转型和快速的城镇化，大量农村人口不断向城镇地区流动，人口流动与属地化教育资源配置之间的矛盾，对我国基础教育发展提出了严峻挑战。学校布局调整不仅涉及学校的空间布局，也涉及教育资源优化配置，更是不同主体的价值选择与利益博弈的过程。从公共政策视野看，中小学布局调整的动因是什么？如何评估学校布局调整政策之利弊得失？学校撤并标准和程序如何确定？如何重新认识和评估乡村学校的多元价值和战略地位？

本书是华中师范大学研究团队探索农村教育发展的阶段性成果。课题组运用量化与质化相结合的方法对义务教育学校布局调整政策进行了深入探索。研究团队先后前往浙江、山东、湖北、湖南、内蒙古、陕西等11个省份进行了艰辛的调查，收集了来自学生、教师、校长、教育管理者、家长和村民等利益主体有价值的信息。调研的学校样本4 011个，学生样本46 912个，家长/监护人样本11 005个，教师样本12 353个，丰富的第一手数据为我们分析义务教育学校布局问题提供了重要依据。

本书主要包括五个部分。第一编为总论部分，介绍了研究的缘起，研究进展和研究设计。第二编为专题研究，分别围绕义务教育学校布局调整中的若干重要议题进行了分析，比如农村小规模学校发展问题、农村校车问题、寄宿制学校发展问题。第三编为国际比较研究，课题组选择了印度、日本、澳大利亚、美国四个国家，分析了这些国家学校布局调整政策实施过程及对我国的启示。第四编为个案研究，主要对学校布局调整中的典型案例进行深入研究，这些案例包括：村落视野中乡村学校与民族文化传承问题，县城大规模学校发展问题，学校分散布局中教师“联校走教”及教师行为差异性问题。上述个案从不同侧面反映出义务教育学校布局调整对区域经济、社会、文化和教育的影响，反映出乡村学校对于乡村发展的重要价值。第五编为政策研究，主要是针对义务教育学校布局调整中的若干政策议题进行实证研究，如学校撤并程序与撤并标准、学校布局调整的动因、学校规模经济效应等议题。

基于实证研究，课题组得到的基本结论是：尽管新一轮学校布局调整总体体现为人口变动基础上的“自然型调整”，但持续存在的“大班额”现象及部分地区“一刀切”式“撤点并校”行为，表明政府的干预必须恪守合理限度，无节制地撤并农村小规模学校的行为应当被遏制。学校布局调整必须科学规划，民主决策，建立公正、透明、民主的利益表达机制，让社会弱势群体有充足的机会表达意愿并影响政策制定；农村小规模学校是社会最弱势群体接受教育的底线保障，国家要高度重视农村小规模学校发展，不断提升其质量，以此阻断贫困的代际传递。乡村学校不仅是育人的场所，也是乡村文化中心，学校布局调整应尊重农民（家庭）教育需求的多样性，尊重教育发展规律，回归教育本位。

快速城镇化与大规模人口流动催生了乡土中国向城乡中国的转变，城市与乡村不是分割的两极，而是涵盖乡村、县镇、城市的多样形态，是梯度发展的空间连续体与内在关联的社会有机体。乡村、县镇和城市教育各有其不可替代的功能，推动城乡教育协调发展、包容性发展和共同发展是中国教育现代化的必然选择。推动义务教育优质均衡发展，办好家门口的学校，为每一个孩子提供公平而有质量的教育是我国政府的不懈追求。伴随“二孩”政策实施及大规模人口流动，如何破除城乡、地域、户籍与身份壁垒，构建起适应人口流动的资源配置机制，成为我国教育发展的重大战略问题。义务教育学校布局涉及教育价值、教育理念、体制机制的深层变革，也是城乡经济社会结构变革的重要组成部分。在实施乡村振兴战略背景下，学校布局调整将面临许多深层次的问题，期待有更多同仁加入农村教育研究的行列，与我们一道探索美丽的乡村教育发展之路。

Abstract

This book summarizes main results of "Research on the Layout and Adjustment of Compulsory Education Schools", a key project commissioned by the Department of Philosophy and Social Science of China's Ministry of Education.

Basic education in China is now facing up with severe challenges as billions of rural migrants move to urban areas to earn a living due to fundamental societal transformation in the era of rapidur banization. Their children may not adequately-educate because of the conflict between outbound population movement and inbound educational resources allocation mechanism which is characterized by linking individual pupil's education funds with the place of his household registration. The process of closing or merging schools is not only simply re-locating physical schools spatially, but also a psychological game involving power competition of stakeholders in educational arena and reshuffling resources according to relative weight of each subject of interests. As scholars, we should make the following questions clear from perspective of public policy per se: what are motivations behind large-scale congregation of primary and secondary schools? How to evaluate pros and cons of this policy? What are reasonable standards to decide which schools should be closed or integrated to other schools and what proper procedures should be followed to do so? What values rural schools assume as far as cultural diversity and national education development strategy are concerned?

This book focusing on the development of education in rural China and is part of our collective wisdom of team members working in Central China Normal University. The research team employed quantitative and qualitative mixed method to explore the determinants and consequences of policies concerning closing some village schools or merging them with others. Field surveys were conducted in 11 provinces or autonomous regions, including Zhejiang, Shandong, Hubei, Hunan, Inner Mongolia and Shaanxi. We collected information from students, teachers, school principals, education administrators, parents and villagers, full sample of which contains 4 011 schools, 46 912 students, 11 005 parents/guardians and 12 353 teachers, which is adequate enough for us to analyze issues of spatial rearrangement of schools serving compulsory education school-aged kids.

This book is consisted of five parts: the first part introduces reasons why we do this research and research design, a general review of existing literatures is also presented. The second part analyzes some important topics related to the field of spatial distribution of schools, such as small-scale rural schools, school buses and boarding schools. The third part presents international practices for purpose of comparison. We set India, Japan, Australia and the United States as examples to illustrate how policies of school closure or integration were formed and implemented in these countries and in which aspects their experience shed light on ours in China. The fourth part displays case studies, providing deep descriptions of several typical cases in the process of school closure or incorporation, such as rural schools as carriers of ethnic culture possessed by local villagers, large schools in urban or suburban areas of some counties, and teachers working for several schools simultaneously although their personnel identifiers were associated with only one unique school in the context where schools were sporadically dispersed and which generated incentives for differentiated teachers behavior. All these case studies show how school closure or re-location movement in the past affected the development of local economy, society, culture and education, highlighting the pivotal role of village schools played in shaping local community life. The fifth part concentrates on policy process investigations, the authors report empirical results, addressing problems with regard to appropriate procedures required and flexible standards that should be established to close or merge schools, the reason why so many schools were abruptly killed, and how economies of school scale should be treated in education context.

Based on our empirical results, we safely arrive conclusions as listed below, although some schools were closed because of natural shrinkage of population, while "large classes" in some schools and "one-size-fits-all" rigid school removal standard in some places suggest that local government may kill schools out of financial concerns while not serve the best of public interests. Therefore, authors of this book claim that governmental intervention on school closure or re-location have to be legal and legitimate, the conduct of arbitrary and unrestricted removal of small village schools should be re-examined and decisively-stopped. The spatial distribution or closure/merging of schools should be planned in advance according to scientific evidence, decisions on school closure or re-location should be made democratically, which means that a fair, transparent and stakeholder-participated and endorsed procedure should be established and followed so that disadvantaged groups have vents to express their opinions on whether village school should be removed or re-located. Small village schools guarantee the most vulnerable groups opportunities to access to basic education, and thus state government should pay more attention to small-scale village schools and takes every effort to improve quality of village schools, which is a minimum approach to break poverty trap that works through intergenerational transmission. Village schools in rural community are not only educational facilities, but also serve as culturecenters, differentiated educational needs of villagers and the law of educational ecology should be respected when it comes to closing or re-locating school, and education itself should be the primary concern for all policies or reforms.

China stepped forward into an industrialized country where a large proportion of citizens lived and worked in urban areas in the past decades, thus urban areas and rural areas are not two separated polarized entities, but different spectrums on the spatial continuum embracing a gradient of remote villages or rural areas, small towns or county urbans, medium-sized to large cities and cosmopolitan international centers et al. Education within each geographic space is endowed with irreplaceable utilities and functions in a unique way. The modernization of education in Mainland China requires harmonized, inclusive and synchronized development of both urban sector and rural sector. It is the unremitting pursuit of Chinese government to promote quality and equality of compulsory education, meaning that school within every corner of each catchment area of residential place should be taken care equally well so as to make it possible to serve every child with fair and quality education. With the rise of two-child families and unprecedented population mobility, it is of top priority to break down walls built by household registration institution that separate urban areas and rural areas or discriminate across regions. Removing barriers is equivalent to facilitating resource allocation that matched to the direction of population movement. The practices of locating or re-locating compulsory schooling institutes call for fundamentally changing values, beliefs and some outdated social arrangements of education, which is of vital importance to the reform of the whole nation's economic and social structures as well. Contextualized by the developmental strategy of rural revitalization, school location and re-location will witness more and more underlying problems yet to be solved. We sincerely invite more peers and colleagues to join us investigating both the wound and beauty of education in rural China, with the hope of breaking a fruitful and rewarding road to better rural education.

目录

Contents

Contents

第一编

总 论

第一章

研究背景

改革开放以来，我国经济社会发生了巨大变化。从计划经济体制向市场经济体制转轨，极大地激发了社会的创造力和活力，中国经济保持了40多年的高位增长。近年来，为推动经济增长方式转型，中国政府大力推动供给侧结构性改革，中国经济发展进入新常态。伴随社会财富累积和经济结构变迁，社会结构也发生深刻变化。从单一结构向多元结构转型，社会分化与社会流动加剧，社会形态正由传统社会向现代社会、从农业社会向工业社会、从封闭性社会向开放性社会过渡，中国特色社会主义步入新时代。

教育是社会的子系统，经济体制转轨与社会转型深刻地改变了我国教育的生存环境、发展方式与运行机制。从义务教育发展历程看，1986年《中华人民共和国义务教育法》的颁布，直至2000年基本普及九年义务教育，我国义务教育基本实现了“有学上”的目标；2000年之后，伴随“以县为主”基础教育管理体制改革，农村义务教育经费保障新机制的全面实施，以及义务教育均衡发展战略的深层推进，我国义务教育发展的主要矛盾已发生转变：人民日益增长的美好教育需要和不平衡不充分的发展之间的矛盾——追求更公平的教育，更高质量的教育成为新时代教育发展的重点。

在义务教育发展过程中，学校布局调整问题始终是社会关注的焦点和热议话题。学校布局不仅意味着学校在地理位置和空间结构上的改变，更涉及学生、家长、社区与政府多元利益主体的价值诉求和利益博弈。伴随城镇化发展，人口流动及适龄儿童规模下降，我国实施了新一轮学校布局调整政策。2001年《国务院关于基础教育改革与发展的决定》指出：“按照小学就近入学、初中相对集中、优化教育资源配置的原则，合理规划和调整学校布局。”至此，各地掀起了“集中办学”“撤点并校”的高潮。在新一轮学校布局调整政策实施中，“农村小规模学校发展”“校车安全”“寄宿制学校发展”“闲置校产处置”“学生营养餐”等问题引起了社会极大关注，围绕乡村学校的价值、学校布局标准、调整程序、推进策略及政策实施效果的争议也各执一词，莫衷一是。其争议的焦点，已不仅仅局限于学校在地理空间上的分布，或者教育资源的重组与配置，更涉及学校布局调整政策背后的公平、质量与效率等多维价值目标之间的冲突与整合。本书聚焦义务教育学校布局调整的重大问题，运用量化与质化相结合的方法，深入探讨义务教育阶段学校布局调整政策问题。

第一节　经济转轨与社会转型

一、体制改革与经济发展

改革开放以来，我国经济逐渐由高度集中的计划经济向社会主义市场经济转轨，经济体制改革打破了长期以来束缚生产力发展的体制桎梏，生产关系变革催生了生产力的巨大发展。1978 年，我国 GDP 总量为 3 645 亿元，2018 年达到 900 310 亿元，GDP 年平均增长率高达 9.5%，是同期世界经济平均增长率的三倍多。在经济快速增长的同时，我国经济结构也发生了巨大变化，基本实现了由工农业为主，向三次产业协调发展的转变。在就业结构方面，从 1978 年到 2018 年，第一产业就业人数占总就业人数的比重由 70.5% 下降到 26.1%，第二产业就业人口所占比重由 17.3% 上升至 27.6%，第三产业就业人口所占比重由 12.2% 上升至 46.3%；在产值对比上，也发生了十分显著的变化（见图 1－1）。

经济的持续发展做大了财富蛋糕，但蛋糕的分配却是不公平的，不断扩大的社会差距对我国经济社会提出了严峻挑战。在“效率优先、兼顾公平”的价值观指导下，我国城乡间、区域间、阶层间发展差距日益拉大。从城乡居民收入差距看，1978 年，农村居民人均年收入为 133.6 元，城镇居民人均年收入为 343.4 元，城乡收入之差为 209.8 元，城乡收入比为 2.57 倍；2016 年，农村居民人均年收入为 12 363.41 元，城镇居民人均年收入为 33 616.25 元，城乡收入之差为 21 252.84 元，城乡收入比为 2.72 倍（见表 1－1）。可见，改革开放以来，我国城乡居民收入的绝对差距和相对差距都在扩大。

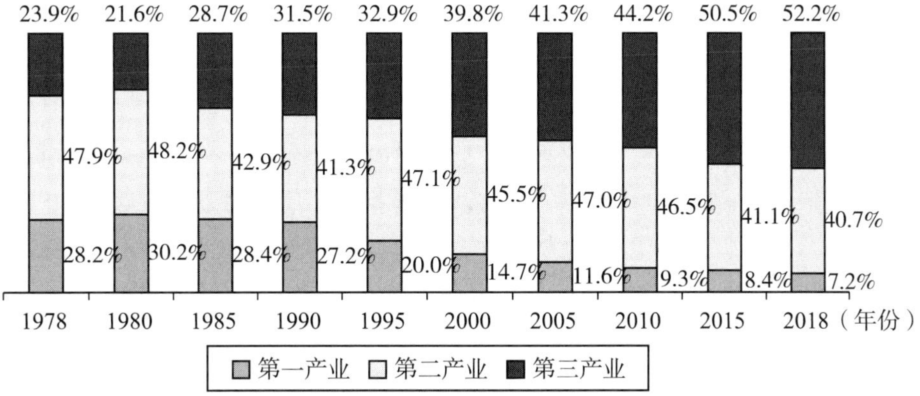

图 1-1　改革开放以来我国三大产业产值比重变化情况

资料来源：国家统计局。

表 1-1　城乡居民收入差距

年份	农村居民人均收入（元/年）	城镇居民人均收入（元/年）	城乡比
1978	133.60	343.40	2.57
1988	544.90	1 181.40	2.17
1998	2 162.00	5 425.10	2.51
2008	4 760.60	15 780.80	3.31
2016	12 363.41	33 616.25	2.72

资料来源：国家统计局。

有研究指出，在人均 GDP 不到 400 美元的改革开放初期，我国处于生存型阶段，所面临的是吃饭穿衣等私人产品短缺的问题。近 40 年市场化改革，我国成功地克服了私人产品短缺，逐步迈向以人的自身发展为主的发展型阶段，在此阶段，我国公共教育、公共卫生与基本医疗、基本养老保障、基本住房保障等公共需求全面快速增长。上学贵、看病贵、就业难等公共产品短缺，取代私人产品短缺，逐步成为经济和社会发展的突出矛盾。[①]

就教育与经济的关系而言，经济发展为教育发展提供了坚实的物质基础，也对教育提出了新的需求。经济转型和产业结构升级对人力资本需求日益迫切，教育结构和教育发展方式必将随之调整。如何通过教育发展提升人力资本，培养适应经济社会发展的高素质人才，实现从人口大国向人力资本强国的转变，这是一个十分重大的战略议题。

① 迟福林、方栓喜：《公共产品短缺时代的政府转型》，载《上海大学学报》2011 年第 4 期。

二、社会转型和社会分化

我国是城乡二元社会，经济高速发展与发展的不均衡性，导致城乡人口流动加剧，社会结构也发生巨大转型。据世界银行报告，中国的基尼系数在20世纪70年代为0.16～0.17，80年代为0.19～0.23，90年代为0.29～0.39；从2000年开始，中国的基尼系数已超过0.4的警戒线；最新公布的数据显示，自2003年以来，在保持经济高速增长的同时，我国的社会差距也进一步拉大，基尼系数始终在高位徘徊，并一度接近0.5的"危险"值（见图1－2），这从另一个侧面表明，当前的社会阶层差距已处在一个比较严峻的水平。

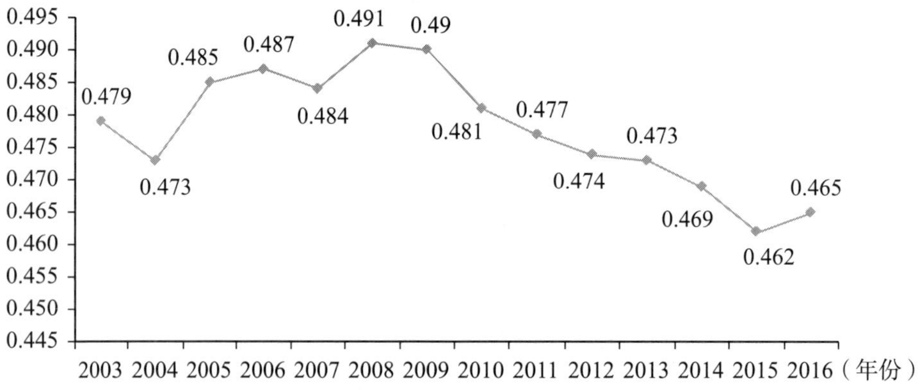

图1－2　2003～2016年我国基尼系数变动情况

资料来源：国家统计局。

大量研究显示，我国社会阶层关系发生了新的分化。根据组织资源、经济资源和文化资源的不同，有学者将我国社会划分为十大阶层，即国家与社会管理者阶层；经理人员阶层；私营企业主阶层；专业技术人员阶层；办事人员阶层；个体工商户阶层；商业服务业员工阶层；产业工人阶层；农业劳动者阶层以及城乡无业、失业、半失业者阶层。[①] 与改革开放之前的社会阶层结构相比，新的社会阶层在结构形态、等级秩序、关系类型和分化机制等方面都发生了深刻变化。同时，由于经济社会发展的不协调，社会结构的调整滞后于经济结构的变化，使得改革开放的成果在各阶层之间分配不均衡，各阶层之间拥有的经济资本、社会资本和文化资本均存在巨大差异。

"发展"与"差距"构成了我国经济社会发展的一对主要矛盾，这对矛盾也

① 陆学艺：《当代中国社会十大阶层分析》，载《学习与实践》2002年第3期。

深刻地影响了我国教育发展形态。在社会转型期，人民群众教育需求差异化、个性化和多元化趋势日趋明显，这对教育供给总量和供给结构产生了新的压力，教育供求矛盾也随之发生了新的变化。我国义务教育阶段屡禁不止的“择校问题”、随迁子女教育问题、留守儿童教育问题等集中反映出教育供求矛盾的尖锐性。伴随城镇化发展和人口大规模流动，义务教育阶段普遍存在的“乡村学校空壳化”与“城镇大班额”现象，也表明学校布局结构未能适应人口流动的需求，难以满足人民群众对优质教育的热切期盼。城镇化发展、经济社会转型对教育生态环境和教育发展机制变革提出了挑战，突破地域界限、城乡界限和户籍制度的束缚，构建起适应人口流动的教育体制机制，是一个需要深入研究的问题。

第二节　城镇化发展与人口流动

一、城镇化快速推进

城镇化是指农村人口不断向城镇转移，优质资源不断向城镇聚集，从而使城镇数量增加，城镇规模扩大、城市文化及生活方式扩散的一种历史过程。伴随经济发展和社会结构分化、大规模的人口流动和迁徙，我国城镇化率不断提高。1978 年我国城镇化率为 17. 92%，2017 年提高到 58. 52%，城镇人口由 1978 年的 1. 7 亿人增加至 2017 年的 8. 1 亿人。[①]

在城镇化发展的路径选择上，学术界存在不同观点。党的十八大提出：推进以人为核心的新型城镇化，为我们指明了今后城镇化的发展道路，这意味着我国的城镇化不再仅关注“量”的增加，同时注重“质”的提升。从多学科视野看待城镇化的发展，有助于我们深刻理解城镇化的推进过程。

经济学认为城镇化是区域经济发展到一定阶段的产物，是人类生产活动从农业向非农产业转换，生产要素向城镇流动集聚的过程。从“理性经济人”的角度出发，拉文斯坦（Ravenstein，1985）提出“迁移定律”，他认为人口迁移的主要目的是为了提高收入，改善经济状况。[②] 以刘易斯（Lweis，1954）为代表的“二

① 资料来源：国家统计局：《中华人民共和国 2017 年国民经济和社会发展统计公报》，http：//www. stats. gov. cn/tjsj/zxfb/201802/t20180228_1585631. html。

② 冷智花：《中国城镇化：从失衡到均衡发展》，载《南京大学学报（哲学·人文科学·社会科学）》2016 年第 4 期。

元经济发展理论”认为，发展中国家落后的农业部门和先进的工业部门并存，城市化就是现代产业和农村剩余劳动力不断向城市转移，最终实现从城乡二元发展向城乡协调发展转变的过程。与刘易斯理论不同，托达罗（Todaro，1969）认为，决定农村劳动力向城市迁移的不是实际收入水平，而是以实际收入乘以就业概率的预期收入水平。他把城市日益严重的失业问题纳入城乡劳动力迁移的分析之中，强调农业部门和农村发展的重要性，主张缩小城乡经济机会的不均等，发展农村的综合经济，扩大农村中的就业机会，试图在农村范围内实现劳动力的转移。如果说，刘易斯模型是一个城市化发展战略模型，那么，托达罗模型则包含着抑制城市化发展的反刘易斯模型倾向。① 与刘易斯、托达罗关注社会经济结构不同，以舒尔茨（Schultz，1975）为代表的学者关注个体如何在城镇化进程中使自身利益最大化。基于对传统农业经济结构的研究，舒尔茨发现农民的经济行为，包括迁移，都是充分理性的选择，传统农业中生产要素配置效率低下的情况比较少见。而随着城镇化的推进，人们“处理经济不平衡”的能力越来越重要，人力资本将发挥越来越重要的作用。②

社会学家认为，城镇化是城镇生活方式的拓展和发展过程。从社会学的角度看，人不是被动卷入城镇化进程。在城镇化过程中，人拥有自主选择的权利，也会影响城镇化的进程，流动人口逐渐从“制度约束下的被动承受者”（passive recipients）转向“应对挑战的策略制定者”（enabling agents）。③ 以吉登斯为代表的结构化理论（structuration theory）为弥合社会科学中方法论的二元纷争做出了理论贡献。吉登斯认为，个人与社会是对立统一的关系，社会结构和个人行动的构成并非彼此独立的两个既定现象，对于个体的行动而言，结构并不是外在之物，既是行动的中介也是它的结果，即城镇化推进过程是人与社会交互的结果。

人口学家认为，城镇化是人口向城镇集中的过程。一是人口集中引起城镇数量的增加，二是每个城镇人口数量的不断增加。D. J. 巴格内（D. J. Bagne）首先提出了人口学的“推拉理论”，E. S. 李（E. S. Lee）尝试建立完整的分析框架，试图解释从迁出地到迁入地的过程中所遇到的拉力、推力、阻力和不同人群对此的反应。他认为，人口流动是促使人口流动和阻碍人口流动两种不同方向的力作用的结果。在中国人口转变和社会转型的过程中，随着低生育率的持续和城市化的推进，以及住房条件的改善和家庭观念的转变，越来越多的大家庭“裂变”为

---

① 王学真、郭剑雄：《刘易斯模型与托达罗模型的否定之否定——城市化战略的理论回顾与现实思考》，载《中央财经大学学报》2002 年第 3 期。

② 葛涛、李金叶：《城镇化、教育投入的经济增长效应研究》，载《工业技术经济》2018 年第 2 期。

③ 冯长春、李天娇、曹广忠、沈昊婧：《家庭式迁移的流动人口住房状况》，载《地理研究》2017 年第 4 期。

小家庭。① 家庭结构的转变，为家庭式迁移提供前置条件。近年来，中国人口流动表现出新的特征，核心家庭整体迁移逐渐成为新趋势。

段成荣等指出，我国人口迁移的新趋势主要是：流动人口规模经历长期增长后近年步入调整期；流动人口中老年化趋势明显；老年流动人口规模快速增加；流动儿童规模快速增长，2010 年以来稳中有降；城—城流动显著增加，并将继续增加；跨省流动快速增长后回调；流动人口先在东部集中后逐步往中、西部分散；流动原因趋于多元化，社会型、发展型和宜居型流动增加；流动人口人力资本禀赋持续升级；少数民族人口的流动性追赶汉族。与此相应，流动人口面临的问题和挑战也发生了变化，具体表现在：流动人口人力资本提高与抗风险能力之间的矛盾；定居的双向需求与制度和家庭的双重障碍；流动儿童学校教育和城市适应的双重挑战；留守儿童学校教育与亲情慰藉的双重缺失；农村老龄人口流动与留守的两难选择。②

辜胜阻指出，新型城镇化的难点在于人的城镇化，对于广大农民工群体而言，地域与职业的转换并没有带来身份和地位的转换，在户籍制度限制下，大量农民工出现"就业在城市，户籍在农村；劳力在城市，家属在农村；收入在城市，积累在农村；生活在城市，根基在农村"的"半城镇化"现象，大规模农民工周期性"钟摆式"和"候鸟型"流动，造成了巨大的社会代价。因此，未来城镇化建设的重点问题应是解决农业转移人口的"半城镇化"问题，通过改革不平等的户籍制度推动社会公平的实现，并完成农民工群体向城市市民的身份转换。③ 林毅夫指出，城镇化发展的关键在于解决城乡"双轨制"问题。城镇化的推进必须与新农村建设两轮驱动，相辅相成，以农业的现代化和农村经济的发展作为推动城镇化的坚实基础。④ 厉以宁基于中国的国情提出了城镇化"三步走"设想，认为应通过老城区宜居化、新城区产业化、新农村社区化这三个有机结合的组成部分推动中国城镇化的有序发展。⑤

城镇化发展不同的路径选择，必然影响产业布局、人口分布和教育资源配置格局。义务教育学校布局是以城市为重点，优先推进教育资源和学校布局的城市化；还是建立城乡一体化发展格局，促进城乡学校各归其位、协同发展的格局？2016 年，国务院在《关于统筹推进县域内城乡义务教育一体化改革发展的若干意见》中指出，在城镇化发展过程中，义务教育必须处于优先发展地位。通过同

① 彭希哲、胡湛：《当代中国家庭变迁与家庭政策重构》，载《中国社会科学》2015 年第 12 期。
② 段成荣、谢东虹、吕利丹：《中国人口的迁移转变》，载《人口研究》2019 年第 2 期。
③ 辜胜阻：《新型城镇化的难点是人的城镇化》，载《唯实》2013 年第 3 期。
④ 林毅夫：《承载新使命的城镇化战略》，载《唯实》2013 年第 2 期。
⑤ 厉以宁：《走符合中国国情的城镇化道路》，载《中国合作经济》2013 年第 3 期。

步建设城镇学校、努力办好乡村教育、科学推进学校标准化建设、实施消除大班额计划、统筹城乡师资配置、改革乡村教师待遇保障机制、改革教育治理体系、改革控辍保学机制、改革随迁子女就学机制、加强留守儿童关爱保护等方式，促进城乡义务教育一体化发展。党的十九大报告指出，“推动新型工业化、信息化、城镇化、农业现代化同步发展，主动参与和推动经济全球化进程，发展更高层次的开放型经济，不断壮大我国经济实力和综合国力。建立更加有效的区域协调发展新机制……以城市群为主体构建大中小城市和小城镇协调发展的城镇格局，加快农业转移人口市民化”。显然，实施乡村振兴战略，推动城乡义务教育一体化发展，努力让每个孩子都享有公平而有质量的教育，是中国新型城镇化道路的应然选择。

城乡义务教育一体化发展涵盖三个概念：“城乡”、“一体化”和“发展”。笔者认为，“城乡”不是城市与乡村这两个极端，而是涵盖城市、县镇、乡村等多样形态，是梯度发展的空间连续体；“一体化”既不是指教育的城市本位，也不是指教育的乡村本位，而是强调城乡之间内在关联和系统关系；“发展”是一个进程，是在充分尊重城市、县镇与乡村的产业格局、社会形态与文化模式差异的基础上，推动城乡义务教育协调发展、包容性发展和共同发展。从区域发展战略看，乡村、县镇、城市都发挥着不可替代的功能，不可厚此薄彼，三者的梯度发展构成了我国区域社会经济发展的基本形态，也构成我们探索义务教育学校布局调整政策的重要基础。

二、持续的人口流动

我国城镇化迅猛发展，导致大规模的人口流动。改革开放以来，我国流动人口规模不断增大，流动人口占总人口的比重持续提高（见图1-3），截至2018年，我国流动人口总规模已超过2.44亿，占全国总人口的17.55%。随着我国工业化、城镇化的快速推进，有2亿多农村人口从农业转向非农行业，从欠发达地区流向发达地区，其中超过一半的人向城市流动。受户籍制度制约，大量人口在完成地域转移的同时未能实现身份的同步转换。切实保障流动人口的合法权益和合理诉求，使流动人口在城镇和农村各得其所已成为迫切需要解决的重大社会问题。图1-3显示了改革开放以来我国流动人口规模持续增长的态势。

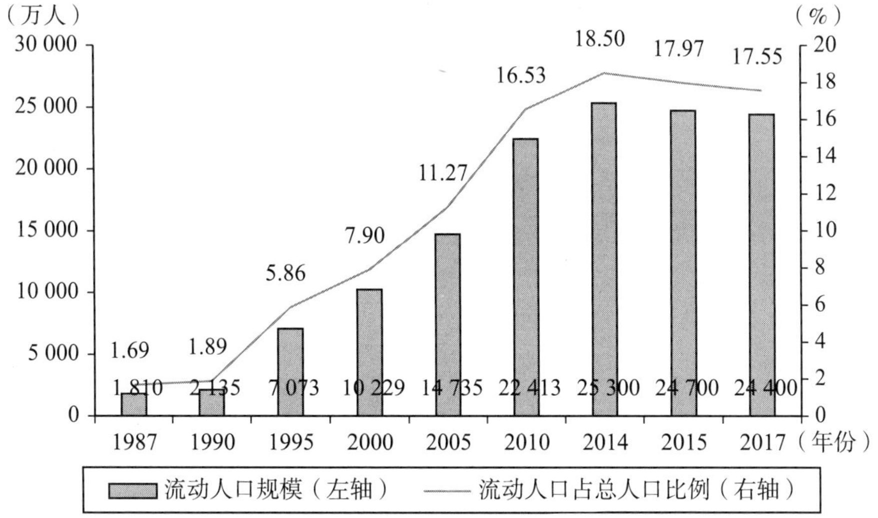

图 1-3　改革开放以来我国流动人口规模增长情况

资料来源：国家卫生健康委员会：《中国流动人口发展报告 2018》。

当前，农村人口的流动与迁移为我国现代化、工业化、城镇化发展带来巨大机遇，也构成了中国社会的巨大挑战。农村人口从“离土不离乡”“离乡不离井”到“离土又离乡”“离乡又离井”的历史转变，催生了世界上规模最大的农民工群体，随着城镇化的发展和户籍限制的松动，不断壮大的农民工群体使我国整体社会结构发生了重大改变，成为影响我国经济社会发展进程的一支重要力量（见图 1-4）。

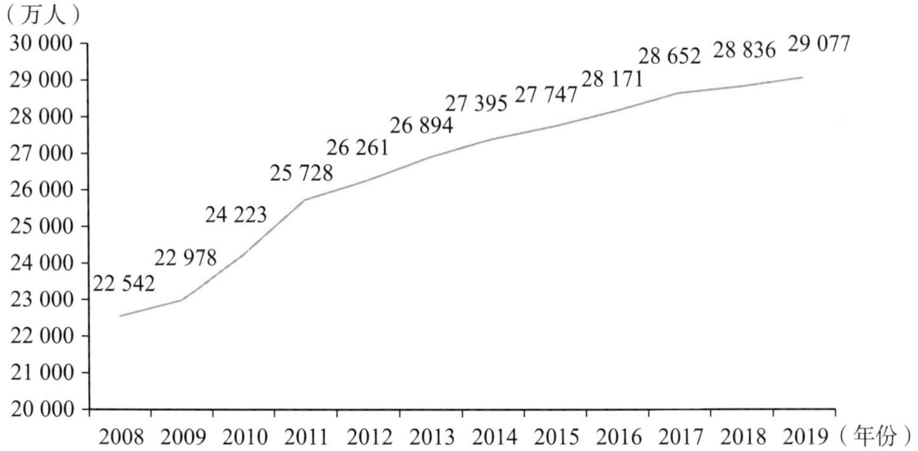

图 1-4　2008 年以来我国农民工规模增长情况

资料来源：国家统计局：《农民工监测调查报告》（2008～2019 年）。

从总体上看，农民工主要在东部地区和沿海发达地区就业，但近年来中、西部对农民工的吸纳能力有所增强，农民工流动出现了“回流”趋势，选择省内务工的农民工人数有了较大增长。2011 年，省内务工人数首超跨省外出务工人数，在外出农民工中，在省内务工的农民工 8 390 万人，占外出农民工总量的 52.9%。至 2017 年，省内流动农民工已达到 9 510 万人，占外出农民工的 55.3%，且省内流动农民工增量占外出农民工增量的 96.4%，意味着 2017 年新增的外出农民工均主要集中在省内流动。农民工流动在经历“离土”“离乡”“离井”之后又出现了“返乡”的趋势，农村人口流向的复杂性对于我们思考义务教育学校布局调整问题有重要帮助。

从表 1-2 可以看出，东部地区农民工主要在省内就业，中、西部地区农民工主要在省外就业。2008 年，东部地区农民工省内就业人数是省外就业人数的 3.93 倍，2017 年则扩大到 4.71 倍。中、西部地区主要是劳务输出省份，农民工在省外就业人数一直占多数，这一基本格局目前仍未改变，但其内部却发生了很大变化，一方面，省外就业仍占多数；另一方面，省内就业比重持续上升，尤其是西部地区，2017 年农民工省内、外就业之比为 1∶1.04，农民工“返乡”就业趋势愈发明显。农民工跨省流动趋势对农民工随迁子女教育和农村留守儿童教育问题产生重大影响，也对中小学布局调整结构有直接影响。

表 1-2　　东、中、西部地区农民工就业地点分布　　单位：%

地区	2008 年		2009 年		2011 年		2017 年	
	省内	省外	省内	省外	省内	省外	省内	省外
东部	79.7	20.3	79.6	20.4	83.4	16.6	82.5	17.5
中部	29.0	71.0	30.6	69.4	32.8	67.2	38.7	61.3
西部	37.0	63.0	40.9	59.1	43.0	57.0	49.0	51.0

资料来源：国家统计局：《2017 年农民工监测调查报告》。

段成荣等基于对“六普”数据的分析指出，当前的人口流动格局除了规模快速增长，流向有所分散之外，还出现了一些不同于以往的新特点。①

一是人口流动性减弱。随着时间的推移，流动人口在所居住城市的工作、生活逐渐趋于稳定，在他们融入城市生活的同时，其迁移的意愿也随之降低。

二是人口流动家庭化进程已进入核心家庭化阶段。一般来说，流动人口的家庭化包含了四个阶段，即个人外出流动阶段、夫妻共同流动阶段、核心家庭化阶

① 段成荣、吕利丹、邹湘江：《当前我国流动人口面临的主要问题和对策——基于 2010 年第六次全国人口普查数据的分析》，载《人口研究》2013 年第 2 期。

段（子女随迁）以及扩展家庭化阶段（父母随迁）。改革开放初期，我国人口流动主要以青壮年劳动力（以男性为主）个人外出流动为主；随着时代的发展，越来越多的流动人口开始携带自己的配偶共同外出流动；而“六普”数据显示，我国青壮年已婚流动人口绝大多数为夫妻共同流动，而其未成年子女中有 3 600 万人已跟随父母进城流动，其余 6 100 万人则在老家留守，两代户家庭户已占所有流动人口家庭户的 38.52%[①]，这表明我国人口流动的家庭化进程已处于从第二阶段向第三阶段过渡的过程，随迁子女的大量出现便是该阶段人口流动的必然结果。

三是新生代流动人口已成为流动人口的主体。新生代流动人口所占比例的大幅提升是当前流动人口内部结构变化的一个重要特征。“六普”数据显示，1980 年后出生的新生代流动人口已经超过流动人口的半数，占全部流动人口的 53.64%，据此估计，新生代流动人口的规模已达 1.18 亿人。[②] 新生代流动人口已成为我国流动人口的主体。

城镇化发展与人口流动的独特现实对我国教育产生了深刻影响。为此，我们需要思考的是：作为镶嵌于特定历史文化环境中的子系统，教育应如何适应当前的经济社会发展？作为推动社会进步的重要力量，教育如何通过科学的教育规划和教育资源配置引领城镇化有序发展？从人才培养的价值取向上看，农村学校是在现代知识的框架下培养城市发展所需的人才，还是回归乡村文明与乡土价值，深化学生对乡土生活的认同与理解？从教育治理视角看，效率和公平应如何权衡？是追求学校生产的适度规模与资源最优配置，还是把有利于学生身心发展，促进社会公平作为学校布局调整的首要价值？从教育政策过程看，是遵循自上而下的政策实施模式，还是自下而上，充分回应学生和家长等不同利益主体的需求与偏好？从教育资源配置视角看，农村教学点、小规模学校是否有存在的必要？集中办学是否是未来农村教育发展的主要选择模式？对上述问题的回应不能拘泥于教育系统内部，应当从中国经济社会发展背景出发，结合中国特色城镇化发展路径选择与人口流动规律寻求科学的答案。

第三节　义务教育供求矛盾与学校布局调整

经济社会发展，城镇化推进及人口大规模流动给我国义务教育供求带来了重

①② 国家统计局：《第六次全国人口普查汇总数据》，http：//www. stats. gov. cn/tjsj/pcsj/rkpc/6rp/indexch. htm。

大挑战，从三个角度可以看出义务教育供求矛盾的变化。

一、规模视角：适龄儿童总量变化对教育供求矛盾的影响

计划生育政策的实施使我国人口的年龄结构发生了重大变化，义务教育阶段适龄儿童规模呈下降趋势。改革开放以来的四次人口普查显示，自20世纪80年代以来，我国人口年龄结构出现了“重心上移”的趋势，低龄段人口比重不断下降，而中高龄段人口比重则持续提升。从分年龄段人口金字塔的基本形态的演变中可以看出，从“三普”到“六普”，我国人口年龄金字塔呈现底端不断收缩，中、上端不断膨胀的变化趋势，其基本形态由最初的“正金字塔型”逐渐过渡到“橄榄型”（见图1－5），我国逐步由低龄化社会向成年型甚至老龄化社会过渡。

对于教育而言，人口年龄结构变化最直接的影响是减少了适龄儿童总量。人口普查数据显示，1982年，15岁以下人口占我国总人口的比重超过1/3（33.6%），2010年该比重锐减至16.6%，减幅达一半以上。特别是自20世纪90年代中期以来，我国15岁以下儿童的绝对规模呈持续下降趋势，其数量在15年间减少了1亿人以上（见图1－6）。

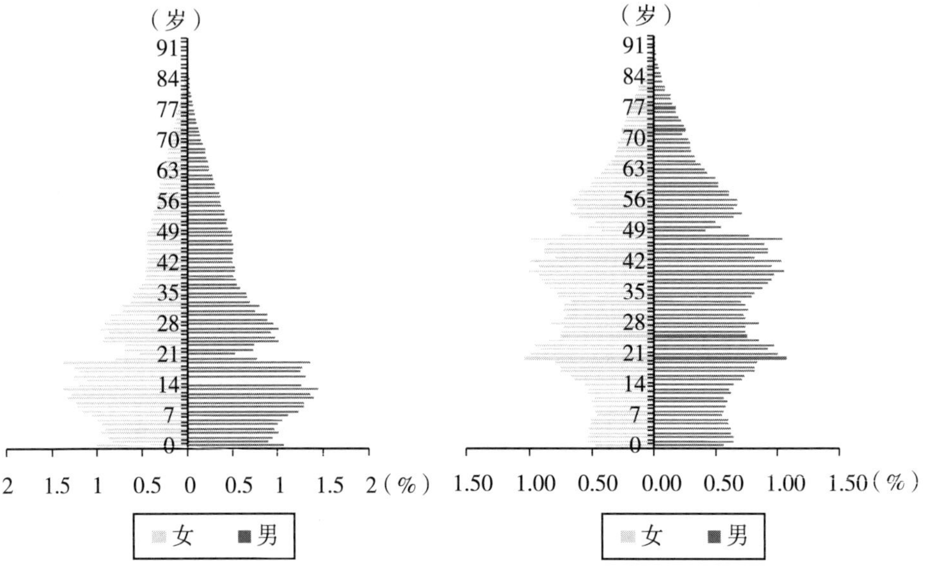

图1－5　我国人口年龄结构变化情况

注：左图和右图分别为我国第三次、第六次人口普查分年龄段人口数据金字塔示意。

资料来源：第三次、第六次人口普查。

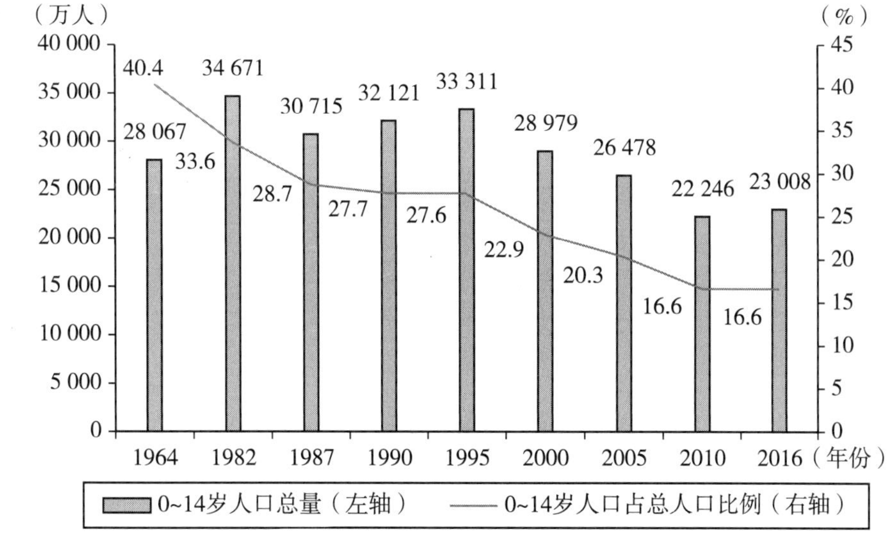

图 1-6　我国 0~14 岁人口规模变化情况

资料来源：图中数据均根据历次全国人口普查及全国 1% 人口抽样调查数据推算得出。

2013 年 11 月 15 日，中共中央十八届三中全会审议通过《中共中央关于全面深化改革若干重大问题的决定》，强调“启动实施一方是独生子女的夫妇可生育两个孩子的政策，逐步调整完善生育政策”。2015 年 10 月，中国共产党第十八届中央委员会第五次全体会议公报指出：坚持计划生育基本国策，积极开展应对人口老龄化行动，实施“全面二孩”政策。自此，实施三十余年的独生子女政策宣告终结，我国开始步入“全面二孩”时代。

“全面二孩”政策的实施直接影响未来中国出生人口的数量，未来我国适龄受教育人口规模会有所增加。有研究指出，“全面二孩”政策对义务教育在校学生数的提高作用明显，小学在校生规模于 2027 年达到最大值 10 001. 31 万人，初中在校生规模于 2030 年达到最大值 5 295. 89 万人①。适龄儿童规模的变化，带来了适龄儿童受教育需求变化。从教育供求角度看，构建适应人口变化的义务教育学校布局结构至关重要。

二、结构视角：适龄儿童城乡分布对教育供求矛盾的影响

义务教育供求结构变化主要反映在城市、县镇和农村生源结构的变化，由此

① 李玲、杨顺光：《“全面二孩”政策与义务教育战略规划——基于未来 20 年义务教育学龄人口的预测》，载《教育研究》2016 年第 7 期。

导致义务教育学校布局结构面临新的挑战。伴随计划生育政策实施及大量农村儿童随父母迁往城市，义务教育阶段城乡适龄儿童分布格局发生了巨大变化。

表1-3显示，1984~2013年我国小学在校生总体规模持续下降，其中农村小学在校生由11 451.4万人减少为3 217.0万人，降幅为71.91%，而城市和县镇小学生数量却稳步上升，2013年城市小学生数量是1984年的2.56倍，2013年县镇小学生数量是1984年的3.29倍。以上信息表明，近30年来我国小学生城乡生源结构发生了较大变化，农村生源大幅减少，城镇生源规模不断提升，这对小学布局结构有重要影响。从宏观层面看，适当集中与合并一些农村小学，在城镇地区新建、扩建和改建一些学校是顺应小学生源结构变动的必然趋势。

表1-3　　1984年和2013年中小学在校生数变化

地区	小学		变化率（%）	初中		变化率（%）
	1984年（万人）	2013年（万人）		1984年（万人）	2013年（万人）	
城市	1 082.2	2 773.0	156.2	605.1	1 430.0	136.3
县镇	1 023.6	3 370.5	229.3	585.1	2 195.6	275.3
农村	11 451.4	3 217.0	-71.9	2 674.2	814.5	-69.5
总体	13 557.1	9 360.6	-31.0	3 864.3	4 440.1	14.9

资料来源：国家统计局。

图1-7是1984~2013年小学校均规模的变化趋势，从图中可以看出，2013年，农村小学校均规模约200人，县镇小学校均规模约700人，城市小学校均规模约1 100人。1984~2010年小学校均规模持续提高，但相对而言，城镇地区小学校均规模提升得最快，这种增长趋势在2001年之后表现得尤其明显。2010~2013年城镇地区小学校均规模呈现出急剧下降、缓慢回升的趋势。

图1-8显示了1984~2013年初中在校生规模变化趋势。总体看，1984~2003年，初中在校生总体规模持续上升，2004~2013年，初中在校生总体规模呈现缓慢下降的趋势。其中，2000年后，城乡变化趋势存在巨大差异。2000~2010年，城市和县镇初中在校生规模不断增加（2010年城市初中生数量为2000年的1.20倍，县镇初中生数量为2000年的1.10倍），农村初中在校生数量则持续减少（2010年农村初中生数量仅为2000年的0.71倍）。在实施“全面二孩”政策后，我国义务教育阶段在校生规模仍然保持上述趋势，大量农村新增适龄儿童向城市迁移。据推测，在“全面二孩”政策及人口城镇化的双重驱动下，新增适龄儿童的城乡分布格局存在巨大差异，城市新增适龄儿童规模远远大于农村，

前者约为后者的 2～5 倍①。

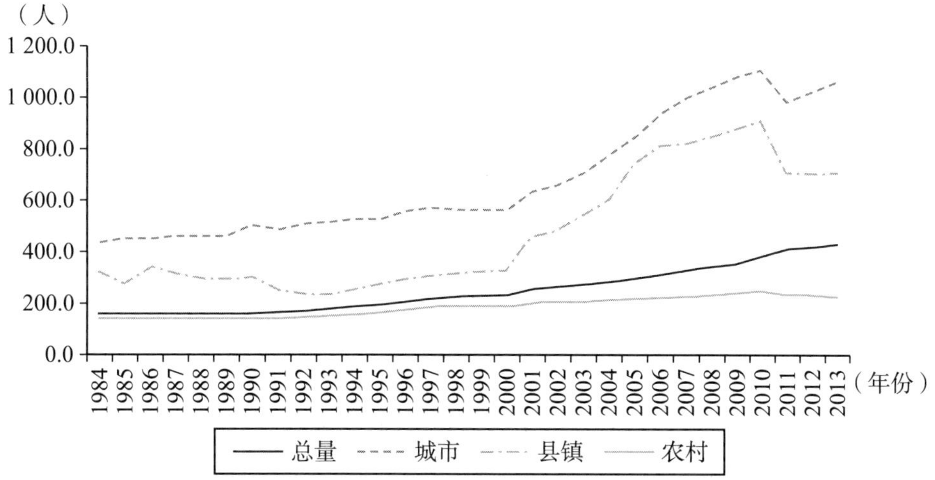

图 1－7　1984～2013 年小学校均规模变化情况

资料来源：国家统计局。

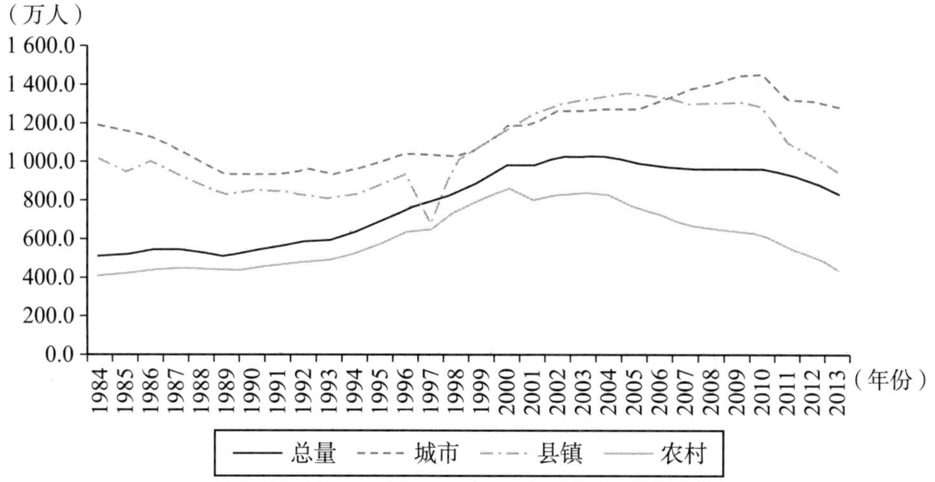

图 1－8　1984～2013 年初中校均规模变化情况

资料来源：国家统计局。

人口向城镇地区流动引发的义务教育供求结构变化主要表现在两个方面：其一是城镇“大班额”问题，其二是农村学校“空壳化”问题。从某种角度看，

① 李玲、杨顺光：《“全面二孩”政策与义务教育战略规划——基于未来 20 年义务教育学龄人口的预测》，载《教育研究》2016 年第 7 期。

城镇“大班额”反映出城镇地区义务教育供不应求的状况，而农村学校“空壳化”反映出农村生源锐减和流动引发的义务教育供过于求的状况。在此背景下，义务教育学校布局该如何应对城乡生源变化？如何协调好“就近入学”与追求“优质教育”的矛盾冲突？对上述问题的回答，离不开大规模的实证调查，也离不开基于区域发展多样性的个案研究，这也是本书研究重要的努力方向。

三、质量视角：优质教育资源短缺对教育供求矛盾的影响

随着经济社会发展和人民生活水平提高，义务教育供求矛盾悄然发生变化，“对高质量教育的需求”与教育发展不平衡不充分之间的矛盾已经成为新时期义务教育发展的主要矛盾。从义务教育发展历程看，从“有学上”到“上好学”的历史转变不是一蹴而就的，而是经历了一个相当艰难的过程，农村义务教育管理体制和财政体制改革，成为推动义务教育供求矛盾转变的重要引擎。

1985 年《中共中央关于教育体制改革的决定》指出：“实行基础教育由地方负责、分级管理的原则。”基础教育分权化改革，极大地调动了地方政府和人民群众办教育的积极性，但由于城乡教育投资双轨制及政府责任的缺失，农村义务教育发展责任主要由农民承担，农村义务教育变为“人民教育人民办”。农民和农村薄弱的财力难以支撑农村义务教育发展，农村地区大面积危房、大规模教师工资拖欠和大量的辍学生表明农村义务教育发展到了一个危险的境地。为扭转上述局面，2001 年《国务院关于基础教育改革与发展的决定》提出“进一步完善农村义务教育管理体制。实行在国务院领导下，由地方政府负责、分级管理、以县为主的体制”。“以县为主”的农村义务教育管理体制提升了政府管理教育的层次，使农村义务教育发展比以往有更充足的财力，但中西部地区县级政府大量“吃饭财政”的窘境，急切呼唤中央和省级政府承担更多的教育财政责任。在此背景下，2005 年《国务院关于深化农村义务教育经费保障机制改革的通知》指出：“按照‘明确各级责任、中央地方共担、加大财政投入、提高保障水平、分步组织实施’的基本原则，逐步将农村义务教育全面纳入公共财政保障范围，建立中央和地方分项目、按比例分担的农村义务教育经费保障机制。”农村义务教育经费保障新机制的实施，真正实现了从“人民教育人民办”到“人民教育政府办”的历史转折。

农村义务教育管理体制和财政体制的转变，基本保障了农村学生“有学上”，但是在城乡差距、地区差距和阶层差距持续扩大的背景下，义务教育阶段优质教育资源供求失衡问题成为新的矛盾焦点。党的十九大报告指出，“推动城乡义务教育一体化发展……努力让每个孩子都享有公平而有质量的教育”。实施乡村振

兴战略，推动城乡义务教育一体化发展，满足人民群众的美好教育需要，成为新时代义务教育发展的新使命。从教育供给看，区域间、城乡间发展差异及长期以来实施的重点学校政策，导致义务教育阶段学校在硬件软件投入及教育发展质量上呈现巨大差异。从教育需求看，“望子成龙、望女成凤”的家庭重教传统，以及经济社会发展所引发的人民群众对优质教育需求的持续高涨。在城市地区，优质教育资源供不应求，引发了社会中以“钱、权、分”为媒介的择校乱收费现象；在广大农村地区，家长对优质教育也有强烈需求，很多家庭不惜以举家搬迁或父母“陪读”的方式，为孩子谋求更优质的学校。城乡家庭对优质教育的强烈需求与择校行为，也深刻地影响到义务教育学校布局调整政策。学校布局调整政策制定和实施如何保障在“就近入学”的基础上，不断扩大优质教育资源的覆盖面，如何满足人民群众差异化的教育需求？这是本书关注的核心问题之一。

第四节　义务教育学校布局调整政策演变

改革开放以来，我国义务教育学校布局调整政策演变大致经历了三个阶段。

一、分散布局阶段（1978～2000年）

自20世纪80年代以来，在财权下放以及“人民教育人民办”体制下，我国农村义务教育学校布点基本形成了“村村办学、全面覆盖”的格局。学校分散化布局有利于儿童就近入学，为“普九”目标的最终实现做出了重大贡献。但学校布点过于分散也导致办学成本相对偏高，优秀师资配备困难，教育资源利用效率低下问题。

进入21世纪以来，农村义务教育发展面临着三个重要变化：一是计划生育政策带来适龄儿童人数减少，农村生源规模大为下降；二是城镇化发展进一步推动了优质教育资源向城镇集中，农村地区大量校点办学质量不高；三是越来越多的农民工随迁子女进城，导致农村学校“空壳化”现象日趋显著。在此背景下，改变过于分散的中小学布局成为中央政府重要的决策议题。

1998年，教育部《关于认真做好“两基”验收后巩固提高工作的若干意见》，要求各地“进一步调整学校布局，充实和改善办学条件。遵循方便学生就近入学、充分利用教育资源、提高办学规模效益的原则，合理调整中小学校布局”。2000 年，《中共中央、国务院关于进行农村税费改革试点工作的通知》在“精简乡镇机构和压缩人员”一节中再次提出了“适当合并现有乡村学校，对教师队伍进行必要的整顿和压缩”。上述政策虽然指出了学校布局调整政策的基本思路和方向，但并没有形成强制性的政策文本，也缺乏有针对性的操作措施。

二、“撤点并校”阶段（2001～2011 年）

2001 年是布局调整政策实施历程中的重要一年。2001 年教育部、财政部联合下发了《关于报送中小学布局调整规划的通知》，对各地政府学校布局调整规划做出了严格规定。同年下发的《国务院关于基础教育改革与发展的决定》指出，“因地制宜调整农村义务教育学校布局。按照小学就近入学、初中相对集中、优化教育资源配置的原则，合理规划和调整学校布局”。并系统阐述了中小学布局调整政策，提出了布局调整的原则、方式和总体规划，成为指导各地学校布局调整政策实施的纲领性文件。

在国家政策推动下，各地纷纷制定布局调整规划，新一轮布局调整工作在全国铺开，大量的学校被相继撤并，农村学校整体数量减少了一半以上，“撤点并校”成为此期间主导的学校布局调整模式。统计显示，2001 年我国小学数量为 491 273 所，2011 年变为 241 249 所，减少了 250 024 所，减少幅度为 50.9%；2001 年我国初中学校数量为 65 525 所，2011 年变为 54 117 所，减少了 11 408 所，减少幅度为 17.4%。

在布局调整的过程中，由于一些地方政府盲目地“撤点并校”，引发了学生求学成本增加、学生“上学难、上学远”等突出问题，损害了学生及其家庭的利益，违背了布局调整的政策初衷。“撤点并校”的不良后果也曾引起相关部门重视，2004 年，教育部、财政部《关于进一步加强农村地区“两基”巩固提高工作的意见》提出，“对于地处偏僻的教学点应予以保留，以避免因就学路程较远造成小学生失学、辍学”；2006 年教育部《关于实事求是地做好农村中小学布局调整工作的通知》则明确指出了要按照实事求是、稳步推进、方便就学的原则推进农村撤点并校工作；2010 年，教育部《关于贯彻落实科学发展观进一步推进义务教育均衡发展的意见》指出，学校布局要“避免盲日调整和简单化操作”。但是，上述文件的实施效力主要局限在教育系统内部，对地方党政部门缺乏约束力。在降低成本、追求效率的价值观指导下，各地“撤点并校”运动此起彼伏，甚至一些地方政府将短期内关闭学校的数量和速度，作为考核政绩。盲目地“撤点并校”运动越来越暴露出问题，越来越偏离中央政策目标，越来越背离教育发展的本源，亟须在政策上予以矫正。

三、后“撤点并校”阶段（2012年至今）

针对“撤点并校”导致的农村义务教育学校大幅减少，学生上学路途变远、交通安全隐患增加，学生家庭经济负担加重，城镇“大班额”问题，以及部分县市在学校撤并过程中程序不规范、决策不民主等问题，2012年《国务院办公厅关于规范农村义务教育学校布局调整的意见》（以下简称《意见》）指出，严格规范学校撤并程序和行为，办好村小学和教学点，解决学校撤并带来的突出问题。

《意见》特别指出：学校“撤并方案要逐级上报省级人民政府审批。在完成农村义务教育学校布局专项规划备案之前，暂停农村义务教育学校撤并”“坚决制止盲目撤并农村义务教育学校。多数学生家长反对或听证会多数代表反对，学校撤并后学生上学交通安全得不到保障，并入学校住宿和就餐条件不能满足需要，以及撤并后将造成学校超大规模或‘大班额’问题突出的，均不得强行撤并现有学校或教学点。已经撤并的学校或教学点，确有必要的由当地人民政府进行规划、按程序予以恢复”。《意见》的颁布可以看成是对过去10年“撤点并校”运动的一个矫正，它突出了民主化决策程序以及农村教学点等小规模学校的发展的重要性。

表1-4是对2001年以来中小学布局调整政策的简要梳理，从表中可以看出，2012年是学校布局调整政策重大转折点，反“撤点并校”的政策基调一定意义上可以被看成是对过去一刀切的“撤点并校”行为强有力的矫正。

表1-4　　学校布局调整政策演变（2001~2018年）

发布时间（年月）	政策文本	政策导向
2001.5	《国务院关于基础教育改革与发展的决定》	鼓励撤并
2003.6	《中小学布局调整专项资金管理办法》	鼓励撤并
2005.5	《教育部关于进一步推进义务教育均衡发展的若干意见》	鼓励撤并
2006.6	《教育部办公厅关于切实解决农村边远山区交通不便地区中小学生上学远问题有关事项的通知》	慎重撤并
2006.6	《教育部关于实事求是地做好农村中小学布局调整工作的通知》	慎重撤并
2009.4	《教育部关于当前加强中小学管理规范办学行为的指导意见》	慎重撤并

续表

发布时间（年月）	政策文本	政策导向
2010. 1	《中共中央、国务院关于加大统筹城乡发展力度、进一步夯实农业农村发展基础的若干意见》	慎重撤并
2010. 1	《教育部关于贯彻科学发展观进一步推进义务教育均衡发展的意见》	慎重撤并
2010. 7	《国家中长期教育改革和发展规划纲要（2010—2020年）》	慎重撤并
2012. 9	《国务院办公厅关于规范农村义务教育学校布局调整的意见》	反对撤并
2012. 11	《教育部关于全面启动实施“教学点数字教育资源全覆盖”项目的通知》	规范撤并
2016. 5	《国务院办公厅关于加快中西部教育发展的指导意见》	规范撤并
2016. 7	《国务院关于统筹推进县域内城乡义务教育一体化改革发展的若干意见》	规范撤并
2017. 1	《国家教育事业发展“十三五”规划》	规范撤并
2017. 7	《国务院办公厅关于进一步加强控辍保学提高义务教育巩固水平的通知》	规范撤并
2018. 4	《国务院办公厅关于全面加强乡村小规模学校和乡镇寄宿制学校建设的指导意见》	规范撤并

2012年之后，国家逐渐加强了对中小学布局调整的宏观指导，“规范撤并”成为这一时期中小学布局调整的主要基调。2012年11月，教育部发布《全面启动实施“教学点数字教育资源全覆盖”项目的通知》，强调为农村义务教育学校布局调整中确需保留和恢复的教学点配备数字教育资源接收和播放设备，为教学点配送优质数字教育资源，开好开齐开足国家规定课程，提高教育质量，促进义务教育均衡发展，更好服务农村边远地区适龄儿童就近接受良好教育的需要。此后，国家围绕农村义务教育的一系列政策均对学校撤并行为作出了规范性要求。如《国务院办公厅关于加快中西部教育发展的指导意见》特别指出：“保障教学点基本办学需求。巩固规范农村义务教育学校布局调整成果，办好必要的教学点，方便乡村学生就学。”《国务院关于统筹推进县域内城乡义务教育一体化改革发展的若干意见》则提出“构建与常住人口增长趋势和空间布局相适应的城乡义

务教育学校布局建设机制”，并要求“办好必要的乡村小规模学校。因撤并学校造成学生就学困难的，当地政府应因地制宜，采取多种方式予以妥善解决”。

针对未来五年的布局调整规划，《国家教育事业发展“十三五”规划》进一步提出，要“完善城乡教育布局规划制度和学校布局调整机制，强化省级人民政府对基础教育的统筹规划，以县为基础，建立健全与常住人口变化趋势和空间布局相适应的城乡学校布局建设机制，合理规划学校服务半径。统筹城乡学校布局和建设规模”。并强调“针对地广人稀地区、山区、海岛等特殊困难地区人民群众就学需求，合理布局并办好一批寄宿制学校、边境地区学校，保留并办好必要的小规模学校和教学点，努力保障学生就近入学、接受有质量的教育，合理制定闲置校园校舍综合利用方案，优先用于教育事业发展”。2018 年 5 月，国务院办公厅发布了《关于全面加强乡村小规模学校和乡镇寄宿制学校建设的指导意见》，强调要从统筹布局规划、改善办学条件、强化师资建设、强化经费保障、提高办学水平五个方面全面加强乡村小规模学校和乡镇寄宿制学校建设与管理。力争到 2020 年，基本补齐两类学校短板，进一步振兴乡村教育，基本实现县域内城乡义务教育一体化发展，为乡村学生提供公平而有质量的教育。

总的来说，对现阶段及未来学校布局调整行为的规范体现了“上级统筹，合理规划，动态调整，保障弱势”的基本思路，其执行方式充分考虑了公众诉求、地理分布、城乡协调以及儿童成长规律等多方因素，体现了谨慎而务实的政策理念。与过去主要强调乡村地区的布局调整不同，近年来城市教育资源的优化配置逐渐成为社会关注的焦点，学校布局调整政策的关注范围也逐步由乡村拓展到城市。

第五节　义务教育学校布局调整的重大问题

2001 年以来实施的新一轮学校布局调整政策，其政策目标是降低教育成本、提高资源配置效率，提高教育质量。但由于学校被过度撤并导致家—校距离扩大，由此引发学生“上学难”“上学远”“上学贵”等问题。同时，农村教学点等小规模学校如何发展，农村寄宿制学校如何发展、农村闲置校产如何重新利用等问题也未能得到根本解决。上述问题反映出学校布局调整从政策制定、政策实施到政策评价的多个环节亟须改进和完善。

义务教育学校布局调整政策的实施不是在真空中进行的，中国经济快速发展、社会结构急剧转型及城镇化进程的迅速推进，导致一系列相关问题与学校布局政策相互重叠与交织，加大了学校布局调整政策研究的复杂性与不确定性。比如，农村留守儿童问题、农民工随迁子女问题、学生营养餐问题、农村代课教师问题、教师绩效工资改革问题等。政策环境的复杂性，加大了学校布局调整政策研究的难度。我们不期望以某种固定的理论框架裁剪丰富多样、错综复杂的教育实践，不希望用丰富多样的教育实践去验证某种理论框架的合理与否。本书研究的定位是立足中国教育实践，从真实的教育问题出发分析学校布局调整的动因、标准、程序及实施效果，以实证研究方法为人们探求义务教育学校布局调整政策打开对话“窗口”。当前，困扰我国义务教育学校布局调整的重大问题主要有以下五方面。

一、农村小规模学校发展问题

2001 年实施的新一轮学校布局调整政策引发了部分地区“撤点并校”浪潮，农村教学点等小规模学校被大量撤销或合并。然而越来越多的证据表明，农村小规模学校在我国农村教育中仍发挥着不可替代的作用，“一刀切”式的运动式撤并给农村教育的可持续发展带来了巨大伤害，并引发了学生上学难，辍学率回升等问题。在此背景下，关注农村小规模学校的生存状态，认识其发展的多元价值，探寻促进农村小规模学校发展之路，是我国基础教育改革和发展中重要的战略议题。本书课题组运用 11 省份调研数据，描述了农村小规模财政与师资的配置状况，同时运用质化研究范式探讨了农村小规模学校课程、教学及教师发展面临的困境。通过混合研究方式，多视角呈现了农村小规模学校师生关系、家校关系、学校与社区关系，揭示了小规模学校生存环境与生态的复杂性。

二、农村校车发展问题

学校布局调整政策的实施使得学生的上学距离变得更加遥远，义务教育阶段“就近入学”的原则面临新的挑战。在远距离入学背景下，如何有效保障学生上学安全，减少学生花费在上学路上的时间，这使得农村校车发展进入了政策研究视野。从现实情况看，农村校车发展还存在诸多难题，包括校车需求问题、校车财政保障问题、校车管理问题等，探讨义务教育学校布局调整问题必然要讨论农村校车问题。本书探讨义务教育阶段校车问题，主要体现为公共政策研究范式，而非探讨校车如何营运的问题。从更广泛的意义看，校车问题的解决是保障学校布局调整政策顺利实施的先决性条件。但是，我国很多地区的学校布局调整是先撤并学校，然后再配置校车。这种前后倒置的决策模式，必将影响儿童求学安全，加重儿童入学的时间成本和经济成本。从公共政策视野看，对校车问题的讨论有助于思考教育补偿问题——尤其是对因学校撤并而利益受损的学生和家庭的补偿。

三、寄宿制学校发展问题

在学校布局调整背景下，兴办寄宿制学校有助于缓解学生“上学远”的问题，但任何政策都是一柄“双刃剑”。寄宿制学校儿童身心能否健康发展，寄宿制学校公用经费拨款是否充足？寄宿制学校生活教师、保安及后勤人员的编制如何保障？寄宿制学校管理如何提升？上述问题构成了评价学校布局调整政策效果的一面镜子。从另一层面看，在丰富多样的学校形态中，寄宿制学校一定是政策首选的模式吗？本书运用 11 省份数据探讨了寄宿制学校与非寄宿制学校在运行成本、教师负担等方面的差异，提出了支撑寄宿制学校发展的财政政策。对上述问题的研究既是关注学校布局调整遗留问题，也是着眼长远，推进农村教育可持续发展的重要议题。

四、布局调整合理标准与撤并程序问题

探讨义务教育学校布局的标准，思考标准产生的决策程序，这是学校布局调整政策分析和政策研究的重要问题。在新一轮学校布局调整中，决策者更加倚重学校规模效应，更多考量教育成本与教育效率问题。反思“效率至上”的价值观，如何建立一个包含公平、质量、均衡、效率等多元目标的学校布局标准？同时，在学校撤并或恢复过程中，如何以公正的程序保障结果公平？这是学校布局调整研究必然要处理的问题，也是探究义务教育学校布局调整政策的题中之意。本书将综合利用问卷调查、文本分析、田野访谈等多种方法对此进行研究。

五、布局调整利益相关者效果评价问题

学校布局调整的实质是利益调整。家长、学生、教师等利益主体都有其特定的利益诉求。运用实证研究范式，从量化与质化视角分析不同利益主体的诉求和利益表达，对于全面评价布局调整实施效果有重要意义。在政策研究中，政策产出与政策影响是两个相关联但有差别的议题。政策产出是目标群体和受益者所获得的服务与资源，政策影响是由政策产出引起的人们在行为、态度和感受方面的

变化。本书重点关注学校布局调整中各利益主体的感受与态度，这是评估学校布局调整政策的关键议题。

围绕学校布局调整问题，国内许多专家学者展开了卓有成效的研究，但现有研究的深度尚需加强。概括起来，义务教育学校布局调整问题，其实涉及五大相互关联的议题：即什么是学校布局及什么是合理的学校布局？影响布局调整的因素是什么？学校布局调整合理的标准和程序是什么？学校布局调整的效果如何？如何进一步实施学校布局调整政策？本书借助大规模实证研究数据，聚焦若干重大现实问题，在国际比较和个案研究基础上，全方位探究义务教育学校布局调整问题，为构建科学合理的学校布局调整政策奠定基础。

第二章

研究进展

自2001年新一轮农村中小学布局调整政策实施以来，农村学校布局调整成为社会各界关注的热点问题。国内外对农村中小学布局调整问题的研究，主要涉及以下五个方面：学校布局调整的动因与目标；学校布局调整的标准和程序；学校适度规模；学校布局调整政策；学校布局调整的成效与问题。

第一节　学校布局调整的动因与目标

一、学校布局调整的动因

有研究指出，城市学校布局规划是以户籍人口为基准设立的，由于农民工大量涌入城市，城镇化率不断提高，农村人口大量向城镇集聚，城镇人口剧增，大量学生到城镇学校就读，城市教育供求矛盾问题相当严峻。“农民工子女学校”发展、外来儿童“入学门槛”、城市教育经费保障等问题直接或间接促发了学校布局调整。[①] 此外，也有学者指出，农村税费改革和国家行政区划调整也对布局

① 雷万鹏：《以体制机制改革推动农民工子女教育的发展》，载《人民教育》2010年第20期；张铁道、赵学勤：《建立适应社会人口流动的接纳性教育——城市化进程中的流动人口子女教育问题研究》，载《山东教育科研》2002年第8期。

调整政策的实施产生了现实动力与直接影响，如华中师范大学“中西部地区农村中小学合理布局结构研究”课题组指出，农村税费改革的实施给县级财政带来了更大的压力，教育经费的日趋紧张使得基层地方政府迫切希望通过压缩校点，扩大学校规模来提高教育资源的利用效率，从而减轻教育财政压力。同时，兴起于20世纪末的撤乡并镇改革使得长期依赖行政区划而进行的农村中小学布局被打破，随着乡镇的大量合并与调整，被合并乡镇的学校也相应地做出了合并和调整，从而直接推进了布局调整。①

从现有研究看，学者主要从经济学视角解释学校布局调整的动因。如范先佐等认为，追求效益是各级政府尤其是县级政府推进中小学布局调整的初始动力。在计划生育政策，人口流动以及城镇化的影响下，学龄儿童锐减的客观事实使得传统的以行政建制为依据的乡、村办学模式不再适应农村教育发展的实际，应集中办学以突出“规模效益”。同时，分税制改革以及农村税费改革的实施，使得我国地方政府面临更大的教育财政压力。因此，集中教育资源，减轻财政压力，提升教育效率成为地方政府尤其是县级政府推动布局调整的原始动力。② 侯龙龙等也认为促进教育资源的优化配置是推动布局调整的基本动因。③ 万明钢等提出，扩大学校规模，提高教育资源利用效率是布局调整推进过程中的一个必然过程，其关键在于探索学校的适度规模，从而在规模效益与公平正义之间保持平衡。④李祥云、魏萍认为中国式财政分权缺乏“用手投票”和“用脚投票”机制约束，地方政府为追求政绩最大化，试图通过学校合并产生规模经济来降低生均教育财政支出，是地方断章取义执行中央中小学布局调整政策的主要原因。⑤

也有学者从管理视角出发，认为方便教育管理是政府推进布局调整政策的直接动力。从政府的角度来看，通过中小学布局调整，原本分散的教育资源得以集中，学校总量减少，管理成本会大大降低。特别是地处边远地区的教学点被撤销后，管理时间得以缩短，交通成本也大大降低，从而有利于管理效率的提高⑥。

---

① 华中师范大学课题组：《我国农村中小学布局调整的背景、目的和成效——基于中西部地区6省区38个县市177个乡镇的调查与分析》，载《华中师范大学学报（人文社会科学版）》2008年第4期。

② 范先佐：《农村中小学布局调整的原因、动力及方式选择》，载《教育与经济》2006年第1期。

③ 侯龙龙、张鼎权、卢永平：《西部五省区农村学校布局调整与学生发展》，载《教育学报》2010年第6期。

④ 万明钢、白亮：《“规模效益”抑或“公平正义”——农村学校布局调整中“巨型学校”现象思考》，载《教育研究》2010年第4期。

⑤ 李祥云、魏萍：《财政分权、地方政府行为扭曲与城乡中小学布局调整》，载《当代财经》2014年第1期。

⑥ 华中师范大学课题组：《我国农村中小学布局调整的背景、目的和成效——基于中西部地区6省区38个县市177个乡镇的调查与分析》，载《华中师范大学学报（人文社会科学版）》2008年第4期；郭清扬：《农村学校布局调整与教育资源合理配置》，载《教育发展研究》2008年第7期。

二、学校布局调整的目标

有关学校布局调整的目标，有学者将其概括为“优化教育资源配置，提高教育质量，方便教育管理，实现教育均衡发展”。[①] 秦玉友等认为，布局调整政策的价值追求是提升经济效益，深化课程多样性以及提高教育质量。[②] 王海英认为，政府部门作为布局调整中的“撤并方”，其基本动力可以归纳为发挥规模效益、提升教育质量以及促进学校均衡发展。[③] 贾勇宏将追求高质量的教育视为推动中小学布局调整的最终归宿，认为在经济发展水平不断提高，优质教育的需求空前旺盛的情况下，农村中小学布局结构的调整，既要关注学校的规模效益，更要重视这项工作对提高教育质量的意义。[④]

王玉国等则强调了推进教育公平的重要性，认为教育公平问题是国家基本政策问题。任何一项教育政策的制定和执行都应将教育公平作为关键目标予以强调，在我国目前城乡教育差距日益拉大，教育发展的非均衡性问题日渐突出的背景下，在全国范围内，有步骤、有计划地进行学校布局调整，实现教育资源的合理配置，推进城乡义务教育的均衡发展，让农村的孩子也能够接受优质的义务教育，应是未来一段时间内农村教育工作的重点。[⑤] 范先佐也指出，作为二元社会，中国教育发展最突出的问题之一就是城乡教育发展不平衡。这种不平衡的最鲜明特征便是教育质量的横向差异，而原有的分散布局的办学模式不利于政府平衡教育资源分布。通过学校布局调整，合理配置好公共教育资源，适当集中办学，实现区域内或更大范围内中小学教育的均衡发展就成为政府工作的重要目标和应有之义。[⑥]

范铭等从批判性角度反思了布局调整的三个“目的”：首先，农村教育布局调整的前提应然是通过教育资源的重新分配，以期在集中、重组中得到优化，最大限度提高资源的使用效率；其次，在充分发挥教育规模效应的前提下，布局调整将目标指向教育质量的提升；最后，通过农村中小学布局调整，实现城乡教育

---

① 周芬芬：《农村中小学布局调整对教育公平的损伤及补偿策略》，载《教育理论与实践》2008 年第 19 期。

② 秦玉友、孙颖：《学校布局调整：追求与限度》，载《教育研究》2011 年第 6 期。

③ 王海英：《农村学校布局调整的方向选择——兼谈农村学校“撤存”之争》，载《东北师范大学学报（哲学社会科学版）》2010 年第 5 期。

④ 贾勇宏：《农村中小学布局调整的预期和动力——基于中西部 6 省（区）的调查与分析》，载《教育发展研究》2007 年第 21 期。

⑤ 王玉国、翟慎娟：《农村学校布局调整的动因与底线标准》，载《中国教师》2011 年第 11 期。

⑥ 范先佐：《农村中小学布局调整的原因、动力及方式选择》，载《教育与经济》2006 年第 1 期。

资源的统筹，使城乡学生能够平等分享优质教育资源，从而缩小城乡教育差距，实现义务教育的均衡发展。然而，事实表明现有学校布局调整政策的实施并没有达成以上三个目标。①

第二节　学校布局调整的标准和程序

一、学校布局调整的标准

在实践中，学校布局调整通常表现为学校撤并。因此，学校布局调整的标准也常被称作学校撤并标准。学校撤并标准是决定某所学校保留或关闭的依据和评判指标。学校撤并标准是学校布局调整政策的核心要素，合理、科学的学校撤并标准有助于协调社会各方利益，促进农村学校布局调整科学化、合理化和规范化；反之，不合理的学校撤并标准将激化社会矛盾，阻碍教育良性健康发展。

尽管学校布局标准对于学校布局的作用不言而喻，但有研究者通过对 172 份政策文本的分析发现，近一半政策文本仅仅阐明了布局调整指导思想和实施步骤，而对于学校撤并标准却没有任何明确说明；在有明确标准的政策文本中，近 90% 将“学校规模”、“服务人口”和“服务半径”视为学校撤并的核心指标。②

学校规模标准不仅是各地关于学校布局调整的政策文件中最常见的标准，且在各地标准中，“学校规模”被赋予更高权重。此外，由于在校生规模是一个较易量化和操作化的指标，大部分地区撤并学校都是以在校生规模是否“达标”为评判依据。以韩国为例，有研究发现，韩国在不同时期、对不同类型的学校有不同的调整标准：1982 ~ 1992 年，韩国农村学校合并的标准是，在同一“面”（相当于中国的“乡”或“镇”）中，对在校生数未满 180 人或班级总数少于 6 个且学生上学距离不超过 4 公里的学校实行合并政策。对于“学校”人数少于 100 人或由于种种因素致使这些小规模学校不能被合并的，则降级为“分校”；对于“教学点”，则以 10 人作为合并基准，凡在校生少于 10 人的“教学点”一律合并。1993 ~ 2004 年，“学校”的合并基准由原来的在校生 180 人减少到 51 ~ 100

① 范铭、郝文武：《对农村学校布局调整三个“目的”的反思——以陕西为例》，载《北京大学教育评论》2011 年第 2 期。

② 雷万鹏、张婧梅：《学校布局调整应回归教育本位——对学校撤并标准的实证分析》，载《教育研究与实验》2010 年第 3 期。

人，由地方自由裁量推行合并政策。对在校生少于100人的“学校”降级为“分校”。在岛屿地区或边境地区，即使在校生人数少于100人的学校也不得降级为“分校”。2005年至今，对“学校”学生数在100人以下，“分校”学生数在20人以下的小规模学校进行合并，但要保证每个“面”至少有一所学校存在。①

学校服务范围及服务人口标准也是学校布局调整的重要指标。雷万鹏、张婧梅通过政策文本的分析发现，在88个明确涉及撤并标准的政策文本中，以“服务半径”和“服务人口”为撤并标准的分别占23.9%和62.5%。② 石人炳发现，在我国，有的地方将小学服务半径设为1.5公里，初中服务半径为10公里；小学服务人群数量为2 000人以上，初中服务人群数量为1万人以上。③

学生上学距离也是学校布局调整的一个重要标准。在学生上学距离的测量上，莱曼（Lehman）提出三种衡量方法：一是物理距离，即实际的空间距离，以公里数来衡量；二是文化距离，它是指当儿童不得不离开自己的社区而到另一个把他们当作“外人”并对他们不友好的社区上学，从而导致辍学的距离；三是时间距离，是指考虑诸如山地、河流、森林等自然条件的阻碍而延长上学途中的时间。④ 印度北方邦1993年采取了一项学校布局标准，小学低年级平原地区学校覆盖半径为1.5公里，山区1公里，小学高年级3公里。⑤ 美国弗吉尼亚州对家校距离有明确要求，其中，小学生乘公交车单程不应该多于30分钟，初中生乘公交车单程不应该多于45分钟，高中生乘公交车单程不应该多于60分钟。⑥

有研究者提出学校布局调整的综合标准。耶格尔（Yeager）提出关闭学校的三条标准：其一，综合考虑上学距离、对交通工具的需求等因素，将学生转到新学校的不适最小化；其二，将关闭学校对社会的影响降到最小；其三，原学校建筑可作其他用途。⑦ 王远伟、钱林晓根据服务半径、服务人口、学校规模、班级规模和班级数量五个指标，设计出不同地理条件下农村中小学的布局标准（见表2-1）。⑧

---

① 崔东植、邬志辉：《韩国农村小规模学校合并政策评析》，载《教育发展研究》2010年第10期。

② 雷万鹏、张婧梅：《学校布局调整应回归教育本位——对学校撤并标准的实证分析》，载《教育研究与实验》2010年第3期。

③ 石人炳：《用科学发展观指导中小学校布局调整》，载《中国教育学刊》2004年第7期。

④ D. Lehman. Bringing the School to the Children: Shortening the Path to EFA. World bank, August, 2003.

⑤ 石人炳：《国外关于学校布局调整的研究及启示》，载《比较教育研究》2004年第12期。

⑥ Spence, Beth. Long School Bus Rides: Stealing the Joy of Childhood. Covenant House, Charleston, West Virginia, No.5, 2000.

⑦ Yeager, R. F.. Rationality and Retrenchment: The Use of a Computer Simulation to Aid Decision Making in School Closings. Education and Urban Society, No.11, 1979: 296-312.

⑧ 王远伟、钱林晓：《关于农村中小学合理布局的设计》，载《华中师范大学学报（人文社会科学版）》2008年第3期。

表 2－1　　不同地形中小学地理布局设计

	服务半径（公里）	服务人口（人）	学校规模（人）	班级规模（人）	班级数量（个）
山区走读小学	1.5～2 最远 3	2 500～5 000	200～400	30～40	6～12
山区寄宿小学	3～6 最远 6	6 500～12 000	360～600	30～40	12～18
丘陵平原小学	2～2.5 最远 3.5	5 000～10 000	360～600	30～40	12～18
山村初中	7.5～15	13 000～22 000	600～900	45	12～18
丘陵平原初中	10	20 000～30 000	810～1 200	45	18～27

吴宏超、赵丹基于实地调研的结果，从布局调整政策所包含的主要指标、调整方式和实际效果三个层次提出学校合理布局的标准，他们认为，合理的学校布局调整评价标准应当包含上学距离、学校规模、调整方式、资源均衡和社会支持五个维度。① 邬志辉通过检视国家、地方教育政策文本和学术研究中学校撤并标准后发现，国家层面的政策对学校撤并标准的规定笼统模糊；县市教育行政部门自行设置的布局调整标准过于重视客观效果，而忽视了农民的利益诉求；学者们提出的布局调整标准过于理性和静态，难以对复杂的农村教育实际形成有效指导。他提出，建立农村学校布局调整标准是一个多目标线性规划问题，目标函数受制于包括物质性约束条件、社会性约束条件和教育性约束条件在内的 12 项约束条件，并基于以上约束条件理论，提出“底线＋弹性”的农村学校布局调整标准设计模型。② 刘善槐则认为农村学校布局调整是一项重要的公共决策，应该有科学化、民主化和道义化的三重价值观照。科学化以理性形式解决“效用最优”的问题，民主化以“满意度最大”的方式解决“谁的效用”的问题，道义化以“底线公平”的方式弥补民主化的不足，保护弱势群体的根本利益。③

雷万鹏认为，学校的撤并标准不能单一化而应当有多元化评估指标。包括：学业成绩与学校教育质量、学校交通便捷性、儿童上学安全、生均教育成本、学

① 吴宏超、赵丹：《农村学校合理布局标准探析——基于河南省的调查分析》，载《教育发展研究》2008 年第 17 期。

② 邬志辉：《中国农村学校布局调整标准问题探讨》，载《东北师大学报（哲学社会科学版）》2010 年第 5 期。

③ 刘善槐：《科学化·民主化·道义化——论农村学校布局调整决策模型的三重向度》，载《教育研究》2012 年第 9 期。

校规模、服务人口、学校物质设施使用状况、学校对社区的价值等。学校撤并不能过多考虑财政与经济因素，应当在尊重教育规律的基础上客观评价学校发展多元价值与功能。[①]

二、学校撤并程序

公共政策的程序正义（公正）问题是公共政策讨论的重要议题。有研究者认为，程序公正是实质公正的保证，虽然程序公正并不必然导致实质公正，但程序公正可以预防某些重要的实质不公正。[②] 对于学校布局调整这一公共政策而言，其程序正义问题也是学术界关注的一个议题。

公平正义的学校撤并程序有利于拓展民众沟通渠道，遏制盲目的撤点并校行为，真正办人民满意的教育。邬志辉发现，在现实中，学校撤并行为过于简单化，缺少必要的程序，仅有的程序既不民主也不公正。为确保农村学校撤并程序的公正性，他提出，需要建立最低限度的程序公正标准，即受到决策影响主体的实质性参与、学校撤并决策过程的理性化运作和教育行政权力运行的公开化设定。同时，还要构建完善公正的程序步骤，具体包括收集与分析学校运营事实、研究与制定学校撤并标准、讨论与决定学校撤并名单、告知与公布师生调转计划、评估与处置学校空闲资产。[③] 单丽卿（2016）认为，从政策实践来看，基层地方政府采用了一系列的话语策略来构建政策的合法性，并把“村小撤并”建构成一种必然的趋势，其作用是，通过政策信号的传递以及预期的形塑使得村小的消亡成为一个自我实现预言。值得注意的是，撤点并校政策的影响不仅体现在村小的实际撤并上，更使得村小作为一个整体陷入一场全面的危机中。[④] 究其原因是学校布局调整政策制定与实施缺乏公共理性，如政策制定的公共过程被消解，价值取向偏离公共性，政策执行缺乏公共空间与张力等。[⑤]

公民参与的广度、深度是判断公共政策程序正义与否的重要指标。有研究者认为，与程序的结果有利害关系或者可能因该结果而蒙受不利影响的人，都有权

① 雷万鹏、张婧梅：《学校布局调整应回归教育本位——对学校撤并标准的实证分析》，载《教育研究与实验》2010 年第 3 期。

② 冯建军：《程序公正：制度化教育公正的重要原则》，载《教育发展研究》2007 年第 7－8A 期。

③ 邬志辉：《农村学校撤并决策的程序公正问题探讨》，载《湖南师范大学教育科学学报》2010 年第 6 期。

④ 单丽卿：《“强制撤并”抑或“自然消亡”？——中西部农村“撤点并校”的政策过程分析》，载《河北学刊》2016 年第 36 期。

⑤ 葛孝亿、王彦：《农村学校布局调整的政策选择：公共理性的视角》，载《教育发展研究》2013 年第 Z2 期。

参与该程序并得到提出有利于自己的主张和证据以及反驳对方提出之主张和证据的机会。① 从国际视角看，发达国家对学校撤并有严格的法律程序规定，民众参与是最核心的内容之一。② 然而，雷万鹏、张婧梅发现，在我国农村学校撤并决策过程中，广大居民、家长和教师参与率极低，部分群众对学校撤并效果不满意，低收入者和边远山区农民对学校撤并效果满意度更低。他们提出，我国在学校布局调整决策机制上应当进行深刻变革。转变政府职能，理顺中央与地方权责关系，扩大民众参与，构建多元化利益表达机制，实施规范的学校撤并程序是改革的必由之路。③ 秦玉友、孙颖提出，在罗尔斯的三种程序公正中，"完善的程序公正"原则适合用于学校布局调整。完善的程序公正下，学校布局调整不仅有正确或公平的程序，而且有明确的调整目标和结果预期。但作者同时指出，完善的程序公正在学校布局调整过程中实行起来并非易事。④

第三节　学校适度规模研究

一、学校适度规模的界定

学校规模的大小，通常以在校生数为衡量指标。学校适度规模一直是教育研究中的不衰主题，也是农村中小学布局调整的核心问题之一。因为撤并小规模学校，兴办大规模学校成为新一轮学校布局调整的主导模式，在一些地区甚至出现了在校生数近万人的巨型学校。在学校布局调整的背景下，关于学校适度规模的问题又引起新的研究热潮。人们最关切且最急迫的问题是，学校多大规模才是合理的？

王善迈认为，学校适度规模是指，当学校的学生和教师（包括职工）及各项物质设备之间的比例构成处于最佳状态时的规模；⑤ 张学敏、陈相亮认为，所谓

① 陈瑞华：《通过法律程序正义——萨默斯程序价值理论评析》，《北大法律评论（第 1 卷）》，法律出版社 2000 年版，第 188 页。

② E. Fredua - Kwarteng. School Closures in Ontario：Who has the Final Say？. Journal of Educational Administration and Policy，No. 19，2005.

③ 雷万鹏、张婧梅：《构建公正的学校撤并程序——对民众参与度和满意度的实证调查》，载《全球教育展望》2011 年第 7 期。

④ 秦玉友、孙颖：《学校布局调整：追求与限度》，载《教育研究》2011 年第 6 期。

⑤ 王善迈：《教育经济学概论》，北京师范大学出版 1989 年版，第 221 页。

适度规模，是指能够保障最低质量学校教育的学校发展规模。此外，他提出适度规模不是一个点，而是一个变化的区间。① 靳希斌认为，学校适度规模，是指学校拥有恰好可以使资源获得充分与适当的运用，而又不衍生人际关系疏离和行政管理僵化等弊端的适当学生人数。② 易宗喜、许远南提出了学校办学规模是否适当的两个标准：其一，在保证一定的办学条件和学生质量的前提下，培养每名学生平均所需教育成本；其二，当教育成本一定时，学校某种规模状态下的办学条件及学生质量。③

二、学校适度规模标准

学校适度规模是一个相对的、动态的概念，不同国家、地区、处于教育的不同发展阶段，对学校适度规模的标准认定各异。纽曼（Newman）指出，中学的最优规模在500～1 000人范围内。在此范围内，学生教育活动参与率最高，而破坏和犯罪行为发生率最低。④ 威廉姆斯（Williams）认为，平均而言，小学的适度规模是学生数300～400人，中学的适度规模是学生数400～800人。⑤ 古德来得（Goodlad）认为，小学的规模不应超过300名学生，初中和高中学校的规模最多是500～600名学生。⑥ 施蒂费尔（Stiefel）和他的同事以纽约市121所小规模学校的数据，提出，与较小和较大规模的学校相比，学生数在600～2 000人的学校的成本—效益最高。⑦

国内学者对学校适度规模也有一定的探讨。刘宝超着眼于提高教育资源的使用效率，认为小学以每校18～24班，每班40～45人，全校720～810人为宜；中学以每校24～30班，每班40～50人，全校1 350～1 500人为宜。⑧ 马晓强基

---

① 张学敏、陈相亮：《论学校适度规模及其类型——基于数量与质量双重因素的分析》，载《高等教育研究》2008年第11期。

② 靳希斌：《教育经济学》，人民教育出版2009年版，第378页。

③ 易宗喜、许远南：《试论农村初中的办学规模》，载《南京师大学报（社会科学版）》1990年第3期。

④ Newman, F. M.. Reduction Student Alienation in High School: Implication of Theory. Harvard Education Review, No. 51, 1981: 546-564.

⑤ Williams, D. T.. The Dimensions of Education: Recent Research on School Size. Working Paper Series. Clemson, SC: Clemson University, Strom Thurmond Institute of Government and Public Affairs. (ED 347 006), 1990.

⑥ Goodlad, J. I.. A Place Called School. New York: McGraw-Hill, 1984.

⑦ Stiefel. L., Berne, R., Intarola, P. & Fruchter, N.. High School Size: Budgets and Performance in New York City. Educational Evaluation and Policy Analysis, No. 22, 2000: 27-39.

⑧ 刘宝超：《关于教育资源浪费的思考》，载《教育与经济》1997年第3期。

于我国教育发展规划和分类指导的原则，认为我国普通高中教育合理的办学规模可以设定为：普通高中学校控制在1 400人左右，城市及县镇高中可扩大为1 500人，农村高中应控制在1 000人左右。[①] 耿申综合考虑学校规模效益和教育质量两方面因素，结合北京的实际，提出了北京中小学适宜规模的标准：九年一贯制学校每年级2～4班，全校720～1 440人；独立设置的小学，每年级2～4班，全校480～960人；独立设置的初中，每年级6～8班，全校720～960人；独立设置的高中，每年级6～12班，全校720～1 440人。[②] 2008年，教育部根据《农村普通中小学校建设标准（试行）》，并结合农村教育发展的现实，编制了《农村普通中小学校建设标准》。按照修改后的定额标准，农村非完全小学的规模为120人；农村完全小学的规模为270～1 080人；农村初中的规模为600～1 200人。

三、学校适度规模实证研究

围绕学校理想规模的争论旷日持久。人们通常使用两类不同的标准推导出学校的“理想”规模：第一，适宜的学校规模是高效率的规模（经济学标准）；第二，适宜的学校规模是对其成员有良好影响的规模（社会学标准）。由此，关于学校规模的研究形成了两大分支。第一个分支研究学校规模经济问题，侧重于研究学校规模与教育成本的关系；第二个分支研究学生发展，侧重于探讨学校规模对学生学业成绩、行为等方面的影响。

（一）学校规模与教育成本的关系

大部分对学校规模经济的研究着力于对教育成本函数的估计，探讨学校规模对教育成本的影响，以判定学校是否存在规模经济。科恩（Cohn）对艾奥瓦州377所高中学区进行了经验分析，其研究结果显示：爱荷华高中办学存在显著的规模经济效应，但“最优化”的适度规模点并不存在。[③] 库马尔（Kumar）对加拿大滑铁卢郡（Waterloo）不同年份的成本对比分析表明，教育规模经济效应的确存在，并得出最优的学校规模为800～1 000人。[④] 希门尼斯（Jimenez）对

① 马晓强：《关于我国普通高中教育办学规模的几个问题》，载《教育与经济》2003年第3期。

② 耿申：《学校适宜规模及相关设施标准》，载《教育科学研究》2003年第5期。

③ Elchanan Cohn. Economies of Scale in Iowa High School Operations. The Journal of Human Resources, Vol. 3, No. 4, 1968.

④ Ramesh C. Kumar. Economic of Scale in School Operation: Evidence from Canada. Applied Economics, Vol. 15, No. 3, 1983.

巴拉圭和玻利维亚的研究结果表明，即使考虑到运输成本以后，仍然存在规模经济。[①] 施蒂费尔等（Stiefel et al.）对纽约市的121所高中进行了成本效益研究。在这项研究中，以学生数量为标准将121所学校样本分成3组：小规模高中（少于600名学生），中等规模高中（601～2 000名学生），大规模高中（2 001人以上）。研究表明，小规模高中的生均预算最高，大规模高中的生均预算最低。[②]

教育领域尽管存在规模经济，但是学校规模与教育成本之间并非简单的正向关。图纳和思拉舍（Tuner & Thrasher）的一项对学校规模（其中包括超过3 000人的学校）和生均成本的研究发现，当学生数超过1 000人时，生均成本降低的量极小。[③] 科恩和胡（Cohn & Hu）的一项对密歇根州中等学校的研究发现，不存在总体规模经济，但在分析项目成本时发现，许多项目中确实存在规模经济。[④] 福克斯（Fox）发现，生均成本事实上呈"U"型曲线：当学生人数超过最优规模时增加而非降低了生均成本。[⑤] 麦肯齐（McKenzie）认为，许多关于学校规模—成本关系的分析简单化，没有产生有用的信息。他利用数学模型描述了学校规模—成本之间呈"U"型关系。也就是说，随着学校注册人数的增加，生均成本确实呈现下降趋势；然而，达到最低点后，生均成本随着学校人数的增加而上升。[⑥] 雷威德（Raywid）认为，"当以生均成本为基础进行衡量，小规模学校的成本相对昂贵；但如果以毕业学生作为测量的基础时，小规模学校的成本低于中等规模和大规模学校。"[⑦] 对此，秦玉友和宋维玉对我国学校布局调整政策进行反思，他们认为从规模经济视域看，适度的学校撤并扩大学校规模体现出积极的经济学意义。但是，一些未止于适度合理调整的农村学校布局调整实践，只顾学校规模与学校数量两个变量产生的办学成本，而忽略第三个变量家校距离产生的办学成本与上学成本，不当运用规模经济效益理论，结果导致边际效益

---

① Jimenez, E.. The Structure of Educational Costs: Multiproduct Cost Functions for Primary and Secondary Schools in Latin America. Economics of Education Review, Vol. 5, No. 1, 1986: 25－39.

② Stiefel. L., Berne, R., Intarola, P. & Fruchter, N.. High School Size: Budgets and Performance in New York City. Educational Evaluation and Policy Analysis, No. 22, 2000: 27－39.

③ Turner, Claude C., Thrasher, James M.. School Size Does Make a Difference. San Diego, CA: Institute for Educational Management. ERIC Document Reproduction Service No. ED043946.

④ Cohn, E. & Hu, T. W.. Economies of Scale, by Program, in Secondary Schools. Journal of Educational Administration, Vol. 11 No. 2, 1973: 302－313.

⑤ Fox, W. F.. Reviewing Economies of Size in Education. Journal of Educational Finance, No. 6, 1981: 273－296.

⑥ McKenzie, P.. The Distribution of School Size: Some Cost Implications. Paper Presented at the Annual Meeting of the American Educational Research Association, Montreal, Quebec, Canada, April 1983 (ED 232 256).

⑦ Raywid, Mary Ann. Current Literature on Small Schools. ERIC Digest EDO－RC－98－8. January 1999.

递减，提供的教育服务缩水，教育问题和社会代价增加，农村学校布局调整的经济效益稀释。①

（二）学校规模与学业成绩的关系

1. 学校规模与小学生学业成绩的关系

大多数研究表明，学校规模与小学生学业成绩负相关。即学校规模越大，小学生学业成绩越低；学校规模越小，小学生学业成绩越高。布拉德利等（Bradley et al.）对卡罗来纳州的847个小学（k～5年级）的学校规模与学生成绩关系的分析表明，无论是阅读还是数学成绩，最小规模的学校（不足350人）的成绩最高，中等规模学校的数学成绩高于最大规模的学校。雷迪和李（Ready & Lee）的研究显示，同样是小学一年级的学生，无论是读写能力还是数学的学习，大规模学校（注册人数超过800人）都比小规模学校差。② 库茨尔姆（Kuziemko）在印第安纳州进行的研究同样证明学校规模与学生成绩成反比关系。他研究了小学规模对数学、语言成绩等情况的影响，发现学生在规模较大的学校（或规模较小的学校）学习时间越久，他们的成绩下降（或提高）的幅度越大。③

2. 学校规模与中学生学业成绩的关系

有关学校规模与中学生学业成绩的关系，学术界未能达成一致意见，主要有四种观点。

第一，学校规模与学生学业成绩负相关。福勒和沃尔伯格（Fowler & Walberg）采用新泽西州293所公立高中学校的学生成绩数据进行分析，研究发现，学校规模与高中学生的数学和写作成绩呈反比。即使在控制了学生的家庭经济收入因素后，学校规模的影响仍然具有统计上的显著性。④ 比克尔等（Bickel et al.）在得克萨斯州的研究表明小规模学校更有优势。⑤ 布拉德利等（Bradley et al.）对卡罗来纳州的308个初中（6～8年级的学校）的学校规模与学生成绩的关系进行分析。他们将学校按照在校生人数分为三组：不足400人的

① 秦玉友、宋维玉：《农村学校布局调整的“经济”与“不经济”》，载《南京社会科学》2018年第1期。

② Ready, D. D., Lee, V. E.. Optimal Context Size in Elementary Schools: Disentangling the Effects of Class Size and School Size. Brookings Papers on Education Policy, No. 9, 2006: 99－135.

③ Kuziemko, I.. Using Shocks to School Enrollment to Estimate the Effect of School Size on Student Achievement. Economics of Education Review, No. 25, 2006: 63－75.

④ Fowler, W. J. & Walberg, H. J.. School Size, Characteristics, and Outcomes. Educational Evaluation and Policy Analysis, No. 13, 1991: 189－202.

⑤ Bickel R., Howley, C., William S. T. & Glascock, C.. High School Size, Achievement Equity and Cost: Robust Interaction Effects and Tentative Results. Education policy Analysis Archives, Vol. 9, No. 40, 2001, http://epaa.asu.edu/epaa/v9n40.html.

学校、400～700 人的学校、超过 700 人的学校。研究发现，最小规模的学校（人数不足 400 人）无论阅读还是数学成绩都高于另外两组学校。①

第二，学校规模与高中学生成绩正相关。福伯斯等（Forbes et al.）对北卡罗来纳州的 94 所高中学校的学校规模、资金水平、课程与学生成绩的关系进行了研究。他们发现，大规模学校比小规模学校的学生更可能在生物和物理方面取得高分。② 施奈德等（Schneider et al.）使用 ELS 2002 年的数据，采用多水平分析模型发现，数学平均成绩最高的分数存在于最大规模的学校（在校生数大于 2 000 人）。③

第三，学校规模与学生学业成绩无关。林赛（Lindsay）对来自全美的 14 000 个高中学生样本进行分析，尚未发现学校规模与学生学术能力之间有显著关联。④ 朱厄尔（Jewell）对美国 50 个州和哥伦比亚特区的学校规模与大学入学分数（大学入学分数是高中学习阶段的最终成绩）关系的研究中，在控制了贫困这一因素后，没有发现学校规模与美国大学入学考试（ACT）或学术能力评估测试（SAT）分数显著相关。⑤

第四，学校规模与学生成绩的关系是非线性的。李和史密斯（Lee & Smith）的结果表明，理想的高中学校规模是学校招生人数在 600～900 人。规模小于该范围的学校学生所学知识有限；规模大于该范围的学校（尤其是学生数超过 2 100 人），学生所学也受到限制。⑥ 英国的福尔曼·佩克（Foreman - Peck）也得出了相似的结论，认为学校规模与学习成绩之间是一种非线性关系，呈倒"U"型。⑦

---

① Bradley et al.. School Size and its Relationship to Achievement and Behavior, 2000. http://www.ncpublicschools.org/docs/data/reports/size.pdf.

② Forbes, R. H., Fortune, J. C. & Packed, A. L.. North Carolina Rural Initiative Study of Secondary Schools: Funding Effects on Depth of the Curriculum. http://www.eric.ed.gov/PDFS/ED360133.pdf. 1993.

③ Schneider, B., Wyse, A. E. & Kessler, V.. Is Small Really Better? Testing Some Assumptions About High School Size. Project MUSE. 2007. Retrieved on August 8th, 2007, http://muse.jhu.edu.

④ Lindsay, P.. High School Size, Participation in Activities, and Young Adult Social Participation: Some Enduring Effects of Schooling. Educational Evaluation and Policy Analysis, No. 6, 1984: 73 - 83.

⑤ Jewell, R. W.. School and School District Size Relationships: Costs, Results, Minorities, and Private School Enrollments. Education and Urban Society, No. 21, 1989: 140 - 153.

⑥ Lee, V. E. & Smith, J. B.. High School Size: Which Works Best and for Whom?. Educational Evaluation and Policy Analysis, No. 19, 1997: 205 - 227.

⑦ Foreman - Peck, J. & Foreman - Peck, L.. Should Schools be Smaller? The Size - Performance Relationship for Welsh Schools. Economics of Education Review, 2006.

第四节　学校布局调整政策研究

农村中小学布局调整是伴随着学校在空间上的重新分布，引起的不同利益主体的利益博弈与平衡的过程。从实质上看，农村学校布局调整是一项有关农村教育发展的公共政策。现有文献从政策制定、政策执行、政策变迁及反思等方面对农村中小学布局调整政策进行了研究。

一、学校布局调整政策制定

在基础教育“以县为主”的管理体制下，农村中小学布局调整政策制定应尽量吸纳民意，使之满足最多数民众的最大利益。雷万鹏、张婧梅以“是否征求过意见”来测量民众在学校布局调整决策中的参与率，研究发现，超过75%的教师、居民和家长未参与学校撤并决策[①]；华中师范大学范先佐教授带领的研究团队对湖北、河南等6省份的调查同样发现，学校撤并决策中农村家长的参与度较低。[②] 叶庆娜发现，在学校撤并时，表示“被征求过意见”的家长仅占有效样本的20.6%，而另外近八成的家长未被征求过意见，他们扮演的只是被动的接受者角色，在自上而下的政策制定过程中，他们缺乏参与决策、表达意愿的机会。[③] 以上研究表明，农村学校布局调整政策制定具有明显的政府主导色彩，并未做到“问政于民”。

二、学校布局调整政策执行

（一）学校布局调整政策执行方式

范先佐依据调整过程中政府行政方式选择的类型，将学校布局调整政策的执行方式划分为示范方式、强制方式和示范与强制相结合的方式。其中，示范的方

---

① 雷万鹏、张婧梅：《构建公正的学校撤并程序——对民众参与度和满意度的实证调查》，载《全球教育展望》2011年第7期。

② 贾勇宏：《农村学校布局调整过程中的利益冲突与协调》，载《教育发展研究》2008年第7期。

③ 叶庆娜：《农村中小学布局调整的评价：家长视角》，载《教育发展研究》2012年第24期。

式是一种较为理想的方式。[①] 华中师范大学“中西部地区农村中小学合理布局结构研究”课题组在对中、西部地区调查与分析之后，提出了布局调整在实践中的具体实施方式可以分为完全合并式、兼并式、交叉式和集中分散式四种主要模式。[②] 孙家振提出农村义务教育学校布局调整的三种基本模式，即适度集中、初中从完中脱离和九年一贯制。[③] 雷万鹏通过建立多元回归模型提出，“自然型调整”与“政策型调整”构成我国义务教育阶段学校布局调整的两大推力。其中，“政策型调整”是2001年以后学校布局调整的主要类型。[④] 叶庆娜发现，在学校撤并的几种方式中，选择“广泛征求意见”“行政与协商相结合”“行政命令，强制撤并”“减少投入，迫使学生转学”的家长比例分别占32.0%、28.5%、28.6%和5.5%。[⑤]

（二）学校布局调整政策执行中的利益博弈

张洪华将学校布局调整涉及的利益主体进行了详细的梳理，包括各级政府、村委会、学校管理委员会、校长、学生、家长、教师、专家学者等[⑥]。由于不同利益主体表达、争取自我利益的能力、组织方式以及占有社会资源不同，在利益博弈过程中的权力具有不对等性。在学校布局调整这一问题的博弈上，政府处于强势地位，政府的利益能够得以充分表达，既可以通过行政的力量进行宣传，还可以利用资源和行政手段进行强制性的布局调整；群众（家长）处于弱势地位，其利益诉求难以表达。然而，张洪华指出，政府并不能完全任意作为，一旦布局调整损害了地方群众的利益，他们便会用弱者的武器，如消极应付、阳奉阴违、假装糊涂、造谣诽谤等手段进行抵抗，甚至采用围攻、上访、聚众闹事等方式阻止调整方案的落实。[⑦] 谭春芳认为，农村学校布局调整政策执行主体是地方政府，目标群体主要是村民和学生，二者存在利益冲突，目标群体利益受损。[⑧] 曹晶指出，县级政府的“经济理性”追求，“以县为主”的教育管理体制，监督和问责

---

① 范先佐：《农村中小学布局调整的原因、动力及方式选择》，载《教育与经济》2006年第1期。

② 中西部地区农村中小学合理布局结构研究课题组：《我国农村中小学布局调整的背景、目的和成效——基于中西部地区6省区38个县市177个乡镇的调查与分析》，载《华中师范大学学报（人文社会科学版）》2008年第4期。

③ 孙家振：《调整学校布局优化资源配置——关于农村义务教育阶段学校布局调整的实践与思考》，载《山东教育科研》1997年第1期。

④ 雷万鹏：《义务教育学校布局：影响因素与政策选择》，载《华中师范大学学报（人文社会科学版）》2010年第5期。

⑤ 叶庆娜：《农村中小学布局调整的评价：家长视角》，载《教育发展研究》2012年第24期。

⑥⑦ 张洪华：《农村中小学布局调整中的利益博弈——基于苏镇个案的实地研究》，华东师范大学博士学位论文2011年，第64页。

⑧ 谭春芳：《公共政策视角下农村学校布局调整探析》，载《中国教育学刊》2012年第10期。

机制缺乏，县级政府和中央政府、农村居民的双重博弈是导致政策执行偏差的主要原因。[①]

三、政策变迁与反思

吴亚林回顾了自 2001 年以来农村义务教育学校布局调整的宏观教育政策，分析义务教育学校布局调整政策的背景、起源、进展和实施情况，探讨在新形势下义务教育学校布局调整面临的新问题和新趋势。[②] 赵杰将农村义务教育学校布局调整政策的变迁划分为四个阶段：政策酝酿期——以追求效率为目的；政策加速期——效率为主，初涉教育公平；政策转型期——效率与公平并重；政策成熟期——注重人文、伦理关怀。[③] 庞丽娟对农村中小学布局的政策分析表明，部分地区对学校布局调整政策的片面理解，导致农村学校大面积被“撤并”，由此导致儿童辍学率上升、家庭经济负担加重。未来学校布局调整政策应当充分考虑不同区域地理环境和农村群众的可接受程度，分地区、分阶段逐步调整，避免因过快调整带来的负面影响。[④] 岳伟、徐洁认为，在功利主义思想的指引下，学校布局调整政策的价值取向被异化为“效益至上”，这种价值取向使学校布局调整表现出具有过度追求规模效益、行政干预简单粗暴、撤并程序严重失范、盲目崇拜速度与数量等实践特征。[⑤] 王树涛、毛亚庆也认为在农村学校布局调整政策的制定与执行中，政策执行者的功利主义逻辑与政策制定者的直觉主义逻辑存在根本的冲突与缺陷，并缺乏对利益相关者多元利益诉求的回应。[⑥]

秦玉友提出，学校布局调整不能触及“底线”，这些底线包括：确保学生在场——学校布局调整的教育意义底线；确保生命安全——学校布局调整推进的公众支持底线；确保学生身心健康——学校布局调整实施的优先目的底线；保证文

① 曹晶：《农村学校布局调整政策执行偏差及改进对策研究——以县级政府为执行主体的视角》，载《教育理论与实践》2015 年第 19 期。

② 吴亚林：《义务教育学校布局：10 年来的政策回顾与思考》，载《教育与经济》2011 年第 2 期。

③ 赵杰：《农村义务教育学校布局调整政策：变迁、反思与展望》，载《教育发展研究》2013 年第 8 期。

④ 庞丽娟：《当前我国农村中小学布局调整的问题、原因与对策》，载《教育发展研究》2006 年第 4 期。

⑤ 岳伟、徐洁：《农村中小学布局调整的公正性反思》，载《湖南师范大学教育科学学报》2015 年第 3 期。

⑥ 王树涛、毛亚庆：《农村学校布局调整政策逻辑的反思与重构》，载《教育发展研究》2015 年第 10 期。

化多元——学校布局调整实践的意义观照底线。[①]

王海英在梳理各方有关学校“撤留之争”的基础上，提出学校布局调整的方向选择，即不能以规模效益为指针，对布局调整工作急推冒进；在保障教育公益性方面，要始终强调政府的主导责任；学校布局调整要与乡村社会的发展与城镇化进程联系起来。[②]

雷万鹏从农村家庭教育需求视角探讨了义务教育学校布局问题。他认为，根据农村家庭教育需求的差异化特征，我国义务教育学校布局调整政策必须实现新的转型：从大规模撤并学校向基本稳定学校数量转型，从关注农村家庭教育的“强势需求”向关注“弱势需求”转型，从追求集中化办学向关注农村小规模学校发展转型。重视农村学校的发展价值，以倾斜性政策提高农村学校质量，增强农村教育的吸引力，建立起居住地与求学地相匹配，乡村、乡镇和城区学校各归其位、共同发展的格局是学校布局调整政策转型的必然选择。[③]

第五节　学校布局调整的成效与问题

一、学校布局调整的成效

关于学校布局调整政策取得的成效，主要涵盖以下四个方面：一是学校布局调整政策促进了教育资源的优化配置；二是学校布局调整政策提升了农村学校的规模效益；三是学校布局调整政策促进了区域内教育的均衡发展；四是学校布局调整政策推动了农村教育质量的提高。

郭清扬基于中部六省份的实证研究指出，布局调整政策的实施初步解决了农村中小学布局中存在的“数量多、规模小”的问题，通过布局调整，教育资源的配置更加合理，学校的规模效益和教育质量得到了提高，并且促进了区域内的教育均衡发展[④]。高学贵则对农村中小学布局调整带来的正效应进行了分析，认为

---

① 秦玉友：《农村学校布局调整的认识、底线与思路》，载《东北师大学报（哲学社会科学版）》2010 年第 5 期。

② 王海英：《农村学校布局调整的方向选择——兼谈农村学校“撤存”之争》，载《东北师大学报（哲学社会科学版）》2010 年第 5 期。

③ 雷万鹏：《家庭教育需求的差异化与学校布局调整政策转型》，载《华中师范大学学报（人文社会科学版）》2012 年第 6 期。

④ 郭清扬：《我国农村中小学布局调整的具体成效——基于中西部 6 省区的实证研究》，载《教育与经济》2007 年第 2 期。

它解决了农村学校布局分散、规模偏小和效益不高的问题，使教师资源得到进一步优化，教师专业化程度得到明显提高，并改善了农村学校办学条件，使农村学校教学设备进一步优化，同时，作为学校布局调整政策的重要配套性工程，寄宿制学校建设在一定程度上保证了学生的健康成长，促进了教育质量的提高。① 范先佐等基于实证研究的分析结论指出，布局调整促进了教育资源的合理配置，提高了农村学校的规模效益，促进了区域内教育的均衡发展，提高了农村学校的教育质量。② 马萍基于 X 省 2002～2013 年数据的 DEA 分析发现，2002～2008 年间，基础教育资源配置效率达到最优，教育资源被充分利用；2008 年之后配置效率呈现下降的趋势，但整体处于规模报酬递增阶段。③ 然而针对这些论点，也有学者提出了不同的意见，如丁冬、郑风田基于 1996～2009 年的省级面板数据，通过固定效应模型、德里斯科尔和卡拉伊（Driscoll and Kraay，1998）方法以及工具变量方法的实证结果显示，撤点并校在实施过程中受地方政府自利性影响，小学撤并伴随地方普通小学教育经费所占财政比重的显著下降，地方政府借撤点并校之机挤占并压缩了教育财政所占比例。④ 如范铭等对农村中小学布局调整的成效表示质疑，他们通过对陕西省 13 个区县展开实证调查后提出，农村中小学布局调整所追求的三个目的——合理配置教育资源、提高教育质量、促进教育均衡发展——均未达成。⑤

二、学校布局调整中的问题

对于学校布局调整中存在的问题，学者从不同的角度进行了各自的阐述，归纳起来，可以将其分为六个方面。

一是布局调整带来上学成本增加、闲置校产处置以及办学经费紧缺等问题，这是布局调整政策所带来的最直接影响。二是布局调整引发的社会纠纷与矛盾，"政绩化""运动式"的布局调整推进忽视了民众的利益诉求和现实困难，从而影响了民众对政府的认同感和信任感。三是布局调整对教育公平和农村文化的影

---

① 高学贵：《农村学校布局调整的效应及对策分析》，载《中国教育学刊》2011 年第 5 期。

② 范先佐、郭清扬：《我国农村中小学布局调整的成效、问题及对策——基于中西部地区 6 省区的调查与分析》，载《教育研究》2009 年第 1 期。

③ 马萍：《学校布局调整中基础教育资源配置效率评价——基于 X 省 2002—2013 年数据的 DEA 分析》，载《中国人口·资源与环境》2017 年第 11 期。

④ 丁冬、郑风田：《撤点并校：整合教育资源还是减少教育投入？——基于 1996—2009 年的省级面板数据分析》，载《经济学（季刊）》2015 年第 2 期。

⑤ 范铭、郝文武：《对农村学校布局调整三个"目的"的反思——以陕西为例》，载《北京大学教育评论》2011 年第 2 期。

响，如大批教学点的裁撤和小规模学校发展的受限使得家住偏远地区的学生受教育权利难以得到保障，从而损害了弱势群体的利益，不利于教育公平的实现，而众多村小的撤并也使其原本所肩负的社区文化传承功能受到不利影响。四是布局调整所带来的学校管理问题。如学校规模增大所引发的学校机构臃肿、"大班额"问题，以及寄宿制学校在安全、生活、财务管理等方面的困境。五是布局调整引发了教育质量的下滑与学校辍学率的回升等。六是布局调整相关配套政策的不到位影响了布局调整政策的实施效果。

针对以上问题，学者们展开了卓有成效的研究，如庞丽娟归纳出布局调整政策实施以来由于政策执行偏差所导致的新问题：第一，扩大了家校距离，加大了学生上学的时间及精力耗费，并引发了严重的安全隐患；第二，增加了农民子女的教育成本，加重了学生家庭经济负担；第三，由寄宿制学校安全、管理等方面引发的问题对学生身心健康造成了不利影响；第四，中心学校"臃肿化"，不仅加重了教师负担，还影响了教育质量；第五，部分地区农民切身利益受损，从而为社会稳定带来隐患。而之所以会产生这些问题，主要是由于政策理解偏差，布局调整"政绩化"，缺乏前期调研及论证这三方面原因引起的。[①] 吴宏超则认为当前的布局调整政策存在着公平与效率冲突，中心校与教学点难以兼顾，寄宿制学校建设堪忧等现实困境，要打破这些发展困境，需要在筹资体制、校办产业发展以及教学点建设上有更好的作为。[②] 赵丹则基于 GIS 的分析方法对布局调整过程中存在的急功近利和"一刀切"现象进行了分析，认为导致学生上学远的原因除了家校距离的增大等因素外，政府缺乏实践论证，未能考虑山区特殊地形也是十分重要的原因。[③] 庞晓鹏等发现，在学校布局调整后，农村小学教育产生了新的不公平的特征：为了让子女获得相同水平的教育，低经济水平家庭要付出更高的成本租房陪读，学校布局调整显著提高了低经济水平家庭家长租房陪读概率。[④]

此外，也有学者认为，布局调整引发了学生辍学率的回升，农村文化阵地的流失、学前教育受阻以及教育经费的短缺等一系列问题，如东北师范大学农村教育研究所对 6 省份 17 所农村初中历时两年的调查显示，初中学生的平均辍学率超过 40%，而农民教育成本的增大在一定程度上加剧了辍学率的上升。王桂臣

---

① 庞丽娟：《当前我国农村中小学布局调整的问题、原因与对策》，载《教育发展研究》2006 年第 4 期。

② 吴宏超：《农村中小学布局调整的困境与出路》，载《华中师范大学学报（人文社会科学版）》2007 年第 2 期。

③ 赵丹：《农村学校布局调整的过程、问题及结论——基于 GIS 的分析》，载《教育与经济》2012 年第 1 期。

④ 庞晓鹏等：《农村小学生家长租房陪读与家庭经济条件——学校布局调整后农村小学教育不公平的新特征》，载《中国农村观察》2017 年第 1 期。

则指出布局调整的推进使得许多原本扮演着社区文化中心的中小学被裁撤，从而造成了农村文化阵地的流失。① 卜文军、熊南凤在对贫困地区中小学布局调整情况进行调研分析后发现，学校撤并使得原先依附于村小的乡村学前班被一并撤除，而新合并的中心校由于校舍普遍紧张而无法组织学前教育，从而使得农村地区的学前教育事业出现倒退。② 杨玉春认为，教育经费投入不足和教育资源配置不合理导致了学校被迫负债发展，从而为学校发展的稳定性埋下了重重危机，学校发展缺乏配套资金，经费不足仍是布局调整后的主要障碍。③ 另外，许多学者在其研究中都指出，国家财政体制改革以及财政责任的调整使得众多地方政府，尤其是贫困地区的地方政府无力提供教育发展所需要的经费，许多地方政府选择将布局调整作为节省开支、减轻财政负担的一种手段，片面追求规模效应而一味地简单撤并。④

针对农村中小学布局调整中出现的问题，研究者提出了相应的对策，比如：构建公正的学校撤并程序；⑤ 确立多样化的学校撤并标准；确保多主体参与教育政策的制定与执行；⑥⑦ 保障寄宿制学校的良性健康发展；⑧ 遏制大规模学校和大班额问题；⑨ 保留并发展小规模学校；⑩ 实施农村校车制度等。⑪

---

① 王桂臣：《关于农村中小学布局调整负面影响的思考》，载《河北教育》2005 年第 17 期。

② 卜文军、熊南凤：《农村贫困地区中小学布局结构调整存在的问题与对策》，载《教育与经济》2007 年第 4 期。

③ 杨玉春：《山东省农村义务教育学校布局调整的实证调查分析》，载《当代教育科学》2010 年第 13 期。

④ 熊向明：《对当前农村中小学布局调整的反思——河南中原地区农村中小学布局调整调查分析》，载《教育与经济》2007 年第 2 期；胡彦杰：《当前农村小学布局调整中存在的问题与对策》，载《当代教育论坛》2005 年第 6 期。

⑤ 雷万鹏、张婧梅：《构建公正的学校撤并程序——对民众参与度和满意度的实证调查》，载《全球教育展望》2011 年第 7 期。

⑥ 姚佳胜：《中小学布局调整政策地方执行动力机制及启示》，载《教育探索》2016 年第 5 期。

⑦ 雷万鹏、张婧梅：《学校布局调整应回归教育本位——对学校撤并标准的实证分析》，载《教育研究与实验》2010 年第 3 期；邬志辉：《中国农村学校布局调整标准问题探讨》，载《东北师范大学学报（哲学社会科学版）》2010 年第 5 期。

⑧ 王景、张学强：《当前我国农村义务教育阶段寄宿制学校发展的问题研究》，载《教育科学》2010 年第 3 期；董世华：《我国农村寄宿制中小学运行成本分担问题研究——基于公共产品理论的视角》，载《教育发展研究》2011 年第 19 期。

⑨ 张新平：《巨型学校的成因、问题及治理》，载《教育发展研究》2007 年第 1 期；杨海燕：《超大规模学校的现实困境与规模选择》，载《国家教育行政学院学报》2007 年第 8 期。

⑩ 赵丹、吴宏超：《农村教学点的现状、困境及对策分析》，载《教育与经济》2007 年第 3 期；秦玉友：《农村小规模学校教育质量困境与破解思路》，载《中国教育学刊》2010 年第 3 期。

⑪ 雷万鹏、徐璐：《农村校车发展中的政府责任——以义务教育学校布局调整为背景》，载《中国教育学刊》2011 年第 1 期；周洪宇：《实施“全国校车安全工程”的建议》，载《中小学管理》2011 年第 4 期。

第六节 对现有研究的评述

通过对学校布局调整文献的梳理，可以发现，现有研究从理论和实践层面提供了大量有价值信息，比如学校适度规模问题、学校布局调整的标准问题；特别是对学校布局调整中教育成本、教育公平、教育效率与教育质量关系的研究，对人们思考和分析义务教育学校布局调整中的问题有重大参考价值，这些研究奠定了本研究的知识基础。尽管如此，现有研究还存在一些缺憾和不足。

第一，现有研究缺乏对人口流动和经济发展的趋势分析，由此导致很多文献对学校布局调整的研究基本上属于“事后研究”，缺乏政策前瞻性和战略性。

第二，现有研究在研究方法上存在两种偏差。其一，拘泥于对学校布局调整的现象描述，缺乏对学校布局内在规律和制约因素的深刻分析，特别是运用计量经济学方法分析学校布局调整的影响因素；其二，在借鉴国外有关学校布局成果时，缺乏对中国国情的认识及对我国学校布局独特矛盾的深刻认识，由此导致国外经验的介绍和学习存在一定的盲目性。比如，有关学校适度规模、班级适度规模的研究不应当被视为放之四海皆准的“硬标准”，应当结合各国实际因地制宜、灵活运用。

第三，现有研究缺乏多学科视野。现有研究主要是教育学和经济学研究，往往缺乏社会学、人类学研究视野。考虑到学校布局调整研究，不仅涉及人口、经济发展等宏观变量，还涉及不同利益主体的偏好、需求和价值问题，因此，运用访谈等人类学研究方法了解学生、家长和教师对学校布局调整政策的态度和价值判断，有助于深度分析学校布局调整政策。

第四，现有研究缺乏对不同利益主体的关注。学校布局调整是伴随着学校在空间上的重新分布而引起的不同利益主体的利益博弈过程。从实质上看，学校布局调整是利益的调整。然而，在已有研究中，对学校布局调整中不同利益主体的关注不够，尤其是对学生、教师、家长等“沉默的大多数”的关注不足，这种不足影响人们对义务教育布局调整政策的客观评价。

从中国义务教育学校布局调整的现实出发，我们需要思考的问题是：面对城镇化发展和农村生源变动的新趋势，学校布局调整应遵循的基本原则是什么？在中国背景下，学校布局调整政策实施及变革模式是什么？如何在方便儿童入学、优化资源配置、促进教育均衡发展与提高教育质量之间寻求适合国情的多元化学校布局模式？能否从经济、社会、文化和教育等多学科视域评价不同办学形式的成本与效益，从而为学校布局调整政策制定提供更坚实的知识基础？国外中小学布局调整能为我国学校布局调整实践提供哪些有价值的参考？

本书希望在现有研究基础上，综合运用经济学、社会学、教育学和人类学分析范式对学校布局调整问题进行实证研究。与现有研究不同的是，本书更加注重宏观、中观和微观三个层面的分析。在宏观层面上，本书将系统回顾我国义务教育学校数量变化及在校生变动趋势；通过政策文本分析，揭示出30多年来我国义务教育学校变迁的影响因素。在中观层面上，本书运用问卷调查、访谈等研究方法对东、中、西等省份进行实证调查，了解区域内学校布局调整历史、现状及未来面临的挑战，在上述区域的选择中，有针对性地分析山区、丘陵、平原等区域学校布局调整存在的问题及其变革措施。在微观层面上，本书将聚焦于不同的群体，对学生、家长、村民、教师、校长、教育行政部门、政府部门等进行问卷调查和访谈。深入分析学校布局调整中不同利益主体的偏好和期望，了解学校布局中的矛盾冲突及化解上述矛盾的有效措施。

第三章

研究方法与研究设计

第一节 研究范式

没有最好的研究方法，只有最适合解决问题的方法。义务教育学校布局调整问题涉及农村小规模学校发展、农村校车、寄宿制学校建设、闲置校产处置、学校撤并标准、撤并程序等难点热点问题，也涉及不同区域学校布局调整的多元化模式研究。从解决问题的角度出发，本书研究拟采取量化与质化相结合的范式，即混合研究范式。

一、量化研究与质化研究比较

量化研究与质化研究是社会科学领域两种不同的研究范式。量化研究遵循实证主义的方法，强调事实的客观实在性，注重研究结论的普适性和可推广性；质化研究以现象学、诠释学、批判理论、民俗方法学、符号互动论等为其哲学基础，注重解释建构，强调研究者和研究对象的互动及其意义阐释。量化研究基于实证主义和后实证主义，强调事实的客观实在性；质化研究基于现象学、建构主义、解释主义，强调对象的主观意向性，注重解释建构，强调知识产生于人类互动中，人们所赋予事物的意义也是知识。量化研究与质化研究的差别参见表3-1。

表3-1　量化研究与质化研究的比较

	量化研究	质化研究
研究问题	预先明确	一般性引导
结构设计	严谨	松散
资料获取方法	统计报表、问卷法、量表测量、文献法	访谈、观察、文献法
资料分析	数理分析	理解、阐释

注：主要内容参考了基思·F. 潘奇（Keith F. Punch）著的《社会科学研究法：量化与质化取向》以及风笑天的论文《社会调查方法还是社会研究方法》。

具体而言，首先，从研究问题看，量化研究往往有预先的问题假设，而质化研究则是一般性引导，在研究中发现和剖析问题。其次，在结构设计上，量化研究更为严谨，质化研究则多以松散的设计呈现，以保证研究过程的灵活性。再次，两者的资料获取方法不同，前者多用统计、问卷方法，后者多用访谈、观察等方法。最后，两者的区别在于对资料的处理方式上，量化研究多采用数理统计方法验证其问题假设，后者则通过对现有资料的理解和阐释来描述现象，分析现象。

不过，量化研究与质化研究的区分只是相对的，针对同一研究问题，两者各有其优势。量化研究解决"是什么"和"什么样"的问题，偏重于描述问题，便于把握整体特征；而质化研究回答"如何"和"为什么"的问题，偏重于分析事件发生过程。量化研究强调价值中立，侧重客观表述；质化研究重视研究者和研究对象的主体性介入，在理解中接近事实真相。基思·F. 潘奇（Keith F. Punch）认为："量化研究在获取社会生活特征的结构上特别有效，而质化研究在过程方面则较强。这些各自的优势可以在研究中结合起来使用。"①

混合研究方法是继量化研究和质化研究之后的"第三种教育研究范式"或教育研究运动的"第三次浪潮"②。美国学者约翰逊和奥屋格普兹（Johnson & Onwuegbuzie）对混合研究方法的优势进行了系统的总结，③ 其主要观点是：（1）研究中所使用的话语、图片和故事与数字相得益彰，前者增加了数字的意义，数字又增强了前者的准确性；（2）量化研究与质化研究的优势同时彰显，一种方法可以用来弥补另一种方法的不足；（3）研究结果的互证提高了研究结论的信度；（4）提高研究结果的推广性。量化研究和质化研究是并非相互排斥，而是

① ［英］基思·F. 潘奇著，林世华等译：《社会科学研究法：量化与质化取向》，心理出版社2005年版，第37页。

②③ Johnson, R. B., Onwuegbuzie, A. J.. Mixed Methods Research: A Research Paradigm Whose Time has Come. Educational Researcher, Vol. 7, No. 33, 2004: 12-26.

相互兼容的。布里曼（Bryman）认为融合量化和质化研究的理由是利用两种研究取向的长处，规避两者的弱点，[①] 但是否采用混合研究设计，应视研究的实际环境而定。[②]

通过上述比较，不难发现，研究方法本身并不存在对与不对、好与不好之分，只有与研究问题以及研究过程中其他因素相联系时才可能衡量其是否适宜[③]。由此，本书对农村小规模学校发展、寄宿制学校发展、农村校车、闲置校产、学校布局标准、撤并程序等议题的研究，始终贯彻了量化研究与质化研究相结合的思想，这种选择并不是为了追求研究范式的多样性和复杂性，而是问题研究的真实需要。比如，笔者对农村小规模学校的研究，既需要从统计数据出发，利用大规模调查数据比较大规模学校与小规模学校在师资、经费等指标上的差异，也要利用访谈、观察等质化研究方法透视小规模学校与外界的互动，理解小规模学校教师的生存困境与生活意义。如此，量化与质化研究的结合才可能深度揭示农村小规模学校的弱势地位，为国家相关政策制定提供更完善、更真实的信息。

二、混合研究的类型选择

混合研究有三层含义：第一，既使用量化研究方法也使用质化研究方法；第二，两种方法可以在研究中的任何阶段、以多种方式予以结合；第三，选择何种方法服务于解决问题的需要，量化与质化互相取长补短。

阿巴斯·塔沙克里（Abbas Tashakkori）和查尔斯·特德莱（Charles Teddlie）根据量化与质化方法在研究中的地位和先后顺序，将混合方法分为以下五种类型。[④] 一是顺序设计（sequential studies），即"先量后质"或"先质后量"，先搜集量化资料分析后，再搜集质性的资料加以解释、验证，称为解释性设计（explanatory design）；或者先搜集质性资料，从质性资料中分析整理出初步的结果，再依此结果编制成量化工具，接着进行量化资料搜集与分析，此种型态称为探索性设计（exploratory design）[⑤]。二是平行或同时设计（parallel/simultaneous studies），研究者同时使用两种方法收集资料、进行分析。三是主辅设计（domi-

---

① Bryman. A Quantity and Quality in Social Research. Unwin Hyman, 1988.

② Creswell, J. W. Research Design: Qualitative and Quantitative Approaches. Thousand Oaks, CA: Sage, 1994.

③ 陈向明：《质的研究方法与社会科学研究》，教育出版社 2000 年版。

④ Tashakkori, I. A., Teddlie, C.. Mixed Methodology: Combining Qualitative and Quantitative Approaches. Thousand Oaks. CA: Sage, 1998.

⑤ Creswell, J. W. Educational Research: Planning, Conducting, and Evaluating Quantitative and Qualitative Research. Upper Saddle River, Merrill Prentice Hall, 2005.

nant-less dominant studies)，以量化或质化研究方法为主，另一种方法只起辅助作用，通常用“QUAN + qual”或“QUAL + quan”的方式表示。这种方法有利于在某一范式下进行更深入研究，而处于辅助地位的研究方法为提高研究效度提供了支持。四是同等地位设计（equivalent status designs)，平等使用量化与质化方法，没有哪一方拥有优势的主导权。五是多层取向设计（designs with multilevel use of approaches)，研究者针对不同的研究群体，选择不同的搜集资料和分析资料方法，以相互验证和分析。比如在学校发展研究中，对学校行政人员通过访谈和观察获取资料，对教师和学生通过问卷调查获取资料。

总体上，本书采用量化研究为主，质化研究为辅的范式。不过，在具体研究议题上，两者的权重又有差异。比如，对学校布局调整后家庭教育负担研究等，量化研究是主要手段。通过大规模问卷调查对上述变量进行测量，并比较不同区域的差异；而对于小规模学校等问题的研究则主要采用质化方法，以访谈、观察和文本分析深度挖掘事物背后的意义。此外，对于农村校车、闲置校产研究等，课题组交叉使用了量化研究与质化研究的方法，若只呈现量化数据，容易给人以“冷冰冰”的感觉，而深入的访谈及个案研究，有助于增进人们对数据背后意义的理解。同时，数据的描述往往是从总体水平或平均水平对事物的大致样貌进行描摹，而深度的个案研究有助于突破量化研究的限制，彰显研究中丰富的多样性和差异性。实际上，在混合研究的每个阶段往往会交叉使用量化与质化方法，问题决定方法，只要能达到解决问题的目的，两种方法的使用没有明显界限。

第二节 研究方法

一、问卷调查

为深入了解义务教育学校布局问题，本书课题组于 2009 ~ 2010 年对全国 11 个省份农村学校（包括教学点等小规模学校）进行了大规模调研。为保证研究工具的信度和效度，课题组先后召开了 20 多次研讨会，征求了多方专家的意见，也广泛征求了中、西部地区 6 个区县教育行政人员及一线教育工作者的意见。课题组完成了 3 个县的试调查，经过 53 个版本的反复修订，最终形成正式问卷。

（一）研究工具

本研究以量化与质化并用的混合方法研究范式，实证探讨义务教育学校布局调整问题。量化研究数据包括：（1）国家公开出版的教育统计数据；（2）通过网络搜集各地学校布局调整政策文本；（3）课题组通过专门的研究工具（问卷和信息表）获得的数据；（4）田野调研中通过访谈、观察获取的信息。

（1）研究工具由华中师范大学课题组设计，工具主要包括“调查问卷”和“调查信息表”两类。[①] 其中问卷分三种，即“学生卷”“家长/监护人卷”“教师卷”；信息表分两种，即“学校信息表”和“县市信息表”。

（2）“县市信息表”发放属于“普查”性质，即对调研省（区）内所有县（市）进行调查，发放对象是11个样本省（区）县教育局。

（3）“学校信息表”和“问卷”发放遵循差异原则——根据经济发展水平、地形地貌、人口稠密度、教育发展的差异，在每个样本省（区）内原则上选取3个县（市）进行实地调查；“学校信息表”填写对象是学校校长。

（4）在每个样本县（市）内，“学校信息表”的发放采取普查方式，即对样本县内所有义务教育阶段学校进行调查；“问卷”发放按分层随机抽样原则，抽取部分学生、家长（监护人）和教师进行问卷调查。

（二）研究取样

本次调研区域为东、中、西部11个省（区），样本省包括：湖南省、安徽省、河南省、山西省、青海省、广西壮族自治区、山东省、湖北省、浙江省、黑龙江省、内蒙古自治区，各省（区）样本分布情况如表3－2所示[②]。

表3－2　　调研省（区）样本分布情况

样本省（自治区）	样本县（市/区）
湖南	新邵县、隆回县、岳阳县
安徽	居巢区、无为县、芜湖县
河南	襄城县、新县、汇源区

① 调研工具设计中，来自教育部基础一司、教育部教育发展研究中心、北京大学、北京师范大学、中国人民大学、中国农业大学、华中师范大学等单位领导、专家和学者，为本书研究提供了极有价值的建议，在此一并致谢。

② 受各种主客观因素影响，内蒙古“学生”“家长/监护人”“教师”数据和河南“县市信息表”数据未能纳入课题研究的总数据库。

续表

样本省（自治区）	样本县（市/区）
山西	阳泉区、祁县、和顺县
青海	大通县、共和县、贵德县、乐都县、泽库县
广西	隆安县、平果县、钦南区
山东	临邑县、钢城区、曲阜市、莒县、博兴县
湖北	五峰市、阳新县、洪湖市
浙江	玉环县、椒江区、临海市等
黑龙江	肇源县、青冈县、富锦市、伊春市林业局、道外区
内蒙古	林西县、喀喇沁旗、宁城县

依照分层随机抽样原则，课题组最终获取学校样本 4 011 个，学生样本 46 912 个，家长/监护人样本 11 005 个，教师样本 12 353 个，县/市教育局样本 648 个，形成义务教育学校布局调整数据库（见表 3 - 3）。如无特别说明，本书所用数据均来自本次调研。

表 3 - 3　　样本分布及样本量

调查对象	分布区域	样本量（个）
学校	11 省（区）	4 011
学生	10 省（区）	46 912
家长/监护人	10 省（区）	11 005
教师	10 省（区）	12 353
县/市教育局	10 省（区）	648

二、观察法

观察法是指研究者根据一定的研究目的、研究提纲或观察表，动用感官和辅助工具去直接观察被研究对象，从而获得资料的一种方法。科学的观察具有目的性和计划性、系统性和可重复性。按照观察中的参与程度，观察法分为参与式观察与非参与式观察。在参与式观察中，观察者与被观察者一起生活、工作，在密切的相互接触和直接体验中倾听和观看被观察者的言行。参与型观察具有开放、灵活的特点，允许研究者根据研究问题和情境的需要不断调整观察的目标、内容和范围。本研究使用的观察法主要是参与式观察，在探究农村教学点等小规模学校、农村寄宿制学校、农村校车运行状况等议题中，课题组成员都进入现场，通过长期的融入学校或社区，以局内人身份获得真实的信息。以农村小规模学校研究为例，研究者观察收集小规模学校课堂教学、人员互动、分工等信息，并以文字、录音笔、照相机等记录小规模学校教学过程、师生互动、校园面貌以及学校与社区、与上级管理者的交流等。观察期间累计听课 42 次，观察日志和反思笔记 60 余份，约 5 万字，田野照片 2 000 多张。

观察者具有双重身份——既是研究者又是参与者。观察者不仅要和当地人保持良好的关系，而且在参与当地人活动的同时必须与被观察对象保持必需的心理和空间距离。要达致两者间平衡，需要研究者有较深厚的学术素养和一线研究的经验。庆幸的是，研究团队近 10 年来始终围绕农村教育发展问题进行了一系列的研究，锻炼了一支有较强田野研究能力的队伍。同时，来自南京大学、中国人民大学、北京师范大学、西北民族大学等院校的专家学者也给予课题研究多方面的支持，尤其是田野调研实务操作方面的支持。

三、访谈法

访谈是研究者“寻访”被研究者并与之“交谈”的一种活动；访谈是一种研究性交谈，是研究者通过口头谈话的方式从被研究者那里收集资料的一种研究方法。访谈与日常谈话有区别，前者是一种有特定目的和一定规则的研究性交谈，后者是一种目的性比较弱、形式比较松散的谈话方式。按照研究者对访谈结构的控制程度，访谈可以分为：封闭式、开放式、半开放式；这三种类型也可以相应地被称为：结构式、无结构式和半结构式。

针对义务教育学校布局调整的若干问题，本研究主要采用半结构式访谈。比如：教师或家长对“撤点并校”的态度与评价，闲置校产处置方式及其利弊得失等，课题组成员利用事先拟定的访谈提纲，对受访者进行访谈，并及时记录访谈的内容。在此基础上，与观察法、文本分析法、问卷调查法所获得的信息进行多角度互证，以获得对事物更全面、更真实的理解。

四、文本分析法

文本分析法是另一种质性研究资料收集方法，它是一种对文本资料进行客观、系统和定量描述的研究方法，旨在对文本进行由表及里的深入分析，以发现文本背后的真实价值和含义。近年来，各地为开展布局调整工作、推进城乡义务教育均衡发展出台许多文件，个案县还积极编制地方教育志，这些资料对于掌握当地教育发展状况非常重要。对文本信息的分析，有助于了解各地经济社会和教育发展的脉络，尤其是对学校布局调整政策文本的解读，可以很好地“窥见”各地学校布局调整政策背后的价值、动机和偏好。对此，为获得相应的文本资料，笔者先后从《中国教育统计年鉴》《中国教育年鉴》等数据库，以及国务院、教育部、各省教育厅等政府部门网站上搜集了与学校布局相关的政策文本。在田野调查期间，课题组收集样本县地方教育志45本，区域教育调研报告150多份，各地中小学校布局调整规划120多个。在文本搜集的基础上，对相应资料进行核实、分类、编码与合成，对文本材料进行分析。

五、个案研究法

个案研究法是针对单一个体在某种情境下的特殊事件，广泛收集有关资料，从而进行分析、解释、推理的研究方法。狭义的个案研究是指对单一特定的人、事、物所做的描述与分析；广义的个案研究是指采用各种方法，收集与研究问题相关的资料，对单一个体或一个单位团体作深入细致研究的过程。

对区域、学校、教师以及学生的研究，本书采用了跨个案研究方法。因为，任何个案既有个性也有共性，跨个案研究提供了从比较视野看待教育问题的独特视角。比如，不同区域闲置校产的处置各有特点，从学校布局调整政策研究的视角看，仅仅关注一个闲置校产个案是不够的，运用跨个案研究方法关注不同闲置校产处置个案，将有利于从整体上总结出国家或区域在处置闲置校产时的基本原则和策略。

不过，从学理上看跨个案研究可能遭遇迈尔斯和休伯曼所说的难题：第一，采用个案取向分析策略（case-oriented strategies），把个案当成一个整体去探究个案内的结构与关联性，在此基础上比较若干个案之间的异同；第二，采取变量取向分析策略（variable-oriented strategies），以要素或变量为取向对若干个案撒下一张大网，以探究变量之间的关系。事实上，两种取向都有其优势。个案取向分析适合探究小样本中特定的、具体的、历史性的、扎根式的模式（historically-grounded patterns）；变量取向分析适合用来寻找大样本中各变量之间的关系。

义务教育学校布局调整研究在进行质化资料分析时，主要采取混合策略，以变量取向策略比较个案之异同，同时尽量保留个案的“真实故事”，凸显个案发展的脉络情境。比如，有关学校布局调整个案县的研究中，不苛求所有个案县研究都要完成学校布局调整的“全景图”式的描述，相反，如果能够针对学校布局调整中的一个或几个关键议题（要素或变量）进行深度研究，也能够为人们了解区域的差异性及学校布局调整的独特性提供帮助。湖北崇阳县的个案研究凸显出山区县“教育新城”建设模式的利弊得失；湖北通山县的个案研究以当地影响深远的教师“联校走教”模式为对象，探讨了学校分散布局下的教育发展困境及其超越；云南大姚县的个案研究探究了少数民族地区学校布局调整对少数民族学生、教师和区域文化的影响。

第三节 研究框架

本研究力图在经济学、社会学、教育学和人类学等学科中寻求多元而互为补充的理论资源。经济学从规模经济理论出发，建立生产规模与单位成本之间的函数关系，从中寻求学校生产的适度规模。效率成为经济学探讨学校布局问题的重要取向；社会学关注学校布局与教育公平和教育机会均等关系问题。学校布局调整如何有利于促进不同区域、不同文化、不同种族背景的儿童融合问题在社会学有关学校布局研究中占据重要地位；人类学关注特定场域中人的生命体验、生活意义及文化认同。学校布局调整对不同主体产生影响，聆听不同利益主体，尤其是社会弱势群体的声音对全面、客观分析学校布局调整政策之利弊有重要意义；教育学对学校布局的研究，试图在教育效率、教育公平、教育质量之间寻求恰当的均衡点。儿童就学便利性、师生互动、学校文化等变量是学校布局研究中不可或缺的因素。

本研究总体框架是：在明晰我国经济社会发展、城镇化发展和教育供求矛盾变化特点的基础上，运用实证研究方法探讨学校布局调整的重大现实问题，结合国际比较和个案研究，探讨义务教育学校布局调整问题解决对策。具体包括以下分析维度。

第一，通过大规模问卷调查和田野访谈，对学校布局调整中凸显的焦点问题进行实证研究和政策分析。比如，“村小”与“教学点”生存状况问题；农村学校“空壳化”问题；城镇“大班额”问题；农村寄宿制学校发展问题；农村地区推行“校车”制度的可行性与学生安全问题；学校布局调整与农村学校标准化建设问题；学校布局调整中管理模式创新等问题。

第二，结合社会学和人类学研究方法，透视学校布局调整中不同利益相关者的利益冲突与矛盾；比如，学生、家长、学校教师等群体对现有学校布局调整政策的态度和评价；探讨老百姓对学校布局调整政策的满意度；分析不同利益相关者在学校布局调整中的利益冲突和矛盾化解；深度了解农村学校的社会学、文化学意义和多元功能，透视学校布局调整中教育公平、教育效率和教育质量之间的互动关系。

第三，义务教育学校布局调整政策国际比较及不同区域学校布局调整的个案研究。城镇化与人口流动是一个全球现象，深刻认识欧美、日本、印度等国中小学布局调整的历程、经验和教训，对于探索我国学校布局调整政策，解决义务教育学校布局调整中存在的问题具有重要的参照价值。中国地区差距巨大、文化多元，仅仅依靠量化分析手段难以对学校布局调整问题有全面、深刻认识。根据研究需要，笔者选择若干有代表性的个案，运用田野调查方法对不同区域、不同文化背景的学校布局调整形态及其运行机理进行研究，以丰富人们对学校布局调整问题的理解。

第四，义务教育学校布局调整政策研究。对学校撤并标准、学校撤并程序、学校撤并影响因素、学校适度规模开展研究，反思学校布局调整政策制定与实施过程中的问题，探索我国中小学学校适度规模，有助于调整与完善我国学校布局调整政策，以及更合理、更科学地推进我国学校布局调整政策。基本分析框架如图 3－1 所示。

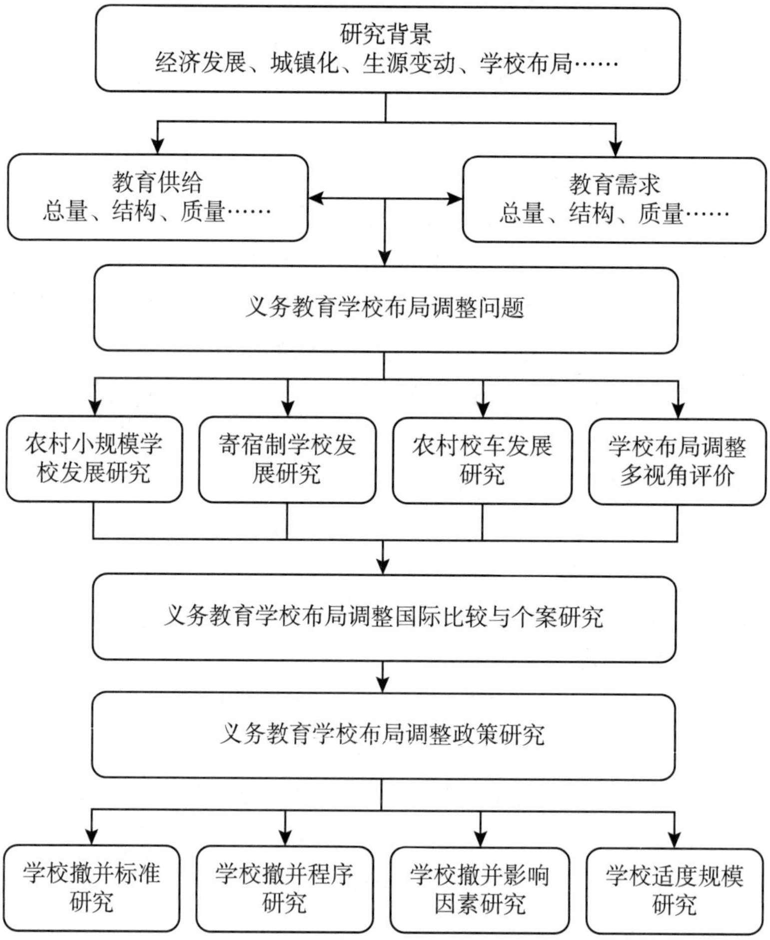

图 3－1　本书研究框架

本书将遵照以上分析框架，从专题研究、国际比较、个案研究、政策研究等层面探讨义务教育学校布局调整问题，在此基础上提出义务教育学校布局调整的政策建议。

第二编

专题研究

第四章

农村小规模学校发展研究

第一节　研究背景

一、现实背景

改革开放以来，我国城镇化加速推进，农村人口大量流向城镇。农村剩余劳动力转移、农民工随迁子女增加及农村人口出生率的下降，引起农村生源持续下降，实施义务教育学校布局调整成为时代的必然选择。2001 年新一轮学校布局调整政策实施以来，各地在布局调整中过度追求规模效益，集中化办学、规模化办学和城镇化办学成为学校布局调整的主导模式。在此过程中，农村学校数量快速减少，农村小规模学校被大量关闭。资料显示，2001 年新一轮学校布局调整令教学点数量大幅下降，从 2000 年的 15.8 万所减至 2016 年的 9.8 万所，减幅达 38.0%。2000～2016 年 16 年间，农村小规模学校数量的年平均减幅为 5.9%，远远超过农村小学和初中。关注农村小规模学校的生存状态，认识其发展的多元价值，探寻促进农村小规模学校发展之路，成为我国基础教育改革和发展中重要的战略议题。

2001 年 5 月《国务院关于基础教育改革与发展的决定》，确立了“在国务院领导下，由地方政府负责、分级管理、以县为主”的农村义务教育管理体制。2001年新一轮学校布局调整至今，农村小规模学校发展政策经历了显著变化。2001~2005年，中央政策强调撤并小规模学校的合理性；2006~2012年，中央政策强调布局调整要遵循“实事求是、稳步推进、方便入学”的原则；2013~2015年，严格禁止“撤点并校”行为，强调办好农村小规模学校成为新时期学校布局调整政策基调；2016年颁布的《国务院办公厅关于加快中西部教育发展的指导意见》，“要求办好必要的农村小规模学校”，农村小规模学校的发展得到进一步重视和加强。据教育部统计，2017年农村小规模学校数量较2016年有所增加，为10.7万所，其中小学2.7万所，教学点8万个，占农村小学和教学点总数的44.4%；在校生有384.7万人，占农村小学生总数的5.8%。2018年5月2日，国务院办公厅发布了《关于全面加强乡村小规模学校和乡镇寄宿制学校建设的指导意见》，从五个方面提出建设乡村小规模学校和乡镇寄宿制学校的要求：“一是统筹布局规划，二是改善办学条件，三是强化师资建设，四是强化经费保障，五是提高办学水平。”以便到2020年，能为乡村学生提供公平而有质量的教育，使教育质量明显提升，基本实现县域内城乡义务教育一体化发展。

从中央政策意图与小规模学校发展实际境遇的差异来看，中央与地方政府对农村小规模学校定位的不一致是导致农村小规模学校生存与发展困境的重要根源。小规模学校“上热下冷”“软实力缺乏”的尴尬处境引发人们对布局调整的目标、原则、方式的深入思考。比如，布局调整是否意味着消除农村学校，或者消除某一类型的农村学校？如何科学进行学校布局调整？布局调整方式如何与教育发展阶段相适应、与地方教育发展的实际需求相匹配？仅就学校的撤并而言，哪些学校应该被撤并？学校撤并程序怎样更加公正公平？农村小规模学校的命运如何，如何推动其发展？这一系列问题亟须人们做出回答。

不同行动者对小规模学校的撤并反响不一。虽然当前农村小规模学校的政策基调已经指向“优化建设”，但众多一线教育行政管理者在资源约束下，依然关注小规模学校造成的教育资源浪费问题。对于农村学校，尤其是小规模学校的“存留”问题，学术界仍存有争论。王海英对撤并方和存留方的观点进行梳理后认为，“发展规模效益”“提高教育质量”“促进教育均衡发展”是学校撤并倡导者的主要立场；而存留方则认为，学校撤并损害了学生的身心健康和弱势群体的利益，并将导致乡村文化的空缺与衰落、加剧乡村社会的解组。[①]不同利益相关者和不同研究者对小规模学校地位及命运的争论，充分暴露出当前

① 王海英：《农村学校布局调整的方向选择——兼谈农村学校的“撤并”之争》，载《东北师大学报（哲学社会科学版）》2010年第5期。

小规模学校定位模糊不清。小规模学校到底面临什么样的问题与危机？小规模学校之间是否存在差异？这些学校该不该保留？该如何发展农村小规模学校？对这些问题的探索与反思，有助于我们把握农村教育发展的脉动，推动乡村教育健康发展。

二、农村小规模学校研究进展

有关小规模学校的研究文献比较丰富，研究者主要围绕小规模学校师资、财政、社区关系以及学校优势与劣势、发展价值等议题进行深入探讨。

现有研究对小规模学校界定标准未能达成一致，有些学者将“地处偏远、规模小、教学形式灵活、办学条件差、隶属中心校管理”的教学点，或采取复式班级上课的学校等同于小规模学校；还有学者根据官方统计标准界定小规模学校。如印度和英格兰以不足 100 人作为小规模学校标准，芬兰以 50 人、韩国以 60 人、瑞典以 100 人为判断小规模学校临界点，在美国，20 世纪初小规模学校指一师一室和注册学生人数在 50 人以下的学校，柯南特于 1959 年提出的“毕业班人数在 100 人以下”被视为小规模学校的标准，此后该标准被普遍采用。正如威廉姆斯回顾了 30 个有关学校规模的研究文献后指出，“在小规模学校和大规模学校的区分界线上没有明确的共识”。[①] 学者普遍认为，学校规模大小在研究中应作为一个连续变量而非类别变量。[②]

（一）农村小规模学校资源配置状况

聚焦小规模学校内部要素的研究主要从资源、结构、关系等方面展开，尤以对小规模学校资源及资源配置问题关注为多。

1. 小规模学校师资问题

师资对于小规模学校的重要性已得到大多数研究者的认同。研究表明，许多国家农村小规模学校面临教师数量短缺和师资素质不高的问题。首先，从实际教学需求看，师资数量明显不足，[③] 农村小规模学校超编与缺编问题并存，实质缺

① Williams, Davant, T.. The Dimensions of Education: Recent Research on School Size (Working Paper Series). The Strom Thurmond, 1990: 12.

② Craig, B. Howley. Small by Design: Critiquing the Urban Salvation of "Small Schools". The Annual Meeting of the International Society for Educational Planning, 2004: 10.

③ 赵忠平、秦玉友：《农村小规模学校的师资建设困境与治理思路》，载《教师教育研究》2015 年第 6 期。

编导致教师工作负担重,[①] 教师老龄化、结构性缺编问题突出。[②] 教师通常要身兼数职，任教多个年级多门科目。[③] 其次，在农村小规模学校教师队伍中，民办转公办教师、临聘教师占比偏多，中、高级职称教师占比偏少，教师信息技术应用能力偏低。[④] 再次，教师起始学历低、接受专业培训机会少，尤其缺少骨干教师的帮扶提携，教师专业发展比较缓慢。[⑤] 最后，农村学校，特别是农村小规模学校教师岗位吸引力不足，它主要体现在两方面：从教育本身看，农村小规模学校通常在软硬件环境、职业发展机会、教育经费获得等方面处于劣势;[⑥] 从生活环境看，地处偏远地区的小规模学校对优质教师缺乏吸引力。[⑦]

2. 农村小规模学校财政问题

已有研究表明，小规模学校经费表现出经费总量短缺[⑧]和生均成本较高的特点，包括教师薪酬、建筑物维修等固定经费支出的生均水平较高。[⑨] 伴随义务教育经费保障新机制实施后，按学生数量下拨的公用经费成为小规模学校主要的收入来源。撤点并校本意是优化教育资源配置，但在实施过程中渐渐背离了初衷。地方政府大幅度撤点并校行为带来了教育资金被其他部门挤占。[⑩] 由于小规模学校许多支出项目具有刚性，不能随学生数量的变化而变化，小规模学校经费的持续短缺导致办学条件差，教师工资待遇低。[⑪]

---

① 周兆海、邬志辉：《工作量视角下义务教育教师编制标准研究——以农村小规模学校为例》，载《中国教育学刊》2014 年第 9 期。

② 杨润勇：《中部地区农村义务教育阶段办学面临的突出问题研究》，载《当代教育科学》2009 年第 3 期。

③ Esko Kalaoja，Janne. Pietarinen Small Rural Primary Schools in Finland：A Pedagogically Valuable Part of the School Network. International Journal of Educational Research，2009：48.

④ 曾新、高臻一：《赋权与赋能：乡村振兴背景下农村小规模学校教师队伍建设之路——基于中西部 6 省 12 县〈乡村教师支持计划〉实施情况的调查》，载《华中师范大学学报（人文社会科学版)》2018 年第 1 期。

⑤ 吕国光：《中西部农村小学布局调整及教学点师资调查》，载《教育与经济》2008 年第 3 期。

⑥ 赵忠平、秦玉友：《农村小规模学校的师资建设困境与治理思路》，载《教师教育研究》2015 年第 6 期。

⑦ 孙来勤、秦玉友：《“后普九”时代农村小学教学点边缘化境遇和发展思路》，载《当代教育科学》2010 年第 8 期。

⑧ 范先佐、郭清扬、赵丹：《义务教育均衡发展与农村教学点的建设》，载《教育研究》2011 年第 9 期。

⑨ Lewin，K. M.. Costs and Finance of Multigrade Strategies for Learning：How do the Books Balance? In Little，A. W. (ed.) Education for All and Multigrade Teaching：Challenges and Opportunities. Dordrecht：Springer 2006：257 - 258.

⑩ 丁冬、郑风田：《撤点并校：整合教育资源还是减少教育投入？——基于 1996—2009 年的省级面板数据分析》，载《经济学（季刊)》2015 年第 2 期。

⑪ 郭清扬、赵丹：《义务教育新机制下农村教学点的问题及对策》，载《华中师范大学学报（人文社会科学版)》2009 年第 6 期。

从经费拨付制度看，新机制实施后农村小规模学校资金划拨被纳入中心学校的管理，其基本支出和项目支出经费由中心学校统一分配和管理，中心学校对小规模学校在经费拨付上往往体现出分配性歧视[①]——中心学校不愿意将经费投到小规模学校身上，这种制度安排的偏差进一步加剧了小规模学校经费短缺状况。

（二）农村小规模学校的外部关系

学校的外部关系可以被定义为：“一个教育组织与内外公众之间有计划、系统性的双向沟通过程，这种沟通旨在建立起公众对该组织的信心、亲善、理解和支持。”[②] 现有研究对小规模学校的外部关系研究主要集中在两个方面：一是小规模学校与上级管理者的关系，二是小规模学校与社区的关系。

1. 教育行政部门与农村小规模学校的关系

马克·布雷（Mark Bray）认为小规模学校高水平教师短缺的一个主要的原因是教育管理者在师资配置方面对小规模学校的不公平对待。他指出，“行政人员经常被迫将优秀师资分配给城镇学校，因为那些学校拥有更强的政治影响力；同时，不胜任的或不服从管理的教师通常被派到偏远地区学校以示惩戒”。[③] 不过，只要教育管理者认识到小规模学校的价值，他们还是可以探索许多措施支持小规模学校发展。通过对国际经验的比较分析，马克·布雷提出以下三种措施：（1）构建小规模学校资源共享系统，保证小规模学校享有专业教师、设备和服务等资源。在拉丁美洲和亚洲的部分国家，建立小规模学校发展群，共享较大规模学校的图书馆、实验室、专业职员。美国的部分州通过专门设计的流动实验室来服务小规模学校；在澳大利亚，专业技术维修人员为偏远小规模学校提供教育仪器设备的维修服务。（2）提供专门设计的广播和电视节目，解决小规模学校教师专业有限的问题。（3）提供函授课程，提供特殊学科的教学。[④]

2. 小规模学校与社区的关系

农村小规模学校对农村社区的作用不可被忽视。英国政府在 2000 年《农村白皮书》中指出，学校是所在农村社区的心脏，[⑤] 村庄共用的音乐、体育及各种

---

① 赵丹：《农村教学点问题研究》，华中师范大学硕士论文 2008 年。

② National School Public Relations Association. Marketing Your Schools：27 - 28. ［美］马克·汉森著，冯大鸣译：《教育管理与组织行为》，上海教育出版社 2005 年版，第 318 页。

③ Mark Bray. Are Small Schools the Answer? Cost-effective Strategies for Rural School. London：Commonwealth Secretariat，1987：32.

④ Mark Bray. Are Small Schools the Answer? Cost-effective Strategies for Rural School. London：Commonwealth Secretariat，1987：60 - 64.

⑤ Marion Walker. Choice，Cost and Community：the Hidden Complexities of the Rural Primary School Market. Education Management Administration & Leadership，Vol. 38，No. 6，2010：712 - 727.

公共设施往往配置于学校。[①] 随着卫生中心、邮局、商店等搬向人口密集的中心城镇，学校已成为村庄中重要的基本公共服务提供者。[②] 农村社区的小规模学校关闭，给农村社区的基础结构带来强烈冲击，并对学校所在地的税基和财政能力产生不利影响，[③] 农村小规模学校的消失会使乡村社区变成不适宜居住的地区，加剧农村社区瓦解与农村人口外流，进而导致乡村社会的荒漠化。[④] 同时，农村小规模学校消失使乡村文化的传承通道受阻，“离土教育”消解着乡村少年的精神支柱，乡村文化也会在城市文化霸权下“暗自凋零”，[⑤] 以城市取向为中心的外来文化冲击使得原有的乡村文化秩序土崩瓦解，乡村社会的独特性已经或正在全然消失，逐渐沦为城市文明的附庸，乡村更多地成为一个空洞的地域符号。[⑥]

农村社区与小规模学校相互依存。学校不仅被期望担当起社会代理机构和社区黏合剂的重任，还要帮助学生形成积极负责的态度和掌握解决社区实际问题的技巧；村民委员会在提高学校建筑利用率和开发地方课程中扮演重要角色；而教师们是否居住在本村或校内，将改变村社文化。[⑦] 在芬兰，农村社区已经在学校课程设置与开发中占据一席之地；英格兰农村学校一直以丰富多彩的活动引领社区发展，学校与社区相互融合，相互支持。

克瓦尔松德和哈格里夫斯（Kvalsunda & Hargreaves）提到，研究农村小规模学校与社区关系要重视哈贝马斯所提出的系统世界和生活世界的二元观点。[⑧] 现有研究偏重于前一个视角，即从外部俯视小规模学校和社区关系，关注小规模学校如何克服自身缺陷以达到相应的教育质量标准；而生活世界视角要求充分理解小规模学校师生的第一手生活体验，将学校和社区视为一个舞台，供不同的人在不同条件和不同场景中互动。

---

① 谭春芳、徐湘荷：《大就好吗——美国小规模中小学校（学区）合并问题研究》，载《外国中小学教育》2009年第2期。

② Esko Kalaoja, Janne Pietarinen. Small Rural Primary Schools in Finland: A Pedagogically Valuable Part of the School Network. International Journal of Educational Research, 2009: 48.

③ NREA. Consolidation Task. Rural School Consolidation Report, 2005: 4.

④ 邬志辉：《中国农村学校布局调整标准问题探讨》，载《东北师大学报（哲学社会科学版）》2010年第5期。

⑤ 赵贞、邬志辉：《撤点并校带来的乡村文化危机》，载《现代中小学教育》2015年第1期。

⑥ 刘铁芳：《乡土的逃离与回归——乡村教育的人文重建》，福建教育出版社2008年版，第37～43页。

⑦ Esko Kalaoja, Janne Pietarinen. Small Rural Primary Schools in Finland: A Pedagogically Valuable Part of the School Network. International Journal of Educational Research, 2009: 48.

⑧ Rune Kvalsunda, Linda Hargreaves. Reviews of Research in Rural Schools and Their Communities: Analytical Perspectives and a New Agenda. International Journal of Educational Research, 2009: 48.

（三）农村小规模学校的优势与劣势

农村小规模学校天然具有一些优势，如人际关系和谐、结构简单灵活、教学形式有效等；而小规模学校的劣势主要由地理位置、资源分配与管理中的歧视性对待造成的，表现在物质资源不足、教师专业发展受限等。小规模学校优势与劣势对比如表 4－1 所示。

表 4－1　　小规模学校优势与劣势对比

优势	劣势
结构简单、运转灵活、弹性较大	生均固定成本高
管理和运转成本低，人际关系和谐	办学条件差、教学设备陈旧
有利于营造家庭氛围	课程单调、专业化课程欠缺
教师工作更投入、满意度高、因材施教	难以吸引优秀教师和管理者
学生主动学习和合作意识强	教师兼科教学、多重角色、任务繁重
学生出勤率、保留率、升学率高，成绩好	教师专业化程度低、专业发展环境不利
学生课外活动参与比例高、归属感强烈	学生与同龄群体交往受限，竞争意识弱
违纪现象较少发生，对低社会经济背景的学生更为有利	学生背景单一，多元文化交流机会少
家校关系好、与社区有天然的联系	学校抵抗风险能力差

有研究者[①]从十个方面总结了小规模学校有利于学生发展的潜在优势：（1）学生课外活动参与度高；（2）校园更安全；（3）学生归属感强；（4）小班额有利于因材施教；（5）好的教学方法更易推行；（6）教师工作积极性高、责任感强；（7）不分快慢班，避免慢班学生自暴自弃；（8）混合年龄编班，有利于个性化学习和积极的社会交往；（9）小学校、小学区管理层级和人员少、管理更加人性化；（10）单个学校的年级跨度广，减少学生适应新学校的问题。此外，小规模学校还具有节约个人成本的优势，学生就近在小规模学校上学减少了交通、食宿支出等教育成本，而家校距离近也有利于儿童与父母亲密感的培育。[②]

小规模学校的不足也不容忽视。首先，小规模学校因地处交通不便、文化相对封闭的农村地区，其对优秀管理者和教师的吸引力不足，上级管理部门对小规

① Lorna Jimerson. The Hobbit Effect：Why Small Works in Public Schools，2006：8.

② 孙来勤、秦玉友：《“后普九”时代农村小学教学点边缘化境遇和发展思路》，载《当代教育科学》2010 年第 8 期。

模学校监管和扶持力度也不够。其次，小规模学校学生数量少，经费总量不足、生均成本过高且师资紧缺。小规模学校的脆弱性体现在以下三个方面。(1) 办学条件差，学校建筑大多陈旧，设备不完善，缺乏专门教室和多媒体设施，以及操场、餐厅、礼堂、图书馆、游泳池等学校活动场所。(2) 师资薄弱。教师数量不足难以提供标准化课程；教师教学工作量大，非教学任务繁重，教师专业发展缺乏有效支持。(3) 学生之间竞争力不足，缺乏足够的异质群体交往机会。相比之下，大规模学校可以提供多样化课程、标准化教室、完备的教学设施、充足的教育资源和多元化教师专业发展团体。

三、研究设计

笔者对我国各地颁布的学校布局调整政策文本的分析发现，85.2%的布局调整政策文本要求教学点人数低于20人的必须撤并，80%的要求初小人数不得低于100人，75%的规定完全小学规模必须在100人以上。可见大多数政策文本认为，100人是可被接受的常态学校规模。① 基于上述理由，本研究将小规模学校界定为学生数不超过100人的学校，包括农村完全小学、不完全小学和教学点。本研究中的农村小规模学校是指，分布在城市和县镇以外区域，学生不超过100人，经有关部门批准设立的从事教学活动的教育机构。它们多位于经济较落后、交通不便利、人口密度小的农村地区。

农村小规模学校发展政策议题涉及两个方面：为什么发展农村小规模学校及如何发展农村小规模学校。基于这两个维度，本研究主要关注小规模学校发展的资源配置、外部关系和日常运转，全方位地呈现小规模学校的生存发展状况。

遵循以研究问题选择研究方法的逻辑，本书选取混合研究范式。量化研究主要是根据全国11省份的大规模调研数据，分析农村小规模学校资源占有的整体特征，并通过分析不同规模学校的差异来揭示规模等因素对小规模学校资源配置的影响。本研究主要在下述三方面运用质化方法：(1) 了解教师、学生、家长、社区代表等主体对小规模学校的感受和评价，多维度检视小规模学校发展状况；(2) 描述小规模学校的日常运转状态；(3) 从小规模学校与教育系统、社区系统的关系中揭示影响小规模学校发展的因素。

本研究使用的资料有两个主要来源：(1) 量化数据主要来自教育部哲学社会科学研究重大课题攻关项目“义务教育学校布局问题研究”数据库；(2) 研究者选取了两个山区县5所有代表性的小规模学校作为个案学校，并对其进行长达

① 雷万鹏、张婧梅：《学校布局调整应回归教育本位》，载《教育研究与实验》2010年第3期。

3 年的田野观察。

第二节　农村小规模学校生存现状与问题

“义务教育学校布局问题研究”课题组共获得 3 075 份有效农村学校样本，其中，农村小规模学校 1 161 所，占总样本比例为 37.8%。分析显示，小规模学校中教学点所占比例较大，主要分布在山区，小规模学校“小”的特点体现在许多方面，如班级数量少、班级人数少、校均教师少、师班比较低、服务半径小等（见表 4－2）。研究者分析发现，有 15.3% 的小规模学校仅设一个班级，有 27.6% 的小规模学校里平均班级人数不足 10 人。

表 4－2　　　　样本小规模学校基本特征

校均在校生数	45.9 人	学校类别（%）	教学点	46.2
校均教师数	4.4 人		村级小学	52.9
校均班级数	3.3 个		其他	0.9
班均学生数	14.1 人	地理位置（%）	山区	58.0
师班比	1.3∶1		丘陵	22.5
生师比	11.4∶1		平原	14.4
服务半径	4.9 里		其他	5.1
样本总量 1 161 所				

一、农村小规模学校经费配置的不公平性

（一）农村小规模学校经费以“保运转”为主

表 4－3 显示，农村小规模学校对财政拨款高度依赖。农村小规模学校平均每年总收入约为 15.3 万元，其中财政拨款约 15.2 万元，财政拨款占年度总收入的比例已达 99.5%，财政拨款几乎成为小规模学校经费的唯一来源。财政拨款中包括“教育事业费”、“基本建设拨款”和“教育费附加”。在教育事业费中，人员经费所占比例较高，其中在职人员经费约 11.3 万元，接近年度总收入的 3/4；公用经费收入约为 1.6 万元，接近年度总收入的 1/10；专项经费收入 732.3 元，仅占 0.5%。

表 4－3　　不同规模农村学校年度收入与支出的结构比较

		小规模学校（元）	比例（%）*	非小规模学校（元）	比例（%）*
收入	年度总收入	152 996.8	—	669 711.1	—
	其中：财政拨款	152 226	99.5	653 685.4	97.6
支出	教育事业费	151 479	99.0	645 948.6	96.5
	其中：在职人员经费	112 652.1	73.6	438 115.1	65.4
	公用经费	16 007.6	10.5	96 076.7	14.3
	专项经费	732.3	0.5	6 385.4	1.0

注：* 表示比例的计算方法为该项收入额度除以学校年度总收入再乘以 100%。

在非小规模学校（在校生超过 100 人的学校），年度收入中财政拨款比例达到 97.6%，教育事业费、在职人员经费所占比例都低于小规模学校。分析显示，非小规模学校的公用经费和专项经费所占比例都高出小规模学校。对小规模学校经费收入结构的分析表明，农村小规模学校经费主要用于“保人员”和“保运转”，而非小规模学校则在保障学校日常运转、修建房屋和购置仪器等方面有更多支出空间。

（二）农村小规模学校经费获得过程中遭遇歧视

数据分析和田野观察都显示，农村小规模学校在经费配置过程中遭遇歧视，公用经费在自上而下分配过程中被层层截留。2010 年 11 月财政部增补农村中小学公用经费补助 105 亿元，要求对不足 100 人的农村小学、教学点按 100 人核定公用经费补助资金（简称“百人标准”）。笔者对两个山区县的调查发现，上述倾斜性经费保障政策并未完全落实。在政策执行之初，仅有一部分小规模学校按照“百人标准”获得公用经费，随着中央政策推行力度加大，县级部门或乡镇中心学校开始以取消小规模学校独立核算权的方式减少“百人标准”政策的覆盖面。如某山区镇有不足 100 人的农村小学 8 所，2011 年秋季该镇实行“中心小学 + 教学部”的管理模式，将其中 4 所小规模学校分别纳入邻近的较大规模学校管理。尽管县级财政按照“百人标准”将经费如数划拨至镇中心学校，这 4 所小规模学校在 2011 ~ 2012 学年却未能真正享有此项政策优惠。

小规模学校在专项经费分配中也未能享有公平待遇。小规模学校获得专项经费的机会极少，且额度偏低，只有当校舍严重威胁到师生人身、财产安全时才会得到维修经费。例如，湖北省某山区县的 X 小学仅有 5 名教师和 45 名学生。2011 年该校获得 1.1 万元拨款，维修被暴雨冲垮的学校围墙。这是该校 7 年来获得的唯一一笔专项拨款。田野调查发现，小规模学校设施落后、师资薄弱。即便是与同一乡镇内其他学校相比，也是最迫切需要专项经费支持的学校，但它却是最难得到，也是最后得到拨款的学校。这表明农村义务教育学校经费保障中忽视了对最弱势学校的补偿和经费保障。“农村义务教育阶段学校标准化率达到50%以上”，已成为国家教育事业发展第十三个五年规划纲要明确提出的目标，学校标准化建设也成为各地教育投入的重要项目，大量农村学校已进入或即将进入标准化学校建设评估验收时期，但由于大部分方案明确规定把“在校生100人以上”的学校作为标准化建设督导评估的对象，农村小规模学校依然难以享有基本的支持政策，标准化学校验收评估工作更加大了农村百人以下小规模学校发展的边缘化地位。

田野调查发现，农村小规模学校能否获得专项经费拨款与校长的社会网络有重要关联。拥有较强社会网络支持的校长通常自称为“跑校长”。他们通过主动、频繁地与握有经费配置权的公职人员或本地精英保持联系，为学校“跑”来专项经费。相对而言，小规模学校距离权力中心更远，社会网络匮乏，小规模学校校长成为“跑校长”的主客观条件都比较欠缺，经费配置中的随意性往往导致农村小规模学校无法获得稳定投入，这也进一步加剧了农村小规模学校经费的短缺程度。

二、农村小规模学校师资薄弱

（一）师资结构不合理

课题组对样本数据的分析表明，农村小规模学校师资存在的问题主要是老龄化、低学历、代课教师多。进一步的田野观察发现，农村小规模学校教师以本地男性教师居多，他们的专业发展也相对缓慢。农村小规模学校中以40岁以上的教师为主，约3/4的教师年龄超过40岁，农村小规模学校中老年教师比例高于非小规模学校，年轻教师在小规模学校所占比例较低（见表4-4）。

表4-4　不同规模学校教师年龄结构差异比较　单位：%

	30岁以下	31~40岁	41~50岁	50岁以上
小规模学校	7.5	20.2	36.9	35.4
非小规模学校	13.4	26.7	34.8	25.1

农村小规模学校教师的学历结构呈现出重心较低、专科及以上学历教师比例偏低的特征。在小规模学校，高中学历教师所占比例超过50%，本科及以上学

历教师所占比例仅为6.6%，有2.6%的教师为初中学历，按照国家对教师资格的要求，2.6%的教师学历未达标（见表4－5）。

表4－5　　　　不同规模学校教师学历结构比较　　　　单位：%

	初中	高中	专科	本科及以上	公办教师	代课教师	特岗教师
小规模学校	2.6	53.0	37.8	6.6	90.6	8.5	0.9
非小规模学校	1.7	35.3	46.7	16.3	91.3	7.1	1.6

总体看，农村教师群体主要包括公办教师、代课教师、特岗教师三类。从表4－5可以看出小规模学校与非小规模学校的教师身份结构存在差异，公办教师在两类学校中都占据较大比例，但小规模学校中公办教师比例略低。小规模学校中代课教师占比8.5%，非小规模学校中这一比例为7.1%。进一步分析显示，18%的小规模学校聘用了代课教师，在这些学校里代课教师的比重相当大，近50%小规模学校中代课教师数超过了公办教师数。特岗或支教教师是近年来国家和地方通过倾斜性政策向农村学校补充的新师资，但这些新增师资对农村学校的覆盖极为有限，在小规模学校特岗教师或支教教师比例仅为0.9%，94%的小规模学校从来没有接收过特岗或支教教师。

（二）教师专业发展乏力

相对而言，农村小规模学校的教师专业发展面临更大挑战。小规模学校教师工作量较大，专业发展机会较少，其对教育改革的适应能力较弱。农村小规模学校教师基本按照班师比1∶1的标准来配置，大部分教师每周上课节数超过标准周授课时数；他们通常需要跨年级、跨班级、跨学科教学，备课和授课任务繁重，课堂教学与课外辅导的压力也相当大。笔者的观察发现，农村小规模学校包班上课的教师自上午进入校园，一天中有5个小时左右的时间从事教学；在非教学时段，批改作业和课外辅导等工作也让教师付出很多时间。同时，许多教师必须兼任门卫、清洁工、采购员等多种职能。

调查发现，农村小规模学校教师之间缺乏实质性合作。教师们之间相对孤立，固守自己的“一亩三分地”。教师进入一个相对封闭的教室里工作一天后离开学校，很少有人去听别人的课，也很少因教育教学中的问题进行交流和讨论。教师们偶尔会对教材出现的新名词提出疑问，但他们不大愿意公开自己在教育教学中的疑问。小规模学校教师在工作中的“单打独斗”，首要原因是他们没有时间与同事进行专业交流与合作；其次，教师们缺乏专业合作的动力，他们认为主动求教会被认为“无力履职”，也“有失脸面”，进入其他教师的教室听课也会被视为对他人“领地”的侵占。

农村小规模学校教师获得的在职培训机会少。首先，由于较高层级的培训主要面对45岁以下的公办教师，小规模学校大部分教师因“超龄”无法参加这类培训；其次，小规模学校教师主要参加由乡镇中心学校组织的培训，这种培训的层次相对较低；最后，小规模学校教师对已有培训的满意度较低，他们认为培训不能有效满足教育教学需求，且参加培训需要付出较多的时间成本。

（三）师资补充渠道不畅

长期以来，农村小规模学校师资补充渠道不畅加剧了教师结构性短缺。在许多县市或乡镇，教师补充曾一度中断。近10年来，为改进农村教师队伍素质，中央和省级政府不断加大农村教师补充力度，“国标、省考、县聘、校用”的教师补充机制在全国范围内初步确立，“爷爷奶奶教小学”的局面有所改观。课题组对11省份数据分析显示，农村教师中11.3%的年龄在30岁以下。但由于农村教师退休高峰期已经来临，为数不多的“特岗教师”或“资教生”无法满足现实需求。就湖北而言，每个乡镇每年只有几个教师补充指标，这些指标根本无法覆盖到偏远的农村小规模学校。事实上，乡镇内的优质师资配置一般按照“先中学后小学、先乡镇再村庄”的顺序，农村小规模学校难以享受国家和地方的优惠政策。

更重要的是，在教师“逆向流动”的背景下，年轻、高学历的公办教师具有更大的流动资本。如果将具备此类特征的教师称为优势师资的话，优势师资即便被配置到农村小规模学校，他们被调离的可能性也更大。而处于弱势地位的老师如代课教师、老年教师、低学历教师，因长期定居于村落中，其流动动机更弱。长此以往造成的局面是：年龄偏大、学历较低的教师长期留守农村小规模学校，而那些年轻、学历较高的教师则流失过快。在教师“逆向流动”的环境中，小规模学校已成为老年教师、低学历教师和代课教师长期沉淀与聚集之地。

由于师资配置的不公平，农村学校间教师质量的差距越拉越大。大批特岗教师、资教生、免费师范生进入农村学校，高学历、年轻化的教师在农村教师中所占比例有所提升，农村学校师资质量得到有效改善，但这些师资却无法覆盖到农村小规模学校，小规模学校师资结构不断恶化。在部分县市，试行“联校走教”以扩大优质师资对小规模学校的覆盖面，然而教师走教频率低、时间不固定、覆盖学科有限，以及走教教师与当地社区相对隔离等问题，导致走教政策对小规模学校实质提升不大，社区对“联校走教”效果的评价也不高。在农村学校从“开齐课”“开足课”向“开好课”转变的背景下，农村小规模学校依然陷于“开不齐课”“开不足课”的困境中。

三、农村小规模学校资源保障乏力

（一）经费开支捉襟见肘

课题组对个案小规模学校经费支出账目的分析表明，小规模学校日常运转中用于教育教学的支出很少。在许多小规模学校校长看来，办公费、培训费等支出“少得不值一提”，而文体活动、教学竞赛等近年来已经不再举行，教室里很少配有日光灯等照明设备。即便有日光灯，光线昏暗时也无人开灯，这样做“省点电费”，减少支出。校长们为实现收支平衡而千方百计地精打细算，能省则省。田野调查发现，小规模学校经费支出有以下三种类型：首先是教育局或乡镇中心学校的预扣款——上级部门对小规模学校拨款时先扣除统一购置办公用品、报刊订阅、工会会费、远程教育设备维护等费用，这是小规模学校强制性的毫无选择权的支出；其次是小规模学校为保障基本运转而发生的救急性支出，如对有安全隐患的校舍建筑或出故障的设备进行小型维修，购置必要的办公用品，聘请代课教师等；最后是用于教师基本福利和人情往来、招待的费用。尽管教师福利和人情往来费用有违国家规定，但它在小规模学校经费支出中所占比例非常大。笔者在一所山区小规模学校调研中发现，该校 2011 年教师福利支出 8 436 元，人情往来和招待费 9 591 元，它们占公用经费支出的 49.5%。访谈中了解到，发放教师福利支出是学校留住教师的重要方式，该项支出还需要随物价上涨和周边学校福利待遇水平提高而不断上浮；而人情往来和招待费则是学校作为一个组织依存于乡土社会中必须支出的项目。除去上述三类支出外，小规模学校可用经费所剩无几，其用于教师培训及业务能力提升的经费也就可想而知了。

（二）基建维修费用持续短缺

由于上级部门对小规模学校设备更新与校舍维修缺乏预算，小规模学校硬件水平远低于其他农村学校，与乡镇中心小学差距更大。在某山区镇，一所有 36 名学生的村级小学只有一栋 1990 年建成的砖混结构教学楼，楼前裸露土层的空地是“体育场”，围墙和大门破旧不堪，体育、音乐器材和教学仪器设备匮乏；而距离该校不足 3 公里的镇中心小学，拥有新建教学楼两栋、师生宿舍和食堂以及 6 000 平方米的塑胶运动场，各种教育教学设施一应俱全。两校的差距也加剧了教师与学生从小规模学校“逃离”的速度。小规模学校硬件条件差的现象较为普遍，由于缺乏基建拨款和专项经费投入，破旧的房屋、破损的门窗、残缺不全的教学器材以及教室内高矮不齐的桌凳成为了大多数小规模学校对外展示的“名片”。

学校校舍环境不断恶化的主要原因是小规模学校获得的专项经费和基本建设拨款不足。在项目经费的分配中，“资金捆绑”的做法在不少县市广泛推广：将全县或全乡镇的危房改造等项目经费集中使用，重点用于一所或几所学校的改造和建设。这种做法避免了以往“撒胡椒面”的弊端，资金使用效益明显增强，但“资金捆绑”政策却导致比较严重的“劫贫济富”的后果。

第三节　农村小规模学校外部关系及存在的问题

学校与外界建立制度化、系统性的联系，有利于学校良好形象的构建与持续发展。笔者对个案小规模学校与外部环境关系的田野考察发现，小规模学校与外界的互动并不顺畅。

一、农村小规模学校与上级管理者的关系

（一）有限的资源分配

在“以县为主”教育管理体制下，农村小规模学校的直接管理者是其所附属的中心小学或中心学校。小规模学校的教育资源配置取决于中心学校或中心小学。在部分县市，教育局或中心学校以“统筹部分经费以保障教师专业发展”为由，从公用经费中抽取一定比例由教育局或中心学校统一安排用途。当小规模学校丧失独立身份，管理权移交给临近的完全小学后，学校经费克扣的情况更加严重。

在分配新教师时，中心学校会优先考虑在校生较多的学校，只有在小规模学校因教师数量不足而无以为继时中心学校才考虑为其补充师资。在小规模学校的师资管理完全交给中心小学后，中心小学通常不愿意将本校优秀教师调到教学点等小规模学校。琴水小学在 2011 ~ 2012 学年度有 4 个年级共 36 名学生，仅 3 名公办教师。中心学校为该校派去 1 名资教生，但在报到过程中被中心小学以“本校急缺教师”为由留下。面向小规模学校补充师资的另一种方式是在乡镇内实行“联校走教”，即派中心小学的部分教师在每周固定时间到小规模学校上课，主要科目为英语、体育、音乐等。笔者在小规模学校的现场观察与访谈显示，“联校

走教”制度在具体落实中很容易受交通、补助、时间等因素影响而大打折扣。琴水小学的一位教师戏谑地说，“他们是天晴不来、下雨不来，不知什么时候来”。这不仅增加了小规模学校教学安排和管理的难度，还降低了小规模学校对外来支教教师的认同。

（二）教育教学常规检查

小规模学校主要接受来自县教育局、中心学校、所附属的中心小学的常规检查，这些检查既有周期性检查，如在学期开始与结束时教育局对学校的常规检查；也有随机检查的，如因自然灾害或执行上级政策而对学校校舍、饮食、校车的排查。教育局到小规模学校的检查通常由中心学校校长陪同，主要检查交通相对便利地区的小规模学校，特别偏远的小规模学校很少接受教育局检查。教育局到校例行检查的停留时间比较短，但受到小规模学校的高度重视，学校的卫生、纪律和教学常规尽量按要求进行，以展现学校运转的最佳状态。但检查者只是走马观花，听取简短汇报、查阅档案、查看校舍、填好检查表后便匆匆离去。检查者无法深入学校发现真问题，形式化或仪式化检查的色彩较浓厚。

中心学校单独对小规模学校的常规检查同样匆忙，其中教师的教案、档案是主要的检查内容。教案检查时语文和数学为必查科目，其他课程的教案则可有可无。由于小规模学校距离中心学校较远，往返时间通常比校内检查时间还要长，因此打电话查询经常代替到校实地检查。

小规模学校并入中心小学后，中心学校将小规模学校的常规管理也全部交付给中心小学，但中心小学对小规模学校管理难以到位。中心小学需要对本校发展投入更多的时间和精力，无暇“照顾”小规模学校。某山区村级小学的姚校长认为尽管接收了临近小规模学校的高年级学生，但管理上还应该“各管各的”“大家把自己的事情做好就行了”。发展良好的中心小学因与小规模学校之间差距较大，对小规模学校发展需求缺乏切身感受。如某中心小学校长对下属小规模学校的设计是“短期内只保留低年级”“不会在建设上投资”，他认为对小规模学校的管理都出于“上面的要求”，甚至带有“施舍”的味道。

访谈中发现，管理者的常规检查对小规模学校来说效果甚微。几位校长对各种到校检查和电话询问的评价基本相似。他们认为这些活动增进了上级部门对学校的了解，但对学校改善不大。某小规模学校的黄校长说：“他们根本管不了我们，来一下就走了，我们的办学也好、教学也好，就靠自己。”

（三）学校活动的开展

小规模学校在乡镇层面参加的活动包括教研活动、考试评比和文体活动。中心学校举行的乡镇教师培训属于全员培训，小规模学校的所有公办教师都必须参加。乡镇范围的听课活动、集体备课、教学比赛等，小规模学校教师通常因人手紧张无法抽身参加。总体上看，小规模学校参加乡镇内教研活动的机会比其他学校少，而学校也从来不会成为教研活动的主场地。小规模学校是否参加全县或乡镇统一的考试评比与所在县镇的要求有关。通常情况下，县教育局或中心学校仅要求小规模学校的高年级学生参加某些科目的统一考试，考试结果在全乡镇校长或教师会议上公布，但一般不进行物质奖励。那些财力相对雄厚的中心小学会根据考试成绩对所属的小规模学校教师予以奖惩。某中心小学对本校教师与所属小规模学校的教师设置了两套奖惩制度，对位次升降幅度较大者进行奖惩，但对小规模学校的奖惩额度低于校本部。

除了教学活动，小规模学校所在中心学校或中心小学还开设一些文体活动，如“六一”儿童节文艺汇演、书画比赛、校运动会等，但小规模学校通常因交通不便、安全隐忧和成本因素而不愿或不能参加。小规模学校学生平时缺乏文体技能训练，又无专业教师指导，且无钱购置服装、奖品等，因此，小规模学校经常有意减少参加文体活动的频率。

二、农村小规模学校与社区关系

学校位于村落中，身兼“国家符号”与“社区组织”的双重角色。在村落中设立学校是国家权力渗透进入乡土社会的一种重要途径。学校传播和巩固主流价值观、提供基本公共服务，也成为国家对学校角色和功能的预设。然而，村落中的学校既是国家意志的实践形式，又是从村落中生长的必然物，它既离不开国家通过教育系统输送显性的物质资源，也需要在乡土社会“一轮轮波纹的差序”里获得自己的一席之地，从乡土文化中汲取自我生存的文化养料与“安全感”。学校必须借助教师与学生、教师与家长、学校与社区之间基于亲属、朋友等私人关系来互动，以确立自身在社区系统中位置。

（一）熟悉而又疏远的家校关系

小规模学校教师大多来自学校所在村寨，教师与村民之间大多是亲属关系、朋友关系，以及基于地缘建立的乡邻街坊关系。即便那些外地教师，在一个人员较少、结构简单的村落中，村民也能在最短的时间内获得关于教师的详细信息。这种熟识的私人关系本应增进家校间密切的合作，但调查显示，小规模学校与学生家长之间保持着彼此熟悉但又陌生的关系。

对小规模学校教师及家长的访谈表明，家校联系中教师占绝对的主动地位，家长与教师讲述的家校联系的故事几乎都以“学校要我（他）们去（来）”开头。几位家住在学校门口的家长说，尽管距离非常近，与教师也很熟识，他们也不愿意到学校去，因为家长在学校里感到“无所适从”，担心“惹老师讨厌”，甚至不知与教师聊些什么。

尽管教师是家校联系的发起者，但教师很少联系家长。对于教师来说，主动与家长取得联系是基于上级的要求和教育教学过程中的特殊事件。比如当学生严重违反学校纪律或成绩变差时，教师需要家长承担一定的监督责任时，才会给家长打电话。电话里无法说清或必须见面细谈的时候，教师会要求家长到校会面，这被称为“请家长”。

较为正式的家校联系主要有教师家访和家长会两种形式。某小规模学校教师说：“2002 年以前家访比较多，后来家长习惯开学送学生到校了，就在学校见见面谈一谈，打电话又方便，不用再去家里（访）了。”学校召开的家长会是家长与教师面对面交流的一个主要平台，但家长会在小规模学校已中断多年。部分教师认为农村家长不具有参与能力，甚至担心开家长会纯属“制造矛盾、自找麻烦”。同时由于农村家庭结构发生变化，家长参加家长会的意愿不高、出席比例低。其原因是许多祖辈监护人年老体弱行动不便，没办法到学校；而那些在家的年轻家长通常不愿意放弃一天的零工收入来参加家长会。

正式联系的减少并未让家长与教师变得陌生。教师与学生家庭同村而居、彼此熟识，他们在道路上、田间、小商店里或饭后闲聊处都能相遇，学生在校情况、学校的最新要求也在随意的聊天中被提起。在非正式联系中，教师以村民熟识的私人身份出现，家校间的交流会更加平等、氛围更轻松。但此类交流的缺陷也很明显：教师与家长很难就学生发展问题进行全面深入交流，家长也很难真正重视教师传达的信息，无助于解决学生的教育问题。

（二）依赖与冲突交织的村校关系

在村落中，学校是唯一的正式官方组织。村民委员会（简称村委会）虽不具有行政身份，但它执行的官方意志与学校同出一源。这将学校与村委会、村落社会明显区分出来，共同构建着“村落中的国家”。两个组织在符号意义、地理位置以及名称上如此接近，让人无法忽视彼此之间的关联。学校与村委会通常以所在地命名，这将两者紧紧维系在一起，进而勾连起村落对学校的认同。但小规模学校与村委会在日常互动、学校管理权与校产所有权争夺中往往表现出彼此依赖又相互抗衡的关系。

村落中村委会与学校在高一层目标中是一致的，他们都被要求去实现一个超出血缘和亲缘的群体的利益，这决定了两者必须相互依赖，彼此合作。学校与村委会的相互依赖表现在他们有时需要共用场地，如学校将闲置的教室“借”给村委会用作办公室，以解决村委会办公室坍塌后无处办公的困难；学校借用村委会用房的情况也存在，在学校遭遇场地困难时村委会伸出援手，更有村委会主动将装修一新的办公室让给学校使用，“让孩子在村里最好的环境上学”。村委会还向学校提供少量的经费支持，如在教师节时村委会按人头向小规模学校教师提供一定的节日慰问金；村委会还可能参与到学校“行风评议”工作中，就学校发展提出建议，并转达村民对学校的需求；村委会对学校的支持与正面宣传还能减缓学校的生源外流。学校也能向村委会提供帮助，比如教师帮助村委会处理文字材料，学校将教室等场地借给村委会召开人大代表选举会。从学校与村委会的相互支持上看，两者都会在对方的重要时刻出现，两个组织对彼此大事件的参与和重视，显示出两者不可分离、彼此依赖的亲密关系。

与两者相互依赖并存的，是村委会与学校的冲突。学校常抱怨村委会只顾发展经济，不愿意向学校建设投入，甚至村委会觊觎学校场地的地理位置优势而鼓动村民向教育行政部门提议“撤掉学校”；而村委会则认为学校“不听话”，学校的重大事务不预先与村委会通气，而且学校“办得越来越不好”。在“学校还是村里的吗”这一问题上，村委会与学校之间存在重大分歧，学校基于“谁出资，谁管理”的观点，认为村委会不再承担学校的投入责任后就不应该再对学校指手画脚。但学校办在村里，服务村里百姓，村委会应该支持学校发展；而村委会成员中既有人认为“本地办学本地管”，也有人认为“村里出不了钱也管不了学校”。出于对村委会干预学校事务合法性及其管理能力的质疑，小规模学校通过选择性接触和抗衡来实现反控制。选择性接触主要表现为学校在村委会的支持与干涉之间进行区分，择其利避其害，在需要村委会提供资金支持和社会网络支持时强调“学校服务本村居民、学校不能脱离村委会的支持”；而学校回避村委会规制的主要做法是将村委会拒之门外，在校村联系上表现消极，从不主动公开学校事务安排。伴随着基层行政人员对于“顺民意”的更强烈认同，村民的意愿在部分地区已成为上级政府部门裁决村校矛盾的主要依据。在调研地区，笔者了解到有个别小规模学校因获得村民的支持而“护校”成功。

三、农村小规模学校的外部关系不顺畅

（一）教育系统对小规模学校支持力度不足

近年来，国家政策对农村教育的倾斜力度逐渐加大，但调查显示，农村小规模学校在整个教育系统中的边缘化程度越来越严重。农村小规模学校无法从教育

系统得到充足的显性资源支持，而优质教育教学等隐性资源向小规模学校的辐射力度也在减弱。由于距离过远或所处地理位置不利，中心学校或中心小学无法对小规模学校形成有效监管，也不能提供及时帮助。在县域教育管理系统内，小规模学校被置于孤立无援的边缘位置。同时，通过学校管理系统内部的微调，中心校往往将小规模学校的人事、经济权限上收，使小规模学校陷入外无援、内无力的两难境地。小规模学校人数过少、师资不力以及以低年级学生为主的特征，导致小规模学校无法被纳入县域内统一组织的各种活动中。在考试评比、文体比赛、教师专业研讨交流等集体活动中小规模学校是缺席者。这不仅将小规模学校排斥在正式系统之外，也让小规模学校丧失了组织归属感。

（二）社区对小规模学校的支持力度日趋减弱

在学校管理权逐层上移、村落日益衰落的大背景下，小规模学校获得的社区支持力度减弱。由于拥有更多资本的家庭往往选择离开农村小规模学校，而那些处于不利地位的家庭通常选择在小规模学校就读，处于相对弱势地位的农民家庭参与决策的机会更少，能力更弱，他们无法向教育资源配置者传递信息，从而较难引起上级部门对小规模学校的重视。

随着城镇化的快速推进，农村青壮年劳动力大量流入城镇，农村人力资源和物质资源进一步丧失，“产业空、青年人空、住房空、干部空‘四大皆空’的乡村空心化现象”[①] 在乡村社会普遍存在。在一个不断凋敝和衰落的乡村社会中，村落文化的传承和再造缺乏支撑力量。曾经以丰富多彩的民风民俗，井然有序的田间劳作，亲密无间的人情关系编织出的村落正被卷入快速城镇化的齿轮中。在乡土价值观被消费主义一步步吞噬之时，乡土文化从本体意义上逐渐被农村的中坚力量所遗弃，村落滋养儿童成长的文化之源不断干涸。乡土文化的衰落与乡土社会的凋敝，更加速了教师对小规模学校的逃离。

在“以县为主”教育管理体制下，乡村不再承担本地教育的资金筹资责任，学校不能再通过收费从农村获取资源。乡村对学校的资源投入不断减少，小规模学校所在村“零投入”趋势越来越明显。少数小规模学校从村委会获得的零星经费和设施援助，通常是村委会带有慈善甚至封赏性质的行为。村委会的这种行为，只是基于重视本村子弟教育的传统情感，并无任何制度约束力。不仅如此，由于农村义务教育对底层政府和村委会的“政绩”含义和政治意义的淡化，村委会“因为财政压力和行政能力的原因也不再充当农村社会的‘全能代表’，而专

① 李培林：《从农民的终结到村落的终结》，载《财经》2012年第5期。

注于发展经济和维护稳定”。[1] 更有甚者，从学校攫取利益来发展本地经济成为某些村委会的惯性选择。社区资源撤退甚至资源从学校向社区的倒流，或缓或急地将小规模学校“推出”社区。

第四节 农村小规模学校日常运转状况及存在的问题

学校是一个活动提前预设好的场所。时间表和课程表简单清楚地传达出学校对全体师生“何时做何事”的预期。在没有重大意外事件发生时，学校按部就班地执行这一计划。几乎所有的农村学校，实际发生的教育教学活动总是相似的。每一个学年，每一周和每一天，小规模学校总是依据确定的时间表、课程表以及固定的班级设置和教师分工进行运转。

一、学校的日常运转

（一）时间安排的差异性

每个学校都有自己的作息时间安排。课题组对时间表的分析与田野观察显示，不同小规模学校的作息安排存在差异。个案学校的时间表显示，即使处于同一个乡镇甚至临近的村组，小规模学校作息时间安排都有差别，以一天的上课时间计算，5 所个案学校中最长的有 5 个半小时，最短的为 4 小时 50 分钟。

学校每天设定的上课节数也不同，一般为 6 节课，有一所个案学校安排了 5 节课。有些学校的第一节课或最后一节课仅为 30 分钟。按照普遍适用的方式，学校的课间休息一般为 10 分钟，而上午第二节课后是 20 分钟的休息时间，个别学校在下午第二节课后还安排了 30 ~ 40 分钟的课外活动时间。图 4 – 1 是两所小规模学校的时间表。

每节课具体的时间具有较大弹性。一些学校没有使用电铃，教师通过敲打悬挂在走廊的厚铁片来提醒上下课的时间。不同班级的课时长短，由任课教师凭感觉估计或看手机来决定。在笔者观察期间就出现一个班级还在上课，另一个班级的学生已在教室外玩闹了；不过，使用电铃的学校班级上下课时间基本一致，学校的时间表基本得到执行。

① 石磊：《三农问题的终结：韩国经验与中国三农问题探讨》，江西人民出版社 2005 年版，第 154 页。

A小规模学校作息时间表		B小规模学校作息时间表	
早读：8:10~8:40	中餐：12:15	预备：7:45	午休：13:00~14:00
第一节课：8:50~9:30	午休：13:00~14:50	第一节课：7:50~8:30	预备：14:45
第二节课：9:40~10:20	第五节课：15:00~15:40	第二节课：8:40~9:20	第五节课：14:50~15:30
第三节课：10:30~11:10	第六节课：15:50~16:30	课间操：9:25~9:35	第六节课：15:40~16:20
课间操：11:15~11:25		第三节课：9:40~10:20	活动：16:30~17:00
第四节课：11:30~12:10		第四节课：10:30~11:10	放学：17:05
		放学：11:15	

图 4－1　农村小规模学校作息时间对比

从时间节奏看，小规模学校的日常运转不够规范且存在校际差异。学校制定作息时间表并将它张贴于办公室最醒目之处，表明学校认同并强调时间表所具有的规范性功能。但学校运转的节律是否清晰，却取决于小规模学校师资的专业精神和工作态度。

（二）课程设置单一

课程组对小规模学校课程表的分析发现，小规模学校的语文课时量严重超标，数学课时超标更加严重。在湖北省一所有 6 个年级 4 个班的小规模学校（复式教学），学校提供的每周总课时数为 180 节，超过《湖北省义务教育课程实施计划（试行）》建议的 172 节。其中，语文每周总课时超 3 节，数学周总课时接近建议课时的 2 倍，超出 18 节。在开设了 4 个年级 4 个班的另一所小规模学校，全校周总课时数低于建议总课时数 11 节，但语文课时超出建议课时数 6 节，数学超出 10 节。

在课表的实际执行中，语文和数学课时严重超标的现象更明显。在部分小规模学校，半天语文、半天数学的课程安排成为惯例。即使课程表上已安排了音乐、美术或科学等科目，但在没有安排走教教师或者走教教师不能到来时，这些课程经常被替换为语文或数学课。由于师资力量过于薄弱，小规模学校让本校教师任教几门小学学科的现象也令人忧虑。在一所个案学校，走教教师不能前来授课时，本校教师就带领学生看电视学唱歌、做操、打篮球。但这些音乐、体育教师年龄已在 53 岁以上，到了唱歌跑调、跳不起、跑不动的年龄，课程和教学质量可想而知。

（三）复式班教学

近些年来，小规模学校的年级逐渐变得不完整，复式班应运而生。从村级完全小学中抽走高年级或根据实际生源数量隔年招生，成为一些偏远农村地区学校布局调整的重要措施。个案学校中，只有一所仍保持 6 个年级的完整单轨序列，且近三年以来一直将某两个年级合为一个教学班进行复式教学；其余个案学校中最多只开设了 4 个年级。事实上，不完整的年级设置绝非学校本意而是师资枯竭的无奈之举。在一所个案小规模学校，在 2010 年春季被列入“非永久保留学校”后不再接收新师资补充；2011 年秋季学期因缺乏师资只开设了一、二、四、六年级，开学时三年级和五年级学生要求报道，但校长“只能将他们劝走”，对一名家庭困难、抗拒择校的三年级学生，学校“把他编到四年级，相当于让他跳级了。平时一样上课，课下老师开开小灶”。

小规模学校采用复式教学在部分地区已较为普遍，但仅有一部分学校具备开设复式教学班的能力。这些学校里，部分教师曾早期在师范学校学习时接触过复式教学培训，或者曾在到校之前采用过复式教学，他们能比较灵活、合理地处理年级间教学的转换。然而，师资不是学校能否开设复式教学班的唯一决定因素，有部分教师和大多数家长对复式班教学持排斥态度。有两所个案学校“宁撤年级不合班”，有复式教学组织经验的一位老教师对这种形式极不认同，他认为任教复式班“任务重、难管理”，校长也担心开设复式教学班会加快学生向其他学校的流失速度。

二、农村小规模学校的管理情况

（一）校长缺乏管理教师的有效手段

在因人数少而无法形成同侪竞争与合作氛围的小规模学校，学校运转更多地依靠教师自觉，即教师更多地凭借自己对工作的认同来履行教育教学职责。小规模学校教师人手少，人员结构非常简单，无法形成明显的管理层级，校长也由“高高在上的管理者”变成教师“身边的伙伴”。校长对自身管理者角色的意识在削弱，甚至故意忽视校长与教师之间的管理层级关系。他们对教师管理的目标设定也不高，教师完成基本课时任务，保障学校教学工作正常开展即为最高管理目标。由于乡镇中心学校对各个学校的评价仍以考试为主要手段，小规模学校需要激发教师的竞争意识“为学校争光”。然而在教师完成基本工作量有困难时，考察工作质量的绩效管理仅是第二位的目标。

“与经济挂钩”成为小规模学校校长进行教师管理的唯一手段。绩效工资评定和设置教学奖是小规模学校师资管理中可用的两种经济手段，但绩效工资很难实质性拉开教师的收入差距。笔者对小规模学校的现场考察发现，小规模学校倾向于对教学成绩突出者给予奖励。有个案小规模学校规定，凡任教班级成绩在全镇排前三名者，教师可以获得 300～500 元的奖励。

代课教师是小规模学校教师管理的难点。他们尚未享有绩效工资，工资待遇又与公办教师有较大差距。有校长明确表示，对“代课教师只能哄、不能骂”。在个案学校，代课教师的聘请需要校长动用亲情、友谊、道德等柔性力量。即使代课教师在日常教育教学中存在失范行为，校长也只能“睁一只眼闭一只眼”，无法按照规章制度行事。

（二）教师对学生的管理随意性大

小规模学校教师对学生的管理缺乏严格的规章制度，教师的态度和学生观直接影响着学生管理效果。除了不苟言笑、厉声呵斥以外，许多小规模学校教师还使用体罚的方式震慑“不听话”的学生。个案学校里一位 47 岁的女教师，二十多年来一直以严治班，她在课堂上极少表扬学生。在学生不能按要求完成作业时，她会毫不留情地狠狠训斥。“让他害怕”或“揍一顿”是教师管理调皮学生的常用手段。学生无法完成教师布置的任务，如做错题、不能背诵课文时将受到教师严厉斥责甚至体罚。

小规模学校学生比较自由。教师给学生个别辅导时，其他学生可以随意地做自己想做的事情。学生们在走廊里、空地上、台阶上或蹲或坐，三五成群，某一个学生的行为都会引起所有在场学生的注意或一阵笑声，教师从来不会干涉学生下课后做什么。

尽管农村小规模学校的日常运转存在上述问题，但我们在田野调查中也发现，农村小规模学校群体内部存在差异。仅以学校运转的规范性为例，有的农村小规模学校不仅能够按规定实施课程，还尽量提供丰富多彩的课程；也有的小规模学校在师资和设备有限的情况下积极开发课程资源，以山川河流、田野麦场等自然环境培养儿童的兴趣和对家乡、对自然的热爱。

第五节　制约农村小规模学校发展的原因分析

从外部力量来看，国家推行的城镇化战略将乡村的优势人力资源吸引到城镇，学校的布局也深受人口流动的影响。在农村学校间生源竞争不断加剧的环境中，小规模学校的资源占有和辐射能力都不如非小规模学校，生源外流和缩减趋势益发明显。在“以县为主”教育管理体制下，社区对小规模学校的人力、物力、财力等方面的支持日趋减弱。相对而言，选择在小规模学校就读学生家庭在经济、文化、社会资本偏弱，家庭无法向学校提供有力支持，家校合作面临的困难也较多。在这些外部力量的综合作用下，小规模学校的弱势地位进一步加剧（见图 4－2）。

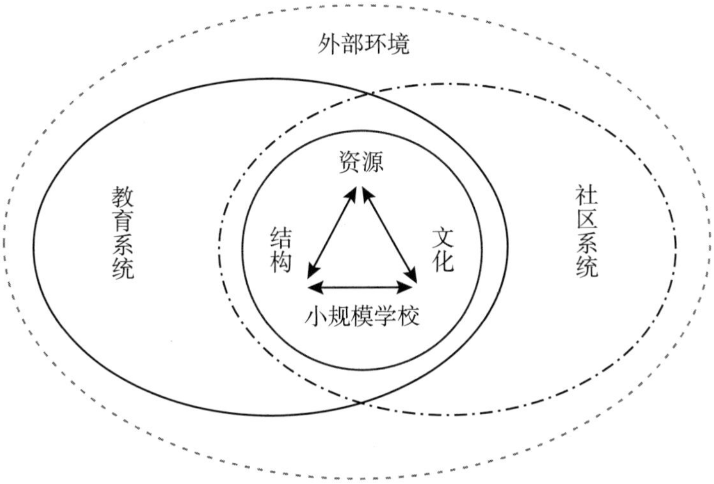

图 4－2　小规模学校生存与发展的环境

在影响小规模学校的外部因素中，来自国家政策的力量至关重要，代表国家利益分配价值导向的政策是小规模学校发展最重要的影响力量。

一、农村学校布局调整政策分析

（一）中央政策由强调撤并到强调发展的转变

农村小规模学校在中央布局调整政策中经历了一个由强调撤并到强调保留再到强调发展的方向性变化，2006 年以前中央布局调整政策以撤并学校为主。2006 年以来，伴随新一轮学校布局调整政策引发的诸多问题，由此导致中央不断发出保留小规模学校的政策信号。

2001 年 3 月发布的《教育部财政部关于报送中小学布局调整规划的通知》，是中央有关学校布局调整政策中最早的一份，该政策中要求撤并小规模学校的意图非常明显："小学布局调整要在坚持学生就近入学的前提下，重点调整村小和教学点。要打破村村办学的'小而全'的办学方式……要有计划、有步骤地撤并规模小、质量低、效益差的初中，扩大乡镇所在地的初中办学规模。"

2001年5月，影响力更大的《国务院关于基础教育改革与发展的决定》正式发出"因地制宜调整农村义务教育学校布局"的命令，要求对小规模学校"在方便学生就近入学的前提下适当合并"。农村学校新一轮布局调整正式启动后，为激发地方政府学校布局调整的动力，规范经费使用问题，中央财政于2003年6月出台《中小学布局调整专项资金管理办法》。文件要求："布局调整专项资金主要用于支持标准化、具有示范效应的中小学校的改扩建和教学用图书、仪器设备的购置。项目学校必须具有较强的辐射能力和示范作用。撤并规模小、办学条件差的学校和教学点，扩大办学规模，提高项目学校的规模。"

同时，小规模学校的撤并也进入农村"两基"工作的检查项目，2004年《教育部财政部关于进一步加强农村地区"两基"巩固提高工作的意见》提出要重视教学点在防止辍学、控制失学上的作用，但撤并小规模学校仍被鼓励，"中央财政将视各地中小学布局调整工作的开展情况，给予适当的奖励和支持"。经费激励和行政督导的结合有力推动了农村学校布局调整工作的进行。2005年《教育部关于进一步推进义务教育均衡发展的若干意见》提出"坚持实事求是，因地制宜"进行布局调整，并要求"适当调整和撤销一批生源不足、办学条件差、教育质量低的薄弱学校"。

截至2005年底，小规模学校在政策文本中一直以"条件差、质量低、效益差"的形象出现，成为"适当合并"或"有计划、有步骤地撤并"的对象，"撤并小规模学校"成为文件释放的主要信号。在中央政策的鼓励或默许下，基层政府在布局调整工作中简单化和"一刀切"情况非常普遍，短短几年内因过度撤点并校产生"上学难""大班额""农民负担增加"等问题，引起社会各界和中央决策层重视。

2006年6月7日和9日教育部接连发出两份通知，要求"实事求是，因地制宜，坚持寄宿制学校建设和低年级学生就近入学并举的原则"进行布局调整，并提出以资源共享、远程教育为主要手段改善小规模学校学习条件。2009年《教育部关于当前加强中小学管理规范办学行为的指导意见》中又再次强调"撤点并校要十分慎重，坚持一切从实际出发"；2010年《教育部关于贯彻科学发展观进一步推进义务教育均衡发展的意见》对农村学校布局调整中小规模学校的撤并办法和程序以及建设问题给出了指导性意见。

"地方各级教育行政部门在调整中小学布局时，要……坚持实事求是，科学规划，既要保证教育质量，又要方便低龄学生入学，避免盲目调整和简单化操作。对条件尚不成熟的农村地区，要暂缓实施布局调整，自然环境不利的地区小学低年级原则上暂不撤并。对必须保留的小学和教学点，要加强师资配备，并充分利用现代远程教育手段传送优质教育资源，保证教育教学质量。”

2012年7月，教育部拟定《规范农村义务教育学校布局调整的意见（征求意见稿)》，开始对已有布局调整政策和行为进行规范。该文件突出强调“农村义务教育学校布局要保障学生就近上学的需要”，提出低年级学生不寄宿、高年级学生以走读为主，学生单程上学时间不超过40分钟等指导意见，并要求，“坚决制止盲目撤并农村义务教育学校。已经撤并的学校或教学点，确有必要的应当恢复”。

自2016年始，国家围绕农村义务教育的系列政策均对小规模学校的发展做了规范性要求。“办好必要的乡村小规模学校”“保留并办好必要的小规模学校和教学点，努力保障学生就近入学、接受有质量的教育”等要求都表明国家对小规模学校发展的高度重视。

国家政策从要求“撤并”农村小规模学校到“保留”农村小规模学校，再到“办好”农村小规模学校的转变，对农村小规模学校发展的影响力还没有显现出来，农村小规模学校边缘化处境还没能根本改观。

（二）地方政策令小规模学校更趋边缘化

新一轮布局调整政策出台之后，各省份纷纷制定本地布局调整工作的指导意见和具体办法。在简单化、“一刀切”地撤并学校运动逐渐被叫停之后，地方政府的学校布局调整规划发生了相应变化。一些地方文件中开始出现“以方便和满足群众的需求为出发点”“立足实际”“保留、改建一批小学和教学点”等字眼。然而，地方政府“撤点并校”的冲动依然存在。如湖北省教育厅2010年出台的义务教育学校布局调整文件中，将学校分为永久性保留学校、过渡性保留学校和撤并学校。县（市、区）级政府鲜明地追求学校布局调整的量化目标。湖北某山区县在“布局调整方案”中提出“70%的初中学生进城、70%的小学生进城、70%的教师进城”。在迁建可容纳12 500人的“教育城”之后，将规模较小的农村学校设置为教学部或教学点。从政策梳理中我们可以清晰地看到，小规模学校一直处于被撤并的风口浪尖。而规模大、地处中心位置的学校则持续得到专项经费的倾斜投入。两类学校的命运迥异，折射出学校布局调整政策鲜明的价值导向。

二、教育资源配置政策分析

（一）农村小规模学校资源供给责任主要由中央和省级政府承担

2001 年《国务院关于基础教育改革与发展的决定》确立了“国务院领导下，由地方政府负责、分级管理、以县为主”农村义务教育管理体制，要求进一步落实《中华人民共和国教师法》对中小学教师的管理权限，加强中小学教师编制管理。“以县为主”实质上是将对义务教育的投入责任以及重要人事管理责任由乡级政府移交给县级政府，经费主要由地方财政在中央核定的财力范围内自主安排，中央财政通过“以财力性转移支付制度为主，以专项转移支付制度为辅”的转移支付制度，履行支持义务教育事业发展的职能。①

2005 年《国务院关于深化农村义务教育经费保障机制改革的通知》和 2006 年修订后的《中华人民共和国义务教育法》进一步将义务教育经费保障责任上移，由省级人民政府负责统筹落实义务教育的经费投入，中央和省级政府设立专项资金向农村学校补充教师的做法也全面实施。需要说明的是，2009 年以后更多的省份成为“省直管县”改革试点，省、市、县三级地方政府间关系逐渐向省—县对接的行政关系转变，市一级政府在义务教育资源供给中的职责日趋式微。“以县为主”管理体制下，农村义务教育经费和师资供给责任在各级政府的分工如表 4－6 所示。

表 4－6　“以县为主”管理体制下各级政府教育经费和师资供给责任的分工

	中央	省级	县级
经费	制定学校的学生人均公用经费基本标准和义务教育经费保障的具体办法；规范财政转移支付制度；设立扶持农村地区、民族地区义务教育的专项资金；对中、西部及东部部分地区农村中小学教师工资经费给予支持	负责统筹落实义务教育经费投入；在财政预算中将义务教育经费单列；定期对学校校舍安全进行检查、维修、改造；均衡各县财力，逐县核定并加大对财政困难县的转移支付力度，向财力薄弱地区工资性转移支付	编制预算；均衡安排义务教育经费；确保将上级人民政府的义务教育转移支付资金按照规定用于义务教育；湖北省非贫困县市财政按学生年平均不低于 15 元的标准给予公用经费补助

① 范先佐：《构建“以省为主”的农村义务教育财政体制》，载《华中师范大学学报（人文社会科学版）》2006 年第 2 期。

续表

	中央	省级	县级
师资	建立义务教育教师资格制度、教师职务制度、教师聘任制度；推行城市教师、大学毕业生到农村支教制度；监测各地教师补充工作情况，作为教育质量评价的重要指标	掌握省内中小学教师编制需求情况，统筹协调、及时满足教师补充需求；统一组织教师公开招聘考试；指导、检查和监督各地中小学教师补充工作	严格按照教师资格申请条件和认定程序，认定义务教育教师资格，通过公开招聘补充教师；解决教师队伍结构性矛盾

注：本表主要依据《中华人民共和国义务教育法》《国务院关于基础教育改革与发展的决定》《国务院关于深化农村义务教育经费保障机制改革的通知》《教育部关于进一步做好中小学教师补充工作的通知》《湖北省财政厅　省教育厅关于核定义务教育阶段中小学公用经费标准和生均公用经费财政拨款标准的通知》等文件整理而成。

（二）经费与师资供给漠视小规模学校的独特需求

“新机制”实施以来，农村义务教育经费保障水平明显提高，中央和地方政府也加快了义务教育学校教师补充的步伐。2006 年以来，中央和地方政府为农村教师补充制定了专门办法。中央政府颁布的《农村义务教育阶段学校教师特设岗位计划》（以下简称特岗计划）和湖北省实施的“农村教师资助行动计划”，都是由中央或省级政府直接负担招募教师的工资，通过合同管理方式给予其临时性编制，不占用各县市教师编制；而 2007 年发布的《国务院办公厅转发教育部等部门关于教育部直属师范大学师范生免费教育实施办法（试行）的通知》（以下简称免费师范生），以及 2010 年发布的《教育部直属师范大学免费师范毕业生就业实施办法》，要求省级政府统筹负责免费师范生就业的编制和经费保障。由中央和省级直接供给的师资指标逐年增加，仅 2006 ~ 2010 年间特岗教师指标已超过 30 万名，湖北省也已投放省级招录的师资指标近 4 万名。

然而，现有教育资源供给往往遵循的是“标准化”模式，学生人数成为衡量学校教育需求的核心指标。不仅公用经费的核拨如此，农村中小学危房改造资金也如此。教师编制分配也以学生数为主要参考。2001 年中央编办、教育部、财政部发布《关于制定中小学教职工编制标准的意见》，要求按照学生数的一定比例核定中小学教职工编制。同年湖北省出台《湖北省中小学机构编制管理暂行规定》，对中小学教职工编制标准并未区分城乡，基本选取国家的平均值。这一标准也被上级政府用来监控区域内教师超缺编情况，只有教师数量整体缺编时才能获得新增教师编制。

针对教学点的发展需求，财政部提出“农村地区不足 100 人的规模较小学校按 100 人核定公用经费”。但这一政策在各地贯彻落实得很不够，大多数小规模学校并没有享受上述政策。笔者对全国 11 个省份的大规模问卷调查和 5 所个案学校情况显示，小规模学校师资老化、经费不足、办学条件差、运转困难的状况并未改变，小规模学校的独特需求在宏大的政策设计与执行中基本被漠视。

三、对农村小规模学校相关政策的反思

（一）农村小规模学校处于教育政策的边缘地带

检索 30 多年来国家颁布的教育政策文本可以发现，农村小规模学校始终未能成为政策关注的重要对象。正如小规模学校的设点与布局，总是远离政府所在地、远离交通干线、远离闹市一样，在教育政策体系中小规模学校基本上是附着于其他的政策议题被“顺便提及”。对 10 多年来农村教育发展政策的文本扫描发现，这种“顺便提及”的状况也只存在于有限的几份文件中，大多数权威性甚强的教育政策中难觅小规模学校的身影。

少数关于提高小规模学校资源保障水平的政策文本大多表述弹性太大，难以操作化。如要求“保留必要的教学点”“慎重对待撤点并校”，教学点较多的地区可“按照从严从紧的原则适当增加（教职工）编制”等，但由于使用这些条款时弹性空间过大，缺乏可操作性，最终导致政策的实施也只是“蒙混过关”。

政策文本表述语义含糊，缺乏可操作性，导致中央政府提出的促进小规模学校发展的政策无法“落地生根”。比如，布局调整政策中对“条件尚不成熟”“自然环境不利”“必要”等并无进一步说明，甚至经常被提及的“方便就近入学”也缺乏可操作指标。教育资源配置政策中亦如此，如“兼顾不同规模学校运转的实际情况，保证较小规模学校和教学点的基本需求”“向规模较小、薄弱学校倾斜”等，以上说法都很正确，但如何保证？如何倾斜？如何督导评价？因缺乏操作性规定，这给一线执行者留下了过大的自主空间，也为地方政府行政裁量权的滥用和误用提供了可乘之机。

由于小规模学校发展问题一直被视为“仅仅涉及‘农村边远地区’的特殊问题，问题的影响范围、严重程度未能达到政策问题的情境”，[①] 小规模学校问题未纳入政策议程，使得小规模学校发展问题一直被置于教育政策体系的边缘地带，与小规模学校发展利益关联度最高的学生和家长也常年处于“失语”状态。

① 杨润勇：《农村“教学点”相关教育政策分析》，载《当代教育科学》2010 年第 3 期。

（二）农村小规模学校政策目标过于狭窄

公共政策目标应具有多元性。现有涉及小规模学校的政策分散于农村教育政策的各个领域，无法形成一个独立系统。如“大力推行以光盘教学为主教师教学为辅、光盘教学与教师教学相结合的教学方式”“通过走教送教等各种途径”“加强师资配备，并充分利用现代远程教育手段”“坚持办好必要的村小和教学点”等。而地方政策制定只是照本宣科地重复中央政策中对保留小规模学校的要求，如何发展、如何倾斜性地为小规模学校提供资源，地方政策鲜少涉及。

政策目标反映问题被识别、被重视程度。小规模学校相关政策存在重短期目标轻长远考虑，重“学校生存”轻“学校发展”的偏狭。新一轮布局调整实施以来，社会各界对小规模学校问题的持续报道和关注，表明“小规模学校问题”已经是当下中国社会发展的一个真实的、迫切需要解决的问题。“要想成功地解决问题，就必须面对正确的问题找到正确的答案。我们经历失败常常更多的是因为解决了错误的问题，而不是因为我们为正确的问题找到了错误的答案。”①

（三）农村小规模学校相关政策被扭曲执行

公共政策的制定、执行到落实“是一个充满着连续不断的交易、谈判和政治互动的复杂过程”，② 而政策的执行环节更是充斥着各利益主体的博弈。尽管中央政策已叫停“一刀切”地撤并小规模学校行为，但小规模学校仍然在持续减少，其脆弱的生存状态还没有改变，这表明小规模学校政策被扭曲的现象是存在的。政策执行主体的因素是造成政策扭曲执行的关键。不同政策执行主体的利益冲突和博弈能力一定程度上决定了政策执行效果。为了在执行小规模学校相关政策要求中谋取利益最大化，地方政府通过重新定义、趋利避害的方式，在未明确规定的政策中找到灰色地带。比如，地方政府对上级政策文本中的“保留必要”“倾斜投入”等重要话语进行再定义，软化原本并不强烈的政策约束力，为自己的行为找到合法性借口；或者，选择性执行政策要求，对符合地方政府利益偏好的政策坚决执行，对不符合自身利益的政策敷衍塞责或置之不理。

---

① Russel L. Ackoff. Reading the Future: A System Approach to Social Problem. New York: Willey, 1974. 引自陈庆云：《公共政策分析》，北京大学出版社 2006 年版，第 93 页。

② ［英］米切尔·黑尧著，赵成根译：《现代国家的政策过程》，中国青年出版社 2004 年版，第 129 页。

第六节 发展农村小规模学校的政策建议

小规模学校有优势也有劣势，但在我国，农村小规模学校的劣势似乎更明显，农村教学点和村小通常给人以“质量差、效益低”的印象。什么原因导致我国农村小规模学校发展陷入如此困境？其根源在于教育政策制定者和实践者对农村小规模学校的定位偏差，决策者和政策执行者普遍认为“小规模学校就是差学校”。这种定位导致农村小规模学校在基础设施建设、公用经费保障、教师配置、教育质量监控等方面缺乏有力支持，由此进一步凸显小规模学校的发展劣势。研究显示，学校规模对学校发展的成败并不具有决定性影响，小规模学校发展的实际效果主要取决于以下五个方面因素：（1）资源匮乏与学校的隔绝状态能否改变；（2）教学方法和班级组织形式是否合适；（3）教师是否具有反思性和灵活性；（4）学校之间的合作程度；（5）社区和地方当局是否支持。[①]

国际经验表明：适宜的政策环境是小规模学校优质发展的关键。在美国、韩国、日本、印度等国农村小规模学校发展历程中，经费和师资双重保障是推动农村小规模学校发展的主要政策工具。第一，构建农村小规模学校发展财政保障机制。美国建立了促进农村小规模学校发展的财政分担机制。联邦政府实施了“农村教育成就项目”，旨在提高农村小规模学校和贫困学校的发展能力；[②] 州政府通过设立经费投入的底线标准，对农村小规模学校提供额外补助，并按小规模学校近三年中最高学生数予以拨款。韩国和日本设立了“偏僻地区教师津贴”，以立法形式确保农村小规模学校教职员工的基本生活待遇和足够的培训经费。第二，大力推进农村小规模学校教师队伍建设。为提高农村小规模学校师资质量，美国采取各项倾斜性政策。主要政策包括：招收本地生源定向培养教师，实行兼科教师培养计划，增加农村小规模学校教师资格达标弹性，为农村小规模学校的教师减免大学期间贷款并提供进修奖学金，鼓励校际教师资源共享等；英国开辟了“农村小规模学校群”和小规模学校论坛以及全覆盖的校园网络，以此推动农村小规模学校间合作和抱团发展；日本和韩国实施教师定期交流制，极大地缓解了偏远地区小规模学校的师资紧缺问题。

① Delyth Hopkins, P. David Ellis. The Effective Small Primary School: Some Significant Factors. School Organisation, Vol. 11, No. 1, 1991: 115 - 122.

② 傅松涛、赵建玲：《美国城乡教育机会均等与“农村教育成就项目”》，载《外国教育研究》2006年第3期。

一、重新对农村小规模学校定位

科学定位农村小规模学校，充分肯定它对教育发展和社区发展的重要性。农村小规模学校是教育系统的重要组成部分，它是一种重要的学校类型，它为农村儿童提供了便利的入学机会，具有重要的教育公平保障作用。农村小规模学校天然的优势使得小规模学校成为“实施义务教育的一种重要的、有效的组织形式”。[①] 在教育目标日益多元的今天，小规模学校对保持办学形式多样化和学校系统的活力意义重大。从生态角度看，不同类别、不同形态的有机体共存是保持生态平衡和可持续发展的前提。而规模不同、年级和班级组合不同、分布在中心至边缘不同层级地点的学校，同样构成了多元化的学校生态群。

农村小规模学校是社区系统的重要组成部分，中国特色城镇化发展不是消除乡村社会，而是促进城乡教育资源共享、优势互补，推动城乡教育相互支持、相互促进，更是城镇人口和农村社会转型的城乡互动过程。在人口稀疏、流动性弱、社会变迁缓慢的乡村社会中，学校的存在对社区政治、文化、经济、社会等方面的积极影响是无可代替的。小规模学校对于教育系统和社区系统的发展具有重要作用，这必须引起政策制定者与执行者的高度重视。

二、分类对待农村小规模学校

小规模学校群体呈现分化。小规模学校所处地域的地理、文化、人口分布、经济和教育发展状况千差万别，外部环境的差异不仅影响了小规模学校的存在形态和分布密度，还为小规模学校提供了不同的发展机遇和障碍。农村小规模学校群体内部也非铁板一块，在当前的农村学校布局调整中，要根据学校发展差异实行分类对待政策。

（一）分类对待农村小规模学校

基于对 11 省份农村小规模学校数据分析和对个案学校深入细致的观察，本研究认为，农村小规模学校至少可以分为三类：（1）永久保留的必要型学校；（2）过渡型学校；（3）撤并型学校。

必要型农村小规模学校的必要性体现在地理位置、学校质量以及乡村社会

---

① 范先佐、郭清扬、赵丹：《义务教育均衡发展与农村教学点建设》，载《教育研究》2011 年第 9 期。

认同。(1) 地处偏远、地形复杂、服务范围广的农村小规模学校必须保留。(2) 教学质量好、办学有特色、社会认同度高的学校必须保留。(3) 低龄儿童较多、去其他校上学不方便的学校必须保留。(4) 作为当地文化符号标志的小规模学校必须保留。有的小规模学校是保护和传承少数民族语言的“火种”,如湖北省宣恩县小茅坡营民族小学,只有1名教师7名学生,但它是全省唯一的一所汉苗双语教学学校。(5) 教师供给有保障、村民大力支持的学校应当保留。

过渡型学校是指那些教育质量较差、生源不稳定、民众评价不高的学校,教育质量改善空间较大且邻近学校容纳能力有限;撤并型学校指那些教学质量差、社区认同度低、生源锐减、交通较为便利,教育质量改善空间不大,邻近学校有较强接收能力的学校。

有研究表明,对小规模学校的类型认定需要遵循标准多元、程序公正的原则①。第一,要充分考虑学校在经济、社会、文化、教育等各个维度的多元价值,对学校进行价值评估。综合考虑学生数、人口变动趋势、校际距离、交通条件、校龄、建筑状况和社区对学校的依赖度等指标及其权重,在此基础上计算学校的总得分,得分越少越应考虑撤并。第二,保证信息公开透明和广泛的民众参与,通过公示、工作报告、媒体宣传等手段公布学校信息。通过来信来访、民意调查了解民众的意见、建议和需求,充分吸纳利益相关各方对学校的评价,在政府、家长、学校、社会大众等各方积极的讨论、对话、协商中达成共识,共同决定学校的撤留方案。第三,制定学校撤并决策的纠偏机制。学校撤并决策若受到社区成员、家长代表广泛质疑,应提供有效渠道进行行政申诉。

(二) 实施农村小规模学校分类发展政策

对不同的小规模学校实施差异性政策。(1) 对于“撤并型”小规模学校,应在学生分流、校车服务、校产处置等方面实施配套政策;(2) 对于“过渡型”小规模学校,应保障学校基本办学条件,在校舍安全和师资水平上保障儿童的基本权益;(3) 对于“必要型”小规模学校,应当在经费投入、师资配置、基建设施和学校管理上实施倾斜性政策,促进农村小规模学校特色化发展。

在学校撤并之前,要对学生分流、食宿保障、交通安全和成本补偿有充足的保障。(1) 加强接收校的生源扩容工作。在标准化教室配备、师资调配、活动设施与场地建设、食宿设施配备等方面提前准备,做好预案,确保在新校就读的学生稳妥、顺利安置。(2) 积极解决学生远距离上学的交通问题,形成政府主导、

① 雷万鹏、张婧梅:《构建公正的学校撤并程序——对民众参与度和满意度的实证调查》,载《全球教育展望》2011年第7期。

责任共担的校车网络，由交通、财政和教育部门分工合作，保障学生上下学的安全快捷。(3) 在科学测算基础上，对“撤并校”的学生及其家庭进行合理的成本补偿，由政府补偿学生因转校而增加的教育成本，如食宿费用、交通成本等。

三、以需求为导向配置教育资源

《国家中长期教育改革和发展规划纲要（2010—2020)》明确要求：“办好必要的教学点，方便学生就近入学”“合理配置教育资源，向农村地区、边远贫困地区和民族地区倾斜”。向农村小规模学校倾斜配置资源的政策必须以满足小规模学校的需求为起点。11 省份数据分析和个案学校调查表明，现有资源配置政策无法满足小规模学校的需求。改变小规模学校在资源配置中的不利地位，应当建立以需求为导向的资源配置政策。

（一）实行有针对性的师资配置政策

第一，要实行弹性的师资配置标准。根据课程门类和科目对教师专业能力的要求，在以课时数测算出师班比的基础上，再引入教师任教科目数和类别，对小规模学校教师需求进行整体调整。笔者估算可知，农村小规模学校师班比应保证在 1.5∶1～2∶1 的基准上。若考虑到新课程标准对课程门类与授课质量要求，一个低年级单班的小规模学校要开齐开好课，最少需要 3 名教师：1 名普通学科教师、1 名体育教师、1 名艺术教师，各兼任 2～3 门课，开设高年级单班的小规模学校则需要增加 1 名英语教师。

第二，大力提高师资供给质量。要提高小规模学校教师岗位吸引力，必须落实《国家中长期教育改革和发展规划纲要（2010—2020 年)》要求：“对长期在农村基层和艰苦边远地区工作的教师，在工资、职务（职称）等方面实行倾斜政策，完善津贴补贴标准。建设农村艰苦边缘地区学校教师周转宿舍。”建议在全国范围增设“农村地区教师津贴”，并增加小规模学校任教的权重，形成国家工资标准中边缘学校教师收入整体高于中心地带学校、农村学校高于城镇学校的格局。在专项奖励、职称评定、生活设施保障方面向小规模学校教师倾斜。

第三，为小规模学校培养本地教师。从高中毕业生或本地代课教师中选拔一批愿意任教于农村小规模学校的预备师资实行定向培养。向农村小规模学校教师提供充足的、针对性的在职培训，在县级及以上培训项目中单列“小规模学校教师培训计划”，确定合理的培训经费分担比例。根据小规模学校的乡土性和班级规模偏小的特点，加强教材处理、教学组织、活动开展以及特色建设等内容，增强教师培训的实用性，减轻教师的培训经费负担；开设专门培训，提高教师利用多媒体教学仪器和远程教育资源的能力和效率，以减轻教师专业能力的制约；为小规模学校教师提供多学科专业学习机会，帮助他们实现多学科专业达标。

（二）建立需求导向的经费保障机制

在现有农村义务教育经费保障机制框架内，赋予小规模学校独立的经费核算权。提高小规模学校经费保障责任的层级，实现小规模学校经费由县直达，建立纳入小规模学校独特需求的公用经费拨款公式。在公用经费拨款公式中，采取“基准定额+综合补助”。即以学校生存对资金的最低需求为基数，加上体现学生需求、教师需求和学校需求的综合补助进行综合核算，确定一个能够满足小规模学校经费需求的拨款额。综合补助标准的确定应涵盖学生、教师和学校的3类一级指标及对应的二级指标12个，不同指标所获得的权重应有所区别（见表4－7）。

表4－7　公用经费拨款的指标分析

一级指标	二级指标需考虑的要素
学生	留守儿童、贫困儿童、残疾学生、学业表现
教师	代课教师、新手教师、行业工资差距
学校	班级规模、托管服务、远程教育、价格水平、人口密度

将农村小规模学校纳入“义务教育学校标准化建设”项目，持续性地投入项目经费。小规模学校是实现中小学校基本达标目标的最薄弱环节，要对其实行倾斜性政策，实施小规模学校标准化建设工程。

笔者建议小规模学校建设经费应提升到“以中央和省为主”，在教师工资、公用经费、项目经费等方面实行中央与地方按比例分担，中央和省级政府承担90%以上的经费责任。

四、有效提升学校管理效能

（一）独立设置农村小规模学校

小规模学校作为一类非常态学校，其管理方式也应区别对待。独立设置农村小规模学校，赋予其平等的法人地位，有助于小规模学校的持续发展。各级政府要将提高小规模学校发展能力放到重要位置。为小规模学校提供有针对性的师资培训，指导学校制定特色发展的规划，并创设县域小规模学校发展的交流平台，经常性地开展小规模学校教师和校长研讨活动。邀请专家参与并对小规模学校面临的问题进行会诊。

（二）强化办学规范

小规模学校因其相对分散、与管理者距离较远，学校运转的弹性空间较大。针对小规模学校管理的目标设定应以保证基本规范为主，同时为小规模学校自主发展预留空间。依据田野调查取得的资料，笔者建议小规模学校首先应在教学与作息时间安排、课程计划执行、校园安全、教育收费等方面确保规范有序。（1）应保证儿童有正常的休息、体育锻炼时间和符合要求的课堂学习时间，不得随意改变课时长度，做到上下课有铃声、有时间表；（2）严格执行国家规定的课程门类、课时量、组织方式等，确保每个儿童不因所处学校的差异而无法享受基本相当质量的教育；（3）定期开展安全教育，落实校园安全防范措施，及时报告和消除各种安全隐患；（4）严禁一切违规收费行为，服务性收费和代收费要做到信息公开、透明操作，杜绝学校通过各种途径变相谋利。

（三）拓展多元发展路径

提高小规模学校的管理效力，要拓展小规模学校发展的多元路径。先应利用现代信息技术对所有小规模学校实行网络全覆盖，加强对卫星教育资源、教学光盘等的组织使用。资源开发者要为小规模学校量身定制适合小班教学、复式教学、兼科教学的课程资源及学习资源，让教师不出学校就能及时掌握教育发展新动态和先进的教学组织方式。

在政府主导下，区域内应加大小规模学校与优质学校之间“强弱联合”，以“强校”联动“弱校”的方式进行教育资源辐射和优质资源共享；此外，还可以尝试“弱弱联合”，组织小规模学校抱团发展，建立农村小规模学校发展联盟，农村小规模学校间共用教育教学设施，交流经验，共享网络资源，联手应对挑战，促进农村小规模学校内涵式发展和特色发展。

（四）提振社区对小规模学校发展的信心

随着中央专项支持力度不断加大，农村小规模学校得以保留，并能基本达到教育设备不断完善、师资数量满足学校运转需求的目标之后，严峻的考验才真正到来。那就是它能否更广泛地获得社区认同，能否提振学生及家长对学校发展的信心。那些迫于经济压力和交通不便而选择就近进入农村小规模学校的学生家庭数量，必将随着新农村建设的深入和深度扶贫工作的有效开展而逐步减少，那么吸引生源的能力将成为决定农村小规模学校“生存还是灭亡”的关键所在。这一能力的强弱，取决于学校内涵发展的后劲和能量激发，取决于农村小规模学校管理者和教师们能否更充分地彰显农村小规模学校独特的优势，如血脉相通的家校关系，小班化个性化的教学特色，学生与自然环境的亲近等，这些优势需要不遗余力地被强化，需要让它们不断放射光芒，点亮社区和学生家庭的信心。因为当“上好学”成为农村家庭普遍的选择时，农村小规模学校必须具备与较大规模学校或者城镇学校错位发展的独特能力，才能根本保障其继续生存下去。否则，一旦被生源、被家长抛弃，再多的政策资源保障也无法挽回农村小规模学校衰败的命运。

第五章

农村校车发展研究

第一节　研究缘起

一、问题提出

近年来，农村中小学校车问题引起社会高度关注。据报道，2011 年甘肃正宁发生 21 死 43 伤的校车事故；2011 年江苏丰县校车发生侧翻事故造成 15 名小学生死亡，8 人受伤；2012 年河北青龙满族自治县发生 3 死 14 伤校车事故……触目惊心的伤亡人数让公众对校车的关注提升至前所未有的高度。有学者统计近 5 年媒体报道的 74 起校车安全事故数据后发现，死亡人数中有 74% 是农村学生。[①] 为什么近年来校车事故集中爆发，且大多是在农村地区？频频发生的校车事故绝非偶然，表面上看，校车事故是由于车辆严重超载、车况不佳造成的，但实质上是社会未能建立起有效的交通安全保障体系，令相对弱势的农村儿童成为交通安全事故的主要对象。

---

① 中国教育和科研计算机网：《如何保障校车驶向“安全通道” 如何为校车系稳“安全带”》，http：//www. edu. cn/html/e/jysd/xcaq/。

农村中小学校车问题并非孤立现象，它与经济社会发展阶段、公共服务供给水平及中小学布局调整政策的实施有密切关系。布局调整政策实施以来，一些地方过于追求“集中办学”与“学校规模效益”所带来的消极后果逐步呈现。其中尤为突出的是农村学生上学远、上学贵和上学安全问题。本研究数据显示，学生平均家校距离为3.2公里，布局调整前后，学生家校距离的涨幅高达203%；77.8%的农村家长将布局调整后孩子上学不便归因为“上学路程太远”。然而与大力推进“撤点并校”政策相比，有关儿童交通安全保障方面的政策措施严重缺失，由此导致学生及其家庭不得不雇佣不合格的车辆接送儿童上下学，规模庞大的“黑校车”在广大农村地区普遍存在。学生通勤的种种现状表明，如何制定相应配套措施，以保证学校布局调整政策的顺利推进、消除撤并学校的负面影响，成为当前校车政策研究的重点。

为解决儿童校车安全问题，我国政府做出了不懈努力，2012年4月5日，国务院发布《校车安全管理条例》（以下简称《校车条例》）。总体来看，《校车条例》对“校车通行安全”“校车乘车安全”及相应的法律责任进行了详细规定，但在政策制定和实施层面仍然有很多悬而未决的问题。第一，现有《校车条例》缺乏对校车政策实施程序、规范和细则的阐述。例如《校车条例》中提到，“支持校车服务所需的财政资金由中央财政和地方财政分担”，但是现实生活中，政府为学生提供校车服务到底需要多少资金？各级政府间具体分担方式如何？家庭应承担多大份额的费用？即政府对校车财政支持的力度和方式在条例中仍是一个不确定的领域。第二，《校车条例》的实施需要多层级、多部门共同协作实施，如何保障政策实施效果？条例颁布后，为理顺管理体制，教育部颁布了《校车安全管理部际联席会议成员单位职责》，成立了由教育部、中宣部、工信部、财政部、交通运输部等20部门联合的校车管理部际联席会议办公室，规定各部门在校车运营中的具体职责，并定期开展联席会议通报。随后2013年联席会议办公室向各省份下发《关于印发省级校车服务方案基本内容的函》，规定了省级政府的责任和义务。在当前背景下，关于校车管理的有关文件已逐步完善。然而，在政策制定与政策效果之间，考量校车政策实施的社会基础，探索《校车条例》实施中不可忽略的制度规则和制约条件，将是中小学校车制度建设中极其重要的环节。此外，我国是一个地区差异性较大的国家，东、中、西部地区之间，省际之间在经济社会发展水平、历史文化背景及教育发展阶段上存在较大差异，中央颁布的政策如何在各地有效实施并落地生根？这一系列的问题要求我们必须从现实层面了解农村学生及其家庭对校车的实际需求，了解校车运营环境与制度约束，从而为校车政策的顺利实施提供有益的启示。

有鉴于此，本部分主要探讨布局调整背景下农村中小学校车发展问题。“农村中小学校车”具体是指“服务于农村和县镇地区，用于接送中小学生上下学的载客汽车”。农村中小学校车的服务对象是义务教育阶段适龄儿童，运营区域是农村和县镇地区，功能是接送学生往返于家校之间。解决的核心问题是《校车安全管理条例》颁布后，如何在中国落地生根、有效执行，其中最核心的议题包括校车发展中的管理问题和财政问题。本研究将以大规模问卷调查和个案调查的结果为基础，从国际视野对中国校车发展进行全面、系统、深层次的研究，为完善并落实符合中国国情的校车政策提供政策建议。基于研究问题，本部分主要涵盖以下内容。

（1）农村中小学校车财政问题研究。此部分包括两个方面，一是对中小学生上学现状，及对校车的需求进行测算。需求是制定政府对校车提供财政支持的重要依据，了解有效需求才能进行有效供给，本研究通过大规模问卷调查，从宏观层面初步测算对全国中小学生乘坐校车需求。二是对目前我国校车发展在财政方面的问题进行分析和归因。

（2）农村中小学校车管理问题研究。通过对个案县执行校车政策和推行校车发展过程中，各利益相关者的真实想法和校车在实际管理中存在问题的调查，从政策执行理论的视角剖析校车发展中的管理问题，深度挖掘区域内校车发展面临的制度困境。

（3）基于对校车管理体制和财政支持的分析，参照国际经验，提出符合中国国情的校车政策建议。

二、文献综述

对于校车问题的研究，由于欧美发达国家的校车起源较早，数十年的发展历程中积累了相当丰富的文献资料，豪利（Howley，2001）、基兰·基伦和约翰·西普尔（Kieran Killeen & John Sipple，2001）等学者对校车进行了系统性研究。而国内对校车问题的探讨始于近几年，相关学术文献相对较匮乏。但是校车事故的集中爆发直接引发了民众的关注，各类基于实证调查的新闻报道、时评等文章也不乏真知灼见。笔者对国内外针对校车的研究和讨论进行了梳理，分别从校车立法、校车管理、校车财政和校车与布局调整之关系四个方面进行归纳和总结。

（一）校车与学校布局调整的关系

对于校车与学校布局调整之间的关系，国外研究者很早就达成了共识，即发展校车是学校撤并后的必要配套措施，甚至有学者将公费运送学生的交通政策称为农村学校撤并这一“大棒”政策的“胡萝卜”，是对关闭农村学校及学区的一个让步。美国学者米尔斯和尼克拉（Mills & Nicolaus）在1972年对美国校车法律颁布的时间与学校合并政策的发布时间进行比对发现，有31个州是先颁布了学校合并政策，随后颁布校车政策，有14个州同时颁布校车政策与学校合并政策。[①] 长期以来，国内学者并未将校车发展纳入对布局调整政策体系的整体研究中。在探讨布局调整政策影响时，学者发现，“一刀切”的学校布局调整政策对部分儿童求学带来较大不利影响，甚至危害学生平等受教育权利。石人炳在研究国外布局调整对我国启示中指出，学生的入学率与学生的上学距离成反比。[②] 范先佐、曾新的研究发现，农村中小学布局调整加大了边远地区、贫困山区孩子辍学和失学的风险，使有限的教育资源在效率的作用下失去可以保证每个学龄儿童上学的公平性。[③] 庞丽娟、韩小雨对农村中小学布局的政策分析表明，部分地区对学校布局调整政策的片面理解，导致农村学校大面积被“撤并”，由此导致儿童辍学率上升。[④] 有鉴于此，越来越多的学者开始关注布局调整配套措施。校车作为解决学生远距离求学的有效措施，也受到广泛关注。雷万鹏指出，推行校车是政府补偿布局调整中利益受损者之必然选择。袁桂林作为国内较早呼吁发展校车的学者也提出，在应对农村学校布局调整政策时，应优先发展校车。[⑤]

（二）校车立法研究

作为一种制度规范，校车立法有助于抑制和惩罚校车运行中的任意行为和机会主义行为，有利于确立校车优先发展地位和安全责任体系。国内外学者对校车法规及安全标准方面的研究比较多。首先，研究者普遍认可校车立法的重要性。丁芝华是国内较早对校车立法进行系统性研究的学者，针对该议题，他于2010年前后分别发表了4篇论文，专门探讨了校车立法方面的问题。他分别从校车交通安全的立法、校车立法的重要性、美国校车安全立法研究和美国驾驶员立法研究四个角度切入问题。一方面，他提出“校车基本制度的建立和运行也构成了启动和发展专业校车市场的前提”；另一方面，他对美国校车相关法律法规进行了

---

① Mills & Nicolaus. Busing: Who's Being Taken for a Ride. ERIC – IRCD Urban Disadvantaged Series, No. 27, June 1972.

② 石人炳：《国外关于学校布局调整的研究及启示》，载《比较教育研究》2004年第12期。

③ 范先佐、曾新：《农村中小学布局调整必须慎重处理的若干问题》，载《河北师范大学学报：教育科学》2008年第1期。

④ 庞丽娟、韩小雨：《农村中小学布局调整的问题、原因及对策》，载《教育学报》2005年第4期。

⑤ 甘晓：《农村学校布局调整应优先发展校车》，载《中国科学报》2012年2月23日A3版。

系统的梳理。[①] 许峰认为，应借国标东风，严格校车准入制度；[②] 美国学者早期对校车的讨论中，也对校车法律颁布的历程进行了总结，第一部校车法案颁布于1869年，到1919年有48个州都颁布了校车法规。[③] 第二，研究者在已有校车法律法规框架下进一步提出存在的问题。田宝军等通过梳理一系列涉及校车安全管理的法律法规，提出现行校车安全标准笼统且未强制执行、校车生产规定过于宏观且未形成体系、校车安全管理部门较多且职责不清、校车运营形式混乱且主体不清等问题。[④] 从对校车标准的讨论中，王欣等对专用校车和非专用校车的定义、适用专用小学生和非专用小学生校车的标准差异进行了详细阐述。[⑤] 丁芝华则认为，通过安全技术标准的确立，人们能真正认识和理解校车。而确立实质的校车概念，则需要国家颁布系统的校车安全技术标准。

（三）校车管理问题

国内学者对校车管理方面的研究可以归纳为两个方面，一是校车运营和管理中存在的问题；二是对校车运营合理模式的探讨。许峰在对河南省校车运营进行实证考察后，发现存在正规校车数量不足、学生无车可坐的现象，而市场上运行的车辆大多不符合相关标准，存在严重安全隐患。蔡高提、蒋乐聪对中小学生交通情况的调查表明，学生出行交通需求增加，供小于求，正规营运无法满足。[⑥] 李满贺等在实地考察当地务工子弟学校校车状况后，特别指出其校车安全问题尤为突出。[⑦] 还有学者基于实证调查，探讨校车运营的合理模式。赵德海认为，校车服务的提供路径可以有三种：一是调整部分城市公交线路保障学生交通；二是利用政府或企业的闲置车辆进行校车运营；三是鼓励运输企业进入校车市场。许峰提议可以将校车管理逐步推向市场，鼓励成立一定规模的校车租赁企业，为运力小、资金缺的学校提供正规的校车租赁服务。国外学者对校车管理

① 丁芝华：《发展我国校车市场的关键路径：立法先行》，载《中国公共安全（学术版）》2010年第1期。

② 许峰：《美国校车运行制度对河南省的启示》，载《郑州航空工业管理学院学报》2010年第6期。

③ Transportation and School Busing——The School Bus. History of Pupil Transportation. Issues in Pupil Transportation, http://education.stateuniversity.com/pages/2512/Transportation - School - Busing.html.

④ 田宝军、穆冬雨：《我国校车安全的法律文本分析与制度完善研究》，载《教育探索》2016年第8期。

⑤ 王欣、孙鹰、胡芳芳：《专用校车和非专用校车的国家标准要求差异分析》，载《交通标准化》2011年第2期。

⑥ 蔡高提、蒋乐聪：《学生接送车安全管理的调查与思考》，载《公安学刊（浙江公安高等专科学校学报）》2005年第6期。

⑦ 李满贺、王文来：《建立外地务工子弟学校校车事故预防长效机制》，载《道路交通安全》2005年第5卷第6期。

方面的研究集中于各部门责任的讨论。罗伯特·A. 麦奎尔和T. 诺曼·范·科特（Robert A. McGuire & T. Norman Van Cott）指出，美国校车的管理者和所有权在学区或私人校车公司。① 加拿大哈利法克斯省（Halifax）的一份校车政策文本显示，学生通勤管理由运营服务部负责，对校车服务的承包商和学生运输协调者的职责也作了明确规定。英国的政策材料显示，提供并组织管理校车的职责主要在地方政府。地方政府西班牙校车政策资料显示，地方政府必须通过教育部门来向学生提供从家到学校的交通服务。② 在美国校车发展的早期，菲利普·鲍尔（Philip Power）为学生提供交通服务的必要性论证和管理方式进行了系统梳理。③

（四）校车财政研究

对于政府对校车财政支持方面，国内的相关研究较少，对校车财政的研究一般是以其重要性的论述为主。从经费来源方面看，国内学者的研究表明，校车的费用除少数地区外，基本都是由个人及家庭承担。周廷勇等在对北京市四个区的校车经费来源情况进行的调查中发现，校车费用的承担方式有三种，大部分是学校和家长共同负担，其次是学校单独出钱，最后是家长单独承担。④ 耿益群等在进行国际比较时指出，法国校车呈现出显著的公私差别，公立学校的校车是公共交通体系和社会福利的一部分，接受政府管理和补贴。私立学校的校车则是纯粹的市场经营行为，由学校自行负责。⑤ 雷万鹏、徐璐的研究指出，我国大部分地区缺乏对校车产业的财政支持，而这直接导致了现有校车存在较大安全隐患。2011 年教育部曾就校车工程进行专门调研和摸底，如果在全国范围内学前和义务教育阶段购买校车，需要高达 3 000 亿元的埋单费用，另外每年还需要 1 500 亿元的运行和维护费用。⑥ 周洪宇教授呼吁，国家对学生的校车费用应适当补贴。⑦ 祝小宁、陈小真从校车涉及的多元利益主体有限理性假设入手分析校

---

① Robert A. McGuire & T. Norman Van Cott. . Public versus Private Economic Activity：A New Look at School Bus Transportation. Public Choice，Vol. 43，No. 1，1984：25 – 43.

② Angel Ibeas，ect. Costing School Transportation in Spain. Transportation Planning and Technology，Vol. 29，No. 6，2006：483 – 501.

③ Philip Power. Consolidation of Rural School and Transportation of Pupils. Master's Degree Paper. University of California，1919.

④ 周廷勇等：《北京市中小学校车问题的调查研究》，载《教育科学研究》2010 年第 9 期。

⑤ 耿益群等：《国外校车的运营和管理管窥》，载《素质教育大参考》2011 年第 22 期。

⑥ 党小学：《校车事故频发　代表建言构筑校车安全工程彰显决心》，http：//news. Jcrb. com/jxsw/201203/t20120307_820326. html。

⑦ 中国政府网：《周洪宇代表：建议实施全国“校车安全工程”》，http：//www. gov. cn/govweb/jrzg/2011 – 03/04/content_1816487. htm。

车成本转嫁，指出校车成本既有政府层级间的纵向转嫁，也有不同主体间的横向转嫁，校车像是“包袱”被到处转抛，最后抛到追求短期和局部利益行为的自行运营者处，使得它的命运必然逃不过“公地悲剧”。[①] 美国学者对校车支出方面做了一些实证研究，纽约州教育部门对纽约州等八个州校车政策、校车开支和实践进行比较分析时发现，校车运营支出的多少与州政府的管辖范围、运输系统的规模、运输车辆属于公有或私有等因素相关。[②] 斯彭斯和贝丝（Spence & Beth）发现，从1920年到1996年间，学校运输的学生数增加了5倍，生均学生的运输费用增加了2倍；[③] 而交通支出的增长超过了在校生数和乘坐校车学生数的增长速度。[④] 另外，还有学者认为，学生及其家庭在校车上花费的时间成本也应被关注。

（五）研究评述

已有文献和报道从理论和实践层面对学校布局调整问题进行了大量有价值的研究。国内研究对农村校车发展存在的安全、立法、运营等方面的问题做出了深入而广泛的讨论，有助于深化人们对校车的认识，结合国际经验所提的建议对相关政策制定具有重要参考价值。不过，已有研究仍存在一些不足之处。第一，已有研究多半立足交通安全的视角探讨校车，偏重于校车安全管理和技术标准讨论，而鲜有从教育视角切入探讨学校布局调整背景下校车之必要性与可行性。校车是保证义务教育阶段学龄儿童平等受教育权利的重要工具，对校车问题的探讨应遵循一定教育规律，符合儿童心理和身体发展特点。第二，现有研究对农村校车发展中的重要议题的讨论，主要侧重于校车重要性和存在问题的层面，而对农村校车到底该如何发展，政策实施细则到底如何制定还缺乏有力证据和科学判断。第三，现有校车实证研究匮乏，少数实证研究大多基于现象判断，进行说理性分析。同时对校车发展的背景研究不足，对校车战略定位和政府责任缺乏深度分析，未能结合学校布局调整政策的实施，提出适合我国国情的校车发展政策。第四，国内学者对校车的学术研究相对滞后，鲜有从理论的高度深入探究校车问题，这不利于从制度层面设计校车政策。

有鉴于此，本章主要探究以下两个方面。第一，从研究方法上看，本章采取

---

① 祝小宁、陈小真：《成本转嫁与校车安全管理研究》，载《国家行政学院学报》2013年第2期。

② New York State Education Dept & Albany. Educational Research Service Unit. School Transportation Costs, Policies and Practices: A Review of Issues in New York and Selected States.

③ Spence & Beth. Long School Bus Rides: Their Effect on School Budgets, Family Life, and Student Achievement. Rural Education Issue Digest, http://www.ael.org/rel/rural/pdf/digest1.pdf.

④ Kieran Killeen & John Sipple. School Consolidation and Transportation Policy: An Empiral and Institutional Analysis.

质化和量化相结合的混合研究方法，既通过大规模数据从宏观层面对校车的整体需求和发展状况进行定量分析，也通过个案分析深入挖掘校车发展中的问题。第二，从研究问题上看，本章探讨的问题聚焦在校车管理和校车财政两个方面，这是目前校车发展中最核心最棘手的议题。

三、研究方法

本章主要采用质化与量化研究相结合的混合研究范式。从具体方法上看，本部分主要运用问卷调查法和个案调查法。其中，问卷调查法旨在从宏观层面了解中小学生对校车的有效需求及交通成本；个案研究有助于深入了解校车运行的过程及其复杂性。

（一）问卷调查

问卷调查数据主要来源于“义务教育学校布局调整研究”课题组的“学生卷”，利用样本学生数据，探讨农村中小学生交通状况、乘车成本、对乘坐校车需求等问题。

（二）个案研究

本章选取我国中部省份J县作为个案县进行实地调查。J县位于平原地区，是一个农业大县、人口大县，也是一个教育大县，全县地势平缓，河渠纵横交织。辖区内有23个乡镇农场，787个行政村，人口146万人，土地面积3 238平方公里。课题组在实际走访中获得了当年的一手数据，根据该县2011年社会发展统计公报数据显示，全县2011年实现地区生产总值156.64亿元，居所属地市第二位。其中，第一产业完成67.86亿元，第二产业完成47.83亿元，第三产业完成40.95亿元。三次产业比为43.3∶30.5∶26.2。全年城镇居民人均可支配收入12 286元，农民人均纯收入7 334元。全县共有普通中学60所，小学154所，初中在校生数50 721人，小学在校生数127 761人。

选择个案县主要考虑了以下因素：一是J县位于中部平原地区，从地理环境来看适宜推行校车，有广泛代表意义；二是J县是农业大县，也是人口大县，经济发展水平在湖北省属于中下游水平，对经济欠发达地区有一定代表意义；三是J县校车发展还处于初步阶段，发展过程中凸显的管理和财政方面的问题属于共性问题，因此，对J县校车的调查有利于对两个核心议题进行深入探讨；四是J县在对学校布局调整已基本到位，学生对校车的需求逐渐显现，校车推行的背景也有广泛代表意义。在个案县的调查中，笔者走访了当地校车发展中涉及的各利益相关者，如政策制定者——教育行政人员，政策参与者——校车公司负责人和校长等，政策实施对象——家长和学生，从他们的视角了解对推行校车的看法、校车给他们带来的影响等。通过深入访谈和实地考察充分了解当地发展校车历程、遇到的困难等，为提出我国校车发展路径提供相应参照。

此外，本章还综合运用文本分析法、比较法和访谈法。以文本法搜集各地政策文本、经验做法，更利于从整体上把握问题；比较法旨在比较欧美等发达国家对校车的研究，为我国提供借鉴和参考；访谈法是通过与推行校车地区的教育行政人员、校长、教师、家长、学生等不同群体的访谈，进一步深入了解相关信息。同时，就校车问题，研究者对个案县和其他县市进行了多次田野调查，搜集了丰富的第一手资料。本章主要数据来源于华中师范大学课题组的 11 省份调查数据和实地考察资料。另外还参阅了《中国教育年鉴》《中国教育经费统计年鉴》，个案县《地方志》《教育志》等公开出版资料。

第二节　校车发展情况概述

我国法律意义上的校车尚属新鲜事物。2007 年 6 月 22 日，首个涉及校车的国家标准《机动车运行安全技术条件》（GB7258 - 2004）第 2 号修改单的颁布，标志着我国校车正在开始步入规范化发展的轨道。2012 年 4 月，首部《校车安全管理条例》正式发布，标志着我国对校车的管理朝着规范化、制度化迈出了一大步，这是我国教育发展史上重要的里程碑。一个法律体系是一系列强制性的公平规则，这些规则为社会合作提供了某种框架。然而，2001 年新一轮学校布局调整大力推进之后，学生对交通工具的客观需求就催生了校车市场的萌发，本节就我国校车市场的三种形态以及地方政府对校车运营的探索实践来展示现阶段我国校车的发展状况。

一、校车市场的三种形态

按照地方政府在校车市场中承担责任的程度划分，目前国内校车市场主要有以下三种形态。

（一）缺乏有效监管的混乱市场

在《校车条例》颁布以前，大部分农村地区长期以来形成了这种无为而治的市场模式。这种模式是指，私人通过缔结合约租车上学，家长与运输者进行口头或者书面协议，学生按照市场价格付费乘车通勤。农村地区地广人稀，学校布局调整后，村小或教学点被撤并到镇中心校，学生上学往往需要辗转于村镇之间，加之农村地区公共交通尚不发达，公交车无法覆盖到各个村落，学生通常经由学校或者家长联系的小型车辆通勤。学生一般与同村同学结伴包车，共同分摊租车费用，这种自行包车的方式属于家庭个人行为。从严格意义上来讲，这些车辆不能称之为校车，而是“接送学生车辆”。在这种看似合理的市场行为中，政府在监管与财政上的责任相对缺失，学生上学途中的安全风险、经济成本均由学生家庭独自承担。由于缺乏有效监管和规范，农村地区校车突出的问题有：一是超载现象普遍，一般车辆要超载人员一倍以上；二是“三无”车辆多，接送学生车辆以三轮车、小面包车、拖拉机为主的个人机动车、拼装车、报废车居多，“黑车”肆意泛滥；三是司机素质参差不齐，部分接送学生车辆的司机没有经过正规驾驶培训，也没有从业资格证。可以说，是刚性需求孕育了庞大的“黑校车”市场，这也是恶性交通安全事故频发的根源。

（二）政府监管下的自发市场

频发的学生交通事故让中央至地方政府不得不有所作为，尤其在《校车条例》颁布后的当下，大部分农村地区由原来的混乱市场演进成了这种政府监管下的校车市场。此模式中，在相关部门的监管和协调下，学生家长与运输公司签订合约，按市场方式运作运输学生，而政府的主要职责是在运营资质、车况及驾驶员素质等校车市场的准入门槛上把关。其中存在的最大问题是政府仅承担了有限的监管责任，并未分担学生运输成本，对校车市场的安全稳定带来了一定风险。对校车经营者来说，运输学生是市场行为，目的在于盈利，一方面，高额的运输成本迫使校车经营者为维系生存不断压缩成本，从而引发使用废旧车辆、雇佣不合格驾驶员等“黑校车”现象；另一方面，为了制定“合理”的市场价格，经营者不得不通过超载来分摊每个家庭承担的交通费用。对于学生家庭来说，他们不得不独自承担交通费用，数据显示，学生单程交通费用平均为3.07元/趟，占家庭月收入的6.2%；而经历过布局调整的学生每趟交通费用为3.40元/趟，比未经历过的学生多了0.35元。田野调查中，有家长无奈地表示：“事故不会天天发生，有车乘总比没车好，而且这种黑车很便宜，家庭承受得起。”可见，这种看似“自由”的校车市场依然存在不可忽视的问题。

（三）政府主导下的有序市场

这种模式是指政府将校车作为一项公益事业，将其纳入公共服务系统，在地方政府统筹下，各部门协作、各司其职，共同建构一个专业化校车的运营模式，政府承担当地校车发展中的监管和财政责任。各地因地制宜探索了不同的运营方式，有的通过政府购买服务，有的成立专门校车公司从事学生交通运营，有的则是依托公交系统为学生提供接送服务。政府在政策和财力上给予校车重点保障，有的由政府统一购置校车；有的实行“一座一补”政策，按照运输学生数为运输企业定额拨款；有的为车辆减免客运管理费、养路费、运输管理费；有的减免营运税、车辆税等；还有的保障校车道路优先权等。辽宁、江苏、山东等少数发达地区率先在当地建立起了这种健康有序的校车市场，目前，越来越多地方政府扮演起校车市场中“责任人”的角色。

总结上述三种市场形态（见表5－1），不难发现，这也恰恰是我国校车产业发展的三个阶段。随着《校车条例》的颁布，地方政府越来越认识到义务教育阶段校车的公益性和重要性，意识到其自身在地方治理和公共服务供给中的角色和作用。

表5－1　　三种校车市场形态比较

项目	缺乏有效监管的混乱市场	政府监管下的自发市场	政府主导下的有序市场
政府责任	几乎未承担责任	监管；备案	统筹管理
费用分担方式	学生家庭承担	学生家庭承担	政府、学生家庭共同承担

二、政府主导下校车运营方式

上文中提到，越来越多地方构建起政府主导下的有序校车市场，从方便中小学生上下学、确保交通安全入手，充分发挥政府主导作用，依据学生需求，建立地方校车管理制度，明确相关部门责任，并实行财政补贴。本节归纳梳理了已建立起有序校车市场的地方经验，总结分析经验模式发现，我国的校车运营大致分为政府主导下的专业公司运营、校车公交化运营、学校自主运营及混合运营四种运营管理模式。

（一）专业校车公司运营

“政府主导、公司运营、部门监管、财政补贴”——政府根据当地学生乘车需求制定招标方案，向具有一定资质且原则上是本地的运输企业进行公开招标，由中标的专业校车公司负责运输本地学生。德清县政府采用“政府出资买车，委托专业公司管理”的模式来运营校车，主要有两个原因：其一，专业化公司在车辆运营方面经验丰富，人员配备科学合理；其二，校车未来的发展趋势是市场化程度越来越高，而不是都由政府来包办。校车公司负责校车的日常运营管理工作，校车运营中收入与支出的差额则由政府补贴，每年政府大约要补贴 400 万元。① 此种模式中，政府在监管的前提下，通过购买服务的方式解决农村学生的通勤问题，让专业的人做专业的事。

（二）公交公司运营

“政府主导、公交化运营、财政补贴”——校车服务由政府部门专门管理，各部门协作，将校车服务交由当地公交公司运营，公交公司享有政府扶持的商业化模式。张家港市在全国率先推出校车公交化管理，早在 2005 年，张家港市政府出资 2 000 多万元，购置了 79 辆新车，并专门成立了公交一分公司负责学生接送。市财政和公交公司各承担 50% 的费用，学生公交专线接送车在全国率先开通并正式投入运行，凡距离学校 3 公里以上的学生（包括外来人员子女），上学、放学全部由公交专线车接送。② 此种模式中，当地公交公司作为政府的代表直接管理和执行学生通勤工作，为学生开辟了专门的公交线路。

（三）学校运营

“政府主导、部门协作、局管校用、财政补贴”——由政府根据学生需求统一采购车辆，校车办公室全面负责校车监管，由学校自主运营校车，不设专业性公司。例如，西安市阎良区是由政府全额出资购置专用校车，校车管理办公室负责校车运行的监管工作，将校车的具体管理和使用权下放给辖区内定点农村学校，主要用于接送因“撤点并校”而上学不便的学生。本着公益性、安全性、封闭性的原则，校车不以盈利为目的，只用于接送学生上下学和师生参加区内的教育活动，不得挪作他用。学生按照每人每天 2 元缴交通费，运营费用不足的部分由区政府补助。③ 此种模式最大的特点在于校车由学校自主运营和调度，能更灵

---

① 于宁宇：《德清模式：把校车当做一种文化来运作》，http：//www. chinabuses. com/buses/2012/1102/article_10434. html。

② 法制日报：《校车公交化改革的“张家港样本”》，http：//finance. ifeng. com/roll/20111203/5190907. shtml。

③ 中国金融信息网：《陕西：西安市阎良区创新机制破解校车运行困境》，http：//app. xinhua08. com/print. php？ contentid＝940706。

活、更有针对性地服务有需要的学生，同时也能为学校其他教育活动的开展提供便利。可能的弊端在于，以学校为单位的调度难以实现同一线路的效率最大化，运营费用较高。

（四）混合运营

“政府主导、财政补贴、因地制宜、灵活运营”——混合运营是指在政府主导下，按照因地制宜原则，采取多种方式相结合的方式，灵活运营校车。威海市推出了两种校车运行新模式：一是“政府购买服务，专业公司运营”模式，即在城乡接合部，采取延长或调整城市公交、城郊公交等专业化客运公司运营线路，或租赁专业客运公司车辆投入运营等方式，满足上下学乘车需求。二是“政府购买车辆，专业公司运营”模式，即在偏远农村地区，通过政府统一购车或贴息购车等方式，交由城市公交、城郊公交或其他专业公司运营管理。[①] 浙江上虞在坚持公交化接送模式的基础上，积极探索专业化运营的管理模式，采取“公交化”和“专营公司”相结合的模式：符合公交运行条件的线路，选择业务能力强的公交公司承担；路况复杂的则采取“公司负责、市场运作、部门监管、政府奖励”的市场化模式，由中标企业成立独立核算的专营公司接送学生，基本实现了全市中小学生上下学接送全覆盖。此种模式的特点在于根据实际需要，灵活配置资源，在公共交通资源能辐射的地区沿用其资源，在公交线路所不能及的地区开辟专门校车线路，是一种较为高效的模式。

地方政府的实践经验为我国校车事业的发展提供了有益参照，这些地方因地制宜，积极探索，但不管采取何种方式，能妥善解决学生交通问题的地方大致具备了几点相似之处。首先，地方政府的高度重视和统筹管理是保障校车顺利运营的前提。其次，财政保障是校车可持续发展的不竭动力，较早发展校车的地区大多属于东部发达省份，经济较发达，地方政府财力足够支持校车发展。最后，从背景上看，具有发展校车内驱动力的地区都是学校布局调整力度较大的地区，学生的迫切需求催生了当地校车市场。由此可见，校车的管理和财政问题是校车发展中不可回避且至关重要的两大要素，下文将进一步详述。

① 法制日报：《校车公交化改革的“张家港样本”》，http：//finance. ifeng. com/roll/20111203/5190907. shtml。

第三节 校车财政问题研究

2006年《中华人民共和国义务教育法》第12章12条规定："地方各级政府应当保障适龄儿童、少年在户籍所在地学校就近入学。"然而，当下我国经济社会发生着巨大变革，农村学校格局也从"一村一校"基本转变为"小学向乡镇集中、初中向中心镇集中、高中向县城集中"的格局。布局调整对学生上学带来的影响首先是交通，笔者根据对46 912名中小学生上学情况的调查发现，学生在上学方式、上学的物理距离、时间距离与交通费用等方面均受到较大影响。本章通过对学生上学现状的调查，提出对农村校车的需求分析，并剖析校车在财政保障方面存在的困难及原因分析。

一、当前我国农村学生通勤状况

（一）上学方式

地理环境是学生选择上学方式的客观制约因素。数据显示，大部分学生步行上学，近3成学生需要乘坐交通工具（见表5-2）。其中，山区学生步行比例最高，丘陵地区乘车比例最高，平原地区骑自行车比例最高。

表5-2　　学生上学方式与地理环境交叉表　　单位：%

	走路	骑自行车	坐车	其他方式
全部	56.8	16.5	24.7	2.0
山区	69.7	7.4	22.1	0.7
丘陵	59.0	11.1	28.4	1.6
平原	46.2	27.4	23.2	3.2

（二）上学的物理距离、时间距离与交通费用

学校撤并给学生带来的弊端中首要的是交通不便，上学远已成为现在农村儿

童求学中的普遍现象。学生卷调查数据显示，学生平均家校距离为 3.21 公里。①目前，60.3% 的学生能就近入学，上学距离在 1.5 公里之内；13.7% 的学生上学距离甚至超过 5 公里，远远超出学生步行所能承受范围。其中，因原学校撤并而转学的学生平均家校距离为 4.99 公里，原来平均家校距离为 1.7 公里，涨幅高达 193%（见图 5-1）。

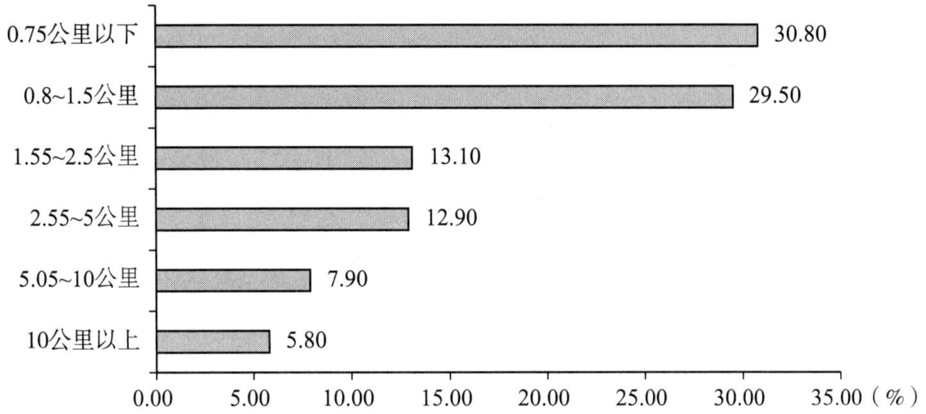

图 5-1　学生家校距离分布

个案 1： 陕西省石楼县马村明德九年一贯制学校的学生白婷婷，女，14 岁，学校离家 10 多公里，因公交车不直达村里，每次回家，她都要先坐公交车行 2.5 公里路，再步行 7.5 公里山路回家。由于当地地理环境恶劣，谷大沟深，交通不便，她单程回家一次就需要 2 个多小时。

从时间距离上看，学生从家到学校步行时间的加权平均数为 38.13 分钟（见图 5-2）。经历过布局调整的学生步行到学校耗时半小时以下的比例是 56.0%，比其他学生（70.2%）少 14.2 个百分点。布局调整前后，学生走路到学校的平均时间从 27 分钟提高到 38 分钟，平均增加了 11 分钟。

从交通费用上看，学生单程交通费用为 3.07 元/趟，② 每月耗费 122.8 元，家庭平均月收入为 1 490 元，占家庭月收入的 6.2%。经历过布局调整的学生平均每趟交通费用为 3.40 元，比未经历过的学生多 0.35 元。

---

① 此处对数据做了特异值处理，共得到 44 366 个有效样本。若无特殊说明，本测算中凡涉及“家校距离”处均同样处理。

② 此处对数据做了特异值处理。若无特殊说明，本测算中凡涉及“交通费用”处均同样处理。

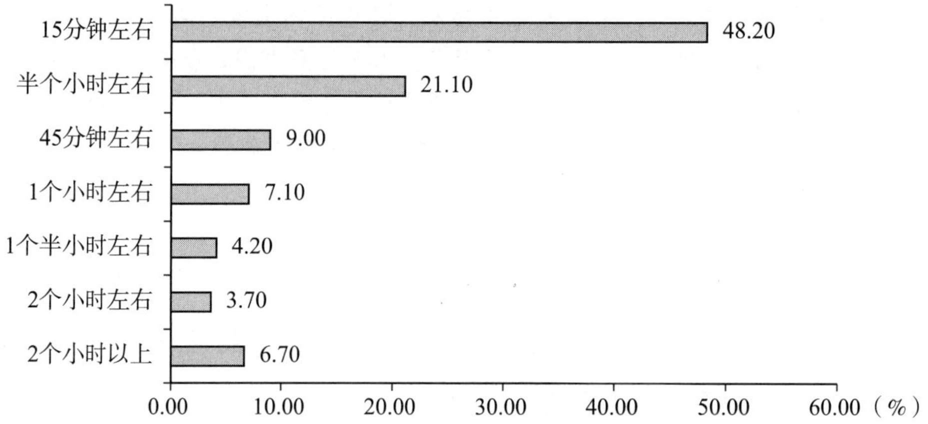

图 5－2　学生走读到学校时间分布

考虑到寄宿生与走读生回家频率不同，分别计算生均交通支出。样本总体中，寄宿生占 23.5%，走读生占 75.5%。其中，寄宿生单程车费为 3.90 元，按照一周往返共两趟，一月 4 次计算，一学期 10 个月计算，生均交通费用为 312 元/学年。走读生单程车费是 2.06 元，按照一天两趟，一月 20 天，一学年 10 个月计算，生均交通费用为 824 元/学年（见表 5－3）。

表 5－3　　　　　　　　　生均交通费用

类型	单程车费（元/趟）	趟数（趟/月）	生均交通费用（元/月）	生均交通费用（元/学年）
寄宿生	3.90	4	15.6	312
走读生	2.06	40	82.4	824

注：寄宿生按照一周往返 2 趟，一月 4 次，一学期 10 个月计算；走读生按照一天往返 2 趟，一周共 10 趟，一月 4 周，一学年 10 个月计算。

二、校车需求分析

数据表明，现实中有 2.9% 的学生乘坐“校车”上学，这里的校车不是正规校车，大多是农村地区私人包车的车辆。经济学中，需求是指在一定的时期，在既定的价格水平下，消费者愿意并且能够购买的商品数量。要了解农村地区对校车的需求，即了解有多少学生需要乘坐校车，可以潜在需求和应然需求两个维度测算。

（一）相关指标考察

考察农村地区学生对校车的需求，具体说来，就是对两个指标的测算：一是潜在需求，目前乘车上学的学生比例，数据显示，目前乘车学生占学生总数的24.7%；二是应然需求——需要乘车的学生比例，即在现实状况和潜在需求情况基础上，根据理性分析得出需要乘校车的学生比例。综合判断学生是否适宜乘坐校车，可考虑三个因素：一是学生所处地理环境，二是上学的物理距离，三是时间距离。

我国幅员辽阔，不同区域地理地貌差异较大，山区、丘陵及平原是三种主要地理特征。受调查学生在三种地形环境的分布情况为：山区 32.1%，丘陵14.3%，平原 36.6%。[①] 从安全角度出发，由于校车需要良好的路况，山区不宜大规模采用校车接送。另外，举办寄宿制学校是山区解决学生上学远的主要做法。据此我们提出，“平原和丘陵地区适宜推行校车”。

根据田野调查和国际经验，我们提出“家校距离超过 2.5 公里的孩子需要乘坐校车”。田野调查中发现，当家校距离为 2.5 公里时，儿童至少需步行半小时，我们认为，超过这一距离的学生需要乘车上学。国际上基本认同此标准，英国政府规定 8 岁以下孩子超过 2 英里[②]、8 岁以上超过 3 英里的学生享有免费乘坐校车的权利，此为法定步行距离。根据这一标准，家校距离超过 2.5 公里路的学生比例为 26.6%。在丘陵及平原地区中，家校距离超过 2.5 公里的学生比例为25.4%（见表 5－4）。

表 5－4　　学生对校车需求情况　　单位：%

需求类型	测量指标	结果
潜在需求	乘车上学的学生比例	24.7
应然需求	需要乘校车的学生比例	
	（1）家校距离超过 2.5 公里的学生比例	26.6
	（2）在适合开通校车的地区（丘陵及平原），家校距离超过 2.5 公里的学生比例	25.4
	（3）上学时间在 30 分钟以上	30.7

注：该测算中关于生均交通成本及需求比例是以“义务教育布局问题研究”课题组的 10 省份调查数据为依据，该调查是按照东、中、西三个区域分布，同时兼顾地理、人口、经济发展差异状况的简单分层取样。因此，我们认为，该数据具有较广泛的代表性。虽然数据在一般意义上具有代表性，但不可否认的是，这种大而全的测算方式在一定程度上忽略了地域、学段、上学方式、当地物价水平等差异性。为了便于操作并提出一个相对宽泛的概念，该测算并没有制定综合性的、多维度的计算标准体系，因此，数据的局限性不可避免。

① 除此三种地地理环境外，其他分布为：林区（3.7%）、草原（3.1%）、海岛（0.7%）、湖区（1.3%）、其他（8.2%）。基于研究需要，主要考虑山区、丘陵和平原地区。

② 1 英里 = 1 609.344 米。

（二）校车需求判断

不管供给机构是公共还是私人领域，设计一个诚实地反映收益偏好和支付意愿的机制是复杂的。[①] 对校车需求的测算也是如此，我们只能从现实中乘车的学生了解有多少学生有坐车的需求，再从客观条件判断这些学生是否需要乘坐交通工具通勤，以更接近地了解学生对校车的需求。从上述测算可以看出，农村学生对校车的潜在需求和应然需求两个维度之间的关系。有24.7%的学生需要乘车上学，这部分学生可以看作是对校车的潜在需求群体，其中有相当大部分学生乘坐存在严重安全隐患的“黑校车”。这说明校车对于许多学生而言存在刚性需求，折射出校车供求严重不匹配的现状，也凸显出农村现有校车运行机制的严重缺陷。此外，从距离、时间等不同维度乘校车的测算与实际乘车上学的学生比例均在25%左右，这印证了对校车需求测算的可靠性和合理性。综合考虑上述指标，我们提出，“在适宜推行校车的地区，一般指平原或者丘陵地区，有25%的学生需要乘坐校车”。依据上述测算，结合前文对学生交通成本的调查数据可得，在适宜推行校车的地区，若政府为有校车需求学生（即在校生数的25%）的交通费用买单，可大致按照“走读生2.5元/天，寄宿生1元/天”[②] 的标准拨款。

三、校车发展中财政问题反思

校车是保障儿童安全、维护儿童合法权利、促进教育发展的重要工具。然而，当前除少数地方政府对农村校车提供财政补贴外，我国绝大部分地区缺乏对校车产业的财政支持。每个“经济人”都很容易认可个人要求花尽可能少的钱去购买商品或服务这一假设。而在缺乏充足财政补贴的背景下，许多校车公司使用报废车辆、聘用无资质的司机以压低成本；学生家长也是如此，在远距离求学带来交通支出增加的情况下，学生家长试图尽可能降低这一开支。于是，家长默许孩子乘坐价格相对较低、安全系数极差的“黑校车”，这为校车安全事故的发生留下了安全隐患。本节从学理视角反思政府为校车发展提供财政支持的理由、存在的问题及原因。

① ［美］萨巴蒂尔著，彭宗超译：《政策过程理论》，生活·读书·新知三联书店2004年版，第36页。

② 有关学生交通费用的数据是以学生单程车费为依据的粗略估算，用以简单替代校车的日常运营费用。而在校车的实际运营中，还涉及车辆的购置费用、人员工资、管理规费、车辆损耗等固定资产投资及其他成本，同时考虑到超载、黑校车、不规范营运等因素，实际费用要上浮。

（一）政府理应为校车发展提供财政支持

1. 校车的属性决定了政府需要提供财政支持

校车的属性体现在以下三个方面。一是高安全性。由于校车的服务对象是极易受到意外伤害、缺乏自我保护能力的未成年人，所以校车应具有高安全性能。校车司机资质、专业能力要求较高，校车配置安全标准也高于普通车辆，校车准入门槛也比较高。二是公益性。由于校车主要用于接送儿童上下学，为远距离儿童求学提供便利，它是保障儿童平等受教育权的重要支撑条件。伴随义务教育发展，校车需求代表了一种公共的基本服务需求，它是社会公共服务系统的重要组成部分。三是高成本。由于校车营运时间随学生作息和教学安排而定，运营时间和路线的固定性导致校车空载率较高，成本耗费大。从属性来看，以中小学生为服务对象的校车可以被划分为准公共产品，若仅仅依靠市场力量实现校车供求，校车运营者将难以补偿成本消耗，这必然会抑制校车产业健康发展。

2. 资助校车发展是政府补偿布局调整中利益受损者之主要途径

在学校布局调整背景下，政府资助校车发展的另一个重要理由是，补偿学校布局调整中的利益受损者，维护社会公平正义。部分地区学校布局调整政策的基本做法是“扶强不扶弱”。即将教育资源（包括教学仪器设备、优质师资、专项经费等）集中投向永久保留学校，不断壮大这些“定点”学校的实力。同时，通过减少维修改造资金、委派素质较弱教师、减少公用经费拨付等方式令小规模学校“自生自灭”。教育资源非均衡配置令教学点和小规模学校被撤并，其所服务的群体（学生、家庭及社区）成为布局调整的利益受损者。因此，学校布局调整不是帕累托改进，它无法在增进一部分人福利的同时不损害其他人的利益。从这个意义上看，学校布局调整的实质是利益调整，不同群体在布局调整中并非同等受益，一部分群体，特别是社会弱势群体承担了改革的风险和代价。根据罗尔斯《正义论》中的差别原则，通过挑出某种特殊的地位来判断社会基本结构中的不平等问题，这将克服功利原则的不确定性。[①] 为维护社会公平正义，顺利实施改革，增进社会整体利益，政府有必要、有义务对布局调整中利益受损者进行补偿，维护其合法权益。

（二）校车发展的财政困境

缺乏长效的财政保障是农村校车发展困境的根源。具体说来，目前校车发展在经费保障方面存在以下三个方面的问题。

---

① ［美］约翰·罗尔斯著，向怀宏等译：《正义论》，中国社会科学出版社 2011 年版。

第一，在现有义务教育经费保障机制中，农村校车未能纳入各级政府预算。在缺乏有效监管的混乱市场、政府监管下的自由市场和政府主导下的有序市场三种校车市场形态中，只有政府主导下的校车市场获得了财政支持，而绝大部分地区缺乏对校车产业的财政保障和支持。提供公共产品是市场经济条件下政府弥补市场失灵、履行政府职能的主旨，并成为现代市场经济国家机器的一项重要职能。[①] 在市场经济中，凡是市场能有效作用的领域，政府财政不涉及其中；凡是市场不能有效作用的领域，政府财政必须发挥作用。校车管理牵涉到多元化的利益主体，由于我国校车管理制度不完善，各类权益边界未能得到清晰界定，客观上为不同利益主体利用制度的模糊性转嫁成本提供了空间，从而加剧了校车的风险。[②] 中小学校车属于准公共产品，让其外部性“内部化”是矫正外部性的有效策略，比如，通过财政补贴使校车私人边际成本接近社会边际成本。否则，若任由市场机制调节，校车经营者要么通过高收费弥补成本，要么采取不正当手段压低成本，由此导致校车有效供给不足，学生安全无保障。

第二，未能建立起中央、省、县（市、区）的校车财政责任分担体制。财政保障下的校车运作，其产生的效益可以辐射整个社会，对儿童安全的有效保障也有利于维护社会稳定，促进经济社会健康发展。相比非义务教育，义务教育阶段的校车所产生的外部效应更大，不仅地方政府要担负责任，中央与省级政府也要担负相应责任。目前，在政府主导推行校车的地区，承担校车费用的一般是地方政府、学校和学生家庭，出资方层级太低，财力较强的省与中央政府没有承担责任，财力与实际财政责任不匹配，无法形成有效支持。

第三，在部分探索农村校车发展工程的地区，尽管政府承担相应财政责任，也存在拨付机制不健全、不完善的问题。一是拨付金额无科学的计算。我国大多数城市尚未形成规范的公共交通补贴测算方式，校车财政补贴测算更是空缺，同时，校车的配备和运营需要的经费数额较大，政府在进行拨款时一般按照运营企业上报成本收益差额予以拨付，其中存在信息不对称的弊端。二是拨款随意性大，透明度不高，未能纳入财政预算，形成稳定的、持续性、可预期性拨款。三是补贴对象模糊。由于校车属于公益性服务，对其补贴应该将校车的公益性服务功能与经营性服务功能区分开来，使政策性亏损补贴做到有的放矢。而事实上，完全区分公益性服务功能与经营性服务功能存在一定的难度，或者进行区分的成本相当高。补贴对象的模糊，使得无法保证有限的补贴用在最需要补贴对象上。[③]

① 张菀洺：《政府公共服务供给的责任边界与制度安排》，载《学术研究》2008 年第 5 期。

② 祝小宁、陈小真：《成本转嫁与校车安全管理研究》，载《国家行政学院学报》2013 年第 2 期。

③ 石维：《成本规制与准公益项目补贴机制研究——以张家港校车公交化为例》，南京农业大学硕士论文 2010 年。

（三）校车财政保障乏力的原因分析

究其原因，一方面，长期以来中央政府未能从战略高度认识到校车产业发展的重要性，未能确立校车发展的优先地位。2000 年义务教育基本普及，意味着我国义务教育进入新的历史发展阶段。实现更高水平的普及教育，追求更公平、更有质量的教育发展成为义务教育新的战略目标。在新的历史时期，学校布局调整、农村校车发展、农民工子女教育、农村寄宿制学校发展等问题的解决，急切需要义务教育财政体制做出相应变革。

另一方面，校车经费的负担未遵循“能力支付原则”。分税制改革以后，国家各级政府之间在明确划分事权及支出范围的基础上，按照事权与财权统一的原则，划分中央和地方的税收，但是由于改革的不彻底性，省级以下依照讨价还价的包干与分成模式来处理四个层级的财政分配关系，政府间收支的划分随意性强，为高层政府上提财权、下压事权提供了空间，形成政府间事权与财权的“两个移动”，由此导致基层财政困难。地方政府作为校车的具体实施者和主要推进者，囿于财力有限，也难以承担校车购置和运营的高额费用。长远来看，政府财政责任缺失严重影响我国校车朝着专业化道路顺利发展。为促进校车产业健康发展，探索适合我国国情校车经费保障机制是当前第一要务。

第四节　校车管理问题研究

《校车安全管理条例》颁布后如何实施的问题至关重要。在现有行政体制框架内，研究地方政府在推进校车政策中的管理模式及各利益相关者的真实想法是十分重要的议题，本节将以个案县为基础，探讨校车管理问题。

一、J 县校车实施状况

2000 年以来，学校布局调整力度较大，绝大部分村小被撤并，在布局调整基本到位后，学生主要集中在乡镇中小学就读。根据学校数和学生数计算可得，平均每个乡镇有 2.7 所普通中学，6.7 所小学，平均一所小学覆盖 5 个行政村。撤点并校后，学生上学距离变远，此外，农村留守儿童队伍不断壮大，在儿童缺乏看护又上学路途变远的情况下，开通校车的工作迫在眉睫。此外，J 县位于平原地区，村村通工程实施以后，道路状况良好，横穿一个乡镇的车程约为 20 分钟（6~7公里），有推行校车的地理优势。在现实条件许可，又存在刚性需求的情况下，J县涌现了大量接送学生的私人车辆，这些车辆大多属于安全隐患严重的“黑校车”，但学生仍然不得不乘坐这些车辆上学，混乱的现状迫使政府部门不得不“干预”校车市场。由此看来，J县具备推行校车的可行性和现实基础，也存在有效需求。

在进行必要性和可行性论证后，J县为校车的推行做了充分的前期准备工作。首先排查统计所有从事校车营运的车辆，对其数量和车辆进行摸底；其次在广泛征求意见的基础上制定管理办法，于2010年6月颁布了《J县中小学幼儿园校车交通安全管理办法》，集中对黑校车整治了2次，先后成立了4家校车公司及若干校车分队，并提出“政府扶持、社会参与、市场运作、规范管理、服务第一”的校车发展原则。

校车的推行先试点后推广，逐级推行。先在城区试点，然后再依托城区校车公司，在乡镇开展校车分队。推行方式是以点带面，最大限度整合现有资源。校车公司的驾驶人员主要由原来一直接送学生的司机担任，校车也大部分沿用了原来车况较好的车辆，这样不仅最大限度节省了社会资源，也合理避免了在乡镇推行校车可能产生的阻力和困难。

二、J县校车市场供求状况

（一）校车供给状况

J县先后成立了4家校车公司及若干分队，覆盖了整个城关地区和乡镇（见表5-5）。当前中小学及幼儿园共有规范校车356辆，其中，城关地区110辆，乡镇场246辆，平均每乡镇11辆（城关除外）。整体上看，J县对解决县域内学生远距离求学的问题做出了积极探索，并取得了显著成效。

表5-5　J县校车基本情况

校车公司	成立时间	校车数量（辆）	运作模式	运营范围
W公司	2008年2月	11	股东集资	乡镇
C公司	2009年4月	38	股东集资、公车公员	2乡镇
H公司	2010年7月	31	购车聘员、私人挂靠	2乡镇
H2公司	2011年2月	19	购车聘员、私人挂靠	城关及2乡镇

注：“股东集资、公车公员”模式是指参与公司的股东合资购买符合标准的校车，共负盈亏。

城关基本建立了有序的校车市场，按照市场化运作，家长购买服务的方式运营。乡镇作为推进校车的下一个工作重点，通过由校车公司鼓励原本在乡镇接送学生的散户司机加入公司，规范运营、统一管理的方式，推进校车服务向乡镇延伸。

（二）学生对校车的需求状况

通过对5个乡镇学生上学方式的调查发现，目前乘坐车辆上下学的学生比例在各个乡镇间分布差异较大，最高达43.2%，而最低只有9.5%，这是各乡镇学生对通勤车辆的实际需求（见表5-6）。

表5-6　J县五乡镇义务段学生乘车

乡镇	义务段学生数（人）	乘车学生数（人）	乘车学生比例（%）
汴河	3 500	700	20.0
新沟	6 500	2 450	37.7
黄穴	3 500	700	20.0
柘木	7 400	706	9.5
毛市	4 048	1 747	43.2

从J校车的覆盖范围来看，J校车在学校的覆盖面较广，且覆盖率增长幅度较大（见表5-7）。目前，J校车服务已覆盖7成小学和初中。与学校覆盖率不同的是，学生覆盖率则非常低，也远远低于上述几个乡镇学生坐车的比例。由此可见，与实际需求相比，J校车已基本做到了学校层面的广覆盖，但乘坐正规校车的学生比例较低。正规校车市场供不应求，仍存在较大发展空间。笔者认为应大力发展校车市场来满足学龄儿童的需求。

表5-7　J县义务段校车覆盖面　单位：%

年份	初中		小学	
	开通校车的学校	乘坐校车的学生	开通校车的学校	乘坐校车的学生
2009	57.7	2.6	64.7	3.1
2010	71.4	3.4	79.5	3.6

（三）校车利益相关者诉求

发展农村校车是一项系统性工程，涉及政府部门、校车经营者、学校、学生及其家庭等各方利益，本书以原生态的形式展现各利益相关者对当地校车的看法和建议，以反映其真实诉求。

1. 教育行政人员

教育部门是当地推行校车的主要力量，然而在校车推进过程中，教育行政部门的责任大、权力小。对于管理责任，县教育局长 Y 责无旁贷地说："政府部门应履行责任，解决农村学生上学难的问题的责任人应该是政府。"但是，由于管理体制不健全，"教育部门对推行校车是心有余力不足，公安、交警部门互相推诿责任。校车车辆产权属于个人所有，公安交警是车辆交通安全的执法机关，教育部门作为校车的主管部门，既不是执法主体，又无车辆产权，在审批上受到制约，业务管理上非常被动。对学生乘坐校车带来的安全隐患，也无强有力的管理手段，所制定的安全制度和措施在操作中难以落实"。负责学生安全工作的 Z 科长说："目前，本县的校车没有明确管理主体。名义上是教育、交警、交通、安监等部门协作，实际上责任全压在教育部门，其他管理部门重收费轻管理，重审批轻管理。应建立校车的长效管理机制，学校和教育部门不应是管理主体，应由交通部门管理校车。"

对于运营模式的考虑，Y 局长说："目前本县推行的校车不是由学校买的或租的，学校根本负担不起。以前生均公用经费是初中 500 元，小学 300 元，现在是初中 600 元，小学 400 元，公用经费只能保障学校基本运作，无法承担校车购置、运营费用。本县校车是公司化运营，实际是家长自己购买服务，学校的主要职能是教育，对校车只能起到监管和协调的作用。"

地方政府财力有限，校车的运营维系困难，J 县急需上级政府制定财政优惠政策，扶持地方校车发展。Y 局长说："本县每年财政收入 2.7 亿元，可支配财政收入 1.7 亿元，每年财政支出 10 亿元，靠转移支付维系。在财政困难的情况下，县政府无力对校车进行投入，希望中央、省级政府扶持，才能继续推行。"他建议应制定相应优惠政策，如义务段校车列入财政预算、在公用经费中将校车费用单列、提高生均公用经费拨付标准、让校车享受公交车待遇等。Z 科长也谈道："现在推行校车最主要的阻力是上面没政策、没补助。校车公司难以长期维系，校车不得不适当超载。"

发展专业校车市场是一个利益博弈的过程，推行过程并非一帆风顺，仍然存在一定阻力。Z 科长分析到，各方都是为自己利益说话。校长不一定赞成推行校车，怕担负安全责任。村民也不一定都愿意，有的村里原来是委托一个村民用农用车或三轮接送孩子，熟人接送，村民放心，且解决了司机的生计。原来接送孩子的司机有意见，不愿加入校车公司，怕收费降低了自己利润。

2. 校长

安全问题是校长在学校管理中不能承受之重，受访的学校负责人中，大部分十分赞成成立专门校车公司，将学生的通勤交给校车公司运营。J 小学的 W 校长说："作为校长，最担心的是学生安全，在与校车司机签订安全责任状的前提下，十分愿意把校车交给专门公司运营。" ×镇中心小学的王校长说："学校不愿意自己经营校车，一来安全责任大，二来学校运营校车的成本高，价格降不下来，家长说校车贵，学校吃力不讨好。"成立校车公司后，学校的职责是与家长和校车公司签订责任状，并安排教师值班护送学生上下车，责任风险明确化，学校也更放心。

不过，校长中也存在质疑的声音。H 小学的 Z 校长说："本校有 1 452 名学生，学生上学最远的单程达到 10 公里，大部分学生也都需要 10 几分钟车程。有 60% ~70% 乘坐车辆上下学，其中不到 100 人乘坐专门校车公司的校车。家长不愿意乘坐校车公司的校车，主要原因有几点，一是家长可以自己接送，二是家里老人接送，三是条件好的可以陪读，四是自己联系车辆接送。另外，校车公司会抢了某些本地人的饭碗，存在一定阻力。"

3. 校车公司经营者

J 县以乡镇所在地为中心组建校车公司，共发展了四家校车公司和依托校车公司的若干校车分队，主要有两种运营模式。第一种是"股东集资、公车公员"模式。J 县最大的校车公司 C 公司就是采取这种运营模式，该公司于 2009 年 4 月成立，由 50 多位股东联合成立股份公司。车辆来源有两个方面，一部分是购买新车，另一部分是吸收股东的车辆，这些股东大多是经营接送学生的散户，他们连人带车一起加入公司，车辆归公司所有，司机成为股东；对于不愿意参股的司机，公司以 2 万元/辆的价格收购车辆。

第二种运营模式是"个体挂靠"模式，H2 公司即是这种模式，H2 公司的前身是出租车公司，于 2011 年春季开始经营校车业务。目前城区有 19 辆校车，11 辆是新购置，其他是个体司机挂靠在校车公司，由公司统一管理运营，个体司机以合法身份运营校车，自负盈亏。为吸引个体加入，公司对挂靠的司机第一年不收取管理费用。另外，部分乡镇发展的校车分队也是采取此种模式，如×镇校车分队在挂靠 H 校车公司之前就存在，是由几名个体司机合伙组成的，一起接送×镇的学生。加入校车公司后，分队的车辆挂上了校车牌，按照公司安全管理的规范，继续接送当地学生。

访谈中我们发现，两种不同运营模式的校车公司之间存在明显分歧。实行"公车公员"的公司认为，允许私人挂靠方式的校车公司，扰乱了市场运作，不符合湖北省颁布的校车条例中"不允许私人接送学生"的规定，这种做法是变相让不符合规定的个体以正规名义进入校车市场。而实行"个体挂靠"的公司则认为，这种方式可以减小校车市场公司化的阻力，有利于团结已有的运营力量。

对于校车公司运营中存在的困难，公司负责人普遍认为，一是优惠政策缺失，公司难以维系；二是政府各部门间政策打架，对校车的管理混乱。H 公司负责人说："目前运营校车基本没有利润，我们看中的是校车市场，需求这么大，国家迟早会出台优惠政策，对校车的运营进行财政补贴。" C 公司负责人无奈地表示："由于收不抵支，我们的校车也被迫超载，大车核载 14 人，最多坐了 18 人；校车核载 9 人，最多坐 12 人。" 其他几位校车负责人也纷纷表示，各部门对校车的收费没有统一标准，由于无法办理营运证，运管处以处罚的方式对其收费。H2 公司的负责人说："最近公司的校车被运管部门扣过 3 次，交了 1 万元罚款。希望能明确校车的管理部门，结束多头管理、收费的现状。"

4. 学生和家长

受访的家长普遍比较赞成成立专业校车公司，让孩子乘校车上下学。有的家长说："我觉得校车很安全，收费也能接受，省了不少麻烦。" 目前，J 县外出务工人员较多，留守儿童规模较大，留守儿童大多由祖辈看护，一位学生的奶奶说："我们村之前有一所小学，去年 9 月份撤了，孩子上学远、不方便，每天接送，现在好了，就在家附近接送孩子。" 也有家长对于推行校车后带来的问题感到担忧："校车每天跑完城区才来村里，一般到 8 点才来接孩子，下午 3、4 点就把孩子送回来了，孩子在学校的时间变短了，不知道会不会影响学习。" 孩子是校车最直接的体验者，有的孩子说："校车很挤，有晕车的感觉。" 还有的说："很喜欢坐校车，十几分钟就能回家，还能跟同学在一起。"

J 县作为中部平原地区推行校车的代表，对校车发展进行了有益探索。根据"政府扶持、社会参与、市场运作、规范管理、服务第一"的原则，J 县充分利用民间资本，在全县以乡镇为中心组建校车公司，倡导股份制运作模式。专门校车公司的出现规范了接送学生车辆市场，提高了车辆及驾驶员的准入门槛，减小了学生交通安全隐患。整体上看，J 县对解决县域内学生远距离求学的问题做出了积极探索，并取得了显著成效。但是，建立校车发展仍然存在一定的制度困境。在校车管理过程中，存在管理主体不明确、多头管理以及权责不明晰等问题。此外，地方政府及上级政府对当地校车完全没有提供任何财政支持，校车公司发展步履维艰。

三、从个案县透视校车管理问题

美国学者艾利森认为："在实现政策目标的过程中，方案确定的功能只占 10%，而其余取决于有效的执行。" 政策执行是一种有目的、有计划、有组织的活动过程，校车发展中，各级政府、各个部门对校车进行管理的过程，也可以看作是对校车政策的执行过程。随着决策程序的科学化和民主化，政策制定失误的可能性正在不断减小，而政策执行不力的现实性却在日益增加。根据米切尔·黑尧（Michael Hill）与巴瑞特的观点，要理解政策和行动之间的关系，必须摆脱那种反映规范的、应然的行政或管理观点的单一的过程视角，而努力去发现那些寻求将政策付诸实施的个人和组织之间、政策行动需要依靠的那些个人和组织之间、以及由于政策变迁利益受到影响的个人和组织之间的互动关系的复杂性和动力。[①]

J县校车工作的推进是在该县颁布《J县中小学幼儿园校车交通安全管理办法》，J县所在的湖北省颁布《湖北省校车交通安全管理办法》的前提下进行的，但是尽管如此，在政策执行过程中仍然遇到了一定的阻力和困难。校车作为一种公共服务，管理责任理应在政府部门，政府的责任边界可以从两个视角来探究：横向和纵向视角。

（一）横向视角看校车管理

1. 错综复杂的利益关系，牵制政策的预期推进

政策的实质是对利益的重新分配和调整。社会中存在大量的利益集团，它们通过各种方式来影响着政府的行为，而且由于社会资源的有限性，无法满足所有利益团体的要求。在国家调整和重新分配利益的过程中，往往使原有的利益团体之间的利益平衡遭到破坏，从而直接引发它们之间的利益冲突。如果新政策有损政策既得利益集团的利益，他们就会想方设法抵触新政策的实施，不仅使新政策的作用难以发挥出来，不能达到预期的收益，而且还会增大政策摩擦，造成不稳定。[②]

长期以来，在广大农村地区早已形成庞大的“黑校车市场”体系，校车市场主要由当地人组成的“接送学生车辆队伍”占据。在既定利益关系中，家长将儿童交由同乡，乃至同村的当地人接送，知根知底又熟门熟路，乘车费用也可以接受，从情感上来说是比较放心的；参与接送学生的当地人在每天中午和下午两个时间段接送学生，一方面不耽误自己的主要谋生工作，另一方面也可以充分利用自有交通工具，因此不失为一种诱人的外快手段；学校在其中的职责一般是登记接送车辆及驾驶员信息，了解学生乘车情况并对学生及家长进行安全教育，但学生的交通安全学校无力保障，安全责任也无力承担；教育行政部门对此的态度是

---

① ［英］米切尔·黑尧著，赵成根译：《现代国家的政策过程》，中国青年出版社2004年版，第119页。

② 于正伟、胡曼云：《政策、政策供求与政策均衡——公共政策研究的供求分析框架》，载《内蒙古农业大学学报（社会科学版）》2010年第1期。

有心无力，学生对交通工具的刚性需求教育部门无力解决，但其中存在的交通安全隐患及各地频发的校车事故也让其胆战心惊；交通监管部门是此体系中的“恶人”，其主要职责是对违规的运营车辆进行打击和处罚。有些地方在对黑校车进行打击和清理后，甚至有家长表示不理解，认为影响了其孩子上学。在没有出现校车事故的地区，这种利益体系形成了相对稳定的局面。

新校车政策的实施中，原有利益平衡被打破，利益受损者必然产生抵制情绪，阻碍校车政策的推行。J县在专业校车市场的建立中，主要采取吸收原有接送学生的散户成立专业校车公司，在对驾驶员资质和车辆状况把关的前提下，按照统一管理的方式进行运营。这样，在新政策的实施中，原有运输力量以合法的方式被纳入专业校车发展队伍，较好地处理了这一利益矛盾，尽可能减少了利益冲突。

2. 执行权责分散化，导致执行不力

执行权力分散到不同的机构，因事权不专所带来的协调困难、资源浪费等，往往造成政策执行不力。辖区内部门间权责不清、管理主体不明确是地方政府在推进校车工作中遇到的首要问题。目前，在《校车安全管理部际联席会议成员单位职责》和《关于印发省级校车服务方案基本内容的函》等配套政策的指导下，大部分地方管理校车采取的是多个部门联合管理模式，其中涉及公安部门、交通部门、教育等各个部门。虽然各部门各司其职，但实际操作中往往很难协调各方，以致参与管理的流程不清晰、责任不明确。

个案调查中发现，J县校车管理也存在主体不明确、多头管理及权责不清晰的问题。名义上是由教育、交警、交通、安监等部门协作，成立校车管理机构，在实际运营中，相关部门各自为营，校车管理机构并未发挥实质性作用。学校布局调整是一项系统工程，需要各级教育行政部门以及县（市）政府多个职能部门的通力合作。而在各校车管理者中，教育部门承担了过多责任，个别部门重审批轻管理，甚至出现管理责任落实不到位、形成管理盲区等情况。地方政府应切实履行好统筹和协调的责任，捋清管理头绪，明确管理主体，发挥专门校车管理机构的作用，强调部门间的沟通协作，进一步完善相关规章制度，保障校车顺利推行。

（二）纵向视角看校车管理

从纵向上看，《校车安全管理条例》为各级政府间对校车管理责任勾勒出了大致轮廓，但不够具体、不够明确，导致同很多其他公共服务一样，不同层级政府对校车的事权仍然模糊。

1. 中央政府保障校车制度化发展

中央政府的职责主要是制定校车法律法规，为校车发展营造出一种制度化和法制化的环境。而从中央政府制定的校车标准来看，标准呈现出重“标准”、轻“操作”的特点。2010 年颁布的《专用小学生校车安全技术条件》、2012 年颁布的《专用校车生产企业及产品准入管理规则》等规定，对校车的核载、座椅布置、安全防护等提出了较高的技术要求。然而，这种“一步登天”的标准却让不少学校和校车运营者不知所措。中央政府在政策制定时必须兼顾各地的差异性，在政策目标的设定上给地方留有因地制宜的弹性。据报道，校车新标准强制实施，直接引发北京 2 所打工子弟学校近千名孩子的退学，[①] 原因是不达标的校车被停运，而家长没时间和条件接送孩子，只能让孩子返乡就读。部分经济欠发达地区的做法是在配套管理办法不够完善，校车的买单者在尚未明确的前提下，大打折扣地执行。

2. 地方政府“投石问路”

《校车安全管理条例》中关于地方政府管理责任的论述是：“县级以上地方人民政府对本行政区域内的校车安全管理工作负总责，统一领导、组织、协调本级人民政府有关部门履行校车安全管理职责。”即地方政府的职责主要是具体管理辖区范围内校车的运营及各项事务。现有校车管理体制下，对校车发展起决定性作用的是县（市区）级政府，这些地方政府抱着“投石问路”的态度探索适合本辖区的校车发展模式。然而，地方政府在实际操作中无章可循，所制定的政策只是对当地实践的简单制度化，或者是对其他地方的模仿。同时，各地财政状况、地理环境、人口分布等实际情况的差异，又致使校车产业在区域间、城乡间发展极不均衡，学生享有的校车服务质量参差不齐，这样不仅有失公允，也不利于教育的均衡发展。

第五节　校车运行机制的国际比较

校车作为一种政府提供的公共服务，在欧美等发达国家，特别是美国已推行多年，早已成为这些国家义务教育的一个重要标志。尽管不同国家的经济、政治、法律及社会背景差异较大，但是在校车源起及发展过程中的重大问题，还是存在共同规律的。考虑到我国尚在推行校车的探索期，国外的校车制度经过反复实践和不断调整也逐渐完善，因此，了解国外校车的运行模式并根据需要借鉴相

① 张路秋：《校车应按公交化的套路出牌》，载《运输经理世界》2007 年第 11 期。

关经验是很有必要的。考虑到国内对校车法规及安全质量标准有不少介绍，本章将重点讨论国外校车的管理、财政支持和运营模式对我国发展校车的启示。

从欧美等国校车发展历程看，立法、监管和财政保障是政府支持校车产业发展的主要方式，实现供应（provision）与生产（producing）的分离是政府支持校车产业发展的主导模式。

一、校车立法

在校车立法方面，欧美等国家的做法值得参考和借鉴。美国第一部校车法案于1869年在马萨诸塞州颁布。[①] 迄今为止，已经有500多部法律以及众多的规章被各州记录在册，用来管理校车产业的方方面面。联邦政府在颁布的60项关于汽车安全的标准中，有37项是专门为校车制定的。联邦政府制定法律作为运行校车的生产、安全方面的底线，各州政府制定执法、监督、责任分担等方面的细则。[②] 在美国校车发展历程中，联邦政府和地方政府颁布的一系列有关校车的法案对于确立校车优先地位，维护校车市场秩序，保障儿童交通安全发挥了重要功能。相关重要的校车立法有：1966年美国国会通过的《国家交通与机动车安全法》（*National Traffic and Motor Vehicle Safety Act*）；1974年通过的《机动车与校车安全修正案》（*Motor Vehicle and School Bus Safety Amendments*）；1977年美国国家公路交通安全管理局（NHTSA）颁布《联邦机动车安全标准》。在各项校车法案中，联邦和州政府对校车类型、设计、制造标准、营运管理、通行规则等方面进行了严格规范。[③] 相关措施还包括：政府财政对校车产业给予补贴（每年每生校车补助为400多美元）；[④] 将校车列为安全防卫重点，将校车纳入政府反恐怖安全监视系统的保护范围，任何对校车的攻击都将定为联邦罪行，要判20年至终身监禁等。[⑤]

英国也是较早推行校车且具备完备立法的国家之一。为帮助乡村中的学生到离家较远的学校上学，1937年，在北爱尔兰出现了由教育机构出资帮助运送新教地区学生到教会学校上学的车辆。《1944年英国教育法》首次提出，“应首先考虑到为公立中小学在校学生的出勤提供必要的帮助，对所运营的交通工具应当

---

① Mills, Nicolaus. Busing: Who's being Taken for a Ride. ERIC - IRCD Urban Disadvantaged Series, No. 27, 1972.

② 何树彬：《刚柔相济的美国校车服务》，载《上海教育》2005年第5（A）期。

③ 丁芝华：《美国的校车安全立法研究》，载《道路交通与安全》2010年第1期。

④ 袁潜韬：《对规范校车交通安全管理工作的几点思考——从美国校车管理中得到的启示》，载《公安学刊（浙江公安高等专科学校学报）》2007年第6期。

⑤ 崔峰、曹霁阳：《消除校车安全阴影》，载《瞭望》2007年第2期。

提供免费的服务”，并规定了校车的服务范围和服务方式。[①]

二、校车管理

为维护校车市场秩序，政府必须担负起校车监管责任。目前，美国已形成了联邦、州以及地方政府三级共同管理的校车服务机制。联邦政府负责发布规章并制定校车安全标准，确保校车生产是符合标准的；州政府负责日常管理（包括拨款、执法、监督）；地方政府负责政策实施，学区是管理校车运行的最小单位，校车公司按学区统一调度和管理校车。作为公共服务，学区每年都有义务公布校车的所有规定、标准、详细财务状况和线路信息。[②] 美国学区对于校车的管理方式多种多样，而且同一个学区对本学区不同的学校也会采用不同的方法。有完全承包给运输公司的（如爱达荷州某些学区）；有学区自己管理校车各个方面的工作（包括校车购买和运营、人员雇佣等方面）；也有的只是租用运输公司的校车，由学区负责运营支出。

加拿大校车运营系统也充分呈现出政府主导、各方参与的运作机制。比如，加拿大哈利法克斯省学校委员会在 2000 年颁布的校车政策中规定：学生交通服务是由运营服务部（operations and services department）统筹管理，协调员（co-ordinator）负责制定校车的细则规定，包括运输过程、线路、时间表和站点设置。校车承包商负责车辆维护和安全、分派司机，与司机签订承诺书。在校车运转机制中，家长、学校和司机也各司其职。

总的来说，相比中央政府，地方政府更接近辖区居民，更能反映地方居民的需求和偏好，因此，校车监管主体主要由地方政府担当。联邦政府仅仅负责校车行业中的标准化，而更为日常的管理来自州政府层面。

三、校车运行的财政支持

（一）政府对校车产业的财政保障

政府支持校车产业发展最重要的体现形式是提供财政保障。美国是为学生提

① 阚维：《服务全体，借力公交——英国校车制度的特点及启示》，载《比较教育研究》2013 年第 2 期。

② Eduardo A. Vasconcellos. Rural Transport and Access to Education in Developing Countries: Policy Issues. Journal of Transport Geography, Vol. 5, No. 2, 1997: 127 - 136.

供最大交通系统的国家，其教育预算3%花费在学生运输上。① 美国国家教育统计中心在《2007年教育统计文摘》报告中指出，2004～2005学年，公费运送了25 226 000名公立学校学生（55.3%），在校车运输上的总支出约为175亿美元，生均运输成本为692美元。② 表5-8是美国公立学校学生的运输状况，数据表明美国政府对校车产业提供财政保障的几个特点：一是覆盖面广，在美国有超过一半的公立学校学生是享受免费校车运输的，这一比例在27年间基本保持稳定；二是随着经济发展和物价水平的提高，运输每名学生的平均费用逐年上升，至2007～2008学年，运输每名学生的平均开支与1980～1981学年相比，增长了81%。

表5-8　　美国公立学校学生公共运输费用和支出

年份	公费运输学生占在校生比例（%）	运输每名学生的平均开支（美元）
1980～1981	59.1	490
1990～1991	57.3	632
1997～1998	56.9	625
2000～2001	55.5	704
2001～2002	55	727
2002～2003	54.7	749
2003～2004	55.5	750
2004～2005	55.5	772
2005～2006	55	805
2006～2007	54.8	831
2007～2008	54.6	866

注：以2008～2009年不变美元计算；1980～1981年“交通支出”包括资本支出，1990年以后的“交通支出”不包括资本支出。

资料来源：U. S. Department of Education, National Center for Education Statistics, http://nces.ed.gov/fastfacts/display.asp?id=67。

① Eduardo A. Vasconcellos. Rural Transport and Access to Education in Developing Countries: Policy Issues. Journal of Transport Geography, Vol. 5, No. 2, 1997: 127-136.

② U. S. Department of Education National Center for Education Statistics. Digest of Education Statistics, http://nces.ed.gov/programs/digest/d07/tables/dt07_176.asp?referrer=list. 2007.

（二）校车经费来源

从经费来源上看，州政府是校车经费的主要承担者。几乎所有的州全部或部分补偿学生往返学校的成本，这种资助主要是通过专项资金转移支付的方式拨付。州政府对校车的补贴一般由两部分组成：经常性生均支出和固定资产的投资和折旧。美国43个州都规定了公用经费中用于学生运输的专项开支。由于美国是分权体制，州和地方政府享有较大自主权，州对地方学区的资助机制也不尽相同（见表5-9）。有5个州不向当地辖区提供学生交通运输资金支持；有9个州依据辖区运输学生的比例，提供一揽子拨款；19个州按运送学生或行驶里程确定经费补偿率，列举校车支出的类型和比例，依据方案对各学区进行补贴；10个州测定按照生均或每英里运输的单位成本，依据各学区运输的学生数拨款；8个州基于一系列因素制定拨款公式，这些因素包括运输的学生数、里程、分布等，以此向地方学区拨款。

表5-9　　　　美国部分州对校车的财政支持

州	补贴方式、额度
特拉华州、华盛顿州、怀俄明州	全额补贴
阿拉斯加州	补贴90%交通成本
科罗拉多州	定额补贴：每公里37.87美分加上实际成本超出部分的33.87%，最多达到总交通成本的90%
马萨诸塞州	部分补偿，包括一般的学校运输成本、学生使用大众交通的成本、对非公立学校的学生进行补偿
威斯康星州	为每个学生支付通用的成本，对家校距离小于2公里的学生给予12美元/人的补贴；在路况较差地区，对超过18公里对学生补贴达85美元/人
纽约州、堪萨斯州、印第安纳州、	用均等化公式来进行补贴

资料来源：［美］理查德·A. 金，奥斯汀·D. 斯旺，斯科特·R. 斯维特兰：《教育财政：公平、效率和绩效（第三版）》，中国人民大学出版社2010年版。

（三）校车收费标准

虽然校车作为公共服务，但并非所有学生乘坐校车都是免费的（见表5-10）。

申请乘坐校车的程序是，由家长向学区提交乘坐申请，学区委员会根据规定决定学生是否有乘坐校车以及免费乘坐的资格。考虑的主要因素是学生的年龄、线路的设定、家校距离等。相关法规会规定学生上学的法定步行距离，例如对于8岁以下是2英里，8岁以上是3英里，只要学生就近入学的距离超过了这一限度，就可以免费乘坐校。特殊情况下，如孩子健康状况不宜步行，或路况复杂的，地方当局也会为其提供免费校车服务。[①] 其中特别规定，因择校而超过法定步行距离的学生不能免费乘坐校车。这样，基本保证乘坐校车和住在一定范围内步行回家的时间差不多。

表5-10　　加拿大多伦多市乘坐校车的费用

年级	家到学校距离	乘坐费用
幼儿园至5年级	≥1.6公里	免费
6年级至8年级	≥3.2公里	持优惠公交车票
9年级至大学预科	≥4.8公里	持优惠公交车票

四、校车运营模式

承担学生通勤责任不等于政府直接参与校车服务供给，校车服务提供的主体与供给主体可以多元化，供给渠道也可多样化。发挥市场化、专业化优势，采取服务外包或政府购买服务的方式是欧美等国校车发展的普遍做法。在美国、欧洲及拉美国家，政府提供交通服务的方式和校车的所有权一般有三种。(1)政府购买服务。英国、法国、意大利等欧洲国家法律规定，地方政府有义务在一定范围内为学生提供免费校车。(2)政府通过公开招标，由私营企业实际提供服务。校车为公共部门所有，这一方式的代表是美国。在美国，70%的校车属于地方学区，校车可以由私人企业、公交部门或是两者共同运营。(3)在拉美地区，地方政府没有法律义务为学生提供校车，但会通过发放优惠公交卡或其他方式向学生提供补贴。

在完备的法律体系、规范的管理体制、合理的成本分担机制和灵活的运行模式的完美配合下，具有“黄色特权”的美国校车形象早已深入人心，同时形成每年高达150亿美元的校车产业，其基本的运作模式是：(1)地方政府根据本地学生数量、里程、校车路线等测算校车运行成本；(2)在充分吸纳民意的基础上，

① School Transport: Basic Law and Best Practice, http://www.teachingexpertise.com/articles/school-transport-part1-basic-law-and-best-practice-1347.

政府协调相关部门，根据地形、人口密度、学校分布等因素设定校车线路和站点，向社会公开招标；（3）专业化运输公司通过竞标获得政府合约，提供校车服务。政府监管下的商业化运营实现了政府与市场优势互补，发挥了专业化分工优势，提高了资源配置效率。需要指出的是，采取服务外包或政府购买服务的方式提供公共物品，折射出欧美各国政府治理结构改革方向，我国校车产业发展可从中获得有益启示。

五、国内外校车运行机制的比较与启示

国外学校布局调整和校车推行政策有赖于其独特的经济社会环境和政治制度基础，我们不能简单照搬和移植。但是，教育发展有共同规律，欧美等国学校布局调整的有益经验值得我们学习和借鉴。基于对国外校车政策分析，获得以下启示：第一，为保障学生入学率，校车服务作为学校合并的配套措施，与学校合并相伴而生；第二，大多数州中，学校合并带来的额外交通费用主要由地方政府负担；第三，完善的法律法规和明确的责任分工是校车服务有效推行的保障；第四，校车细则的制定科学、民主，兼顾效率与公平。

对比国内外校车管理与财政方面的异同（见表5-11），不难发现，我国校车发展仍面临许多问题，特别是与校车制度较完善的欧美国家相比，校车财政保障和管理体制仍有待改进。从财政保障来看，面对农村学生校车需求快速增长的新形势，校车无论在质量还是数量，都还不能很好满足适龄儿童的需求，财政保障体系的缺失是校车供不应求的根本原因。从管理体制来看，制约校车发展的体制机制障碍尚未完全破除，政府间、部门间权责不清是发展校车的绊脚石。

表5-11　　校车财政和管理方面国际比较

		国内	欧美国家
财政方面	财政保障	未建立长效财政保障机制	校车经费纳入预算，专项拨款
	经费来源	少数地方由区县政府提供财政支持，多数无任何补贴	州政府是经费主要承担者
	成本分担方式	大部分地区由家庭自行承担；少数试点地区由政府、家庭共同分担	依标准，约55%学生免费乘坐，其余由家庭和政府共同承担

续表

		国内	欧美国家
管理方面	中央政府	制定校车生产标准、相关法律	制定校车生产标准、相关法律
	省级/州政府	省级政府校车管理责任相对缺失	负责日常管理
	区县/地方政府	区县政府统筹管理校车，多部门参与管理	地方政府负责政策具体实施；学区负责统一调度和管理

第六节　农村校车发展的政策建议

当前和今后一段时期，我国的发展仍处于可以大有作为的重要战略机遇期。农村公共服务领域正在发生广泛而深刻的变革，推动校车发展既具备许多有利条件，也面临一系列新情况新问题。我国经济持续快速发展、综合国力日益增强，为校车发展奠定了坚实的物质基础；《校车安全管理条例》及配套政策的颁布和各项标准的制定，为校车发展提供了有力保障；各地方政府在探索校车发展中积累的宝贵经验；全社会广泛关注、重视农村学生通勤状况，为校车发展营造了良好的社会氛围。中国的校车时代呼之欲出。依据宏观数据中学生对校车有效需求的测算，及个案调查中凸显的校车管理体制之问题，参照国际比较经验，本书对校车发展提出以下政策建议。

一、将农村校车纳入国家发展战略

农村地区公共服务的提供，不仅仅是经济问题，更是政治问题、民生问题，它关系到社会公平与正义，政府应给予足够重视。《国家中长期教育改革和发展规划纲要（2010—2020）》指出："坚持教育的公益性和普惠性，保障公民依法享有接受良好教育的机会。建成覆盖城乡的基本公共教育服务体系，逐步实现基本公共教育服务均等化。"为促进城乡经济社会一体化发展，促进义务教育深度转型，保障儿童合法权益和人身安全，大力发展农村校车具有历史必然性。伴随我国经济发展方式转变，大力发展农村校车也是扩大消费、促进经济增长、提高政府公共服务水平的重要选择。因此，在观念上要确立农村校车发展的战略地位，将农村校车纳入国家发展战略，明晰政府责任，加强校车监管和规范，为校车发展提供充足的财政保障。

二、加大统筹力度，实行“以县为主”校车管理体制

实行省级统筹、以县为主校车管理体制。省级政府在校车制度建设、政策实施及财政补贴上负有重要责任，县级政府是校车管理的主要责任主体。在县（市、区）政府协调下，建立以交通部门为主，教育、交警、财政、工商等部门通力合作的校车运行机制。县（市、区）政府成立校车管理办公室，对校车进行专项管理、协调和监督；财政部门拨付校车专项经费，规定费用分担方式和比例；教育部门配合交通管理部门提供需求信息，协助学生安全乘车，开展学生交通安全教育；交通管理部门在校车购置、行车秩序、驾驶员资格审查等都严格把关；工商税务部门对校车运营实行优惠政策，比如免缴工商管理费、运输管理费、车船使用税、营业税等。

三、政府主导，充分发挥市场机制作用

建立地方政府主导下的市场化运营模式。提供校车的责任主体是政府，但政府不一定直接提供校车服务。一些试点地区对校车运营的多元化探索为其他地区提供了很好的参照，经济社会发展状况不同的地区可以因地制宜地选择发展路径，如政府主导下的专业公司运营、校车公交化运营、学校自主运营及混合运营等多种运营管理模式。原则上来说，鼓励地方政府充分发挥市场机制的作用，在政府监管下，实行政府购买服务或服务外包，鼓励社会力量参与，形成政府与市场有机结合的校车运营机制。首先，地方政府根据本地学生数量、里程、校车路线等测算校车运行成本；其次，在充分吸纳民意的基础上，政府协调相关部门，根据地形、人口密度、学校分布等因素设定校车线路和站点，向社会公开招标；最后，专业化运输公司通过竞标获得政府合约，提供校车服务。专业化运输公司可以是公交集团也可以是民营企业。中标运营者负责提供符合安全标准的校车、合格的驾驶者，并负责日常检查和维修。确保安全、按时接送指定区域中小学生。

四、将校车费用纳入财政预算，建立农村校车发展财政保障机制

由于校车具有的高安全性、公益性和高成本性等属性，出于教育公平和基本公共服务均等化的考量，政府应高度重视农村校车发展，构建长效经费保障机

制，并将对校车的资助纳入财政预算。《国家中长期教育改革和发展规划纲要（2010－2020年）》指出："各地根据国家办学条件基本标准和教育教学基本需要，制定并逐步提高区域内各级学校学生人均经费基本标准和学生人均财政拨款基本标准。"将农村中小学生交通费用纳入生均公用经费，提高生均公用经费拨付标准。

经费标准的制定应遵循两个原则。一是科学长效。前文提出，在适宜推行校车地区（主要指平原和丘陵），若政府为对需要乘坐校车的学生（约25%）提供交通资助，可大致参照"走读生2.5元/天，寄宿生1元/天"的标准。但需要注意的是，这是一个相对粗口径的标准，在实际拨付时，应构建包括当地公共交通服务水平、地理环境、学校辐射范围、学龄人口分布等因素在内的均等化公式进行科学拨付。二是因地制宜。调查表明，不同地区学生的通勤费用因地形、经济状况、车辆供给情况差异而不同。因此，在制定均等化公式时，可因地制宜增加个别因子权重，对公共交通覆盖较少、自然条件较恶劣、学校辐射范围较大的地区有所倾斜。

五、建立合理的成本分担机制

若要为全国农村和县镇适宜乘坐校车的学生提供免费校车服务，政府的财政压力相对较大。即使是在欧美等发达国家，政府也无法为所有孩子的交通买单。因此，立足于中国国情，本书提出校车费用的分担机制。校车的成本主要分为车辆购置费用和日常运营费用两部分。（1）车辆购置等固定资产投资由中央和省两级政府共同承担，参照新机制中"西部地区8∶2，中部地区6∶4，东部地区除直辖市外，按照财力状况分省确定"的方式购置车辆。（2）目前，校车日常运营费用可按照政府、学生家庭共同负担的方式支付，各省份可依据本省情况制定相应分担比例。同时，制定差异性校车收费标准，依据儿童年龄、家校距离、地理环境等因素向学生家庭收取部分乘车费用，以保障校车的持续运营。

六、因地制宜、分步实施农村校车工程

从当前我国校车发展状况来看，农村与城市地区校车发展存在两极分化的现象。面对农村学生对校车需求快速增长的趋势，当前农村地区校车在质量和数量上，均不能较好满足学生需求。根据现实国情，我国发展农村校车也不可能采取同一模式，也不可能一步到位。首先，主要是明确校车发展的思路，明晰政府责

任，进一步规范校车市场。中央政府从顶层设计校车制度，对校车管理制度、财政支持、行业准入门槛等方面进行规范；省级政府统筹校车管理，明确和协调公安、交通、教育等部门责任，制定校车管理细则；地方政府制定符合本地实际的推行校车的路径和方式。其次，在校车市场较为规范和完善的基础上，通过构建校车财政保障机制，初步为中、西部地区农村学生提供免费校车。最后，逐步推广全国农村地区免费义务教育校车。

针对农村校车发展现状，目前应采取的措施包括以下四个方面。(1) 加大校车整治力度，严厉打击黑校车、校车超载，确保儿童安全。(2) 在平原、丘陵、草原等交通相对便利地区，大力开展农村校车试点工作。探索“省级统筹、以县为主、专业化运作”的校车发展机制。(3) 对交通环境和财力薄弱地区，应逐步扩大公交系统覆盖面，解决远距离儿童上下学难问题；同时，通过中央和省级转移支付提高寄宿制学校保障水平、扩大寄宿容量，优先满足远距离儿童寄宿需求。(4) 实施交通补偿政策。对学校布局调整力度较大区域实施财政补偿，提高经济困难家庭儿童和远距离求学的交通补贴标准。

七、大力发展城镇校车产业

在就地城镇化和就近城镇化的战略定位下，办好乡镇中小学校是调节农村人口有序流动，缩小城乡差距的重要路径。在“小学向乡镇集中、初中向中心镇集中”的办学格局下，交通工具成为保障农村中小学生入学公平的重要手段。农村学生在就近的村小被撤并后，进入乡镇学校就读，为乡镇学生提供校车服务不仅是对学校布局调整中利益受损者之补偿，更是促进义务教育均衡发展的有效途径。因此，应鼓励各区（县）制定县镇校车发展的方案，对试点县予以经费支持，优先保障乡镇顺利推行。

八、多种途径保障儿童交通安全

由于地理、气候、交通等因素的限制，并非所有地区适宜推行校车。数据显示，我国义务教育阶段有近4成儿童在山区、草原、湖区等不适宜开通校车的地区就读，这些偏远地区儿童的上学旅途尤为值得关注。首先，在对现有教育资源进行优化重组过程中，应充分考虑现存学校布局的必然性和合理性，在交通不便地区要保留必要的村小和教学点，防止因撤并学校造成学生失学、辍学和上学难问题。在地广人稀的山区，加强寄宿制学校的建设和发展。其次，地方政府应制定相关政策，根据实际情况对家校距离过远的学生进行交通补贴。例如湖北省神农架林区山大人稀，自然条件恶劣，不适宜提供统一校车。但当地政府对学生实行全额交通补贴，根据市场定价对不同乡镇制定不同标准，补贴直接发放给学生本人。总而言之，不论以何种方式，政府始终应当在义务教育阶段儿童的通勤中承担起应有的财政责任。

第六章

寄宿制学校发展研究

第一节　寄宿制学校发展背景

一、我国城镇化进程

城镇化进程，就是指农村人口不断向城镇转移，第二、第三产业不断向城镇聚集的过程，也是使城镇数量增加、城镇规模扩大、城市文明延伸扩散的一种历史过程。自改革开放以来，我国的城镇化进程进入一个快速发展阶段，尤其是近十年来，我国城镇化进程更是呈一年一个台阶的高速发展态势，城镇数量不断增长，城乡就业人口比不断提升，城镇化率显著增高（见图6－1、图6－2、表6－1）。2011年，我国城镇化率首次突破50%，达到51.3%，标志着我国城乡结构发生历史性变化，我国城乡人口结构第一次由农村人口占多数转变为城镇人口占多数。

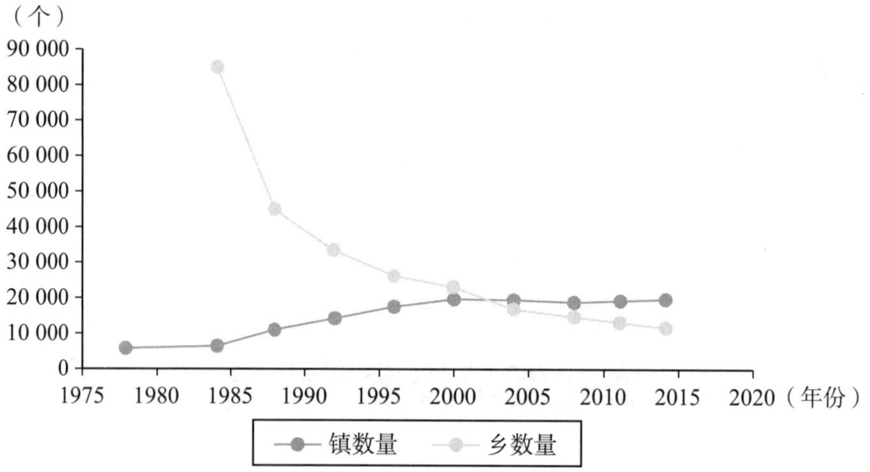

图 6-1　改革开放以来我国乡镇行政单位数量变化情况

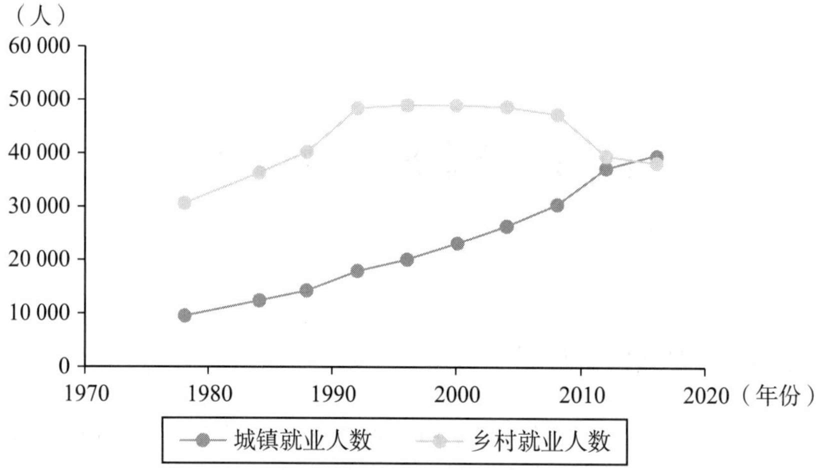

图 6-2　改革开放以来我国城乡就业人数变化情况

表 6-1　　近十年来中国城镇化率变化情况　　单位：%

项目	2006 年	2007 年	2008 年	2009 年	2010 年	2011 年	2012 年	2013 年	2014 年	2015 年	2016 年
城镇化率	43. 90	44. 94	45. 70	46. 59	47. 50	51. 27	52. 57	53. 73	54. 77	56. 10	57. 35

伴随着城镇化进程的不断推进，我国社会经济格局出现了两大显著变化。一是城乡一体化程度不断提高。随着城镇数量的不断增长和城市规模的不断扩张，城市与农村之间的传统边界正逐渐模糊，同时，道路交通建设的大力推进也使城乡交往变得更加便捷，城乡社会经济融合逐步加深。二是人口流动不断加剧，农村剩余劳动力大量涌入城市。伴随着城镇化的推进和户籍制度的改革，第一产业

大量剩余劳动力逐步向第二、第三产业转移，大量农民为了改善自身经济状况而选择进城务工，农村大量剩余劳动力得到了有效释放，也为城市建设提供了充足的劳动力供给。

城乡社会经济格局的重大变化也对教育格局的演变产生了重大影响。一是优质教育资源日益向城镇集中，城镇化的发展使众多乡村演变为小城镇，也使原本分散的教育资源出现了集中化的趋势，乡村零散的教育资源逐渐向中心镇集中。优质教育资源在城镇集聚的同时，乡村教育则日显凋敝，城乡教育差距逐渐加大。二是农民工随迁子女教育问题日益凸显，随着大量进城务工人员逐渐在城市立足、扎根，基于对城乡教育巨大差距的真切体会，为了给后代提供更好的教育条件，许多进城务工人员将自己的子女引入城镇就学，这就使农民工随迁子女数量大大增加，这一方面给城市教育带来了巨大压力，另一方面也使农村教育日趋“空巢化”。与此同时，基于户籍制度的限制，广大农民工随迁子女虽在城市就学，却难以享受与城市学生同等的教育资源和平等待遇，从而制造了新的教育不公。

二、我国人口格局的改变

（一）人口年龄格局的变化

从20世纪70年代起，我国开始实施计划生育政策。1982年，计划生育被写入《中华人民共和国宪法》，成为我国的一项基本国策。计划生育政策的实施使我国的人口格局出现了巨大的变化。其中，最显著的变化就是低龄人口比重减少。我国历次人口普查结果显示：从1982年到2016年，我国0～14岁人口占总人口的比重下降了一半以上（见表6－2），全国人口的年龄分布发生了巨大变化，逐渐由青少年人口占多数的“低龄型”人口格局向老龄化社会过渡。

表6－2　1982～2016年各主要年份0～14岁人口占总人口比例　单位：%

项目	1982年	1987年	1990年	1995年	2000年	2005年	2010年	2016年
比例	33.6	28.68	27.69	27.58	22.89	20.27	16.60	16.63

资料来源：1982～2010年历次全国人口普查及1%人口抽样调查数据。

（二）人口空间格局变化

城镇化进程的推进与户籍制度的深入改革使我国人口的流动性大大加强，进而导致我国人口的空间格局发生了较大程度的改变。在农村剩余劳动力向城市转移的过程中，农村青壮年人口大量涌向城镇地区工作、落户，造成城乡常住人口的分布发生了重大变化。一方面，城市人口密度不断加大，城镇外来人口规模不断增长；另一方面，农村地区日趋“空巢化”，一是青壮年人口大量流出，二是大量儿童跟随父母进入城市生活学习，使农村地区常住人口急剧减少。

人口格局的变化也给教育带来了直接的影响，由于我国义务教育适龄儿童主要集中于15岁以下人群。因此，这一变化所造成的最直接影响是学龄人口（特别是义务教育阶段学龄人口）比重的大幅下降。在这样的背景下，一方面，学龄人口的减少意味着生均投入的相对提高，从而为教育质量的改善提供了新的空间；另一方面，学龄人口的急剧下降又在短期内造成了学校资源的大量闲置，使办学效率大为降低，尤其是在广大农村地区，在人口出生率下降和学生进城学习的双重作用下，农村本地生源锐减幅度更甚于城镇地区，这导致了大量农村学校招不满学生甚至招不到学生，使众多学校难以为继，从而推动了中小学布局调整的开展。

三、中小学布局调整

自20世纪90年代起，在提高学校办学效率、优化农村地区教育资源配置的指导思想下，我国政府便开始在农村地区推行撤点并校、整合农村优质教育资源的尝试。进入新世纪以后，在城镇化推进和人口格局变化的双重影响下，面对农村教育发展的新形势，新一轮农村中小学布局调整开始在全国范围内大举推进。在布局调整的政策推动下，大量的农村中小学校被裁撤或合并到规模较大，条件较好的中心学校，农村学校数量大幅减少（见图6-3）。

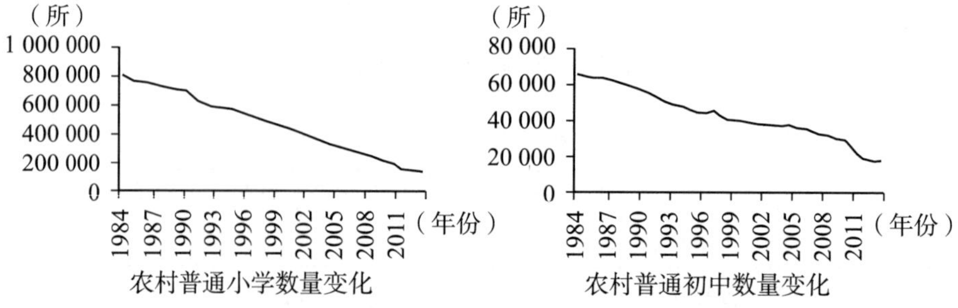

图6-3　1984~2011年农村普通中小学数量变化情况

资料来源：国家统计局。

中小学布局调整给农村义务教育的发展带来了深刻的影响，其中最显著的影响之一便是办学形式的变化。随着大量学校被撤并，使得农村学校的平均服务面积大为增长，由于家校距离的大幅增加，许多学生由过去的就近入学变为远距离入学，尤其是在交通不便的偏远地区，学生往往要在上学路上花费大量的时间和精力，这无疑给学生的安全、健康以及学习质量带来了许多消极影响。在这样的背景下，为解决学生上学难、上学远的问题，弥补布局调整政策给学生家庭带来的额外负担，国家投入大量的资源推动寄宿制学校建设，大量新建或改建的农村寄宿制学校开始在农村地区广泛出现，农村学校的“寄宿化”成为中小学布局调整政策所带来的一个重要变化。

综合分析寄宿制学校发展的时代背景和影响因素，我们认为，城镇化的推进和人口格局的演变极大地改变了农村义务教育发展的供需格局，使教育资源的优化重组显得更为迫切，从而推动了中小学布局调整的实施，进而直接推动了寄宿制学校的发展（见图 6 -4）。

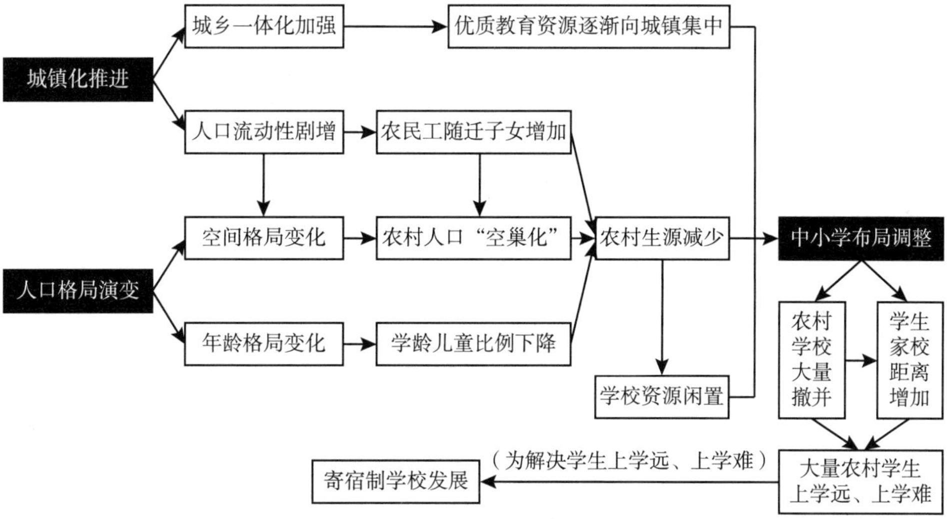

图 6 -4　寄宿制学校产生机理

第二节　寄宿制学校发展的政策回顾

2001 年，《国务院关于基础教育改革与发展的决定》首次提出“在有需要又有条件的地方，可兴办寄宿制学校”，并提出“采取减免杂费、书本费、寄宿费等方法减轻家庭经济困难学生的负担”。这是国家政策文件中首次提到寄宿制学校建设，两年之后，该政策得到进一步强化。2003 年，第一次全国农村教育工作会议召开后，有关农村寄宿制学校建设的一系列政策相继出台，其中具有标志性意义的两件大事分别是“两免一补”政策的出台和国家“两基攻坚”计划的实施。

2003 年，《国务院关于进一步加强农村教育工作的决定》正式提出了“两免一补”政策，即免除农村义务教育阶段家庭贫困学生的杂费和书本费，并补助农村贫困寄宿生的生活费，目标是到 2007 年让所有农村家庭经济困难的学生都能享受到“两免一补”政策，努力做到不让学生因家庭贫困而失学。“两免一补”政策的提出进一步完善了《国务院关于基础教育改革与发展的决定》中有关寄宿生补助的政策规定。2004 年，《国家西部地区“两基”攻坚计划(2004—2007)》颁布，将“农村寄宿制学校建设工程”列为七项攻坚措施之首，使农村寄宿制学校建设成为一项正式的国家重点建设工程而走向历史舞台，这极大地推动了农村寄宿制学校建设的长足发展。

2004 年 8 月至 9 月间，国家“两基”攻坚办相继制定印发了《西部地区农村寄宿制学校建设工程专项资金管理暂行办法》等四项文件，从专项资金、建筑设计、监督机制、工程管理等各个不同的侧面完善了有关农村寄宿制学校建设的各项政策规定，为农村寄宿制学校建设提供了有力的政策保障。与此同时，国家在之后的几年里先后投入大量的专项资金推动农村寄宿制学校的建设和发展，显著改善了农村寄宿制学校的办学条件，满足了广大学生的就学需求。

尽管农村义务教育的发展对寄宿制学校有着迫切的需求，国家也已经出台多项政策推动农村寄宿制学校建设的发展，但政策的推进和落实必须要有相应的经济保障和制度安排作为支撑。为了给农村义务教育发展构建一个长期、稳定的财政支持体制，农村义务教育经费保障新机制应运而生。

2005 年国务院发布的《关于深化农村义务教育经费保障新机制改革的通知》明确提出要逐步将农村义务教育全面纳入公共财政保障范围，建立中央和地方分项目、按比例分担的农村义务教育经费保障新机制。提出“全部免除农村义务教育阶段学生学杂费，对贫困家庭学生免费提供教科书并补助寄宿生生活费”，并规定“补助寄宿生生活费资金由地方承担，补助对象、标准及方式由地方人民政府确定”。这就从制度上为“两免一补”政策提供了有力保障，并明确了各级政府对农村寄宿制学校建设的责任和义务，有助于政策的真正落实，并使得相应的经费投入及补贴政策有了长期、稳定的制度和政策依据。

2006 年颁布的《中华人民共和国义务教育法》在第三章第 17 条规定“县级人民政府根据需要设置寄宿制学校，保障居住分散的适龄儿童、少年入学接受义务教育”，第 44 条规定“各级人民政府对家庭经济困难的适龄儿童、少年免费提供教科书并补助寄宿生生活费"，这就将农村寄宿制学校建设的有关政策上升到法律高度，为农村寄宿制学校的发展提供了相应的法律依据和保障。

2008 年《国务院 2008 年工作要点》又提出了"适当提高农村家庭经济困难寄宿生生活费补助标准"的新目标，进一步提升了有关农村寄宿制学校建设的标准水平。

2010 年颁布的《国家中长期教育改革和发展规划纲要（2010—2020 年）》是我国教育发展历程中的又一件大事，其在其四个章节中分别提出了"加快农村寄宿制学校建设，优先满足留守儿童住宿需求""支持边境县和民族自治地方贫困县义务教育学校标准化建设，加强民族地区寄宿制学校建设""提高农村义务教育家庭经济困难寄宿生生活补助标准，改善中小学生营养状况""改扩建劳务输出大省和特殊困难地区农村学校寄宿设施，改善农村学生特别是留守儿童寄宿条件，基本满足需要"。这就从学校基本建设、民族地区扶持、补助政策以及基础设施四个方面明确了未来 10 年农村寄宿制学校建设的发展任务，为未来 10 年的农村寄宿制学校建设奠定了政策基调。

2012 年 8 月，国务院常务会议《关于规范农村义务教育学校布局调整的指导意见》再次强调了农村寄宿制学校发展的重要性，要求各级政府按照国家或省级标准为寄宿制学校配备教学、生活设施和必要的管理、服务人员，从而保障寄宿制学校的办学质量。

党的十八大以来，随着农村教育各项事业向着纵深方向迈进，特别农村中小学布局调整规范化水平的不断提高，寄宿制学校的发展也被赋予了更多的时代意义，其在留守儿童关爱、民族教育发展、农村教育控辍保学等领域均发挥着日益重要的作用，其政策支持力度也得到不断加强。

2014 年，《国家贫困地区儿童发展规划（2014—2020 年）》对寄宿制学校的医疗卫生、生活教师配备等问题提出了新的具体要求，从而再次强调了寄宿制学校在实现教育公平，提升弱势群体保障方面的重要作用。

2015 年，《国务院关于加快发展民族教育的决定》提出，"针对国家通用语言文字教育基础薄弱地区、农牧区和偏远地区实际，科学编制寄宿制学校建设规划，合理布局，改扩建、新建标准化寄宿制中小学校"。并从硬件、经费、人员、管理等各方面提出了标准化要求，从而提升了对寄宿制学校建设的支持力度，凸显了寄宿制学校在民族教育发展方面的作用。

2016 年，国务院分别在三个重要文件中强调了寄宿制学校的重要作用，如《国务院关于加强农村留守儿童关爱保护工作的意见》突出了寄宿制学校在留守儿童关爱工作中的重要作用，强调了寄宿制学校在留守儿童就近入学、生活托管等方面的现实意义。《国务院办公厅关于加快中西部教育发展的指导意见》则就

"标准化建设寄宿制学校"这一具体任务提出了十分详细的建设标准，其范围涉及宿舍、食堂、床位乃至卫生如厕条件等方面，并指出，"优先保障留守儿童寄宿需求。探索建立寄宿制学校生均公用经费补助机制，提高寄宿制学校运转保障能力"。从而进一步提升了寄宿制学校建设的精细化水平，也提升了寄宿制学校的支持力度。《国务院关于统筹推进县域内城乡义务教育一体化改革发展的若干意见》提出，"完善寄宿制学校、乡村小规模学校办学标准，科学推进城乡义务教育公办学校标准化建设，全面改善贫困地区义务教育薄弱学校基本办学条件"。并在执行层面提出了"适当提高寄宿制学校、规模较小学校和北方取暖地区学校公用经费补助水平"、"重点提高乡镇寄宿制学校管理服务水平，通过政府购买服务等方式为乡镇寄宿制学校提供工勤和教学辅助服务"以及"充分考虑乡村小规模学校、寄宿制学校和城镇学校的实际需要，统筹分配各校教职工编制和岗位数量"等具体思路，从而有利于相关政策切实执行，并使寄宿制学校的支持力度得到了新的提升。

2017年，《国家教育事业发展"十三五"规划》和《国务院办公厅关于进一步加强控辍保学提高义务教育巩固水平的通知》进一步强调了寄宿制学校建设的相关要求，如"落实城乡统一、重在农村的义务教育经费保障机制，适当提高寄宿制学校、小规模学校和北方取暖地区学校公用经费补助水平，保障学校正常运转。"寄宿制学校的标准化建设逐渐纳入常态化的政策语境，其在"后普九"时代农村教育发展中的地位得到了进一步的凸显。

2018年，《国务院办公厅关于全面加强乡村小规模学校和乡镇寄宿制学校建设的指导意见》（以下简称《意见》）的发布是寄宿制学校发展历程中的又一个里程碑，这是国家首次专门针对寄宿制学校建设发布纲领性的指导文件。这进一步凸显了寄宿制学校建设在新时期农村教育发展中的重要作用，《意见》从总体要求、布局规划、办学条件、师资建设、经费保障、办学水平以及组织领导七个方面对寄宿制学校的发展要求作出了详细的部署，从而全面提升了寄宿制学校的建设力度，并使寄宿制学校建设在顶层设计中关注水平提升到新的高度（见表6-3）。

表6-3　新世纪以来我国农村寄宿制学校建设相关政策演进

发布时间	政策文本	政策意义
2001.5	《国务院关于基础教育改革与发展的决定》	首次提到寄宿制学校建设
2003.9	《国务院关于进一步加强农村教育工作的决定》	提出"两免一补"
2004.2	《国家西部地区"两基"攻坚计划（2004—2007）》	寄宿制学校建设名列七项攻坚之首

续表

发布时间	政策文本	政策意义
2004.8~9	《西部地区农村寄宿制学校建设工程专项资金管理暂行办法》等四项文件	完善政策布局夯实政策保障
2005.12	《关于深化农村义务教育经费保障新机制改革的通知》	“两免一补”制度化
2006.6	《义务教育法》	相关保障法制化
2010.5	《国家中长期教育改革和发展规划纲要（2010—2020年）》	寄宿制学校建设十年规划
2012.8	《关于规范农村义务教育学校布局调整的指导意见》	按省级以上标准提升寄宿制学校保障水平
2014.12	《国家贫困地区儿童发展规划（2014—2020年）》	强调寄宿制学校的弱势群体保障功能
2015.8	《国务院关于加快发展民族教育的决定》	凸显寄宿制学校的民族教育促进功能
2016.2	《国务院关于加强农村留守儿童关爱保护工作的意见》	突出寄宿制学校的留守儿童保育功能
2016.6	《国务院办公厅关于加快中西部教育发展的指导意见》	提升寄宿制学校建设的标准化、精细化水平
2016.7	《国务院关于统筹推进县域内城乡义务教育一体化改革发展的若干意见》	进一步强调寄宿制学校建设的标准化要求
2017.1	《国家教育事业发展“十三五”规划》	再次强调寄宿制学校的保障要求
2017.9	《国务院办公厅关于进一步加强控辍保学提高义务教育巩固水平的通知》	强调寄宿制学校在后普九时代的重要作用
2018.5	《国务院办公厅关于全面加强乡村小规模学校和乡镇寄宿制学校建设的指导意见》	首次专门针对寄宿制学校建设发布纲领性文件，全面提升寄宿制学校建设的支持力度和顶层关注度

总的来说，国家有关政策给寄宿制学校的发展提供了有力的保障，但从已有

政策体系看，国家对寄宿制学校的政策支持主要有以下三个特点：一是十分关注学生的财政补助和生存状况，而对教师诉求的关注则相对不足；二是更注重基建等硬件设施建设，而对学校日常运营等软件投入的力度相对较弱；三是对寄宿制学校发展的特殊性需求重视不足，聚焦寄宿制学校发展需求的保障水平有待进一步提升。

第三节　寄宿制学校发展的文献综述

梳理寄宿制学校研究文献可以发现，有关农村寄宿制学校的研究主要集中在办学状况、学校管理、学生生活三个领域，研究视角涵盖了经济学、管理学、心理学以及营养卫生学等多学科背景。

一、农村寄宿制学校办学状况

有关农村寄宿制学校办学状况的研究主要集中在办学模式与学校建设等方面。在办学模式方面，张大庆从教育均衡发展的角度，以湘西自治州为个案进行了农村寄宿制学校办学模式的分析，认为“一乡一校”寄宿制学校试点工程对于在农村地区特别是偏远山区推动教育均衡发展具有一定的借鉴意义。[①] 张传武针对布局调整过程中农村寄宿制学校出现的诸如低龄寄宿生教育问题凸显、学校工作强度加大、学校面临众多新要求等问题，提出了改变寄宿制学校功能单一的现状，构建“三功能（传授知识、发展个性、习惯养成）一主体（学生主体）”的办学模式。[②]

在学校建设方面，谷生华、彭涛、谢峰对西部农村寄宿制学校普遍存在的困难展开了深入调查，发现如何提供“优质教育”是当前西部地区寄宿制学校建设所遇到的普遍问题。虽然寄宿制学校解决了学生“上学难、路途远”的问题，但对优秀师资的奇缺、经费投入困难、硬件设施不足等问题却依旧难觅有效的解决之道。[③] 贾建国从制度互补性的视角对农村寄宿制学校建设进行了分析，认为配

---

① 张大庆：《农村寄宿制学校办学模式探析——以湘西自治州为例》，载《当代教育论坛》2010 年第 10 期。

② 张传武：《农村寄宿制学校办学模式新探索》，载《人民教育》2006 年第 23 期。

③ 谷生华、彭涛、谢峰：《西部农村基础教育重组应一步到位——关于西部农村基础教育寄宿制学校建设的调查与思考》，载《教育发展研究》2006 年第 6 期。

套制度与相应改革的缺失是影响寄宿制实效发挥的重要原因。[①] 谢治菊、刘洋重点分析了边远贫困山区农村寄宿制学校建设的现实困境，指出要解决寄宿制学校建设当前存在的公平缺失和效率低下问题，政府应构建多元投入机制，强化师资队伍建设，建立和完善相关贴补政策，并对学校选址进行科学规划和合理布局。[②]

也有学者从学校功能的角度对寄宿制学校建设进行了反思。如董世华从工具价值的角度反思了寄宿制学校的办学历程，认为我国农村寄宿制学校的发展是教育工具主义的直观表现。长期以来寄宿制学校始终以解决社会问题的手段而出现，其在促进民族地区教育发展，改善农村留守儿童生活状况等方面发挥了巨大的工具价值，但对寄宿制学校的工具化定位导致了其发展的粗放性，要深入挖掘其应有的育人功能，需要进一步加大后期投入，不断探索其运行规律，并重构其运行机制。[③] 贺武华则进一步指出，我国寄宿制学校整体上正从硬件投入建设转向实质性的办学运行阶段，农村寄宿制学校在推进教育公平与均衡发展、建设现代学校制度、建设新型家校关系等方面体现新的内涵与要求。在此背景下，寄宿制学校的价值与功能需要予以重新发掘与定位。[④] 还有部分学者将寄宿制学校办学置于时代背景进行探讨，如刘欣以农村中小学布局调整为背景分析了寄宿制学校建设问题，认为注重学生心理健康和性格养成、提高保育员和炊事员的基本素质、完善寄宿制学校日常管理、理清学校家庭之间的法律关系是农村寄宿制学校建设中需要特别重视的问题。[⑤] 赵瑞瑞、周国华针对城镇化进程对寄宿制学校建设产生的负面影响，认为寄宿制学校建设可借鉴杜威“实用主义”教育哲学及校本管理理念。着重从开发乡土教育资源、催发家庭教育潜力、推动校园文化建设等方面促进寄宿制学校发展。[⑥]

二、农村寄宿制学校管理

从学校管理角度出发进行的农村寄宿制学校研究角度多样，关注点各异。甘琼英通过大范围的田野调研分析了农村寄宿制学校的管理现状，发现其存在上级

① 贾建国：《农村寄宿制学校建设分析：制度互补性的视角》，载《教育发展研究》2009 年第 7 期。

② 谢治菊、刘洋：《边远贫困山区农村寄宿制学校建设研究——基于贵州省黔东南州“两山”地区的实证调查》，载《中国教育学刊》2012 年第 8 期。

③ 董世华：《工具价值路径：农村寄宿制中小学发展历史的反思》，载《教育学术月刊》2014 年第 5 期。

④ 贺武华：《农村寄宿制学校办学发展的价值重构与功能再造》，载《浙江社会科学》2015 年第 3 期。

⑤ 刘欣：《农村中小学布局调整与寄宿制学校建设》，载《教育与经济》2006 年第 1 期。

⑥ 赵瑞瑞、周国华：《城镇化背景下农村寄宿制学校建设探究》，载《教育理论与实践》2015 年第 1 期。

规划不到位、管理制度难落实、附属设施不达标、师资配备不完善等突出问题，从而提出了完善学校配套设施建设，推进寄宿制学校标准化建设等改善途径。[①]李勉、张平平、王耘分析了国外寄宿制学校的办学管理经验，认为政府制定统一标准并实施监督，学校注重寄宿生的身心健康，家庭和社会力量积极参与是国外寄宿制学校办学成功的重要经验，因此，制定符合学生年龄特点的寄宿制学校政策，加强寄宿制学校的标准建设和监督监管，关注学生心理健康和生活适应我们可以汲取的有经验经验。[②]

杜育红从成本分析的角度分析了农村寄宿制学校成本构成的变化所带来的诸如学校的编制问题、办学标准问题以及相应的教育管理问题，认为需要从宏观政策到学校微观管理进行深入研究，以便发挥寄宿制学校的最大优势，促进广大农村地区教育的健康可持续发展。[③] 孙战民、陈鹏从学校安全的角度探讨了安全管理的基本原则，归纳出特殊保护、预防优先、身心并重、适龄以及最小阻碍五条基本原则。[④] 龚婷从制度分析的视角剖析了学校管理特别是安管管理制度背后的深层次运作逻辑与机制，认为寄宿制学校管理在人性化设置上存在扭曲，为扭转这一局面，需要重视利益相关者的诉求表达，在制度建设中强化“参与”和“赋权”，从而推动制度建设的不断改善。[⑤] 李尽晖从人力资源管理的角度思考了寄宿制学校校长培训中面临的问题及对策，从校长培训的形式、时间、方法、内容、对象及管理六个角度提出了合理利用资源，拓展办学能力，按需施教，注重课程建设，健全激励机制等管理策略。[⑥] 王海英、张强则重点分析了驻校社工“嵌入”农村寄宿制学校的相关问题，认为角色定位不清、掌控能力不足以及缺乏有效督导是当前社工“嵌入”校园的重点问题所在，进而提出了完善准入机制、加强专业培训以及促进家校联合等现实策略。[⑦]

在寄宿制学校管理中，学生管理无疑是重中之重，以此为主题的研究成果也相对较多。王利着重分析了寄宿制学校学生管理中的问题，发现寄宿制学校

---

① 甘琼英：《义务教育阶段农村寄宿制学校管理的现状与思考——基于G省23所农村寄宿制学校的调查》，载《上海教育科研》2014年第5期。

② 李勉、张平平、王耘：《国外中小学寄宿制学校的办学管理经验及其影响》，载《河北师范大学学报（教育科学版）》2017年第5期。

③ 杜育红：《农村寄宿制学校：成本构成的变化与相关的管理问题》，载《人民教育》2006年第23期。

④ 孙战民、陈鹏：《农村寄宿制学校安全管理的基本原则》，载《教学与管理》2006年第7期。

⑤ 龚婷：《制度分析视野中的农村寄宿制学校管理》，载《教学与管理》2013年第13期。

⑥ 李尽晖：《西部农村寄宿制学校校长培训的问题与对策研究》，载《教育发展研究》2006年第22期。

⑦ 王海英、张强：《驻校社工“嵌入”农村寄宿制学校：问题与策略》，载《当代教育科学》2015年第22期。

在学生住宿、卫生、课余生活以及安全教育与管理方面问题突出。因此，应加大经费投入，加强学校配套设施建设，健全管理制度，加强生活老师队伍建设。[①] 黄启明、扈中平从学生生活管理出发，针对山区寄宿制小学在生活管理上出现的多种问题，提出了以生活教育为导向、改善生活条件、优化生活管理的改进路径。

三、农村寄宿制学校师资建设

教师队伍建设是农村教育发展的主要短板，寄宿制学校在此方面存在的问题尤为突出。基于此，众多学者对农村寄宿制学校的师资建设投入了大量的关注，其研究视角主要集中在三个方面，即教师生存状态（如满意度等）、教师心理健康以及生活教师配备。

在教师生存状态方面，杨艳芳、王利通过随机抽样的方法对在职农村寄宿制学校教师群体进行了调研分析，结果表明农村寄宿制学校教师的生存状态无论在物质还是精神方面均存在困境。教学环境恶劣、专业成长乏力、投入回报失衡等问题极易导致优秀教师的大量流失，因此，改善寄宿制学校教师经济待遇及成长环境，关注他们的业余文化生活刻不容缓。[②] 贺武华围绕农村寄宿制学校的运行状况对教师群体进行了调研，结果显示绝大部分教师认同寄宿制政策及寄宿制工作，但也提出了安全责任过大、日常管理难度偏高、教师精神压力增大等问题；[③] 袁玲俊、毛亚庆比较了寄宿制学校教师和非寄宿制学校教师两类群体的满意度情况，发现寄宿制学校教师在人际关系和经济状况两个维度的满意度上显著低于非寄宿制学校教师，而在其他维度上则没有显著差异。[④]

吴沙分析了寄宿制学校教师心理倦怠的成因来源的复杂性，并提出了改革学校制度、发扬基层民主、进行心理辅导与自我干预相结合等应对举措。[⑤] 马存芳利用心理测量分析了职业倦怠对青海藏区寄宿制中小学教师心理健康的影响，发现社会支持的缺失是引发教师职业倦怠的关键因素。要提升教师心理健康水平，

---

① 王利：《内蒙古农村寄宿制学校学生管理中的问题分析及对策研究——基于凉城县六所学校的调查》，载《内蒙古师范大学学报（教育科学版）》2014 年第 12 期。

② 杨艳芳、王利：《农村寄宿制学校教师的生存现状的调查研究——以内蒙古乌兰察布市凉城县为例》，载《课程教育研究》2013 年第 25 期。

③ 贺武华：《农村寄宿制学校：运行现状与发展建议——基于对山东蒙阴县 8 所寄宿制小学教师的调查》，载《东北师大学报（哲学社会科学版）》2013 年第 6 期。

④ 袁玲俊、毛亚庆：《西南农村寄宿制学校教师满意度现状及其原因分析》，载《教师教育研究》2014 年第 3 期。

⑤ 吴沙：《寄宿制学校教师心理倦怠及其干预方式》，载《科教导刊》2014 年第 10 期。

就必须帮助教师在寄宿制环境中构建全方位的社会支持系统。① 在生活教师队伍建设上，杨兆山、姚姿如通过实证调研发现，农村寄宿制学校生活教师队伍存在人员偏少、年龄偏大、缺少相应的培训指导和政策支持等问题。要解决这些问题，需要在编制结构、选聘制度、职责规范以及技能培训等方面做出变革。②

四、农村寄宿制学校学生生活

有关农村寄宿制学校学生生活的研究可以从物质生活与心理状况两方面进行梳理。

物质生活方面，学者的关注点主要集中在学生的饮食营养和卫生保障方面。李文通过对宁夏、湖南两省份贫困地区农村寄宿制学校学生膳食营养状况进行分析后发现，贫困地区农村寄宿制学校的学生饮食存在着营养摄入不足、地区及性别差异显著的问题。他认为加大社会关注力度、改善食堂建设、重视学生健康饮食习惯的养成以及完善有关补贴政策，是改善农村寄宿制学校学生营养状况的有效手段。③ 朱敏等通过对四川高寒山区寄宿制学校的个案调查发现，寄宿制学校的保障条件严重不足，与寄宿有关的生活功能区建设严重滞后，师资力量严重匮乏，并因此导致了学校管理的缺位。④ 李文、汪三贵、王姮通过计量模型对贫困地区寄宿制学校营养餐计划的实施效果进行了分析，发现营养改善项目收到了显著的效果，且随着年龄的增加效果更好。寄宿生在营养改善项目中获益更大，说明营养干预和营养餐计划确实为农村寄宿制学校的学生身体状况及精神面貌带来了切实的改善。⑤ 李慧敏在考察了寄宿制学生的生活状况后指出，要打破寄宿制学校的"牢笼"感，需要加大经费投入，改善寄宿生生活条件，要树立生活教育的理念，促进教师队伍建设，着力将寄宿制学校塑造成学生成长的"家园"。⑥

有关学生心理状况的研究集中于学生的精神诉求、课余生活、心理健康以及行为模式等，涉及学生对学校的适应度、幸福感以及满意度等主观感受。杜屏、

---

① 马存芳：《职业倦怠对青海藏区寄宿制中小学教师心理健康的影响》，载《民族教育研究》2018年第2期。

② 杨兆山、姚姿如：《农村寄宿制学校生活教师队伍建设研究》，载《教育探索》2012年第6期。

③ 李文：《贫困地区农村寄宿制小学儿童膳食营养状况评估》，载《中国农村经济》2008年第3期。

④ 朱敏：《寄宿制小学卫生和健康状况的调查——四川省通江县正文小学个案分析》，载《现代中小学教育》2006年第11期。

⑤ 李文、汪三贵、王姮：《贫困地区寄宿制学生营养餐项目效果评估》，载《农业技术经济》2011年第6期。

⑥ 李慧敏：《农村寄宿生生活现状及改善对策探究》，载《教学与管理》2017年第35期。

赵汝英、赵德成通过对西部五省区农村寄宿制学校四年级学生的学业成绩与学校适应性调查发现，学生所属民族、父亲是否外出打工、师生关系以及学校的办学条件和师资水平对学生的学校适应性有显著的影响。寄宿生的学校适应性要好于非寄宿生，然而这种较好的适应性并不能完全弥补亲子关系缺失的消极影响。他们认为，改善学校办学条件、注重校园软硬环境建设是促进寄宿制学校学生健康发展的重要保证。[①] 中央教育科学研究所课题组通过对广西、河北等地农村寄宿制学校的调研发现，经费投入不足导致贫困地区农村寄宿制学校难以开发课余活动资源。为改善上述状况，必须提高经费拨付标准，改善教师待遇，注重生活教师培养。[②] 叶敬忠、潘璐以学生的情感世界为关注对象开展了质性研究，研究发现寄宿生活对学生内心世界的影响既有积极的影响，也有消极的影响。学生能否在寄宿生活中得到健康成长很大程度上取决于学生的适应能力、交往能力以及家校联系强度和频率。曹宇调查了内蒙古乡镇寄宿制学校的学生心理健康状况，研究发现乡镇寄宿制小学生表现出较差的心理健康状态，在强迫、偏执、焦虑等方面表现出轻微的心理问题倾向。[③] 马存芳调研了青海藏区寄宿制学生心理健康状况及社会支持关系，其结果显示寄宿制学生心理问题发生率较高，心理困扰也相对较多。[④]

留守儿童保育工作一直是寄宿制学校研究的重要领域。王树涛、毛亚庆重点研究了寄宿生活对儿童社会情感能力发展的影响，认为寄宿条件和儿童的社会情感能力存在较强的正相关性。为规避学生寄宿可能产生的风险，国家应加强寄宿学校建设，改善儿童的寄宿生活质量，尤其要减少寄宿对象向低学段延伸，要加强对留守儿童的隐性支持。[⑤] 刘诗波、郑显亮、胡宏新探讨了农村寄宿制学校在补偿留守儿童家庭教育功能缺失方面的效果，认为农村寄宿制学校可以通过转变管理和服务方式，延展育人时空，发挥整体育人优势补偿农村留守儿童家庭教育缺失。[⑥] 针对同一问题，李勉、张彩、张丹慧、柯李提出了相反的看法，基于对留守儿童学校适应状况的研究发现，寄宿留守儿童学校适应性弱于走读留守儿

---

① 杜屏、赵汝英、赵德成：《西部五省区农村小学寄宿生的学业成绩与学校适应性研究》，载《教育学报》2010 年第 6 期。

② 中央教育科学研究所课题组：《贫困地区农村寄宿制学校学生课余生活管理研究——基于广西壮族自治区都安县、河北省丰宁县的调研》，载《教育研究》2008 年第 4 期。

③ 曹宇：《内蒙古乡镇寄宿制学校学生心理健康状况调查及干预措施》，载《北京教育学院学报（自然科学版）》2015 年第 3 期。

④ 马存芳：《青海藏区寄宿制学生心理健康状况及社会支持关系研究》，载《民族教育研究》2017 年第 1 期。

⑤ 王树涛、毛亚庆：《寄宿对留守儿童社会情感能力发展的影响：基于西部 11 省区的实证研究》，载《教育学报》2015 年第 5 期。

⑥ 刘诗波、郑显亮、胡宏新：《农村寄宿制学校留守儿童家庭教育功能补偿探索——以江西 A 县 B 小学的实践为例》，载《中国教育学刊》2014 年第 10 期。

童，说明寄宿制学校并不能代替或补偿留守儿童教育过程中的父母缺位。[①] 杨春华分析了寄宿制对农村留守儿童成长的影响，认为封闭式的寄宿制教育不仅造成了未成年人家庭生活经验的缺失，也阻隔了其与父母及家人的亲情交流，其作为面向教育资本匮乏家庭的权宜之计，从根本上说是不利于儿童的健康成长的。[②]

五、现有研究的不足

现有研究在农村寄宿制学校的办学状况、学校管理、师资建设和学生生活上进行了定性和定量分析，对寄宿制学校的发展有重要价值，但也存在四点不足。

（一）大部分研究所采用的数据局限于区域性研究

样本分布较窄是农村寄宿制学校建设有关研究较为普遍的特点，主要有两种表现：一是样本规模偏小，仅限于几个省份、几个县甚至几个学校；二是样本规模虽大，但过于集中，仅分布在几个特定的省份或省域内的不同县市。另外，虽然有部分农村教育研究通过全国性的样本采集工作收集了覆盖全国的样本数据，但并不是以寄宿制学校为特定的对象，其研究成果也只是对各地报告的一个简单综合甚至直接罗列，并没有对数据样本进行横向比较和深度挖掘，基于全国性样本的农村寄宿制学校横向研究几乎没有。因此，现有研究虽能对局部地区的农村寄宿制学校发展建设进行一定程度的解读，但难以看到整个国家发展的全貌。而在我国这样一个幅员辽阔，区域经济发展水平差距明显的国家，仅仅以局部地区的发展情况来代表某一项全国性工程的发展状况就难免会以偏概全，也体现不出区域之间的差距，并且难以进行比较和深度分析。

（二）对学生的学业成绩关注不够

学生的学业成绩是反映寄宿制学校办学质量的重要依据，也是检验我国政府兴办农村寄宿制学校办学效果及意义的主要标尺之一。然而，现有研究主要将关注的焦点放在学生的课余生活状况，而对学生的第一要务——学业情况却缺乏应有的关注，直到近几年才有少量的研究专门针对学生学业成绩展开探讨，如李红霞、林雪、林静、司继伟围绕寄宿制小学生时间管理倾向与学业成绩的关系展开

① 李勉、张彩、张丹慧、柯李：《寄宿对农村留守儿童发展的影响——基于12省33 680名留守儿童学校适应状况的实证研究》，载《上海教育科研》2017年第4期。

② 杨春华：《农村留守儿童与寄宿制教育——试析生活经验缺失对未成年人的影响》，载《南开学报（哲学社会科学版）》2018年第2期。

的研究[1]，吴瑞林、钮梅玲、满鑫在大规模数据测评的基础上，围绕寄宿制对双语教育小学生学业成绩的影响而展开的探讨[2]。但从整体上看，相关研究的数量仍显示这种忽视对农村寄宿制学校的办学质量的提高无疑是不利的，也使农村寄宿制学校的办学效果得不到学术上的检验和认证。对学生而言，来到寄宿制学校读书生活，即便生活苦一点、淡一点，但如果能给学生的学习成绩带来积极的影响，有助于他们学习成绩的提高，那么当前的农村寄宿制学校建设就可以说是有效的，但这个"如果"是否真实？我们并没能从当前的学术研究中得到有力的答案。

（三）对学生"住"和"行"的关注不够

学生的住宿和交通问题是影响学生生活质量及人身安全的重要方面，对寄宿制学校的建设和发展也有着十分重要的作用。然而，当前的学术研究却并没有给予足够的关注，只有少量的研究进行了不同程度的探讨。在宿舍问题上，有包括校舍安全保障[3]以及农村学校危房改造[4]方面的探讨，但这些研究存在三点不足：一是并没有对宿舍问题予以专门的关注；二是没有以农村寄宿制学校为特定的研究对象，而宿舍问题却是与寄宿制学校紧密相连的；三是有关的探讨更多地来自媒体的关注和民间的呐喊，在严肃的学术性刊物上相关研究相对较少。在交通问题上，雷万鹏、徐璐以农村布局调整为背景对农村校车发展中的政府责任进行了调研，认为政府应承担其农村校车发展的主要责任，通过确立校车优先发展战略，实施"农村校车发展工程"，建立政府主导、责任共担的校车运行机制推进农村学校校车建设。[5] 杨卫安、邬志辉则通过布局调整后"提供校车服务"和"发展寄宿制学校"的优劣比较，认为就近入学和发展寄宿制学校仍是未来农村学校布局调整的主方向。[6] 这种观点的争鸣为推进农村学校校车建设，改善农村学校交通问题提供了有益的探索，但从总体上看，有关的学术研究仍十分稀少，没有引发学术界足够的重视和关注。

---

① 李红霞、林雪、林静、司继伟：《寄宿制小学生时间管理倾向与学业成绩的关系：自我调节学习的中介作用》，载《心理研究》2015 年第 8 期。

② 吴瑞林、钮梅玲、满鑫：《寄宿制对双语教育小学生学业成绩的影响——基于新疆大规模测评数据的分析》，载《民族教育研究》2017 年第 2 期。

③ 宋映泉：《校舍安全何以保障》，载《北京大学教育评论》2008 年第 4 期。

④ 秦平：《关于湖南省湘西农村中小学危房改造和农村寄宿制学校建设问题的思考》，载《当代教育论坛》2005 年第 22 期。

⑤ 雷万鹏、徐璐：《农村校车发展中的政府责任——以义务教育学校布局调整为背景》，载《中国教育学刊》2011 年第 1 期。

⑥ 杨卫安、邬志辉：《"校车"还是"寄宿"——农村学校布局调整后两者的优劣比较及选择》，载《上海教育科研》2012 年第 12 期。

（四）缺乏从教育财政视角出发对农村寄宿制学校投入情况的研究

投入问题是农村寄宿制学校发展过程中的重要问题，也是农村寄宿制学校建设得以推进的基础所在。但是在现有的关于农村寄宿制学校建设的专门研究中，只有少量从教育财政视角展开的涉及投入领域的专门研究。如李韧竹对我国农村寄宿制学校学生补贴政策的研究①，卢海弘、史春梦对澳大利亚等国农村寄宿制学校补贴政策的比较研究②。另外就是学者在研究农村教育整体发展情况时，对寄宿制学校的顺带提及，如王蓉围绕“农村义务教育经费保障新机制”所展开的系列研究中涉及对农村寄宿制学校经费投入问题的探讨。③ 作为农村寄宿制学校发展所面临的基础问题，投入问题不应仅局限于补贴政策等个别领域或其他研究的顺带提及，而应有独立的专门研究对其进行深入系统的分析，这一点已经引起了某些研究机构及其学者的注意，相应的研究成果尚待形成和完善。

第四节　寄宿制学校教育成本分析

寄宿制学校发展的基本脉络涉及面较为广泛，涵盖了师资、校舍、薪酬制度以及校园功能性建设等各个方面，然而这些问题从根本上讲都可以归结到学校办学成本与办学效益的现实追问之中，因此，要对寄宿制学校发展的现状和问题进行全面的梳理，就必须从成本—效益分析的理论框架着手，深入了解和分析寄宿制学校办学成本与效益之间的现实关系，从而为解决寄宿制学校的现实问题探索可行的逻辑路径。

一、理论框架

教育成本主要包括公共教育投入、私人教育支出、教育的机会成本以及私人对教育的贡献四个部分。图 6－5 是本研究基本分析框架，从中可以看出，具体到学校层面的教育成本，主要由学校教育的公共成本（机构成本）和投资于教育

① 李韧竹：《我国农村寄宿制学校学生补贴政策研究》，载《教育发展研究》2008 年第 19 期。

② 卢海弘、史春梦：《农村寄宿学生补贴政策比较研究——以澳大利亚等国为例》，载《教育发展研究》2008 年第 19 期。

③ 王蓉：《中国教育财政政策咨询报告（2005—2010）》，教育科学出版社 2011 年版，第 153 页。

的私人资源（私人成本）两部分组成。[1] 而学校机构成本通常分两类，即资本性成本和经常性成本。资本性成本指可持续使用一年以上的物质投入，主要包括校舍、土地、大型设备等固定资产成本。经常性成本指以一年为期花费在教育投入或服务上的成本，分人员性成本和公用性成本两部分。人员性成本主要包括教职工工资福利以及对个人和家庭的经济补助；公用性成本主要用于教学和生活服务，因此也可定义为服务性成本，主要包括学校动产设施、日常维护、能源消耗等方面的成本。此处寄宿制学校机构成本为重。

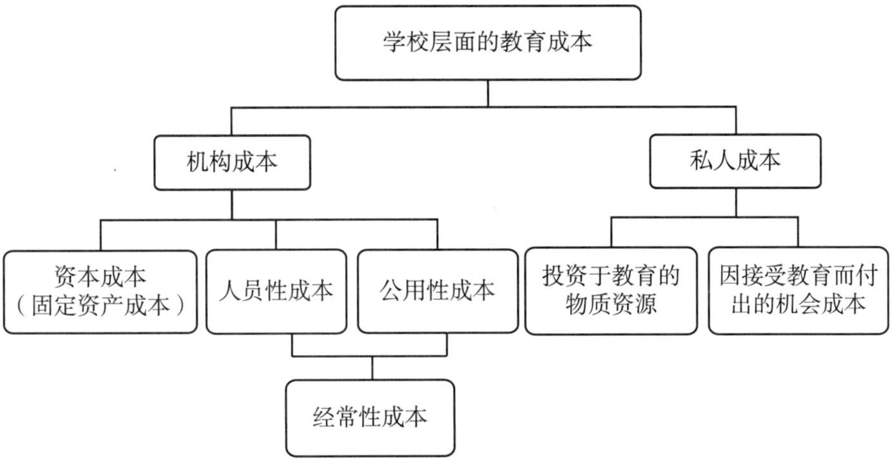

图 6-5　教育成本分析基本框架

相比非寄宿制学校，寄宿制学校在资本性成本结构中增添了宿舍、食堂、浴室等方面的建设开支以及与之相对应的床铺、餐具及锅炉等设施的购置费用；在经常性成本上，寄宿制学校还要支付基建设施的日常维护和管理费用，新增炊事员、生活教师、保安等人员性工资费用，以及与寄宿有关的各类运营费用（如食堂、宿舍的水电费用，高寒地区的取暖费用等）。布鲁斯·约翰斯通认为，教育拨款方式的设计“一般主要是依据学生数，并且不同的水平与项目会有一些差别。”[2] 这里的“不同水平与项目”既包含了学校的发展水平差异，也包含着由于办学模式差异所导致的成本结构与规模的差异，根据成本补偿的差异性原则，针对不同的成本结构及规模应实行差异化的财政支持体制。而在亨利·莱文、帕特里克·麦克尤恩看来，要构建这样的体制，必须引入成本分析技术，运用资源成本模型对构成成本的各要素做出归纳分析，并通过对各成本要素的货币化计算

① ［美］马丁·卡诺伊主编，闵维方等译：《教育经济学国际百科全书》，高等教育出版社 2000 年版，第 506～507 页。

② ［美］布鲁斯·约翰斯通著，沈红等译：《高等教育财政》，人民教育出版社 2008 年版，第 18～21 页。

给予各要素相应的赋值，从而有效地估算出相应的成本。①

二、农村寄宿制学校机构成本分析

本章研究数据来自华中师范大学课题组对我国11省份的调研数据。该数据库涵盖的信息包括11个省、自治区、市，共648个县，4 011所学校，11 005位家长，12 353位老师，46 912位学生。其中，“学校数据库”反映了学校机构成本的有关信息，包含了资本性项目、人员性项目和服务性项目三个方面。本研究以“学校数据库”为基础，结合“教师数据库”中有关教师生存状况的信息，从以下两个层次展开分析：一是分析寄宿制学校与非寄宿制学校收支状况，二是分析寄宿制学校与非寄宿制学校的机构成本差异。前者从收支平衡的角度考察学校经费运行情况；后者从教育财政角度分析现有拨款体制的合理性问题并测算寄宿制学校公用经费拨款权重。

1. 寄宿制学校与非寄宿制学校收支状况

分析寄宿制学校与非寄宿制学校收入—支出对比情况可以对两者的收支平衡度做出一个基本的判断，综合考虑成本分析框架下的支出项目，两者的整体收入和支出情况对比如表6－4所示。

表6－4　寄宿制学校与非寄宿制学校生均收入—支出比较　单位：元

	收入	支出	经费缺口
寄宿制学校	3 067.64	3 939.86	872.22
非寄宿制学校	2 951.95	3 485.32	533.37

由表6－4可知，从整体上看，寄宿制学校与非寄宿制学校所获财政拨款均不能满足其支出需要，两者经费的缺口分别为872.22元和533.37元。可见，无论是寄宿制学校还是非寄宿制学校都面临着较大的经费压力。但相对而言，寄宿制学校的财务状况更为紧张，其经费缺口更大。以上信息表明，农村学校（包括寄宿与非寄宿制学校）在总体上呈“入不敷出”的低水平运行状态，大力提高农村学校经费保障水平已是当务之急。此外，由于寄宿制学校承担了儿童“教育”与“监护”的双重责任，因而在学校基建支出、公用经费、人员编制以及教师劳动量等方面，寄宿制学校都面临更大的压力和经费缺口。测算寄宿制学校机构成本有助于确定合理的生均拨款权重，以满足寄宿制学校的独特需求。

① ［美］亨利·莱文，帕特里克·麦克尤恩著，金志农等译：《成本决定效益：成本—效益分析方法和应用》，中国林业出版社、北京希望电子出版社2006年版，第45～52页。

2. 寄宿制学校与非寄宿制学校的生均机构成本差异

生均机构成本是指学校为培养一个学生而耗费的平均教育成本，学校机构成本包括校舍、教学设施设备等硬件资源的折旧，以及学校经常性支出。学校生均机构成本主要包括生均资本性支出、生均人员经费支出、生均公用经费支出三个部分。其关系可以表示为：$R = T_1 + T_2 + T_3$。其中，R 代表生均机构成本总和，T_1、T_2、T_3 分别为生均资本性支出、生均人员经费支出和生均公用经费支出，T_1 代表了资本成本，T_2 和 T_3 则代表了经常性成本，而在 T_1、T_2、T_3 之内又可分别划分为学校一般性支出与寄宿制学校专项支出，即 $T_1 = a_1 + b_1$，$T_2 = a_2 + b_2$，$T_3 = a_3 + b_3$，其中，a 项代表学校一般性支出，b 项代表寄宿制学校专项支出。

在本章中，学校一般性支出是指所有学校（包括寄宿制学校和非寄宿制学校）都要消耗的支出项目；寄宿制学校专项支出是指寄宿制学校特有的支出。经过测算，寄宿制学校与非寄宿制学校在 T_1 和 T_3 两项成本上的基本信息如表6－5、表6－6所示。

表6－5　寄宿制学校与非寄宿制学校生均资本性经费支出（T_1）比较

单位：元

	学校一般性支出（a_1）					寄宿制学校专项支出（b_1）		总计（R）
	教学用房	行政用房	生活用房			宿舍	浴室	
			食堂	厕所	开水房			
寄宿	250.49	70.11	62.15	20.27	6.88	141.76	20.57	572.23
非寄宿	378.75	56.84	32.37	20.15	—	—	—	488.11

注：表中的各类校舍以及表6－6中除能耗外的其他公用性支出项目都经过了折旧处理；食堂和开水房两项支出尽管主要存在于寄宿制学校，但由于非寄宿制学校也具有这两项支出的可能与现实需要，故将其放入学校一般性支出之中。

表6－6　寄宿制学校与非寄宿制学校生均公用性经费支出（T_3）比较

单位：元

	学校一般性支出（a_3）					寄宿制学校专项支出（b_3）		总计（R）
	餐桌	生活加工设施	课桌椅	图书设备	一般能耗（水电煤）	床具	其他能耗	
寄宿	8.01	13.80	21.03	99.44	182.46	18.36	45.28	388.38
非寄宿	9.16	3.70	17.54	74.97	71.22	—	—	176.59

由表6-5可知，在资本性经费支出上，寄宿制学校的生均额为572.23元，是非寄宿制学校（488.11元）的1.2倍，寄宿制学校主要在生活用房（食堂、宿舍等）和行政用房支出上要大于非寄宿制学校。尤其是生活用房方面，仅寄宿制学校特有的宿舍和浴室两项支出就占了其生均资本性支出总额的28%。另外，此处所列的开支水平仅为校舍兴建与维护的基本支出，并没有涵盖勘探设计等配套支出，而后者在现实中也是学校基建成本的重要组成部分。

由表6-6可知，在公用经费支出上，寄宿制学校几乎在各项生均教学服务支出上都要高于非寄宿制学校，尤以“生活加工设施”和“一般能耗”差距最显著。总体而言，寄宿制学校生均公用经费总额为388.38元，是非寄宿制学校（176.59元）的2.2倍。

在人员经费支出上，通过核算员工福利及个人补助等方面的数据可知，寄宿制学校与非寄宿制学校在该项上的生均支出分别为3 234.4元和3 188.0元，两者的差距并不大。不过，此数据有可能掩盖了真实的情况。田野调查表明，许多农村寄宿制学校生活教师严重缺编，处于低成本运作状态。寄宿制学校因缺少生活老师编制，它们往往聘请代课教师或转岗教师担负寄宿生管理工作。数据分析表明，寄宿制学校生活教师和炊事人员校均缺口约2人，安保人员缺口约1人，其后勤人员总缺口也大于非寄宿制学校。从生师比看，寄宿制学校是16∶1，非寄宿制学校是15∶1。由此可见，寄宿制学校教师负担平均要高于非寄宿制学校，寄宿制学校教师编制压力更大。

基于“教师数据库”中的有关信息，比较寄宿制学校与非寄宿制学校教师工作压力和学生管理时间发现，在教师工作压力上寄宿制学校与非寄宿制学校有显著差异（$t=2.38$，$p<0.05$），在学生管理时间上，寄宿制学校教师多于非寄宿制学校教师，两者有显著差异（$t=14.0$，$p<0.001$）。考虑到寄宿制学校学生管理工作主要由班主任教师承担，在“收入满意度”方面，寄宿制学校和非寄宿制学校班主任没有显著差异，但是在“疲劳程度”“学生管理时间”“工作压力”和“从教意愿”等方面两者有显著差异（见表6-7）。具体来说，与非寄宿制学校班主任比较，寄宿制学校班主任管理学生时间更长（平均每天多花费1.5小时），工作压力更大，更不愿意从事教育工作。

表6-7　　寄宿制学校与走读学校班主任生存状况比较

	学校类型	学校数量（所）	平均值	统计检验
学生管理时间**	寄宿校	1 724	4.63	$t=13.4$
	走读校	2 659	3.17	$p=0.000$

续表

	学校类型	学校数量（所）	平均值	统计检验
疲劳程度**	寄宿校	1 794	3.03	t = -3.66
	走读校	2 774	3.14	p = 0.000
工作压力**	寄宿校	1 783	3.96	t = 3.03
	走读校	2 754	3.89	p = 0.002
收入满意度	寄宿校	1 798	3.84	t = -0.39
	走读校	2 781	3.85	p = 0.695
从教意愿**	寄宿校	1 779	1.46	t = 5.80
	走读校	2 729	1.34	p = 0.000

注：** 代表 $p < 0.01$。

综上所述，无论是资本性支出还是公用经费支出，寄宿制学校都要高于非寄宿制学校，尤其是在宿舍建设、生活设施以及水、煤、床位等方面，两类学校的差距更为显著。在人员经费支出方面，由于寄宿制学校是以低成本方式维持运转（如低薪聘请代课教师），故两者的差异并不大。伴随农村人口流动和学校布局调整，农村寄宿制学校的作用日益凸显。相对非寄宿制学校，寄宿制学校除了承担传统的教学育人职责外，还担负了学生的生活管理和心理发展等责任。学校角色和功能的变化必然影响学校成本，寄宿制学校功能的拓展必然抬高其办学成本。当前，在义务教育经费财政拨款中，并没有区分寄宿与非寄宿学校的差异，尤其是公用经费采取均一化拨款模式，由此导致寄宿制学校面临更大压力。

三、基本结论

（1）寄宿制学校的机构成本高于非寄宿制学校。从学校收支状况看，农村学校普遍存在经费缺口，相对而言，寄宿制学校的经费缺口更大。从学校机构成本看，寄宿制学校的机构成本高于非寄宿制学校。因此，有必要改变现行均一化拨款模式以回应农村寄宿制学校发展需求，使之更好地履行儿童教育和管护责任。

（2）寄宿制学校与非寄宿制学校公用经费支出存在较大差距。前文分析表明，在寄宿制学校与非寄宿制学校的（含折旧）机构成本差异中，公用经费（服务性经费）支出差距最大，前者在该项上的支出高出后者一倍以上。这表明在当前的拨款机制下，对寄宿制学校公用经费需求的低估程度最严重。作为维系学校正常运营的基石，公用经费开支由于其可压缩程度较低，其缺口的呈现也最为明显，学校为保运转，不得不在现有财政约束之外，以低成本的方式维持学校运转。

（3）寄宿制学校教师编制缺口更大，教师压力更大。前文分析表明，人员经费是寄宿制学校与非寄宿制学校相对“均衡”的一块经费开支，但这种“均衡”是建立在寄宿制学校编制不足，生活教师严重缺乏的基础之上。与基建及服务性经费等方面的“硬缺口”不同，人员经费缺口属于一种“软缺口”，其对学校运营的影响存在一定的弹性，因而其缺口也更具隐蔽性，更容易被掩盖。由于教师编制不足，寄宿制学校要用较少的人力去完成更多工作，如寄宿制学校的教师要在教学之外承担更多的学生照料责任，加大了教师尤其是寄宿制学校班主任的工作压力和负担。

基于以上认识，本研究认为，均一化的拨款体制没有考虑到学校功能改变所带来的成本构成变化。学校寄宿所产生的新增成本没有在现有的拨款机制中得到补偿。现有财政拨款体制呈现出“重基建轻运营、重学生轻教师”的现象。这种方式一方面影响寄宿制学校的正常运转，另一方面可能加重学生及其家庭经济负担（学校通过收取各种费用来补偿成本）。寄宿制学校为了生存，在经费供给不足的情况下必然以压缩成本的方式维持运行。有研究表明，由于寄宿制学校建设资金不足，使学校生活设施建设难以完善，从而给学生的饮食和住宿带来了诸多安全隐患。[①]

第五节　寄宿制学校发展的思考与建议

从教育公平的视角出发，拨款机制的设计应体现纵向公平原则，即充分考虑不同主体之间的支付能力与成本结构差异，实施“不同主体不同对待”的政策。[②] 实证研究表明，现有拨款公式不能反映寄宿制学校的实际成本消耗，要使拨款公式与寄宿制学校的实际需求相匹配，就必须在决策过程中运用成本评估与分析的相关技术，将成本测算引入决策过程，在科学评估寄宿制学校的实际成本的基础上确定相应的拨款权重。基于寄宿制学校成本分析，我国农村义务教育财政拨款模式应作如下改革。

---

① 杨清溪：《当前我国农村寄宿制学校建设反思》，载《中国农村教育》2010 年第 4 期。

② ［美］哈维·S. 罗森，泰德·盖尔主编，郭庆旺等译：《财政学》，中国人民大学出版社 2008 年版，第 338 ~ 341 页。

一、公用经费方面

基于前文测算结果，寄宿制学校与非寄宿制学校的日常运营支出比约为1.3，考虑折旧因素则为2.2。综合考虑下，寄宿制学校的公用经费需求大约是非寄宿制学校的1.5～1.7倍，相应的拨款权重需要在此范围内调整。考虑到寄宿制学校普遍在低成本状态下运转的事实，建议寄宿生的生均公用经费拨款标准应为非寄宿生的两倍左右。

二、人员经费方面

由于现有的寄宿制学校存在缺编少岗、生活教师配备不足的情况，因此，现有的人员经费规模对确立相应的拨款权重参照性不大。应在充分调研的基础上，合理测算寄宿制学校生活老师、保安、炊事员等编制，在此基础上测算科学的人员经费拨款权重。调查表明，现有寄宿制学校的工勤人员配置主要分为两种情况：一是没有编制的外聘人员，二是由本校在编教师兼任。前者意味着学校必须从公用经费中自列开支解决其待遇，后者则意味着教师的职责从课堂延续到课外。解决工勤人员编制问题也就成为当前农村寄宿制学校建设的当务之急。一方面，应增加工勤人员的编制配备，从当前实际情况来看，大规模学校应至少按每200人配备1名生活教师的标准增加相应编制，100人以下的小规模学校则至少应保持1名生活教师，而保洁人员、食堂员工、安保人员等也应按国家有关标准增配相应编制；另一方面，应对承担额外职责的教师给予合理补偿，对于兼任生活教师的教学人员，应根据其承担的实际非教学工作量给予补偿，并在绩效工资考核中增加对教师额外劳动的考量和认定。对于寄宿制学校的班主任，应根据其工作绩效和工作量大幅提高班主任教师津贴水平，以稳定教师情绪，使他们安心从教。

三、基建经费方面

应加强预算编制的系统性，全面考虑学校基建的整体成本，不仅要涵盖校舍兴建的成本，还应涵盖前期勘测、设计、后期维护以及相应配套设施在内的各项成本。从我们调查结果看，寄宿制学校在基建方面的成本规模大约是非寄宿制学校的1.4～1.7倍，相应的拨款权重也应在这一比例范围内加以调整。

加大寄宿制学校公用经费拨款权重（建议生均公用经费拨款权重为2），这种政策设计有可能诱发学校虚报或盲目招收寄宿制生，以套用政府资金的行为。为遏制上述投机行为，首先，建立科学、准确、动态的电子学籍系统至关重要；其次，应根据寄宿制学校的实际承载量制定寄宿生的适度规模标准，对于超出规模标准的寄宿制学校，中央与省级政府不必负担超出标准之外的寄宿生公用经费。从总体上看，农村教育发展以及学校形态的变化，要求财政拨款制度必须进行创新和变革。改革均一化的拨款模式，实施“分项目、定权重、按比例”的义务教育经费保障机制乃是必然选择。

第七章

多元视角下学校布局调整效果评价

第一节　研究缘由

农村学校布局调整是伴随着学校在空间上的重新分布，不同主体之间利益平衡与秩序重整的过程，其实质是利益调整。农村家长、学生、教师是农村教育最主要的利益相关者。作为重要的利益相关者，家长、学生、教师有其切身体验和感受，从利益相关者视角透视学校布局调整政策，有助于检验和反思现有学校布局调整政策的利弊得失。

从家长视角看，现有学校布局调整研究主要集中体现在四方面。

第一，学校布局调整对孩子上学距离的影响。国内外研究均发现，农村学校布局调整后，学生上学距离变远，安全风险增加。庞丽娟认为，学校布局调整后，学生上学距离变远，尤其是偏远地区和交通不便地区学生上学最困难。① 华中师范大学课题组对湖北、河南等 6 省份的中小学布局调整情况的调查结果表明，学生上学路程变远是当前农村中小学布局调整后遇到的最大问题。② 赵丹等

① 庞丽娟：《当前我国农村中小学布局调整的问题、原因与对策》，载《教育发展研究》2006 年第 2B 期。

② 范先佐、郭清扬：《我国农村中小学布局调整的成效、问题及对策——基于中西部地区 6 省区的调查与分析》，载《教育研究》2009 年第 1 期。

运用 GIS 技术和有序 Logit 模型分析发现，撤并农村学校导致学生上学的物理距离、时间距离和文化距离显著增加。[①] 国外学者的研究也发现，学校合并后让学生乘坐较长时间的巴士到更远的学校上学，是对学生时间的严重剥夺。而且对于偏远的村庄而言，由于路途遥远，校车并不能解决学校关闭后学生的交通问题。[②]

第二，学校布局调整对家庭教育成本的影响。学校布局调整的目的之一是提高办学的成本效率，但是研究发现，学校布局调整后家庭的经济负担加重。范铭、郝文武发现，因学校被撤并而被迫转校的学生家庭的教育成本增加，尤其是寄宿生家庭的教育负担加重。[③] 庞晓鹏等发现，为了让子女获得相同水平的教育，低经济水平家庭要付出更高的成本租房陪读，学校布局调整显著提高了低经济水平家庭家长租房陪读概率。[④]

第三，学校撤并对社会弱势群体的影响最大。雷万鹏、徐璐认为，学校撤并不是帕累托改进，其对不同群体的影响具有不均衡性，那些因学校撤并而不得不转学的家庭在布局调整中利益受损最严重。[⑤]

第四，不同群体对学校布局调整的态度。从家长视角看，菲普斯和霍尔顿（Phipps & Holden）指出，学校是地区“适宜居住”（livability）的标识，居民常对关闭当地学校持消极态度。[⑥] 叶敬忠、陆继霞、孟祥丹对国内学校布局调整的研究发现，部分村民通过使用“弱者的武器”，如围攻学校、上访、抱怨与谩骂等形式表达对学校撤并的不满。[⑦]

从学生视角看，现有学校布局调整研究主要涉及两方面。第一，学校布局调整对辍学的影响。陈前恒等使用二元 Logit 模型分析了学生在义务教育阶段辍学

① 赵丹、吴宏超、布鲁诺·帕罗林：《农村学校撤并对学生上学距离的影响——基于 GIS 和 Ordinal Logit 模型的分析》，载《教育学报》2012 年第 3 期。

② Witham, M.. The Economics of (not) Closing Small Rural Schools. Paper Presented at Symposium on the Doctor of Philosophy for Candidates and Supervisors A: Focus on Rural Issues. July, Townsville, Queensland, Australia. 1997.; Dennis M.. Mulcahy. Rural and Remote Schools: A Reality in Search of a Policy, http://ed6290.weebly.com/uploads/1/6/7/6/16764510/edge - d_mulcahy.pdf.

③ 范铭、郝文武：《对农村学校布局调整三个目的的反思——以陕西为例》，载《北京大学教育评论》2011 年第 2 期。

④ 庞晓鹏等：《农村小学生家长租房陪读与家庭经济条件——学校布局调整后农村小学教育不公平的新特征》，载《中国农村观察》2017 年第 1 期。

⑤ 雷万鹏、徐璐：《农村校车发展中的政府责任——以义务教育学校布局调整为背景》，载《中国教育学刊》2011 年第 1 期。

⑥ Phipps. A. G and Holden. W. J.. Intended Mobility Response to Innercity School Closure (Canada). Environment and Planning, No. 17, 1985.

⑦ 叶敬忠、陆继霞、孟祥丹：《不同社会行动者对农村中小学布局调整政策的回应》，载《中国农村经济》2009 年第 11 期。

的影响因素。结果发现，农户到最近小学教学点或小学的距离对学生在义务教育阶段辍学具有非常显著的负面影响。农户到最近小学教学点或小学的距离每增加1%，农户子女在义务教育阶段辍学的发生比将增加0.293个百分点。① 第二，学校布局调整对学生学业成绩的影响。中央教科所和教育督导与评估中心的一项调查显示，学生在路上花费的时间越多，学业成就水平则越低。② 卢柯、杜育红使用“西发项目”广西壮族自治区的面板数据考察农村小学布局调整对学生成绩的影响，对比两水平增值模型和OLS估计结果发现，学校布局调整整体上对小学生成绩具有负向影响，对语文成绩的影响尤为显著。③

从教师视角看，现有学校布局调整研究主要涉及以下两个方面。(1) 义务教育学校布局调整给教师带来的挑战。第一，教师面临角色转换的困境。学校撤并后，原有的教育生态被打破，教师角色面临重新调整，其角色转变包括物理场景转变，如岗位变动、环境变动、地位转变；外部环境转变，如学校类型的变化、经济及心理负担的变化等；内源性变动，如专业发展压力等；教师自身的利益考量，如食宿条件、家校距离及方便度、配套措施、文化转变等。④ 第二，教师工作繁重、身心压力大，特别是学校布局调整中寄宿制学校的发展，令教师承受教书育人与家长监护双重责任，教师的生存状态令人担忧。⑤ 第三，教学点教师发展问题。学校布局调整后，教学点师资现状堪忧——教师老龄化、学历低、知识结构陈旧等问题突出。⑥ 第四，学校布局调整可能导致教师失业，由此引发一些社会矛盾和冲突，应当引起政策制定者的关注。⑦ 第五，教师的自主性减少。有研究者认为，小规模学校的教师有更强的自主性，而学校合并形成的大规模学校导致“亲密家庭”式的氛围被打破，教师和学生的关系都变得更加官僚。大规模学校教师常常反映他们很孤单，因学校太大导致他们与同伴的关系冷漠。⑧ (2) 学校布局调整给教师带来的机遇。有研究发现，几乎所有的教师（包括迁

① 陈前恒、林海、郭沛：《贫困地区农村基础教育可及性与农民的主观幸福感》，载《中国人口科学》2011年第5期。

② 中央教育科学研究所课程教学研究中心、教育督导与评估研究中心：《中国小学教育质量稳步提升》，载《中国教育报》2009年12月4日。

③ 卢珂、杜育红：《农村学校布局调整对学生成绩的影响——基于两水平增值模型的分析》，载《清华大学教育研究》2010年第6期。

④ 牛利华：《农村中小学布局调整中的教师角色及其导引策略》，载《湖南师范大学教育科学学报》2010年第11期。

⑤ 王颖、杨润勇：《新一轮农村中小学布局调整后的负面效应：调查反思与对策分析》，载《教育理论与实践》2008年第12期；仰丙灿，徐金海：《农村学校布局调整对教师的影响与对策——以H市为例》，载《教师教育研究》2014年第2期。

⑥ 吕国光：《中西部农村小学布局调整及教学点师资调查》，载《教育与经济》2008年第3期。

⑦ Russo, A.. Mergers, Annexations, Dissolutions. School Administrator, Vol. 63, No. 3, 2006.

⑧ Hampel, R. L.. Historical Perspectives on Small Schools. Phi Delta Kappan, Vol. 83, No. 5, 2002.

移和接收学校的）或多或少从学校布局调整中获益了，教师兼课现象减少并有更多专业发展机会。[①] 另有研究发现，在学校布局调整后，大规模学校能为教师提供更多发展机会，大型建筑能为教师提供更好的教学设备，有助于教师团队合作和专业成长；学校布局调整后学区教育质量提升，教师专业地位、薪水与福利也会进一步提高；[②] 教师人数增多还可以增进校内教师日常交往和专业交流，为教师带来积极的情绪体验。[③]

从家长、学生、教师视角出发，已有文献进行了大量有价值的研究，加深了我们对学校布局调整的理解，有助于深化人们对学校布局调整的认识。然而，现有研究仍存在以下不足。第一，现有研究基本上只以某一主体为研究对象，较少从家长、学生、教师等不同主体视角研究学校布局调整效果。第二，现有研究主要关注学校布局调整对不同主体的影响，但学校布局调整对不同主体影响差异的分析不够深入。农村家庭、学生、教师是一个高度分化的群体，学校布局调整对不同特征主体的影响存在差异性。第三，已有研究很少关注不同主体对学校布局调整的评价。不同利益主体对学校布局调整的满意度存在差异，什么特征的群体满意度较低？其原因是什么？

基于上述考虑，我们主要聚焦于以下问题：（1）对于农村家庭，学校布局调整政策对农村家庭带来了哪些影响？农村家长如何认识学校布局调整，他们对学校布局调整的效果作何评价？（2）对于农村学生，学校布局调整政策对农村学生带来了哪些影响？农村学生对学校布局调整有何评价？（3）对于农村教师，学校布局调整政策对他们产生了哪些影响？教师如何评价学校布局调整政策？（4）从家长、学生、教师等视角出发该如何完善学校布局调整政策？

本专题分为四节：第一节是研究缘由，即从农村家庭、学生、教师视角出发研究学校布局调整的意义；第二节是探究农村学校布局调整对农村家庭、学生、教师的影响；第三节是农村家长、学生和教师对学校布局调整的评价；第四节是研究结论与政策建议。

---

① Keith. A. Nitta & Marc J. Holley & Sharon L. Wrobel. A Phenomenological Study of Rural School Consolidation. Journal of Research in Rural Education, Vol. 25, Vol. No. 2, 2010.

② Alsbury, T. L. & Shaw N. L.. Policy Implications for Social Justice in School District Consolidation. Leadership and Policy in Schools, Vol. 4, No. 2, 2005; Self, T.. Evaluation of a Single School District Consolidation in Ohio. American Secondary Education, Vol. 30, No. 1, 2001.

③ 单成蔚、秦玉友、曾文婧、宋维玉、赵忠平：《教师人数变多对他们意味着什么？——来自学校布局调整亲历者农村教师的声音》，载《教育科学研究》2016 年第 4 期。

第二节 学校布局调整对不同主体的影响

一、学校布局调整对家庭的影响

在城镇化的过程中，生产中心、文化中心和生活中心日益集中在城市，导致大量农村人口流动到城市，从而出现“城市过密”和“农村过疏”问题。农村学龄人口的过疏化使农村地区涌现了大量小规模学校。在当前的教育投入制度下，办学效益随着学校规模的变小而递减，为了提升规模效益，全国各地进行了学校布局调整。学校布局调整在一定程度上提高了教育资源使用效率，使更多的孩子享受到高质量的教育。然而，农村学校布局调整对农村家庭带来积极影响的同时，其消极影响更加不容忽视。这些消极影响主要体现在对孩子上学的影响和家庭的教育负担加重等方面。

（一）学校布局调整对子女上学的影响

在经历了学校布局调整的孩子家长看来，与到原来学校上学相比，孩子去新学校上学“更方便了”“差不多”“更不方便了”的比例分别是19.3%、38.0%、42.7%。可见，在学校布局调整之后，接近半数的学生上学更不方便。分析发现，家长之所以认为孩子上学“更不方便”的原因主要是“上学路程太远”（77.8%）、“上学不安全”（45.9%）、“上学时间更长”（28.4%）及“上学路更难走”（16.7%）。由此可知，学校布局调整使孩子上学路程变远是孩子上学不方便的最主要原因。

学校布局调整对学生上学路程的影响，除了总体上表现出的上学路程变远之外，通过均值比较发现，学校布局调整对不同年级、不同地理环境和区域学生上学路程的影响呈现出较大的差异，具体分析如下。

1. 布局调整后各年级学生的上学路程均变远

如表7-1所示，在学校布局调整之前，就读1~3年级、4~6年级、7~9年级孩子上学的平均家校距离分别为1.480公里、1.330公里和1.985公里。而在学校布局调整后，各年级学生的平均上学路程均变远，1~3年级、4~6年级、7~9年级学生的上学路程分别为3.690公里、3.255公里和4.820公里，分别比布局调整前增加了2.210公里、1.925公里和2.835公里。另外，对三个学段学生布局调整前后，上学距离的配对样本 T 检验表明，学校布局调整对各个学段学生上学路程的改变均具有显著影响。

表 7-1　　布局调整前后不同年级学生上学距离之对比

类别		布局调整前平均家校距离（公里）	布局调整后平均家校距离（公里）	家长认可的最远上学距离（公里）
子女就读年级	1～3 年级	1.480	3.690	1.555
	4～6 年级	1.330	3.255	2.655
	7～9 年级	1.985	4.820	4.015

2. 布局调整后山区孩子上学距离最远

如表 7-2 所示，从家庭所处的地理环境看，在学校布局调整前，山区、丘陵和平原地区学生平均家校距离分别为 1.725 公里、1.400 公里和 1.355 公里；而在学校布局调整之后，山区、丘陵和平原地区学生上学距离分别增加了 3.225 公里、1.585 公里和 1.795 公里，布局调整对山区孩子上学路程的影响最大。对不同地理环境类型学生布局调整前后，家校距离的配对样本 T 检验表明，学校布局调整对山区、丘陵、平原地区学生上学距离的增加都有显著影响。

表 7-2　　地理环境与布局调整前后孩子上学距离之对比

类别		布局调整前平均家校距离（公里）	布局调整后平均家校距离（公里）	调整前后上学距离的变化（公里）
家庭地理环境	山区	1.725	4.950	3.225
	丘陵	1.400	2.985	1.585
	平原	1.355	3.150	1.795

3. 布局调整对来自村里的孩子上学距离影响最大

如表 7-3 所示，从家庭所在的地理位置上看，来自村里、乡镇、县城的学生在布局调整前的平均上学距离分别为 1.615 公里、1.190 公里和 1.720 公里。在学校布局调整之后，来自村里、乡镇的学生上学路程比布局调整前平均增加了 2.765 公里和 2.340 公里，而位于县城的学校学生的上学距离在布局调整前后变化不明显。配对样本 T 检验表明，学校布局调整对住在村里和乡镇学生的影响较显著，而对家庭居住在县城的学生上学距离的影响不显著。

表 7-3　　家庭区位与调整前后孩子上学的平均距离之对比

类别		布局调整前平均家校距离（公里）	布局调整后平均家校距离（公里）	调整前后家乡距离的变化（公里）
家庭区位	村里	1.615	4.380	2.765
	乡镇	1.190	3.530	2.340
	县城	1.720	1.860	0.140

以上分析表明，各学段、各地理环境和各种区位的学生在学校布局调整后上学距离均变大，相比而言，家校距离变大对小学低年级学生、山区学生和来自村里的学生影响最大。

（二）学校布局调整对农村家庭教育支出的影响

1. 学校布局调整后半数家庭教育成本增加

学校布局调整对农村家庭教育成本产生了怎样的影响？通过数据分析可知，与原来就读学校相比，家长认为孩子在新学校就读的教育花费“差不多”“更多”和“更少”的比例分别是43.2%、50.0%和6.8%，即有一半的家长认为学校布局调整增加了家庭的教育花费。学校布局调整导致家庭教育花费的增加主要表现在哪些方面？80%的家长选择了“吃饭费用”，57.2%的家长选择了“交通费”，另有39.6%家长选择了“住宿费”（见表7-4）。

表 7-4　　学校布局调整后家庭增加的教育费用

类别	响应		个案百分比（%）
	频数	百分比（%）	
交通费	358	32.3	57.2
住宿费	248	22.4	39.6
吃饭费用	501	45.3	80.0
合计	1 107	100.0	176.8

因学校布局调整，学生到新学校上学而导致家庭教育成本增加的程度如何？从总体上看，学校布局调整后，家庭教育成本因学校布局调整而增加的费用均值为1 585元。分类分析表明，家庭年收入在1万元、1万~3万元和3万以上的家庭，在学校布局调整后每年增加的教育成本分别是1 549元、1 572元和1 732元（见表7-5）。可见，随着家庭收入水平的提高，学校布局调整后家庭教育成本

增加的绝对数额变大，但是这种差异并不大。然而，所增加的教育成本对于不同收入水平的家庭而言，其压力程度具有较大的差异。

表 7－5　不同收入水平家庭新增教育成本　单位：元

家庭年收入	家庭增加的教育成本
1 万元以下	1 549
1 万～3 万元	1 572
3 万元以上	1 733

个案 1：2012 年 3 月，在陕西省对榆林市榆阳区调研时，从该区麻黄梁中学学生家长访谈获悉，该校学生的伙食费是每天 9 元，以一年 200 天的在校时间计算，每名学生每年的伙食费是 1 800 元。假如学生享受贫困家庭初中寄宿生生活补助 1 000 元/年，仍需要由家庭承担的部分为 800 元/年。榆阳区的经济发展水平较高，2011 年农民人均纯收入为 8 428 元，800 元的伙食费占人均收入的比重较小，不会给家庭带来沉重的经济负担。然而，对于经济落后地区而言则远非如此。笔者对山西省石楼县（国家级贫困县）小蒜镇教鹏塢小学的六年级寄宿女生李同学的访谈表明：该生的伙食费为每餐 2.6 元（统一价格），一天吃两餐需要 5.2 元，仍以一年 200 天的在校时间计算，该寄宿生每年伙食费支出为 1 040 元。扣除小学贫困寄宿生生活补助 750 元/年，则由家庭承担的费用为 290 元。该县农民人均纯收入仅为 1 801 元，仅伙食费一项就占农村家庭人均收入的 16.10%。

2. 陪读现象增加

在田野调查中，我们发现了陪读这样一种特殊的家庭教育支持方式。从地区层面看，基于所有家长样本的分析表明，认为当地陪读现象“非常多”和“比较多”的家长共计 31.0%。同时，对未经历学校布局调整的地区和经历了学校布局调整的地区进行对比发现，这两类地区“陪读”现象“非常多”和“比较多”的分别占 24.3% 和 35.7%，可见学校布局调整增加了陪读家庭的比例。

从家庭层面看，我们将未经历和已经历学校布局调整的地区进行对照，统计发现，未经历学校布局调整的地区，陪读家庭的比例占 11.6%；而经历了学校布局调整的地区，相应比例占 18.4%（见表 7－6）。通过独立样本 T 检验可知，学校布局调整对家庭陪读现象的影响显著（$p < 0.05$）。

表 7-6　学校布局与家庭陪读的关系

类别	未经历学校布局调整的地区		经历学校布局调整的地区	
	频数	百分比（%）	频数	百分比（%）
有	536	11.6	972	18.4
没有	4 103	88.4	4 300	81.6
合计	4 639	100.0	5 272	100.0

家庭年收入为 1 万元以下、1 万～3 万元和 3 万元以上的家庭陪读的比例占相应群体的比例分别是 60.2%、30.5% 和 9.3%，可见年收入越低的家庭陪读现象越多；从地理环境看，山区、丘陵、平原地区，家庭陪读所占的比例分别是 40.8%、9.8% 和 26.2%，山区家长陪读最多。尽管是否陪读是家庭自主做出的教育决策行为，然而学校布局调整后陪读现象的增加，足以说明有些家庭是因学校撤并后孩子上学路程变远、学校寄宿条件较差而被迫选择陪读。对于农村家庭而言，陪读不仅意味着直接教育成本的增加，也意味着教育机会成本的增加，因为陪读至少要损失家庭的一个劳动力。同时，由于陪读家庭增多，促使学校周边房租上升。山西省石楼县城民房的房租从几年前的 50 元/月，2012 年已增加至 200 元/月，以每年 10 个月计算，在县城陪读的家庭仅房租一项支出就需要 2 000 元/年。

个案 2：江西省分宜县 10 岁的蓝同学在县城第三小学读四年级，她家距县城 20 公里左右。她所在村庄原来有一个小学，在 2005 年被撤掉后保留 1～3 年级，读完三年级要想继续读书不得不转学到镇上或县城。由于孩子小，父母担心孩子在学校的饮食起居，考虑到去镇上读书路程较远，需要家人陪读，还不如选择县城更好的学校。因父母都在外打工，于是委托爷爷在县城里租房陪读。她和爷爷每周末回家，来回车费需要 14 元，以每月 4 周，一年按 9 个月计算，每年车费需要 504 元；房租费每月 300 元，每年共计 2 700 元；生活费用每月 400 元左右，每年需要 3 600 元。如此计算，因在县城陪读产生的总费用为 6 800 元/年。

二、学校布局调整对学生的影响

由于难以获取调研地区被撤并学校的详细信息，本书通过追踪学生信息来获得相关信息。[①] 调研数据显示，8% 的学生（3 753 人）来自被撤并或关闭的学

① 布局调整政策已推行数年，部分学生入学时间可能在原有学校被撤并后，他们虽不具有因学校被撤并而转学的经历，但实际也受到布局调整的影响，由于难以确定这部分群体，故未作考虑。

校。布局调整对学生的影响决定了学生对布局调整政策的评价态度。具体来讲，布局调整对学生的影响可以从两个方面进行考察：一是学生在学校布局调整前后的变化情况，二是经历过与未经历过布局调整的学生之间的差异对比。布局调整对学生的影响主要体现在以下四个方面。

（一）学校布局调整对学生总体适应性的影响

调查结果表明，经历过布局调整的学生对学校的适应性相对较低，经历过布局调整的学生不适应学校生活的比重占16.7%，比未经历过布局调整的学生高出4.9%，二者在学校适应性上存在显著差异（见表7-7）。

表7-7　　两类学生学校适应性的差异性检验

	撤并经历	学生样本量（人）	平均值	统计检验
学校适应性***	经历过	3 482	1.17	t = 7.599
	未经历过	40 418	1.12	

注：*** 代表 $p < 0.001$。

经历和未经历学校布局调整的学生对不适应学校生活的原因是否存在差异？进一步分析表明，"想家"是导致这部分学生不适应学校生活的最主要原因，对于未经历过布局调整的学生而言，"学习成绩跟不上"则是导致他们不适应学校生活的主要原因（见表7-8）。这表明了布局调整在某种程度上割裂了学生与家庭之间的亲情纽带，进而引发了学生的适应问题。此外，"吃饭住宿不习惯""课余生活单调"等也是导致学生不适应新校生活的主要因素，这说明布局调整后，新学校的食宿条件及校园娱乐文化生活建设没有得到相应的提升，加大了学生的适应障碍。

表7-8　　两类学生不适应学校生活的原因对比　　单位：%

不适应的原因	经历过布局调整	未经历过布局调整
吃饭住宿不习惯	34.5	32.7
想家	36.7	30.6
课余生活单调	34.9	33.3
老师口音听课有困难	12.7	10.9
教学方式不适应	16.3	16.4
成绩跟不上	32.4	36.7
其他	3.4	5.0

（二）学校布局调整对学生融合的影响

由于不同地区的文化、价值观和生活方式存在差异，经历过布局调整的学生还面临着与新学校学生融合的问题。社会融合是个体和个体之间、不同群体之间，或不同文化之间互相配合、互相适应的过程。① 从多元文化的角度讲，社会融合是一个双向过程，即接触到的两个群体的文化和价值观都要发生变化，但更多的变化往往发生在弱势群体一边。② 因此，因布局调整而转学的弱势学生在融合过程必然会面临着更多困难。

为考察布局调整后学生的融合问题，笔者设置了"我的朋友很多""我与同学关系很好"两个指标。以等级法对学生的人际关系赋值（完全符合 =1，比较符合 =2，不确定 =3，不符合 =4，完全不符合 =5），独立样本 T 检验结果表明，因学校被撤并而转学的学生与没有经历过布局调整的学生不论在朋友数量，还是在同学关系上都存在显著差异，相对而言，因学校被撤并而转学的学生的朋友数量较少、同学关系较差（见表 7 - 9）。说明来自撤并学校的学生融入新集体存在一定的障碍。

表 7 - 9　　　　两类学生人际关系的差异性检验

指标	撤并经历	样本量（人）	平均值	标准差	标准误	统计检验
朋友很多*	经历过	3 429	1.65	0.896	0.015	t = 2.358
	未经历过	40 147	1.61	0.833	0.004	
与同学关系很好***	经历过	3 409	1.67	0.863	0.015	t = 3.720
	未经历过	39 954	1.62	0.813	0.004	

注：* 代表 $p < 0.05$，*** 表示 $p < 0.001$。

进一步分析发现，布局调整后班级规模和校级规模的扩大、城乡文化和民族文化的差异，是影响学生融合的主要因素。班级规模和学校规模越大，同学之间、师生之间情感交流更不通畅，而小规模学校的人际关系会更和谐。③ 调查发现，小学班级平均规模从布局调整前的 27 人增长到 46 人，初中由 37 人增长到 51 人；小学班级规模超过 45 人的比例由布局调整前的 14.6% 上升到 54.7%，初

① ［法］埃米尔·迪尔凯姆著，冯韵文译：《自杀论》，商务印书馆 2007 年版。

② 黄兆信、潘旦、万荣根：《农民工子女融合教育：概念、内涵及实施路径》，载《社会科学战线》2010 年第 8 期。

③ 和学新：《班级规模及学校规模对学校教育成效的影响——关于我国中小学布局调整问题的思考》，载《教育发展研究》2001 年第 1 期。

中班级规模超过50人的比例由18.6%上升到57.9%。可见，布局调整后，班级规模显著扩大，“大班额”现象更加严重。

个案3：湖北省C县大力推进布局调整后形成了“教育城”，这种“C模式”一度受到多方媒体的宣传报告和推广。然而，这种模式也存在一定的问题：布局调整后，学校规模及班级规模过大，给学校管理带来不便，也引起学生间的交流障碍。从对城关中学的调研情况看，该校由撤并的10所乡镇初中合并而成，目前该校规模已达到4 000多人，为方便管理，按年级分成三个分校，总校规定，各分校学生之间不允许来往，不能互相串校串班，违者将受到通报批评和班级扣分等处罚。管理模式一定程度上阻碍了学生间的交流。一分校学生A说：“希望去二分校读书，因为二分校更漂亮，但她只敢在外面观望，从未进入二分校校园。”一分校学生B说：“她在一分校，姐姐在三分校，但她们在学校从未相见。”二分校学生曾因为去一分校超市买零食而被校广播批评，并扣除了所在班级考核分。这些学生表示，他们在以前的小规模学校可以直接交流，与同学和教师相处的很愉快，也可直接与校长交流。

通过对家长的访谈发现，很多城关家长担心将孩子跟“乡下伢”放在一起，不利于孩子的健康成长。在多民族混居地区，不同民族间的融合问题是布局调整后面临的一个比较突出的问题。在布局调整背景下，如何进行融合教育应成为我国未来农村教育关注的一个重点。

（三）学校布局调整对学生学习的影响

集中办学和实行寄宿制的预期是规模化办学有利于提高教育质量。那么，布局调整对学生学业成绩究竟产生怎样的影响？已有研究表明，学生的学业成就与上学距离之间存在密切关系，但却是一种负向关系。家校距离、家庭经济负担、学校配套设施不健全、学校心理疏导缺失等因素对学生成绩的负向影响已经超出了学校办学条件改善等因素对学生成绩的正向影响。

在已有研究的基础上，本书从“课堂发言次数”“是否喜欢学习”“成绩等级”等几个维度考察了布局调整对学生学业的影响。统计结果显示，两类学生在这三个指标上均存在显著差异，经历过布局调整的学生一周内发言次数多于未经历过布局调整的学生，但经历过布局调整的学生更不喜欢学习，学习成绩也相对较差（见表7-10）。可见，农村中小学布局调整政策的推行，并未达到政策的初衷效果，在农村中小学布局调整过程中，如何实现提高教育质量的目标，仍然是一个艰巨的挑战。

表 7-10　　两类学生学业情况的差异性检验

指标	撤并经历	学生数量（人）	平均值	统计检验
发言次数*	经历过	3 442	4.32	t = 2.420
	没有经历过	40 059	4.24	
喜欢学习*	经历过	3 426	1.80	t = 2.143
	没有经历过	40 162	1.77	
学习成绩***	经历过	3 454	2.66	t = 3.900
	没有经历过	40 163	2.60	

注：* 代表 $p < 0.05$，*** 代表 $p < 0.001$。

学业上的不顺最终将导致学生辍学。在调研中，一位校长告诉我们："布局调整后学校的综合实力要比原校好，成绩好的学生潜力能够得到发挥，成绩会越来越好，但成绩差的学生也会越来越差。老师的精力有限，无法顾忌所有学生，军事化的管理也会加重学生的厌学情绪，间接造成学生大量流失。"C 县城关中学二分校李老师说："有些差生，他们从小就没读进去过，现在每天把学生关在教室里，不给他们喘息的机会，逼着他们读书，对他们来说是要命。这一逼，就把他们逼辍学了。这是学生流失很重要的原因。"

个案 4：杨同学是江西省分宜县霞贡小学二年级的学生，该学校是布局调整后保留下来的，服务周围 3 个村。杨同学的家距离学校 4 公里，他所在村里的学校撤掉了。由于该地区属于丘陵地带，路崎岖不平，每次上学都要走上 1 个小时，每天早上 6 点不到就要起床。时值冬天，孩子背着沉甸甸的书包，顶着寒风，沿着乡间崎岖不平的路前行，一不小心就会滑倒。起初上学的时候，父母也送，甚至背着孩子走，但是一农忙就不送了，孩子自己也熟悉了。杨同学说，每天都要走好长的路，他现在可讨厌走路了，每天回家后就不想动，由于每天起得早，上课时经常哈欠连连。

（四）学校布局调整对学生心理的影响

调查发现，布局调整对学生的心理影响比较复杂。经历过布局调整的学生与没有经历过布局调整的学生在"自信心""安全感""孤独感"等几个指标上没有显著差异，但在"幸福感"等指标上存在显著差异，经历过布局调整的学生的幸福感要低于未经历过布局调整的学生（见表 7-11）。

表7-11　　两类学生的心理差异性检验

	撤并经历	学生数量（人）	平均值	统计检验
我很自信	经历过	3 451	1.87	t = 1.829
	没有经历过	40 297	1.84	
我感到很安全	经历过	3 426	1.70	t = 1.415
	没经历过	40 029	1.67	
我很幸福**	经历过	3 417	1.51	t = 2.837
	没有经历过	40 041	1.47	
我感到很孤独	经历过	3 355	4.01	t = -1.817
	没有经历过	39 566	4.05	

注：** 代表 $p<0.05$。

笔者将经历过布局调整的学生划分为留守儿童和非留守儿童两类，对这几项指标的研究表明，在经历过布局调整的群体中，留守儿童的情况更为糟糕。留守儿童与非留守儿童在“安全感”“自信”方面没有显著差异，但在“幸福感”“孤独感”方面存在显著差异。具体而言，留守儿童与非留守儿童在“我很幸福”指标上存在显著负相关（$r=-0.051$，$p=0.003$），表明留守儿童的幸福感较低；在“我很孤独”指标上存在显著正相关（$r=0.049$，$p=0.004$），留守儿童比非留守儿童有更强的孤独感。在某种程度上，社会经济的发展和布局调整政策的实施，使得经历过布局调整的留守儿童成为一个“双重”边缘弱势群体。

布局调整后，大规模学校偏重制度化的管理，导致学生几乎没有自由时间和空间；按班级分区在食堂就餐，碗筷位置要接受值班学生监督；在校园走路不许快跑不许喧哗，一旦发现就要扣分等量化管理方式让学生感受到压力和压抑。“如果一两个月还好，要是一年两年三年一直这样，肯定会出问题的”“希望初中早点结束，到大学就好了”，受访学生的呼声透露着对早日摆脱这种状态的渴望。

个案5： 笔者在陕西省Y市的调研中发现，该地区小学低年级学生在校寄宿的比例较高。因年龄幼小，缺乏自理能力，部分孩子对学校寄宿生活极不适应，表现为因想家而哭闹、沉默寡言、尿裤子、神经性的肚疼。不少低龄寄宿小学生见到陌生人不敢抬头，不敢正视对方；部分学生睡觉时经常因为害怕而难以入睡。一位九年一贯制学校校长反映，小学低年级学生在校住宿，不仅给班主任和生活老师带来管理上的巨大不便和沉重的精神压力，“费心、费力、劳神”，而且也给家长带来了较大的心理压力和精神负担。因思子心切，部分家长几乎每天抽时间到学校去看孩子，有的家长甚至为此在学校附近租房陪读。

三、学校布局调整对教师的影响

（一）经历过布局调整的教师生存状况更差

数据调查表明，经历过学校布局调整的教师生存状况较差。在疲劳程度、工作压力、收入满意度、离校意愿、从教意愿等指标上，经历过学校布局调整的教师与没有经历过布局调整的教师均有显著性差异。具体来讲，经历过布局调整的教师疲劳程度更高，工作压力更大，收入满意度更低，离校意愿更强烈，从教意愿更低。上述信息共同反映出：经历过学校布局调整的教师的生存状态比没有经历学校布局调整的教师相对要差一些。学校布局调整的亲历者是直接的利益相关者，亲历过布局调整的教师无疑最有发言权，本节从教师的亲身经历来阐述布局调整对教师的影响。

研究数据表明，布局调整中教师话语权缺失。从学校布局调整中教师的参与度来看，作为学校布局调整政策的重要利益相关者，教师的参与度非常低。调查显示，在所有教师中，当地在学校布局调整政策时征求过其意见的比例仅为24.7%，近3/4的教师群体被排斥在政策决策之外。而经历过布局调整的教师则为利益的直接相关者，数据显示，布局调整政策征求过其意见的教师只占23.4%，76.6%的教师均没有机会参与布局调整政策决策过程，由此反映出教师在学校布局调整中普遍缺少话语权。

（二）布局调整对教师的影响

数据显示，2000年以来经历过布局调整的学校占47.2%。因学校撤并，教师转到其他学校任教的比例为22.4%，约占教师总数的1/4。学校布局调整对教师生活和工作环境变化产生怎样影响？

1. 教师所在学校的变化

从教师所在学校看：（1）学校布局调整后教学条件改善较为显著，69.4%教师认为新学校的教学条件比以前更好，27.5%教师认为差不多，3.1%的教师认为比以前更差；（2）学校教育质量方面，57.6%教师认为布局调整后新学校教育质量比以前学校更好，37.8%认为两者教育质量差不多，认为新学校比以前的学校差的比例为4.6%；（3）学校管理水平方面，学校布局调整后，大部分教师认为新学校的管理水平比布局调整前学校更好，占60.4%，认为差不多的占

36.0%，认为更差的占3.6%；（4）信息获取度方面，63.3%的教师认为获取信息的渠道增多，31.9%的教师认为差不多，4.8%的教师认为信息渠道更少。

2. 教师人际合作及生活状况

从教师人际合作及生活状况来看：（1）学校布局调整促进了教师之间的合作，61.9%的教师认为学校布局调整后，新学校中教师合作机会更多，认为合作机会差不多的占33.5%，认为机会更少的占4.6%；（2）学校布局调整对教师生活便利度有何影响？41.1%的教师认为学校布局调整后生活更便利，45.7%的教师认为和布局调整前差不多，13.2%的教师认为学校布局调整给自己的生活带来了不便；（3）学校布局调整增强了教师的工作强度与压力，69.8%的教师在学校布局调整后工作强度更大，28.5%的教师认为差不多，1.7%的教师认为学校布局调整后工作强度减小了。基本情况如表7－12所示。

表7－12　　学校布局调整后新—老学校对比　　单位：%

指标项	程度更高	差不多	程度更低
新学校生活便利度	41.1	45.7	13.2
新学校信息渠道	63.3	31.9	4.8
新学校教师间合作机会	61.9	33.5	4.6
新学校教学条件	69.4	27.5	3.1
新学校管理水平	60.4	36.0	3.6
新学校教育质量	57.6	37.8	4.6
新学校工作强度	69.8	28.5	1.7

3. 教师心理偏好

调查显示，57.7%的教师喜欢现在的学校，18%的教师更愿意在布局调整前的学校任教，24.3%的教师认为两者差不多。过半教师更喜欢现在学校，但也有近20%教师更喜欢原来学校。通过相关性分析发现，教师对布局调整前后学校的偏好与新学校生活便利度、新学校获取信息的渠道及新学校的工作强度显著相关。可见，在关注教育质量，关注成本的同时，也应该关注布局调整给部分教师带来的负面影响，如生活不便、信息更为闭塞及工作强度更大等。对于境况“更差”的教师来说，学校布局调整的影响弊大于利，他们是改革中的利益受损者，关注这部分教师的健康发展是十分必要的。

对比表7－12各项指标可以发现，（1）总体上讲，布局调整改善了教师工作环境。学校布局调整对学校的教学条件、管理水平、教学质量、教师信息获取度、教师合作方面均有一定程度的改善。（2）学校布局调整对教学条件、教学质量等方面的影响是不均衡的。相对而言，学校布局调整有利于教学条件改善，然后是拓展信息渠道、增进教师合作、提高学校管理水平。(3) 学校布局调整对不同教师产生截然不同的影响，对于部分教师来说，学校布局调整是有利的，如教学条件改善、信息渠道拓宽、教师交流增强等。然而，对于部分老师而言，学校布局调整导致其生活不便利、工作不适应、心理压力大。数据显示：高达70%的教师认为学校布局调整后工作强度增大，这一点值得关注。以下几个个案从不同的侧面说明了经历过学校布局调整的教师对学校布局调整感受。

个案6：湖南省X县高桥中心小学L老师是一位年轻男教师，31岁，由于原来所任教的学校被撤并，4年前由村小调入中心小学任教。L老师说："我觉得现在的工作环境更有利于自己的发展，有更多出去学习的机会，同事之间的交流增强了，与外界的交流机会也更多了。但是，现在的工作压力也明显增加了，现在教二年级，班额大，有60多人，而以前的班额只有12人，工作起来比较轻松。"

个案7：湖南省L县桃洪镇桃花坪中学W老师说："我7年前由于学校布局调整，初中集中到城镇，城镇中学教师不足，自己从一名小学教师转为中学教师。现在任七年级的语文教师。""我们班有110人，我是班主任，工作非常辛苦。上课一定要带扩音器，教师工作量大，平时从早上7点到晚上7点，没有午休，完全没有时间管理家庭。我们学校是非寄宿制学校，还算好，还有的学校实行寄宿制，老师不仅要管学生学习，还要管理生活，工作压力更大。"

第三节　不同主体对学校布局调整的评价

农村中小学布局调整政策的预期目标是实现教育资源的合理配置、提高教育质量、促进义务教育均衡发展。那么，农村学校布局调整的实际效果如何？对于农村家长、学生、教师而言，他们是否赞同这项改革？不同特征的利益相关者的态度是否相同？对于这样一项事关切身利益的政策，他们是否参与学校布局调整的决策中来？对学校布局调整效果作何评价？

一、家长对学校布局调整的评价

本节将从农村家长的视角出发，基于学校撤并中农村家长的立场、参与度、满意度三个维度评价农村学校布局调整政策及其实施效果。

（一）农村家长对学校撤并态度的差异性

任何一项公共政策的制定，对其“必要性”和“合法性”的强调是必然的路径。这种必要性的理由，不外乎基于国家的角度和受益者的角度。农村学校布局调整作为农村教育发展中的一项重大公共政策，同样遵循一般公共政策既有的“出场”方式，即先明确学校布局调整工作的必要性，“这个问题是解决农村学校布局调整的合法化问题，也是农村学校布局调整的前提性问题”。[①] 农村家长对学校撤并的态度既可以反映出农村家长对学校撤并的意愿和支持度，也可以反映出学校布局调整这一政策是外源性的政策设计，还是符合农村家长需求的内源性政策设计。本章以经历了学校布局调整的农村家长“是否赞同学校撤并”来分析农村家长对学校布局调整的态度。

从整体上看，对学校撤并表示“赞成”的农村家长占40.0%，“不赞成”的家长占24.5%，另有35.5%的家长对此不置可否。然而，总体分析只能反映出农村家长对学校撤并这一决策的“平均状态”，进一步的分析发现，不同类型的农村家长群体对学校撤并的态度存在差异。

其一，家长职业与是否赞同学校撤并相关。在几个职业类型中，农民对学校撤并的赞同度最低，38.4%的农民家长对学校撤并表示赞同，表示不赞同的占26.7%，即接近三成的农民家长对学校撤并持反对的立场。

其二，家庭年总收入与家长对学校撤并的赞同态度正相关，家庭年收入越高者，对学校撤并表示赞同的比例越高，反之，则对学校撤并表示不赞同的比例越高。家庭年收入为1万元以下的家长对学校撤并表示赞同的比例为34.3%，年收入为1万～3万元的相应比例为43.5%，3万元以上的相应比例为46.0%。家庭年收入为1万元以下、1万～3万元和3万元以上的家长对学校撤并表示不赞成的比例分别为28.0%、23.2%和16.0%。

其三，不同地理环境的家长对学校撤并的赞同度不同。山区、丘陵、平原的家长对学校撤并表示赞同的比例分别是36.2%、38.0%、41.4%；而表示不赞成的比例则呈现出由高到低的变化，其相应比例分别是31.1%、23.6%、22.8%。可见，与平原地区的农村家长相比，山区、丘陵地区的农村家长可能基于交通的考虑而对学校撤并的赞同度相对较低。

以上分析表明，四成农村家长对学校撤并表示赞同；然而，不同群体对学校撤并的立场存在差异，农民、低收入家庭及山区、丘陵地区的农村家长对学校撤

① 秦玉友：《农村学校布局调整的认识、底线与思路》，载《东北师大学报（哲学社会科学版）》2010年第5期。

并政策的赞成度相对较低。毋庸置疑的是，这些均是在社会中处于弱势地位（无论是绝对的弱势还是相对的弱势）的群体，然而却可能成为学校布局调整中利益受损最严重的群体。

（二）农村家长在学校撤并中的参与度低

1. 农村家长在学校撤并决策中的参与度较低

公民参与政策制定是保证公共政策的科学化、公共性和规范化的重要措施。“增强决策透明度和公众参与度，制定与群众利益密切相关的法律法规和公共政策原则上要公开听取意见。”这已成为党和政府公共政策制定的重要价值取向。在农村学校布局调整的过程中，在做出学校撤销或合并的决策时，农村家长的参与度如何？

本章以在学校撤并决策中“是否征求意见”来测量家长的参与度。数据显示，在学校撤并时，表示“被征求过意见”的家长仅占有效样本的20.6%，而另外近八成的家长未被征求过意见。从家长的职业来看，农民家长是农村学校布局调整所涉及的人数最多的群体，然而农民家长在学校撤并时被征求过意见的比例仅为24.5%。从地理类型看，山区家长“被征求过意见”的比例为25.7%，丘陵地区的比例更低，仅为13.5%。

以上分析表明，在做出学校撤并的决策中，农村家长的参与度较低。农村家长是学校撤并过程中最重要的利益相关者，学校撤并意味着孩子上学地点的变更、上学距离的变远和时间的延长、教育成本的增加等，这些变化可能导致农村家庭教育负担的加重。然而，在学校撤并这一事关子女的教育及农村教育发展的决策中，农村家长扮演的只是被动的接受者角色，他们严重缺乏话语权。

2. 农村家长在学校撤并过程中参与度较低

各地教育行政部门的领导均表示当地在进行学校撤并时主要采用“广泛征求意见”的方式，做好群众的动员工作，以取得家长的理解和支持。然而，除了“广泛征求意见”外，各地采用多种方式推进学校布局调整工作，如“行政与协商相结合”“行政命令，强制撤并”“减少投入，迫使学生转学”等方式。

在以上几种学校撤并方式中，家长认为采用“广泛征求意见”“行政与协商相结合”“行政命令，强制撤并”“减少投入，迫使学生转学”方式的比例分别占32.0%、28.5%、28.6%、5.5%（见表7-13）。可以看出，农村家长除了在第一种撤并方式中能够表达意见外，在其他几种撤并方式中表达意见的机会较少。

表 7－13　　家长所感知的当地学校布局调整方式　　单位：%

学校撤并方式	家长看法
广泛征求意见	32.0
行政与协商结合	28.5
行政命令，强制撤并	28.6
减少投入，迫使学生转学	5.5
其他	5.4

通过以上分析可知，无论是学校撤并的决策过程还是学校撤并的执行过程，作为重要利益相关者的农村家长的参与度均不充分。

（三）农村家长对学校撤并效果的评价

学校布局调整的效果怎样？作为重要利益相关者的农村家长的满意度可作为重要的评价维度。在家长卷中我们设计了家长对学校撤并效果评价的题目。

从整体上看，接近半数（45.4%）的农村家长对学校撤并的效果表示满意，34.6% 的家长对此不置可否，20.0% 的家长则对学校撤并的效果不满意，这从一个侧面提醒我们应当反思学校布局调整的效果。进一步分析发现，不同群体对学校撤并效果的评价存在差异。

1. 山区、丘陵地区的家长对学校撤并效果的评价较低

相比较而言，山区和丘陵的家长对学校撤并效果的满意度低于平原地区，山区、丘陵、平原的家长中，认为学校布局调整效果“较好”的比例分别是 36.2%、38.0%、41.4%；而不满意度的比例分别是 31.1%、23.6%、22.8%（见表 7－14）。

表 7－14　　地理环境与家长对学校撤并效果评价之对比　　单位：%

类别		较好	不好说	不好
地理环境	山区	36.2	32.7	31.1
	丘陵	38.0	38.4	23.6
	平原	41.4	35.8	22.8

2. 低收入家庭对学校撤并效果的评价较低

从家庭经济收入看，低收入家庭的家长对学校撤并效果的评价较低。从总体上看，家庭年总收入与家长对学校撤并的评价正相关，家庭年收入越高的家长，认为学校撤并效果认同的比例越高，家庭年总收入越低的家长，对学校撤并效果不满意的比例越高。具体而言，家庭年收入为 1 万元以下的家长认为学校撤并效果“较好”的比例为 43.6%，收入为 1 万 ~3 万元的相应比例为 46.4%，3 万元以上的相应比例为 49.4%。家庭年收入为 1 万元以下、1 万 ~3 万元、3 万元以上的家长认为学校撤并效果“不好”的比例分别为 22.3%、19.4%、13.8%（见表 7 -15）。

表 7 -15　　家庭年收入与家长对学校撤并效果评价之对比　　单位：%

类别		较好	不好说	不好
家庭年收入	1 万元以下	43.6	34.1	22.3
	1 万 ~3 万元	46.4	34.2	19.4
	3 万元以上	49.4	36.8	13.8

3. 孩子就读较低年级的家长对学校撤并效果评价较低

孩子就读年级较低的家长对学校撤并效果评价较低。从孩子就读年级看，孩子就读年级与家长对学校撤并效果的评价正相关，即孩子就读年级越高，则家长对学校撤并效果持肯定评价的比例越高，而对撤并效果持否定评价的比例越低。具体而言，孩子就读 1 ~3 年级、4 ~6 年级、7 ~9 年级的家长认为学校撤并效果“不好”的比例分别为 20.7%、19.7%、15.7%（见表 7 -16）。

表 7 -16　　孩子就读年级与家长对学校撤并效果的评价　　单位：%

类别		较好	不好说	不好
孩子就读年级	1 ~3 年级	43.8	35.5	20.7
	4 ~6 年级	46.0	34.3	19.7
	7 ~9 年级	48.9	35.4	15.7

4. 家长参与度影响家长对学校布局调整效果的评价

有研究显示：缺乏民众广泛参与的决策，往往导致人民群众对政策的认同度和可接受度不高。[①] 对学校布局调整政策实施效果的分析再一次验证了此观点。数据表明，被征求了意见的家长对学校撤并效果持积极评价的比例为 77.5%，远高于未被征求过意见的家长（39.7%）；而持消极评价的比例正好相反，10.3% 的被征求意见的家长认为学校撤并效果“不好”，而未被征求过意见的家长的相应比例则是 30.1%（见表 7 -17）。显而易见，学校撤并过程中家长参与对于提

① 李大治、王二平：《公共政策制定程序对政策可接受性的影响》，载《心理学报》2007 年第 6 期。

高政策满意度有十分重要的意义。进一步的分析表明，撤并学校时“是否征求意见”与“对撤并学校效果的评价”显著正相关（$r = 0.38$，$p < 0.01$）。可见，在学校撤并过程中，家长的参与度影响家长对布局调整效果的评价。家长的参与为其提供了一个利益表达机制，有利于沟通信息、化解矛盾、达成共识。否则，缺乏家长参与将导致其对学校布局调整效果较低的认同度和满意度。

表7－17　　家长参与与家长对学校撤并效果评价之对比　　单位：%

类别		较好	不好说	不好
是否征求家长意见	征求过	77.5	12.2	10.3
	未征求过	39.7	30.2	30.1

以上分析表明，不同群体对学校撤并效果的评价存在差异，山区、丘陵地区的家长、家庭低收入的家长、孩子就读低年级的家长、未被征求意见的家长对学校撤并效果满意度的评价相对较低。

二、学生对学校布局调整的评价

（一）学生对新学校的满意度分析

农村中小学布局调整的预期目标可具体化为新校的教学条件、学习环境、教师教学水平和教师关注度等几个指标。在经历过布局调整的学生中，76.3%的学生认为新校的教学条件更好，71.1%的学生认为新校的学习环境更好，76.6%的学生认为新学校的教师水平更高，64.0%的学生认为新学校教师给予的关注度更多；认为新校教学条件、学习环境、教师教学水平和教师关注度比原校差的比例分别只占2.8%、4.0%、1.9%和5.1%。可见，布局调整后，无论是新校的硬件配置还是师资质量都得到绝大部分学生的认同，这表明农村学校布局的重新调整基本上实现了优化教育资源配置、促进了义务教育均衡发展的目标。

（二）学生对新老学校的选择偏好分析

经历过布局调整的学生对新老学校的选择偏好更能反映出学生对布局调整政策的支持情况。总体来讲，59.8%的学生更喜欢新学校，17.9%的学生认为两者差不多，22.3%的学生更喜欢原来的学校。可见，布局调整对学生的影响是不一样的，尽管偏好目前的新学校占多数，但仍有相当比重的学生不希望原校被撤并。

究竟是哪些类型的学生不愿意原学校被撤并呢？通过对学生年级、民族、家庭经济状况、父母外出务工情况、家乡地理环境、学校位置等变量与学生的选择偏好进行交叉列表和相关分析发现，学生的家庭经济状况、父母外出务工情况对学生的选择偏好没有影响，而学生的年级、民族、家乡地理环境及学校所处位置等因素具有一定的影响。

其一，高年级学生更不愿意原校被撤并。按年级划分，1～3 年级、4～6 年级、7～9 年级的学生更喜欢原来的学校的比重分别为 17.5%、18.3%、32.0%。可见，经历过布局调整的学生群体中，年级越高越不愿意学校被撤并，初中生意愿最强烈。相关分析进一步印证了这一结论。“年级”与“更喜欢的学校”呈显著负相关（$r = -2.232$，$p < 0.001$）。

其二，少数民族学生更不愿原校被撤并。统计分析结果表明，汉族学生中更喜欢原校的学生占 20.5%，少数民族学生更喜欢原校的占 35.5%。相关分析表明，二者呈显著负相关（$r = -0.142$，$p < 0.001$）。

其三，草原地区的学生更不愿原校被撤并。草原、丘陵、湖区、山区、平原、林区的学生更喜欢原校的比重分别占 47.7%、25.4%、24.5%、22.9%、17.6%、9.1%。可见，相对其他地区，草原地区学生更不愿意学校被撤并。从全国各地布局调整实施情况看，草原（高原）地区的布局调整力度要远大于其他地区。在所调查的 10 个省（自治区）中，青海省属于草原地区。青海省于 2010 年按照“州办高中、县办初中、乡办小学”的原则启动了第三轮布局调整，到 2012 年春季，青海省全省中小学数从 2009 年的 2 496 所调减到 1 083 所，调减率为 56.6%。此外，青海省少数民族地区调整力度更大，兴海县藏族占 77.2%，中小学数从 2005 年的 76 所（含 7 个教学点）调减到目前的 10 所，调减率高达 86.8%。草原地区地广人稀，多民族居住，相关利益群体协调难度大，而布局调整力度如此之大，更易造成学生的抵触。

其四，新学校位于县城或城郊的学生更不愿原校被撤并。在经历过布局调整的学生群体中，新校位于县（市）中心城区、城郊、乡镇上、村里的学生更喜欢原校的比重分别为 29.3%、27.4%、19.6% 和 22.0%。进一步分析表明，新校所处的位置与学生满意度显著负相关（$r = -0.094$，$p < 0.001$），越是向县城集中的区域学生越不愿意原校被撤并。我国布局调整一般遵循的是“村—乡镇—城郊—县城”的撤并路径，新校位于县（市）中心城区或城郊的地区往往是撤并力度大的地区，这一结论也表明了撤并力度大的地区的学生更不赞成布局调整。

以上分析表明，不同群体对原校被撤并的态度存在差异，高年级学生、少数民族学生、草原地区学生及新校位于县城或城郊的学生更偏好原学校，不愿意学校被撤并。另外，不愿学校被撤并的四类群体存在一个共同特征：都是来自布局调整力度大的地区和学校。说明了学生对布局调整的支持情况与布局调整改革的力度相关，布局调整力度大的地区的学生对布局调整的赞成度较低。

三、教师对学校布局调整的评价

对比教师布局调整前后的感受，可以从纵向角度呈现出学校布局调整政策的多维度蕴涵。在教师看来，学校布局调整的整体效果到底如何？这需要从整体角度考量布局调整的利弊得失。

（一）教师对学校布局调整政策的满意度不高

为了反映教师总体对学校布局调整整体效果的评价，我们设置了“您认为本地中小学布局调整的实施效果如何?”，评价效果分为“1 = 利大于弊”、“2 = 不好说”及“3 = 弊大于利”三个等级。

统计结果显示，在所有教师中，认为布局调整“利大于弊”的占 31.9%，认为“弊大于利”的有 12.5%，认为“不好说”的达到 55.6%。完全肯定其成效的比例约占 1/3，部分教师对布局调整的满意度评价不高，而对于布局调整这个复杂现象，超过半数的教师对其持保留态度。由此可见，不同的教师对布局调整成效的评价不一样、甚至完全相反。

（二）整体效果评价存在差异性

不同的个体由于所处环境不同，其对布局调整的评价标准也不一，由此导致教师对布局调整的效果之评价呈现显著差异性。

1. 经历过布局调整的教师评价更低

由表 7 - 18 可以发现，经历过布局调整与没有经历过布局调整的教师，对布局调整效果评价具有较大的差异。两者认为布局调整“利大于弊”的比例均为 31.9%，但是经历过布局调整的教师认为其“弊大于利”的比例为 15.6%，较之没有经历过布局调整教师高出近 4 个百分点。由此可见，经历过布局调整的教师对布局调整的评价略低于没有经历过布局调整的教师。如果对教师的评价赋值（“利大于弊” = 1 分，“不好说” = 2 分，“弊大于利” = 3 分），独立样本 T 检验结果表明：经历过学校布局调整的教师与未经历过布局调整的教师在布局调整的效果评价上存在显著差异（$t = -2.689$，$p < 0.01$）。

表 7－18　是否经历过布局调整的教师对布局调整效果的评价对比

撤并经历	利大于弊	不好说	弊大于利	平均值	统计检验
没有经历过**	31.9%	56.4%	11.7%	1.80	t = −2.689
经历过**	31.9%	52.5%	15.6%	1.84	

注：** 代表 $p<0.01$。

2. 女性教师的评价低于男教师

数据显示，女教师认为布局调整"利大于弊"的比例比男教师低 8 个百分点；女教师认为布局调整"弊大于利"的比例也略低于男性 1.5 个百分点（见表 7－19）。独立样本 T 检验发现，女教师与男教师对布局调整的效果评价存在显著差异（$t=-5.269$，$p<0.001$）。可能的解释是女教师对家庭的责任更大，布局调整对其工作和生活造成的影响更明显。

表 7－19　教师对布局调整评价的性别差异

教师性别	利大于弊	不好说	弊大于利	平均值	统计检验
男性教师***	36.2%	50.5%	13.3%	1.77	t = −5.269
女性教师***	28.4%	59.8%	11.8%	1.83	

注：*** 代表 $p<0.001$。

3. 公办教师评价低于其他类型教师

公办教师认为布局调整效果"利大于弊"的比例最低，仅为 31.6%；认为其"弊大于利"的比例最高，为 12.8%，相对而言，公办教师对于布局调整的效果评价最低（见表 7－20）。约 1/10 的代课教师明确表示布局调整"弊大于利"。通过方差分析表明，公办教师、代课教师及特岗（支教）教师之间存在显著性差异（$F=11.146$，$p<0.001$），公办教师对布局调整的评价明显低于特岗（支教）教师及代课教师。

表 7－20　不同类型教师对布局调整评价的差异

教师类别	利大于弊	不好说	弊大于利	平均值	统计检验
公办教师***	31.6%	55.6%	12.8%	1.81	F = 11.146
特岗教师***	44.8%	49.4%	5.8%	1.61	
代课教师***	35.5%	55.2%	9.3%	1.74	

注：*** 代表 $p<0.001$。

对这种现象可能的解释是，公办教师是教师队伍的主体，其受布局调整政策的影响程度最大。学校布局调整导致大量代课教师被清退，而那些没有被清退的代课教师是“幸运者”，这也可能导致代课教师对学校布局调整政策的积极评价高于公办教师。至于特岗教师，他们主要分布在中心城区学校，其受学校布局调整负面影响的可能性非常小，这也许能够解释为什么他们对学校布局调整政策的积极性评价相对要高一些。

4. 教学点及初中教师评价低

教学点教师认为布局调整“利大于弊”的比例最低，仅为25.9%；其次为初中教师，比例仅为28.8%，其他学校教师比例均超过30%；而教学点及初中教师认为布局调整实施效果“弊大于利”的比例也最高，分别为13.6%和16.1%，其他类型学校的教师均为10%左右（见表7-21）。计算均值可以发现，教学点 $M=1.88$，初中 $M=1.87$，远远大于其他类型学校，由此可见，教学点及初中教师对布局调整的评价比较低。通过方差分析，对比组间差异发现，不同类型学校教师效果评价具有显著差异性（$F=24.1$，$p<0.05$）。为什么教学点和初中教师评价低？上述现象可能的解释是：教学点撤并后，学生上学远、教师工作不方便等问题较为突出；初中则因寄宿制问题，导致教师工作负担重、压力大。

表7-21　不同类型学校的教师对布局调整评价对比　单位：%

学校类型	利大于弊	不好说	弊大于利
教学点	25.9	60.5	13.6
村小	37.1	52.1	10.8
中心小学	34.4	55.5	10.1
初中	28.8	55.1	16.1
九年一贯制学校	31.6	56.5	11.9

5. 寄宿制学校教师评价低于非寄宿制学校

非寄宿制学校教师认为布局调整效果“利大于弊”的比例为32.4%，略高于寄宿制学校教师的31.9%，而寄宿制学校教师认为布局调整实施效果“弊大于利”的比例为14.8%，高出非寄宿制学校约4个百分点（见表7-22）。独立样本T检验显示，非寄宿制学校教师与寄宿制学校教师对布局调整的效果评价存在显著性差异（$t=-3.519$，$p<0.01$），对比两组均值，非寄宿制 $M=1.79$，寄宿制 $M=1.83$。由此可见，寄宿制学校教师对布局调整的效果评价明显低于非寄宿制学校教师。

表 7－22　　非寄宿制与寄宿制学校教师对布局调整效果的评价对比

是否寄宿制	利大于弊	不好说	弊大于利	平均值	统计检验
非寄宿制***	32.4%	56.5%	11.1%	1.79	t = －3.519
寄宿制***	31.9%	53.3%	14.8%	1.83	

注：*** 代表 $p < 0.001$。

其可能的解释是：寄宿制学校教师除了负责教学工作外，还要负责学生的生活。由于我国寄宿制学校生活教师短缺，寄宿制学校教师处于超负荷运转状态，由此导致寄宿制学校教师对学校布局调整效果的评价更低。统计显示，寄宿制学校教师工作压力、疲劳程度较高、离校意愿更强、从教意愿更低，与非寄宿制学校均存在显著性差异，详见表 7－23。

表 7－23　　寄宿制与非寄宿制学校教师状况对比

指标项	学校类型	学校数量（个）	平均值	统计检验
工作压力*	寄宿校	4 915	3.87	t = 2.382
	走读校	6 137	3.83	
疲劳程度**	寄宿校	4 952	3.12	t = －2.947
	走读校	6 186	3.18	
收入满意度**	寄宿校	4 957	3.83	t = －2.732
	走读校	6 198	3.88	
从教意愿***	寄宿校	4 925	1.46	t = 8.019
	走读校	6 087	1.35	
离校意愿***	寄宿校	4 929	2.82	t = －6.152
	走读校	6 148	2.91	

注：*** 代表 $p < 0.001$，** 代表 $p < 0.01$，* 代表 $p < 0.05$。

综合教师对学校布局调整的整体评价及其群体差异可以发现，教师认为布局调整“利大于弊”的比例高于“弊大于利”的比例，因此，学校布局调整的积极效果值得充分肯定。但是，更多的教师对学校布局调整效果持“保留”态度，可见教师对布局调整政策效果的评价还存在着不确定性。

比较教师对学校布局调整效果评价的差异性可以发现，经历过布局调整的教师、教学点教师、寄宿制学校教师、女教师的评价更低，这预示着政府和学校应对这部分教师给予更多的关注，应采取有针对性的措施帮助这些教师渡过“难关”。

第四节　研究结论与建议

一、研究结论

通过前文的分析，我们可以得出以下基本结论：多数家长、学生与教师对学校布局调整感到满意，但有少部分弱势群体不满意学校布局调整政策。从农村家长的视角出发，1/4 的农村家长对学校撤并的政策表示不赞同，这部分人多为农民、低收入者及来自山区、丘陵的社会弱势群体；在对学校撤并效果的评价上，尽管绝大多数家长对撤并后学校的评价较好，但仍有 1/5 的农村家长对学校撤并效果表示不满意，1/3 的家长对农村寄宿制学校的寄宿环境表示不满意。

从农村学生的视角出发，布局调整在优化教育资源配置、提高教育质量等方面取得了显著成绩，新校的办学条件得到大部分学生的认可，近 60% 的学生更偏好新校。但仍有 1/5 的学生偏好原来学校，不愿原校被撤并的群体主要是来自高年级、少数民族、草原地区及新校位于县城及城郊的学生，经历过布局调整的学生普遍面临着新学校适应困难、同学融合困难、厌学、幸福感低等一系列问题。

从农村教师的视角出发，布局调整后教师的工作环境，如教学条件、学校教育质量、管理水平、信息获取便利度等提高较明显，但是，教师的生活便利度提高不明显，教师的工作强度大大增加。对于亲历布局调整的教师来说，布局调整的效果是利弊兼有。仅近 1/3 的教师认为布局调整“利大于弊”，绝大部分教师对布局调整效果持保留态度，布局调整的积极效果并没有得到教师们的广泛认同。

在变迁社会中，人口流动、城镇化发展、不同教育发展模式及学校发展价值取向的差异性导致学校布局调整具有相当的不确定性和复杂性，政策制定者应秉持审慎的态度予以深刻反思。家长、学生、教师等利益相关者对布局调整效果评价的差异性也表明，布局调整中应该关注利益相关者中的“弱势群体”，实施差异化政策，体现纵向公平原则。

二、政策建议

从本质上说，公共政策是政府对社会公共利益进行的权威性分配，其根本目标是促进公共利益的最大化。因此，学校布局调整政策在多大程度上令民众满意是评判政策优劣的根本标准。分析结果表明，存在一定比例的家长、教师等利益相关者对布局调整政策不满意。在此问题上，我们不能以“少数服从多数”的原则简单地处理学校撤并满意度的问题，不能以绝大多数人的意见为借口而牺牲少数人的利益。在学校撤并之前，一部分社会弱势群体的子女也许以较低的教育成本、就近即可入学，但学校撤并打破了他们的这种教育均势，他们不得不“被迫”选择到其他学校就读，使他们的教育利益蒙受损害。对于他们而言，应遵循“无正当补偿便不能被剥夺”的原则，不能因学校撤并使他们的利益遭到伤害，而应当对他们蒙受的损失给予合理的补偿。

（一）构建以政府为主的利益补偿机制

建立学校布局调整后利益受损者的补偿机制，必须确认补偿的责任主体及承担责任的具体内容。根据法律规定，义务教育是一种普及的、强制的、免费的教育，平等接受义务教育是每个儿童的权利，如果因国家政策的实施而导致这种权利受到伤害，政府必须负起首要的责任。所以，政府对布局调整中利益受损者的补偿负有法律责任，是农村家庭利益补偿的主要责任承担者。中央和地方政府应该共同承担起责任，尤其是中央政府应承担主要责任。并且要以法律制度形式规定各级政府在对利益受损者补偿中的权力和责任，哪一级政府负有什么样的责任应该有明确规定。

（二）建立利益受损者的利益表达机制

家长拥有教育子女的权利，家长的这种权利是不容忽视的，不可随意被剥夺。从法律层面看，父母有权知道学校怎样教育他们的子女；父母必须知悉学校的政策并可能施以适当的影响或支援，采取合理步骤保护子女的教育权利不受任何人剥夺侵犯，甚至监察学校的运作和教学，以确定责任承担；成立合法的家长组织，参与学校决策。① 但是在学校布局调整政策实施过程中，家长的这种权利被弱化，尤其是农村家长。究其原因，在于农民对其子女教育利益维护能力上的弱势，他们缺少制度化的利益表达渠道。

学校撤并对农民利益影响深远，有必要建立完善的农民利益表达机制。在具体做法上，可以考虑以下三种措施。第一，建立公开畅通的信息传递渠道。要保证政府部门发布的信息，能及时、准确地让广大农民群众了解、知情。同时，要保证农民群众能够顺畅地向有关部门就布局调整问题进行询问和进一步了解。第

① 郑燕祥、谭伟明、张永明：《整全性家庭与学校合作的理念》，载《亚洲辅导学报》1996 年第 4 期。

二，要提高和拓宽农民参与决策的程度和机会。农民不仅要了解政策，还应参与和影响政策的实施，公平地享有与政府的对话权，尤其是偏远地区的农民更应参与其中。第三，以农村社区为依托，建立利益受损群体的利益表达机制。建立利益受损群体的利益表达机制，有必要借助一定的组织形式，因为单个的个体诉求无法形成强大的力量，可以是现有的以地缘划分的农村社区或是其他非正式的公益性组织。转变村委会的职能，重视其对广大农民的责任，使村委会成为农民利益表达的重要载体。此外，在利益表达机制尚不健全的现阶段，需要借助大众传媒中介的力量，发挥公共舆论监督作用。

（三）建立多样化的补贴制度

学校布局调整政策的实施加重了那些因学校撤并而不得不转学的家庭的教育负担。探讨建立对利益受损者的补偿策略，其核心的措施就是补偿家庭经济损失，建立多样化的补贴制度。

1. 多元化的寄宿生补贴

学校撤并导致农村孩子在校寄宿比例增加，在寄宿孩子群体中，近八成家庭年收入在一万元以下，而由寄宿产生的包括住宿费、伙食费、交通费等费用一年需要几千元，这对于年收入一万元以下的家庭来说负担异常沉重。义务教育作为纯公共产品，由财政补助寄宿生的生活费用是学生公平接受义务教育的保障。目前，国家已经实施了农村贫困寄宿生的生活补贴，一定程度上缓解了贫困家庭的经济困难，但是其补助的范围和额度都非常有限，还存在很大一部分因布局调整而寄宿的学生得不到补贴。随着义务教育新机制在农村的全面推进，应该进一步加大对农村寄宿生的补助力度。

在补贴措施上，可借鉴澳大利亚对寄宿生的补贴政策。澳大利亚出台了专门对农村寄宿制学生的补贴政策，采取直接补贴和间接补贴等多种方式，直接补贴形式包括："基本寄宿补贴"、"额外寄宿补贴"、"学生离家寄宿上学补贴"和"学生交通补贴"；间接补贴形式有"第二家庭补贴"和"远程教育补贴"。① 建议由家庭和政府共同承担寄宿生新增的教育成本，可根据情况的差异性，设立多元化的补偿标准：一是对因学校布局调整而寄宿的所有学生，应根据当地的消费水平，给予"基本寄宿补贴"，以保证所有的孩子不会因为寄宿而失去教育机会；二是对于经济特别困难或是地理位置特别偏远的家庭给予"额外的寄宿补贴"，如规定家校距离超过7.5公里以上的孩子即能享受到"额外寄宿补贴"；三是对

① 卢海弘、史春梦：《农村寄宿生补贴政策比较研究——以澳大利亚等国为例》，载《教育发展研究》2008年第19期。

于经济贫困地区的所有学生实施营养补助，按照当地消费水平给予学生相应的营养专项补助。当然，应对何为经济困难制定明确的标准。此外，对于补助发放的形式，应该根据专款专用的方式直接拨付到学生餐卡上。

2. 家长租房陪读补贴

据前文的调查显示，经历过布局调整的家庭，家长陪读大部分属于“被迫性陪读”，由家长陪读每年增加的额外支出超过了 3 000 元。且义务段现有的陪读群体中，大部分是农村、山区家庭，他们在经济上处于弱势地位，之所以选择高昂的陪读，完全是一种无奈的选择。这种由于学校布局调整而催生的家长陪读现象越来越多，成为一种不可忽视的群体，应引起社会和政府高度的关注。可以考虑根据家校距离和家庭经济状况，给予家长陪读群体一定的补偿。如澳大利亚“第二家庭补贴”就是类似于家长租房陪读的补贴，其补贴额度基本等同于“基础寄宿补贴”。对于学生因住宿需家长陪读而产生的经济负担，美国政府也制定法律予以补助。

3. 交通补贴与安全保障

学校布局调整后，交通费用成为了非寄宿孩子上学的一笔开销，对于学校寄宿的孩子来说也是一笔不小的支出。对于学校撤并后不能就近入学的儿童来说，政府应着实考虑解决孩子上学的交通问题，或进行交通补贴或由财政负担为学生提供校车服务。据前文数据显示，布局调整后，各学段孩子的家校距离都超过了 2.5 公里，单程的交通费用都在 2 元以上。对于义务段的学生来说，属于远距离上学。政府有必要为这部分利益受损孩子的上学费用买单。根据家校距离的不同，制定交通补贴细则，提供不同的补助标准。比如对于家校距离以 2.5 公里、2.5 ~5 公里、5 公里以上作为分类标准，给予不同的补贴。

出于学生上下学途中安全的考虑，应该将农村校车纳入国家发展战略，加大政府对实施校车的统筹力度，探索专业化的校车制度，实施“农村校车发展工程”。推行校车是政府补偿布局调整中利益受损者的必然选择。[①] 校车支出由财政负担，学生免费乘车。美国是对学校合并后孩子的交通问题解决比较完善和彻底的国家，政府通过立法建立起公共交通服务体系，具体做法是，由州政府安排交通车，或由学生家长自己安排交通车，费用由州政府承担。[②]

4. 因地制宜地改善学生的营养状况

义务教育阶段的孩子正处于身体发育期，如果长期营养不良不仅会影响孩子的健康成长，而且会影响孩子的学习。政府应该加强对农村学生的营养补贴，鼓

---

① 雷万鹏、徐璐：《农村校车发展中的政府责任——以义务教育学校布局调整为背景》，载《中国教育学刊》2011 年第 1 期。

② Robert L. Leight. Country School Mermorie. Westport：Greenwood Press，No. 8，1999.

励学校根据实际情况因地制宜地改善学生的营养状况。借鉴有些地方已经采用的有效经验，如武汉市江夏区巧用布局调整后产生的闲置校产，将闲置学校变成寄宿制学校的学农基地，成为改善学生营养的“菜篮子”。据统计，全区共有12所寄宿制学校利用闲置校园或争取原教育用地10公顷，建成蔬菜基地，既保证了空闲校园资产保值，不流失，同时又保证了学生一年四季吃上新鲜蔬菜，降低了成本，提高了学生的生活质量。[①] 还有地区利用勤工俭学基地，用学生自己的劳动成果改善学生的生活。这些做法都值得借鉴，政府部门可以在总结各地实践经验的基础上，吸取其精髓加以推广。

（四）改善学生学校适应性

鉴于学生认知能力发展的阶段性，本次调研主要以4～8年级的学生为主，如果加上低年级以及入学时间在布局调整之后的学生，受布局调整影响的学生范围将会大增，学生在新校的适应问题会更加突出。布局调整不应只注重“调整”，更应注重调整后的新校建设。鉴此，地方政府应为新校配备适当的生活老师及保育员，加强食堂和宿舍建设，为学生提供良好的食宿环境；新学校应加强学校日常管理、丰富课余生活、开展心理辅导、加强家校联系，给予学生更多的关爱和帮助，消除这些学生的不适应感，增强学生和家长对新学校的认同感。

新一轮农村学校布局调整的过程，也是农村学校向乡镇地区、县市地区集中的过程。在这一过程中，无论是处于优势地位的县镇学校的学生，还是处于弱势地位的农村学生，都面临着因城乡之间文化差异而引起的冲突问题。布局调整政策引起的城乡学生融合问题对城乡教育一体化发展来说既是挑战，也是契机。新学校要充分利用这一机遇，通过营造宽容、尊重的氛围、组织城乡文化交流活动、开发体现城乡文化特点的校本课程等途径，促进城乡学生互相学习，共同发展。

（五）完善学校布局调整决策机制

1. 将学校布局调整纳入法律保障范畴

建立《学校布局调整法》，对学校撤并程序给予严格的法律规定。从国际视野看，欧美等国对学校撤并程序有严格的法律规定。比如：美国芝加哥市、[②] 加

① 程墨：《闲置校产首先应姓“教”》，载《中国教育报》2011年11月9日。

② Chicago Public Schools Policy Manual. Closing of Schools, http://policy.cps.k12.il.us/Policies.aspx, 2007-5-23.

利福尼亚州[1]的《公立学校政策指南》，加拿大安大略省颁布的《学校关闭指导方针》等政策法规，都对学校撤并程序、撤并步骤做出了明确规定。在这些法律规定中，各主体的参与是其最核心内容之一。

2. 制定严格的参与标准

学校撤并决策过程中，建立广泛吸纳各方利益代表的学校布局调整委员会，共同讨论制定学校撤并标准，教师、普通家长和村民应当有平等的参与权和表达权。公众参与的方式包括听证会、网上留言、服务热线、直接参与会议决策等多种途径。并将主体的各项参与指数纳入政策效果的考评体系中，以此保障政策程序的公开性与公平性。

3. 制定学校撤并决策的纠偏机制

学校撤并决策若受到教师、社区成员、家长代表的广泛质疑，应提供有效渠道进行行政申诉。例如，加拿大安大略省2005年颁布的《学校关闭指导方针》规定，只要有50名家长联名或50%的家长提出申诉要求，教育部就要安排第三方独立调查，对学区学校撤并决议过程进行审查，以认定其是否符合教育部指导方针的要求。[2] 这为学校布局调整政策过程提供了有力参照。在学校撤并决策中，应该照顾到各主体的需求，减小政策的负面影响，减少政策的阻力，增强政策的科学性。

4. 制定有效的配套措施

撤并学校涉及一整套制度变革，决策者必须要考虑到学校撤并前、撤并中及撤并后各种可能出现的问题和困难，并针对这些问题采取有效的解决方案。学校撤并的配套措施包括：教师分流或转岗政策、教师周转房（公用住房）配备、学生安置与分流措施、学生交通安全保障、免费校车供给、寄宿生生活补助政策以及闲置校产处置方案等。

---

① Closing a School Best Practices Guide. California Department of Education, http://www.cde.ca.gov/index.asp, 2008 - 5.

② E. Fredua - Kwarteng. School Closures in Ontario: Who has the Final Say? . Journal of Educational Administration and Policy, No. 19, 2005.

第三编

国际比较

第八章

印度义务教育学校布局调整研究

1947 年 8 月 15 日，印度脱离英国近 200 年的殖民统治，宣布独立。1950 年 1 月 26 日，印度共和国成立。同年同月颁布的宪法规定：“国家应努力在本宪法生效起 10 年内向所有儿童提供免费义务教育，[①] 直到他们年满 14 岁为止。”宪法文中的“国家”指印度政府和国会，各邦政府和议会以及其下的各级地方政府。[②] 自此之后，为实现普及义务教育的目标而筹谋科学合理的学校布局便成为印度各级政府关注的主要政策议题。

第一节　印度义务教育学校布局调整的历程与特点

一个国家或地区的学校布局调整指按有关的标准增添或削减学校来改变学校的空间分布结构，使之有助于实现国家教育发展政策所确定的目标，亦称学校定

① 本章主要讨论印度独立后的农村义务教育学校布局调整。印度的义务教育属于初等教育层次，对象为 6 ~ 14 岁的儿童，义务教育学校大致分为两类：一是正规小学，按其设立形式可分为 1 ~ 5 年级的初小、6 ~ 8 年级的高小、1 ~ 8 年级的完小；二是非正规教育中心，20 世纪 80 年代以来印度政府将其与正规小学并列纳入现行学制。因此，印度教育政策文本所涉普及初等教育（universalization of elementary education，UEE）即指义务教育。另外，一般认为，现代意义的印度学校教育制度奠基于 1854 年由英国国务大臣查尔斯·伍德向英国东印度公司董事会提出的《教育急件》（*Wood's Despatch on Education*）。

② UNESCO - IBE. India：World Data on Education，Sixth Edition，http：//www.ibe.unesco.org/fileadmin/user_upload/archive/Countries/WDE/2006/ASIA_and_the_PACIFIC/India/India.pdf，2006 - 07.

位计划。从独立之日起到现在，印度农村义务教育学校布局调整从未间断，并在这一长期过程中体现出打上“印度制造”标识的一些特点。

一、基本历程

独立后，为了普及义务教育，印度不断依据国内国际形势变化，审时度势地提出改革和发展义务教育的政策，这些政策或直接或间接地影响到农村义务教育学校的布局调整。本章着重介绍印度独立后，60 余年间印度农村义务教育学校布局调整的变迁过程。

（一）20 世纪 50～60 年代：确定农村义务教育学校布局政策

1947 年，独立之初的印度从英国殖民者那里继承的是一份极为微薄的学校教育遗产。针对印度初等教育凋敝破败的景象，有位日本教育学者评论：“尽管印度有将近 93 年近代教育制度的历史，可在教育上毫无建树。6～11 岁儿童就学率不过 30%，国民文盲率高达 85%，这一事实表明，印度人的教育完全遭到了忽视。”①

1950～1951 年，印度初小总数为 209 671 所，高小总数为 13 596 所。这些学校大多集中在城市，而在人口占 80% 多的农村地区（当时总人口为 3.6 亿人，农村人口近 3 亿人），初小七零八落，高小近乎空白。②

从 1957 年起，政府着手开展全印教育调查。独立后，印度行政区划一般分为邦、县、乡（市）、村（镇）四级。然而，在全印度关于农村义务教育学校的分布及其覆盖面的调查中是以村中的居民点（habitation）为基本单元的。这是因为印度的行政村往往由数量不等的居民点构成，而村中有不少居民点规模较小，相隔较远，多为“表列种姓”或“表列部落”（scheduled caste，SC or scheduled tribes，ST）等社会弱势群体，这些行政村是初等教育最落后的地方。

有关学校布局的政策，最早可见于由国家教育主管部门 1960 年提交的《全印教育调查报告》，规定了义务教育学校布局指导原则：其一，500 人或以上的居民点，应建立一所小学；其二，300～499 人的居民点，要附加设校的距离标准，即若居民点附近没有小学，则每半英里（约 800 米）的范围内应建立一所学校。

① ［日］冲原丰：《世界的教育》，福村出版社 1977 年版，第 176 页。

② 张莞洺、刘文：《日本与印度实现教育公平的制度设计》，载《吉首大学学报（社会科学版）》2012 年第 6 期。

1967 年，第二次《全印教育调查报告》提出了更为具体的学校布局方案，强调为了切实保障农村适龄儿童平等的入学机会，每一个居民点必须确保有一所初小为其提供服务，该初小或建在居民点内或建在走读 1 公里范围之内；方圆 3 公里内应建一所高小。该报告亦明确划分了中央政府与邦政府在学校布局相关事宜方面的决策权限，并认为《全印教育调查报告》的目的是形成选点建校的基本方针，而不关心一个学校应有多少个班级、应有多大的学校规模或班级规模等问题。诸如此类的决策应由邦政府负责，而中央政府只把握如何选点建校以方便适龄儿童入学的基本决策。

（二）20 世纪 70～80 年代：在农村落后地区兴办非正规教育中心

在国家义务教育学校布局方针的指引下，印度在农村积极地兴办初小和高小。1965～1973 年，全国农村有初小的居民点的比例从 38% 增加到 44%，家校距离 1 公里的初小网络则覆盖了 75.6% 的居民点，极大地缓解了农村儿童入学难的问题。然而，在经济、文化落后的偏远地区，由于经济、社会、自然条件等诸多因素的限制，难以及时建立正规小学。例如，直到 1993 年，北方邦农村地区有小学的居民点也仅占 29%。[①] 因此，如何为农村落后地区无学可上的儿童提供教育机会便成为印度教育决策者的重要议题。

1974 年，印度中央教育咨询委员会首次提出实施大规模的非正规教育规划。1977 年，计划委员会工作组曾针对 4 500 多万失学儿童的状况，[②] 倡议实行非正规教育。1979～1980 年度便开始在 9 个邦内实行“非正规教育计划”。[③]

在初等教育层次，实施非正规教育的机构主要是非正规教育中心（non-formal education centers）。教育对象是因各种原因未能上正规小学的 6～14 岁农村（特别是落后地区）儿童，其学习时间和进度相对灵活。该中心主要由民间机构和村潘查雅特（印度农村的村级自治组织）创办。

发展非正规教育对印度普及义务教育有多方面的意义。仅就农村义务教育学校布局而言，非正规教育中心比正规小学更能因地制宜地快速兴办，在很大程度上缓解了农村落后地区教育供给不足的矛盾，也为无学上的儿童提供了接受义务教育的途径。

---

① Anjini Kochar. Can Schooling Policies Affect Inequality? . An Empirical Evaluation of School Location Policies in India.

② 其中，近 3 700 多万失学儿童集中在教育相对落后的 9 个邦：安得拉邦、阿萨姆邦、比哈尔邦、北方邦、中央邦、查谟与克什米尔邦、拉贾斯坦邦、西孟加拉邦、奥里萨邦。

③ 王晓杰：《试析印度政府对弱势群体义务教育的管理》，http：//www.studa.net/Education/120923/09290590.html。

20 世纪 80 年代，在“教育落后邦”的农村地区，非正规教育中心从星星之火化为燎原之势。1986 年，印度农村的非正规教育中心有 243 180 个，其中，初小中心 111 061 个，高小中心 6 640 个，在中心学习的儿童 3 394 670 人。①

1986 年，《国家教育政策》规定，在“各级教育的重组”的框架下，提出了完善非正规教育的主要任务：“要增强与扩大面向不能上全日制学校的辍学儿童、居民点无学校的儿童、童工和女童的非正规教育计划。”“要使用现代技术教具改进非正规教育中心的学习环境。要从当地选择有出色才能和奉献精神的男女青年作为教学人员，尤其要重视对他们的培训。要采取一切必要的措施确保可与正规教育比肩的非正规教育的质量。要建立相应的步骤形成有利于儿童从非正规教育体系转入正规教育体系的横向通道。”②

自 80 年代以来，政府将非正规教育中心与正规小学并列纳入国家现行学制，亦对非正规教育中心的经费资助做出了明确规定：男女共校的中心由中央政府和邦政府各分担经费的 50%；女校中心由中央政府承担 90%，邦政府承担 10%。这为 90 年代非正规教育中心的进一步扩展奠定了良好的基础。

（三）20 世纪 90 年代：农村学校布局调整的多元主体参与

独立后，印度教育行政体制是中央与各邦共同负责或各负其责的结合型，以分权为主，集权为辅。20 世纪 90 年代前，农村义务教育学校布局调整的参与主体主要是中央政府和邦政府，中央政府确定布局的家校距离基准，并根据《全印教育调查报告》所提供的数据提出全国性建校计划，如何落实计划和制定涉及学校布局的其他标准则由各邦政府负责。

从 90 年代初期起，在国际上“放松管制”的思潮影响下，印度教育强调权力下放。自 1994 年起实行教育分权改革的“县初等教育计划”后，义务教育学校布局工作主要由本县政府依据当地情况来具体规划。另外，印度还提倡借助社会力量办学，尤其是普及义务教育，某些地方的学校布局工作甚至由民间团体全盘掌控。

基于上述情况，印度农村义务教育学校布局往往成为多元参与主体分工协作的共同事业，参与主体包括各级政府、非政府组织、学校、社会各界代表、普通村民代表等。例如，拉贾斯坦邦（简称拉邦）从 1992 年开始推行旨在促进农村地区普及初等教育的“人民运动”项目，重视将学校布局过程与调动各种社会力量参与结合起来，特别是采取一系列措施来保证村民的知情权和参与权，从而使

① 赵中建等：《印度基础教育》，广东教育出版社 2007 年版，第 125 页。
② Ministry of Human Resource Development. National Policy On Education.

该地区的农村学校布局调整能顺应民心民情。1992～1997 年，拉邦完成了 3 512 个村落的学校布局调整，按因村制宜的建校标准设立了一大批初等教育机构。其中，新建小学 352 所，新设“教育工作者学校”435 个，新设“非正规教育中心”3 315 个，初小改为高小的学校 200 所；完善了原有的初等教育机构网络，较大幅度地提升了适龄儿童（尤其是女童）的就读率和巩固率；适龄儿童的失学率从 1993 年的 50% 降至 1997 年的 28%，其中，女童失学率由 62% 降至 37%。失学率下降的贡献主要归功于业已完成学校布局调整的农村地区。①

拉邦及其他地方的经验表明，借助各种社会力量调整农村学校布局，有助于形成分工协作的民主决策与施策机制，从而带来体现民意、适应村情的相对科学合理的学校布局。

（四）21 世纪：在全面普及初等教育的理念下完善农村学校网络

新旧世纪之交，印度已大致完成了按国定家校距离标准而进行的农村义务教育学校布局任务。2002 年的统计数据显示，全印度农村 826 000 个居民点中，服务半径 1 公里的初小已覆盖 95% 的人口，服务半径 3 公里的高小已覆盖 85% 的人口。② 至此，长期困扰印度的农村适龄儿童“无学可上”问题得到基本解决。

然而，“有学不上”的问题却日益凸显。2001 年，全印度 6～14 岁的学龄儿童共 2 亿人，但失学儿童（从不上学和辍学的儿童）竟高达 8 000 万人，初小净入学率仅 66%。③ 对印度 6～17 岁儿童失学原因的调查结果显示，上学路远的比例不过 4% 左右，与经济和办学质量有关的原因比例最高，各占 40% 左右。④

在此背景下，2001 年公布的印度“十五”计划（2002～2007 年）强调，今后要在五项指标的指导下推进初等教育：即 6～14 岁儿童入学机会、入学率、巩固率、合格率与教育公平（即缩小和消除上述四项标准在地区、性别、社会阶层之间的差距）。⑤ 在这个理念的指导下，从新世纪开始，规划农村义务教育学校布局时，不仅要在尚无学校的地方继续兴办可供适龄儿童就近入学的学校，而且要提高现存学校的质量，吸引适龄儿童去上学、上好学、合格地完成学业。

---

① R. Govinda. Reaching the Unreached Through Participatory Planning：School Mapping in Lok Jumbish. India，1999：117－128；另，拉邦设立的初等教育机构主要有三类：正规小学、非正规教育中心和教育工作者学校。这是拉邦为解决偏远农村缺师问题而独创的一种非正规学校形式，即培养当地青年人为教师并由他们开办各种因时因地制宜的学校，如“夜校”“庭院学校”“随到随上学校”。参见：Vimala Ramachandran & Harsh Sethi. Rajasthan Shiksha Karmi Project：An Overall Appraisal.

② Prem Kalra & Anupam Rastogi（eds）. India Infrastructure Report，2007：Rural Infrastructure.

③ Planning Commission. Government of India，Approach Paper To The Tenth Five Plan（2002－2007）.

④ Azim Premji Foundation. The Social Context of Elementary Education in Rural India.

⑤ Mhrd. Xith Plan Documenton Education.

始于2000年11月的SAA（Sarva Shiksha Abhiyan）计划体现出这一动态。该计划最先在东北地区的三个邦（阿萨姆邦、米佐拉姆邦和那加邦）试点，其目标是在2010年前保障所有6~14岁儿童都能完成8年的学校教育。后来，凡是有助于实现国家普及初等教育发展目标的各种计划和项目全都纳入SAA名下，①SAA成为普及初等教育的代名词。用印度官方的话说，SAA集各种实施计划的努力和经验之大成。虽然隶属其中的每项具体计划各有侧重，但它们历来都被看作是一个囊括普及初等教育各个方面的一揽子计划。②

2000~2010年，SAA取得了如下成就：开设新校309 727所、修建新校舍254 935个、添建教室1 166 868间、修建校内厕所347 857间、聘用教师110多万名、培训教师140多万名、为870万名学生提供免费课本。通过SAA的有效干预措施，失学儿童由2005年的1 346万名减至为2010年的815万名。③

研究印度农村义务教育学校布局的学者一致认为：在合适的地点兴办学校是普及初等教育的必要前提，但不是充分条件。④ 而SAA的实践则表明，兴办学校的同时，办好学校才能较为有效地解决适龄儿童的失学问题。

二、主要特点

（一）坚持就近入学的原则

印度自独立后的学校布局调整“国策”聚焦在方便适龄儿童入学的家校距离上。1967年规定的“初小建立在家校距离1公里范围之内，高小建立在3公里之内”至今仍作为各地学校布局调整不可动摇的基准。在这一基准下，各地还可以依据本地的地理、气候等自然条件，进一步缩短国定的家校距离，尽量做到方便儿童就近走读。例如，前文所涉的拉邦制定了如下因村制宜的兴校标准。（1）在村庄人口规模150人的普通地区，学龄儿童达到45人可建立一所正规小学或其他初等教育机构。（2）在人口规模150人的山区或沙漠地区，学龄儿童达到40人时可建立一所正规小学或其他初等教育机构。（3）在人口规模100~150人的村庄，学龄儿童30人以上即可设“教育工作者学校”。在

---

① 包括2000年之前的重要计划，如，“操作黑板计划（1985）”“非正规教育计划（1986）”“县初等教育计划（1994）”“学校午餐计划（1995）”等。

② Mhrd. Xith Plan Documenton Education.

③ MHRD. OutcomeBudget.

④ R. Govinda. Reaching the Unreached Through Participatory Planning: School Mapping in Lok Jumbish, India.

已有小学或无小学的村庄，招生规模达到15个学生即可设立非正规教育中心。(4) 如果学生少于15人，邻近的两个居民点可试办两个非正规教育中心，轮流上课，每个中心点每周负责连续三整天的教学工作。(5) 游牧部落或偏远居民点贫苦家庭的男孩，上学所需的食宿费用全免。(6) 在至少有15名适龄女童的村庄，且该村有符合“教育工作者”资格的妇女，可设立教育工作者“庭院学校”。①

（二）确立刚柔并济的决策机制

自20世纪90年代以来，印度大力推行教育分权化改革，强调民众参与式的教育管理。但值得注意的是，印度的教育分权化改革是中央与地方刚柔并济的决策机制，即在统一规范下的分权，而不是放任地方自行其是。所谓“刚”是指中央确定某些规范或政策统管全国，各地不得违反；所谓“柔”是指各地亦可根据本地情况做出具体决策的权限。

就学校布局调整而言，中央确定的家校距离标准，是要统一遵守的“刚”，而学校规模、班级规模、办学形式或者小于国定家校距离等则由各地自定，是可因地制宜的“柔”。在这种刚柔并济的决策框架下，调动各种社会力量参与布局调整的进程。

由于多种因素的综合作用，独立后的印度农村学校布局调整时快时慢，但总体上，不得人心而被人诟病的弊端很少，这在很大程度上有赖于这种刚柔并济的印度式决策机制。

（三）建立全面可靠的信息系统

印度普及义务教育的过程中，有一个值得借鉴的地方：先通过全国性的调查来收集和分析数据，在心中有数的基础上再提出相应的发展规划或决策。当然，在信息通信技术不发达的时代，这样的调查耗时费力，获得的数据也难保信度和效度。如前文提到的头两次《全印教育调查报告》，采集原始资料的周期约为2~3年。

1994~1995年，印度人力资源开发部委托国立教育规划与管理大学（当时

① 拉邦的初等教育机构主要有三类：正规小学、非正规教育中心和教育工作者学校（这是拉邦为解决偏远农村师资短缺问题而独创的一种学校形式，即培养当地青年人为教师并由他们开办各种因时因地制宜的学校，如“夜校”“露天学校”“随到随上学校”等）。另外，拉邦是印度地广人稀的邦（该邦面积占印度总面积的1/10，而人口却不到印度总人口的5/100），因此许多所谓的“村”包含了不少相隔甚远且人数不多的居民点，参见：Vimala Ramachandran & Harsh Sethi. Rajasthan Shiksha Karmi Project: An Overal Appraisal。

名为“国立教育规划与管理学院”）建立了专门提供反映全国初等教育发展信息的“县教育信息系统”（district information system for education，DISE）。这个系统可谓全面、及时、规范、先进、可靠。

“全面”表现在收集了全国村、乡、县、邦级被认可的所有初小与高小的历史和现状的综合资料，包括学校地点、学校校舍、校内设施、教师配置、教学语言、残疾学生、考试成绩等，每年公布 8 大类关于初等教育的描述统计资料。

“及时”表现在不到 1 年即可提供反映全国总体情况的有关资料，“印度初等教育年度报告”成为名副其实地反映实时现状的“年度报告”（如：“Elementary Education in Rural India：Where Do We Stand?”）。

“规范”表现在用通用的口径来收集和分析有关资料，对村、乡、县、邦都制定了相应的统一的“抽样框”（data capture formats，DCFs）。

“先进”表现在资料的收集、分析、传播等全部电子化，只要用计算机上网，用户不仅可查阅所有资料，而且可以把自己了解的情况随时补充进去。

“可靠”表现在自下而上（村—乡—县—邦）的信息收集流程，并有专门的独立机构核实资料来源的真实性、资料收集与分析手段的恰当性。①

目前，该系统在对初等教育的动态监测、质量保障、科学决策上发挥着主要作用。DISE 虽然不是农村义务教育学校布局的专门信息系统，但它提供的数据一应俱全且一目了然，成为研究者和决策者的可靠来源。

（四）形成相互配合的政策体系

从印度的经验看，按就近入学原则进行农村学校的布局调整，可消除儿童入学的空间距离障碍，有助于提高入学率，但不能消除因社会、经济、文化等因素产生的入学距离障碍，难以降低失学率。因此，为了完成政府提出的全面普及义务教育的任务，不但要有指导解决距离障碍的空间布局政策，还要有指导解决其他社会障碍的各项政策，使之成为相互配合的完整的政策体系。

始于 2000 年的“SAA”则是这种政策体系的雏形，它在降低失学率方面取得了成就。从“‘十五’计划”“‘十一五’计划”所确定的初等教育发展目标看，印度今后将继续实行并完善相互配套的政策体系（见表 8 - 1 及表 8 - 2）。

① DISE. DISE - Flier.

表8－1　　印度“十五”计划（2002～2007年）中普及初等教育的目标

1. 入学机会

所有儿童（指6～11岁和11～14岁两个年龄组）应该分别获得进入走读距离1公里范围内初小和走读距离3公里范围内高小的机会。

所有3～6岁的儿童可获得进入幼教中心（ECCE centres）的机会。

按需扩建，尤其为弱势群体扩建高小设施。每2所初小应有1所高小。

所有学校都应有校舍、厕所、饮用水、操场、黑板、通电网路及其他基础设施。

在初小阶段每个教室配备一名教师。

2. 入学率

到2003年所有儿童都在学校注册。

到2007年所有儿童完成5年初小学业。

3. 巩固率

到2007年实现初小巩固率普及。

到2007年高小辍学率减至10%以下。

4. 合格率

全面提高教育质量（内容与过程）以确保所有儿童在初等教育阶段获得合理的学习成果，尤其是在读写算和生活技能方面。

5. 教育公平

到2007年弥合初小阶段入学率、巩固率和学业成绩上的所有性别与社会差距；到2007年高小阶段的有关差距降至5%以下。要对包括女童在内的表列种族/部落的儿童、做工儿童、特殊需要儿童、城市贫困儿童、少数民族儿童、贫困线下的儿童、移居儿童和流浪儿童采取特殊的干预措施与策略。

资料来源：Department of Elementary and Literacy & Ministry of Human Resources Development & Government of India. Education for All：National Plan of Action，2002.

表8－2　　印度“十一五”计划（2007～2012年）中初等教育发展的目标

6～14岁年龄组儿童的入学率

提高教育质量与水准，最终目标是达到全国中等教育委员会确定的中学入学标准。

到2011～2012年消除入学率中的所有性别、社会与地区差距。

儿童入小学前接受1年的学前教育。

到2011～2012年消除初小阶段的辍学现象，初等教育的辍学率由50%降至20%。

到2008～2009年所有初等教育机构实行学校午餐计划。

到2011～2012年所有高小采用信息通信技术。

全面改善学习条件，强调学习读写算基础技能。

所有教育保证中心（非正规初等教育机构）转换为正式小学。

续表

所有邦或中央自治区采纳国家教育研究与培训委员会的质量监测工具。
加强乡村教育与培训中心（主要从事乡村教师培训和进修的活动—译者注）的建设：每10所学校有一处村盟教育与培训中心，每个乡有5名教学指导教师。

资料来源：Xith Plan Document on Education, http: //mhrd. gov. in/sites/upload_files/mhrd/files/XIPlandocument_1. pdf.

第二节　印度义务教育学校布局调整的现状与问题

一、印度义务教育学校布局调整的现状

印度独立后70余年来的农村义务教育学校的布局调整，既取得了令人瞩目的成绩，也引发了令人担忧的问题。印度着眼于按就近方便入学原则而进行的农村义务教育学校布局调整，虽至今未全面实现预期目标，但至少取得了以下值得认可的成绩。

（一）促进了教育公平

当前，在印度广大农村地区已建立起星罗棋布的义务教育学校，这个学校网络足以覆盖几乎所有居民点，使偏远落后的弱势群体聚居的居民点的孩子都可就近入学，大大提高了农村适龄儿童的入学率，并为缩小义务教育的城乡差距、性别差距、社会阶层差距营造了良好的环境。

（二）提升了全体国民的文化素质

识字率往往成为衡量一个国家国民文化素质的重要指标，普及义务教育一项主要任务就是使新一代国民具有读写算的基本能力。通过在农村广设义务教育学校，印度千千万万祖上目不识丁的贫困家庭子女都成为甩掉文盲帽子的“第一代学习者”。如图8－1所示，1991～2001年的10年间，印度国民的识字率从52.21%提高到65.40%，净增长13.17个百分点。学术界将其归功于初小与高小学校数量的快速增长。如果按照这10年的速度增长，大约再过30年，印度就会

成为零文盲的国家。①

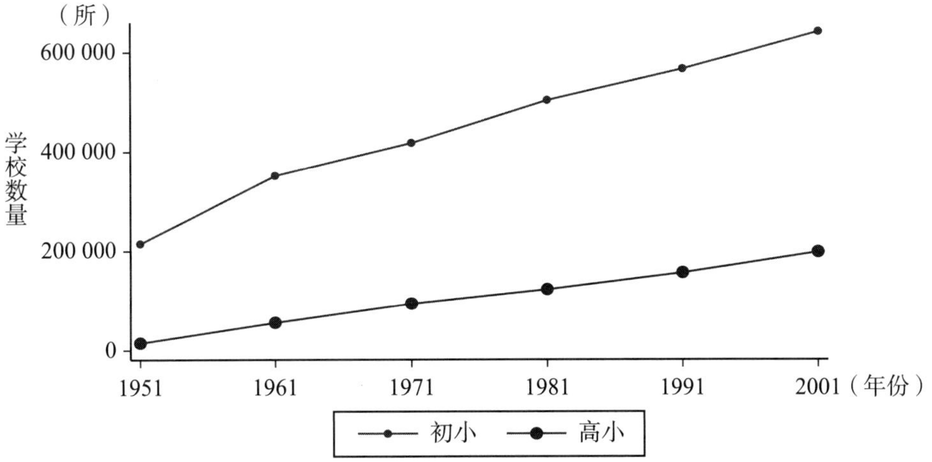

图 8-1　印度人口识字率和小学学校规模的历时变化趋势（1951~2001 年）

注：初小：1~5 年级；高小：6~8 年级。

资料来源：MHRD. Education for Alt. National Plan of Action，India，2002，http：//mhrd.gov. in。

（三）减轻了贫困家庭的经济负担

印度《宪法》规定要实行免费的义务教育。在义务教育阶段，公立学校由政府出资兴建，不仅免除学生学费，贫困家庭的子女还享受免费的午餐、课本、文具、校服等。这样，贫困家庭在子女上学期间，可以节省大部分日常生活费用。另外，就近入学还可以减少上学的“机会成本”或“非直接成本”，即可利用节省的上学往返的时间来帮助家里看护弟妹、做家务、干农活等，同时也没有交通、住宿等额外费用，这也降低了远距离上学可能给孩子（尤其是低龄儿童）带来的安全隐患或不便。

调查显示，“机会成本”是影响农村贫困家庭做出送孩子上学决定的最重要的经济因素之一。1991 年，近 1.1 亿 6~14 岁的失学儿童中，绝大多数都因要帮家里干活而不上学或辍学。② 当然，在减少农村儿童上学的“机会成本”上，印度也有不少值得尝试的做法，如根据农闲和农忙灵活地安排上课时间、开展干活与学习两不误的教学活动等，“就近入学”无疑起着长效的基本作用。

---

① Prem Kalra & Anupam Rastogi（eds）. India Infrastructure Report，2007：Rural Infrastructure.

② Azim Premji Foundation. The Social Context of Elementary Education in Rural India.

各国进行的学校布局调整一般都有两个主要目的：一是促进教育机会平等，“为不同地区的学生提供平等的教育机会和教学条件”；二是提高教育投资效益，“考虑如何更有效地利用人力和物力资源”。[①] 印度侧重“就近入学”的学校布局虽有促进教育机会平等的一面，但却给提高教育投资效益和教学质量带来了负面影响，也隐含着有碍实现社会公平的问题。

二、印度义务教育布局调整的问题

（一）办学的投资效益较低

很多印度农村居民点住户少且相隔远。因此，若按“就近入学”原则进行学校布局，易产生小规模学校。据 2005 年的统计，全印度农村中 78% 的小学学生人数在 100 人之内，35% 的小学不到 50 人。[②]

学校规模与经济效率关系的研究表明，由于学校资源（校舍、教室、操场、图书馆、实验室等）运用的整体性与不可分割性，小规模学校的生均成本高于大规模学校。[③] 印度农村公立学校与私立学校的经济效率比较研究表明，私立学校的生均成本仅为公立学校的一半，但学业成绩却高于公立学校。原因之一就是私立学校的规模较大，足以更有效率地运用各种学校资源。[④] 因此，就学校布局而言，“从学生入学的方便考虑，学校越分散越好；从提高投资效益看，学校应具有一定的规模”。[⑤] 印度农村小规模学校比例如此之高，显然降低了整体的投资效益。

（二）教学条件难以有效保障

印度官方对小学教学有如下规定：师生比 1∶40、教师对各年级的学生按年级课程授课等。除学校的硬件外，上述规定是教学条件上最基本的要求。印度大

---

① 丁廷森：《国际教育百科全书》（第八卷），贵州教育出版社 1990 年版，第 70 页。

② Prem Kalra & Anupam Rastogi（eds）. India Infrastructure Report，2007：Rural Infrastructure. 另，尽管各国或学者对小规模学校有不同的界定，但一般认为，学生少于 100 人的学校可看做小规模学校。（参见 Angela W. Little. Size Matters for EFA.）。

③ 叶运伟：《从学校运营规模谈学校整并——屏东小型学校合并计划为例》，载《现代教育论坛》2002 年第 11 期。

④ Rob French & Geeta Kingdon. The Relative Effectiveness of Private and Government Schools in Rural India：Evidence from ASER Data.

⑤ 石人炳：《国外关于学校布局调整的研究及启示》，载《比较教育研究》2004 年第 4 期。

多数农村小学规模小，执行这些规定难免顾此失彼。印度一般按学生规模配备教师，导致农村出现许多单师学校。

2005～2006 年，近一半的学校仅有 1～2 名教师，有 5 名或以上教师的学校占比仅为 25%。[①] 在这样的小规模学校，教师根本不可能做到按年级给学生授课，只有在一间教室内将各个年级的学生集中起来进行复式教学。因此，农村小学教师教学负担相当繁重，从而影响了他们的教学热情。

从学历构成看，印度农村小学教师质量高于许多发展中国家，高中以上学历占 80% 左右，大学本科或研究生学历占一半（见表 8－3）。[②] 然而，教师无故旷工的情形司空见惯，世界银行和哈佛大学 2003 年的联合调查表明，全印度公立小学教师的平均缺勤率为 25%，以农村地区为主的各邦均值高达 42%。制约教学质量的因素很多，教师一曝十寒地复式教学，无疑是其中最直接的因素。2005 年的一项调查显示，近 50% 的农村小学生在学校学习了 4～5 年，还不会最基本的读写算。[③]

表 8－3　　2003 年印度农村小学教师学历统计　　单位：%

学历水平	男性	女性
低于初中	3.10	3.90
初中	20.36	23.69
高中	24.69	25.95
大学本科	32.68	29.08
硕士研究生	15.32	14.26
博士研究生	0.21	0.23
其他	0.16	0.19

注：（1）6% 的学校没有回答调查问卷，两栏的合计不足 100%；（2）包括辅助教师。

资料来源：Prem Kalra & Anupam Rastogi（eds）. India Infrastructure Report，2007：Rural Infrastructure，2007：292.

（三）学校的分层与隔离

就近入学的学校布局政策虽有利于方便印度社会弱势群体入学、促进了教育公平，但也隐含着引发更深层次的社会不公平的问题。有学者以印度北

① Angela W. Little. Size Matters for EFA. 若在城乡差异的基础上，进一步考虑不同类型和级别的学校的影响，差异就更加显著。

②③ Prem Kalra & Anupam Rastogi（eds）. India Infrastructure Report，2007：Rural Infrastructure.

方邦为研究对象，考察了学校布局政策对社会公平带来的负面影响。印度农村的表列种姓或部落多散居于偏远且住户稀疏的居民点内，而印度农村的学校布局又以居民点为中心划分学区，由此产生了大批以表列种姓或部落学生为主体的学校。

2004年，设在所谓“表列种姓居民点”的学校，表列种姓的学生占学生总数的92%。由此可见，以社会阶层隔离为特征的印度农村居住模式在学校布局政策背景下产生了相应特征的学校，而这些学校几乎无一例外都是小规模学校，其校均规模仅90人左右。

印度北方邦农村地区大部分学校只有2名或更少的教师，将几个不同年级的学生集中起来进行复式教学成为常态，大多数弱势群体的子女接受的是难以保证教学质量的教育。其实，这种情形并非北方邦所独有，中央政府在农村推行同样的学校布局政策，而全印度各地农村大多是像北方邦那样的以种姓或部落隔离为特征的村民居住模式，学校分层现象普遍存在。①

综上所述，印度这种可提高社会弱势群体入学机会的就近设校布局模式，反而有碍于社会垂直流动，维持、复制，甚至强化了社会各群体之间的不平等关系。

（四）儿童有学不上

印度“就近方便设校”的农村义务教育学校布局调整，在很大程度上解决了农村适龄儿童“无学可上”的问题，但对“有学不上”的问题上却无能为力。世纪之交，印度农村已形成“村村有小学”的局面，初小男童的毛入学率超过100%，整个初等教育阶段的毛入学率也达到80%以上。然而，失学率（从不上学或中途退学）虽比从前有所降低但仍高居不下，高达53.7%。②

第三节　印度义务教育学校布局调整的启示

印度独立后70余年的农村义务教育学校布局调整中的正反经验，对我国农村义务教育学校布局调整有一定的参考和启示。

① Anjini Kochar. Can Schooling Policies Affect Inequality? . An Empirical Evaluation of School Location Policies in India, 2007: 10 - 13.

② Azim Premji Foundation. The Social Context of Elementary Education in Rural India, 2004: 5.

一、理清学校布局政策的适用范围

任何政策都有其具体的管辖和适用范围。就普及义务教育学校布局调整政策而言，构建适龄儿童有学可上和方便就学的学校网络是主要目标。前已提及，印度的学校布局政策可解决“无学可上或就近入学”的问题，但难以解决“有学不上”的问题。印度农村地区建立的小学网络已基本覆盖所有适龄儿童，但失学儿童数目仍然很多。2005 年，印度 6～13 岁的儿童超过 1.94 亿人，而 1.45 亿人住在农村，该年龄段的儿童失学率为 7%，约 1 350 万人，其中 87% 为农村儿童。[①]

从印度实施学校布局政策的进程与结果来看，分清该项政策的边界或其局限性至少对我们有两个方面的启示：一是要把该政策“势力范围”之内的事情抓紧抓好，即构建保证每一个适龄儿童有学可上和方便就学的学校网络；二是该政策核心之外的问题要有其他相应的配套政策。

其实，我国在开展新一轮农村学校布局调整之初，就已注意到这个问题。2001 年，《国务院关于基础教育改革与发展的决定》提道：“农村小学和教学点要在方便学生就近入学的前提下适当合并，在交通不便的地区仍需保留必要的教学点，防止因布局调整造成学生辍学。学校布局调整要与危房改造、规范学制、城镇化发展、移民搬迁等统筹规划。调整后的校舍等资产要保证用于发展教育事业。”

然而，10 余年来的农村学校布局调整，撤点并校在农村地区大范围展开。1997～2009 年间，平均每天有 64 所小学消失。[②] 部分地方连适龄儿童“有学可上”都难以保证，更不用说“统筹规划”了。过度撤并学校造成的辍学现象加剧、农村教育负担加重等负面效应，进一步引起了社会对农村教育发展的关注。

因此，我国布局调整要按中央的有关规定进行纠偏，在合理利用有限的教育资源过程中，平衡好效率和公平的关系。同时学校布局调整政策要发挥其应有的功能，也要有配套政策解决其局限性。

---

① Prem Kalra & Anupam Rastogi (eds). India Infrastructure Report, 2007: Rural Infrastructure.

② 腾讯网：《共和国辞典：撤点并校》，http://news.qq.com/zt2011/ghgcd/59.htm。

二、确立统筹全局的学校布局标准

印度中央政府制定的家校距离标准是统筹全局的明确标准。而我国中央政府关于农村布局政策多是原则性规定，如“因地制宜”“适当合并”“在……的前提下”等，不仅没有实际操作性，而且也为地方打着遵守原则的旗号而违反原则埋下了伏笔，“各行其是”可以说是“因地制宜”。

我国各地大刀阔斧地撤点并校，看似在坚定地执行中央的政策，但是，“真正的驱动力在于：搞‘撤点并校’，可以大幅度地减轻地方政府，尤其是县级政府的财政压力。”① 我国可以借鉴印度的做法，对家校距离做出明确的全国性规定，以此作为各地参照的准绳，防止各地出自私利地撤点并校。考虑到各地情况，这个标准并非完全不可触碰的“高压线”，但突破这个标准的地方必须符合交通、食宿等方面的条件。否则，所谓“撤点并校”只是使学生的就学地点“乾坤大挪移”，最终造成学生家校距离过远，过多的时间花在往返途中。

三、加强教育信息系统的建设

如前所述，为了更科学地普及义务教育，印度建立了专门的全国性初等教育信息系统。我国农村学校布局调整过程中违反中央原则性规定的撤点并校的情形频发，除了某些地方因公谋私外，或许也与我国尚无全面了解详情、动态监测、科学决策的信息系统有关。某些地方的决策者情况不明，心中无数，也只好随波逐流。建立科学的信息监测体系，在短期内有助于我国农村学校布局的真正因地制宜；长期内可促进义务教育从“有学上”到“上好学”的转变。建立全国性的、全方位的、多功能的信息系统是当前需花大力气做好的一项基本建设。技术层面上，可以确定信息系统的专门职能部门，统一采集信息的口径与程序，定期发布反映最新情况的年度报告，利用网络技术开拓人人可及的共享渠道和及时反馈的门户等。

四、妥善对待小规模学校

中小规模学校比重过大会对办学效益与质量产生负面影响，这也是各国学校

① 腾讯网：《共和国辞典：撤点并校》，http：//news. qq. com/zt2011/ghgcd/59. htm。

布局调整的动因之一。出于提高教育质量与投资效益的双重考虑，我国农村以小规模学校为主要对象的撤点并校有其合理性和必要性。

如前所述，印度“就近入学”的农村义务教育学校布局政策源源不断地催生了大量小规模学校，对教学质量、办学投资经济效益乃至社会公平都有不利影响。对此，有学者认为，布局调整既要保留方便就学的长处，又要提高办学效率，寻求平衡投资效益并体现社会公平。在印度较为可行的办法是将一个村各居民点的所有学校合并一处，并将节省下来的钱通过一种现金转移支付制度方式直接拨给有子女上学的表列种族或部落家庭。①

印度至今仍不考虑裁并小规模学校的态度虽有不足之处，但它把注意力集中于小规模学校内部建设的做法是值得借鉴的。印度主要抓两个重点，一是完善学校的基础设施，2005～2011年，没有校舍的小学比例从4%降至1.68%，有围墙的从50%增到51.55%，有公用厕所的从40%增到42.77%，有饮用水设施的从80%升到92.11%，接通电路的达到37.33%，有操场的达到53.37%，有图书借阅处的达到55.98%，有计算机的达到14.50%，接通全天候道路的达到92.76%；② 二是优化学校的教学过程，针对复试教学这一既定的教学环境调整课程设置；改进教学方法；培训教师掌握相关的技能。③

其实，加强学校的内部建设涉及每所学校，不仅仅是小规模学校的事情。中印两国普及义务教育发展到今天，都担负着促使“有学上”向“上好学”转变的历史使命。如果我国农村地区的撤点并校只是转移学生的就学地点而不进行内部建设或相应的善后处理，尽管学校规模大了，但也不会带来诸如优化教育资源配置、提高教学质量、缩小城乡教育差距等预期好处，甚至连适龄儿童“有学上”都难乎其难了。

有学者建议，“长期看来要对小规模学校的成本—收益进行评估以确定印度哪些学校需要撤销和保留，对保留的学校要给予长期的财政支持，改变农村地区学生的经济、社会的弱势地位；课程设置要适应偏远农村的实际情况，加强教师培训、促进社区居民与学校之间的相互联系等”。④ 这些当然也对我国在撤点并校中如何对待农村小规模学校有借鉴意义。

---

①③ Angela W.. Little. Size Matters for EFA.

② DISE. Elementary Education in Rural India：Where Do We Stand? 另，引用数据是全国性的数据，所谓“所有类型小学”包括初小、高小以及含初小与高小年级的一贯制小学和中学，也没有反映出进步程度的地域性差异，其实，以前学校基础设施最欠缺的地方进步幅度最大。

④ 赵丹、范先佐：《国外农村小规模学校研究综述》，载《外国教育研究》2012年第2期。

五、筹划普及义务教育的战略

印度现行方便就学的农村义务教育学校布局政策有两大局限性：一是小规模学校过多；二是无法解决失学率过高的问题。然而，从当前国情来看，不易变动这项政策，否则就会得不偿失。有鉴于此，印度教育决策者提出了全面普及初等教育的战略，把就近入学的学校布局政策作为其中有机的一环。

印度全面普及初等教育的战略奠基于1986年的《国家教育政策》，完善于20世纪90年代，逐步落实于21世纪，至今基本由下述三个方面构成。指导理念，即教育机会、入学率、巩固率、合格率的普及和教育公平5大方面。配套政策，不仅有着眼于“有学上”的学校布局政策，还要有着眼于“上好学”的各项政策。实施计划，旨在全面普及初等教育的中央或地方计划已数以千计，但名列榜首的当属包容性极大的SSA保障机制，印度已形成三大保障机制：一是法律保障，2009年印度颁布了专门的《儿童接受免费义务教育权利法》（*The Right of Children to Free and Compulsory Education Act*，*RTE*）；[①] 二是经费保障，SAA的实施都由中央政府与邦政府按明确规定的出资比例提供有关经费[②]；三是知情保障，前文所述“县初等教育信息系统”是一个有效的监测体系。

当然，中印两国义务教育发展水平不同，我国筹划普及义务教育大战略的具体内容不同，但印度大战略指导理念、配套政策、实施计划、保障机制的基本结构可以为我国教育决策者做顶层设计时提供借鉴。

---

① 对如何保障6~14岁的所有儿童接受初等教育的权利做出了较为全面和明确的规定，并根据该法修订了SAA的有关标准，其中包括教师与学生的比例、教师与教室的比例、教师任职资格、兴办学校、修建校舍等标准。

② 2010~2015年（2010年4月1日起执行），中央政府与邦或自治区政府（东北地区8个邦除外）的出资比例为65∶35，而对经济相对落后的东北地区8个邦其比例为90∶10。

第九章

日本义务教育学校布局调整研究

第一节 日本义务教育学校布局调整基本概况

一、义务教育学校布局标准

日本现行的义务教育学校布局标准是以二战后《学校教育法实施规则》和《国库负担义务教育学校设施费用相关法律实施令》为基础，根据各地具体情况进行调整和规划的。《学校教育法实施规则》对中小学校规模进行了法律规范：原则上控制在12~18个年级，但考虑到各地实际情况和一些特殊情形，亦可灵活处理。《国库负担义务教育学校设施费用相关法律实施令》对中小学就学距离做了法律规范：小学不得超过4公里，中学在6公里以内。另外，该法对学校撤并标准也进行了界定：对5个年级以下的小规模学校，按照12~18个年级的标准学校规模进行合并，调整后学校规模不得超过24个年级。如果合并后的学校规模仍达不到标准，文部科学大臣则可以根据办学成效、交通等实际情况，予以法律认可。

较之20世纪80年代的人口高峰期，近年来日本中小规模学校不断增加，大规模学校急速减少。根据日本文部科学省统计，1990~2008年的18年间，日本小学学校数从 24 827 所减少至 22 693 所，减幅约 8.6%；学龄儿童则由原来的 9 373 295 人减少至 7 132 874 人，减少了 23.9%；中学学校从 11 275 所减少至 10 955 所，降幅达 2.8%，适龄人口由原来的 5 369 162 人减至 3 614 552 人，减少了 32.7%。[①] 在少子化、学龄人口不断减少而小规模学校不断增加的情形下，日本义务教育学校布局标准有了重新调整的需求。

二、义务教育学校布局调整的基本历程

二战以后，日本在全国范围内先后进行了三次义务教育学校布局调整：第一次，20 世纪 50 年代的市町村合并时期进行的布局调整；第二次，20 世纪 70 年代经济高速增长时期，在环城市带“面包圈”形成的人口迁移格局下进行的布局调整；第三次，20 世纪 90 年代，在人口出生率下降导致的学龄人口减少的背景下撤并学校的布局调整。

日本的基础教育布局经过前三次的调整得到了一定的改进，但同时也存在人口出生率逐年下降、学龄人口数量锐减，以及教师队伍老龄化、学校建筑急需改建等问题。基于此，日本于 2008 年颁布了《中小学布局调整与运营基本方针》，进一步规范了日本基础教育布局，使其不断趋向合理化。此举是前三次学校布局调整的完善和延伸，象征着日本第四次基础教育布局调整的开始。

20 世纪 50 年代，日本进行了大规模的町村合并，在町村合并过程中的小规模学校撤并问题也随之被提上了议程。1956 年，日本中央审议会意识到小规模学校在扩充师资和改善教学配套设施等方面所面临的困难，学校撤并政策之实施在提高义务教育质量、促进学校经费合理化使用等方面发挥了积极的作用，也是社区精神文化建设的重要一环。经过上述考虑，中央审议会出台了推进小规模学校撤并的相关政策，主要包括三方面的内容。[②]

第一，学校撤并的基本方针。国家和地方公共团体必须在学校撤并的基本精神指导下，积极推进学校撤并。但是，政策强调学校撤并不是一种形式，应该根据教育效果、地区的实际情况进行。另外，学校撤并应该基于学龄儿童的增减趋势有计划地实施。再则，学校撤并应持以慎重的态度，尤其要重视学校撤并对于地方群众的意义和影响。

第二，学校撤并的标准。对于小规模学校的撤并，基本以 12～18 个年级标

① 文部科学省：《文部科学省统计要览（2008 年版）》，http：//www. mext. go. jp/b_menu/toukei/002/002b/1305705. htm，2012－03－07.

② 文部科学省：《学校の適正配置について》，www. soumu. go. jp/main_sosiki/c. . /kasokon20_05_02_s2－1. pdf.

准进行。小学和中学的就学距离原则上在4公里和6公里内。教育委员会根据各地区的地理条件、气候和交通等因素，因地制宜地制定就学距离。

第三，学校撤并的财政支持。国家对于撤并学校所产生的建筑施工费用应给予支持，同时按照各种配套政策对撤并学校提供补助金。在学校撤并过程中，国家对校车、校船等就学交通工具给予财政支持。

从上述政策内容看，此次学校撤并的核心在于资源重组，提高办学效率和教学质量，由此导致地方“一刀切”地撤并学校。撤校纠纷、儿童就学困难等问题也随之而来。

20世纪70年代日本政府进行第二次学校布局调整注意到上述问题，认识到小规模学校在师生交流、个性化教学方面所具有的优势。有鉴于此，文部省强调了保留小规模学校的必要性。学校撤并中涉及的就学距离、通勤时间、学生的身心负担及交通安全等问题受到了政策关注。

进入20世纪90年代以后，日本少子化问题日益突出，加之日本经济增长的方式逐渐转向知识经济，农村人口大量向城市集中。由此，以东京、大阪、京都、神户、福冈等大都市为中心的第三次义务教育学校布局调整工作全面铺开。某些老社区在人口急速向城镇中心迁移的情况下，也开展了学校布局调整工作。①

第二节 日本义务教育学校布局调整的现状与问题

一、近年义务教育布局调整的背景

近年来，由于人口出生率下降及城市化进程加快导致乡村人口日渐稀疏，很多乡村中小学因生源短缺而面临关闭。经过先后三次调整，日本义务教育学校布局更加合理。不过，学校布局仍然面临新的挑战。

第一，与20世纪70年代的第二次生育高峰相比，现今的义务教育学龄儿童减少了近40%，但是学校的数量依然保持了原来的近90%，学生与学校数量不平衡。

第二，20世纪70年代入职的大量教师将在未来10年之内陆续退休，师资短缺。

① 江川玫成等：《最新教育キーワード》，時事通信社2002年版，第22页。

第三，大部分的公立中小学设施的建筑标准采用的是1981年之前的旧标准，抗震能力较弱，必须进行更新与改造。①

针对这些问题，在2007年6月的财政制度审计会和2008年6月的内阁会议上，政府提出“合理调整学校规模”。2008年7月，中央教育审议会初中等教育分科会议就公立中小学的合理布局调整进行了专门研讨，出台了《中小学布局调整与运营基本方针》（以下简称“新方针”）。

二、日本义务教育学校布局调整政策特点

根据“新方针”，学校布局调整工作呈现以下四方面的特点。

（一）省级政府配合，市町村主导

按照2008年推行的学校布局调整政策，市町村在学校调整决策上处于主导地位。市町村之所以在学校布局调整中占据主导地位有三个原因。

首先，日本有“市町村主导”的历史传统。早在明治时期，兴办学校的经费就由依靠资本家的捐赠与地方居民分摊，而非来源于国家财政补助。其次，遵从了实事求是的基本原则，因为只有市町村才真正清楚本地区的实际办学需要。最后，有法可依。如1941年《国民学校令》第148号文规定“市町村对学校的设立负主要责任”，② 1945年，日本《学校教育法》也规定，“中小学校的设立与就学相关事宜由各所属市町村具体负责，国家与都道府县等省级政府无权干预”。

尽管市町村在学校布局调整中掌握主导决定权，但是并不意味省级政府对此没有责任。“新方针”规定，“都道府县必须制定相应的学校合理布局基本方针，为市町村出台具体相关的布局调整政策提供依据”。与此同时，鉴于地方义务教育学校布局中存在诸多共性问题，“新方针”提出，“都道府县有责任和义务为市町村提供信息交流平台，以此来推动地区间的信息交流”。

（二）合理调控学校规模与就学距离

根据“新方针”，国家将学校布局调整权限下放给地方，依托地方自主管理是一个显著特点。国家对于学校规模和就学距离不做统一规定，而将标准的设定权限交由地方政府，建议，“各地方省级政府因地制宜，合理调控学校规模和制定合理的就学距离标准”。实践充分证明，这种依托地方自主管理的特点符合日

①② 安田隆子：《学校統廃合—公立小中学校にかかる諸問題》，国立国会図書館：調查と情報第640号，2009年。

本城乡地理、人口和经济差异较大的状况，增强了布局调整的公正性、实效性。比如，保留下来的小规模学校在与地方的密切交流与合作之中，逐渐发展成为“开放型学校”，其对地方文化交流和发展做出了重要贡献。

根据国立教育政策研究所2010年10月公布的《公立中小学校撤并和整编评估报告》，就学校规模而言，日本60%以上的地区并未使用国家统一标准，中学则高达70%以上。如人口相对集中的东京地区近60%的学校采用国家统一标准；而人口稀疏的北海道地区，使用地方标准的学校高达64.3%，符合国家适宜规模标准的小学几乎为零。显然，如果强制执行国家统一标准，要求各地进行“一刀切”式的学校布局调整，这既不现实，也缺乏实效。而将学校规模标准的制定权限下放地方，由地方根据实情调整就学距离标准，无疑会提高决策的科学性。

（三）加强小规模学校师资建设，取消复式班级

二战以后，日本从不遗余力地“普及义务教育”到努力实现“义务教育均衡发展”与“普及优质教育”。据相关统计，2009年日本5个班级以下的小规模小学有8 409所，占全国小学总数的31.5%；小规模中学有3 905所，占全国中学总数的30%。[①] 这些学校普遍存在师资不足的问题，很多采用复式教学。这些因素制约了小规模学校的质量，对小规模学校及复式教学进行改革势在必行。新推行的学校布局调整中，明确规定，“国家有改善小规模学校教学条件的责任，同时必须取消复式班级”。

为解决复式教学而引起的师资短缺问题，国家通过调配优质师资予以解决。具体措施是改变以往由都道府县教育委员会统一制定教师编制标准，实行弹性编制，并把权力下放给地方。同时，对于在偏远地区任教的教师，国家不仅给予特殊津贴，而且还负担一半以上的住房费用。显然，日本政府已经意识到，复式教学虽然可以短期内降低成本，但是对学生的学习能动性和学习空间有很大限制，长期会影响教育质量。因此，提升教育质量，政府选择以增加教师配额和调配优质教师的方式来消除复式班级。

① 葉養正明:《少子高齢化における小中学校の配置と規模に関する資料集（第一集）》，公立教育政策研究所，2009年。

三、日本义务教育学校布局调整的现状与问题

（一）日本义务教育学校布局调整现状

根据国立政策研究所的统计数据，截至2010年，日本在过去12年间学校撤并呈上升趋势。规模最大的一次是将13所学校合并成一所。[①] 在日本少子化问题日益严峻的情形下，今后入学儿童还将会持续减少。2008年时，公立小学儿童为687万人，中学为327万人，仅相当于20世纪70年代的一半。1999～2010年，学校撤并小学共计1 838起，中学513起。在撤并过程中，新建小学占24.3%，合并学校65.6%，关闭学校10.2%；新建中学占35.9%，合并学校58.1%，关闭学校6.0%。

从撤并类型来看，学校合并是最为普遍的方式，其次是新建学校，完全意义上的关闭学校并不多。在学校撤并过程中，都市与偏远地区所采取的方式差别很大。一方面，小学撤并过程中，采取新建校舍的方式多集中在都市中心，如东京和神奈川地区高达7成到8成。相比之下，地处偏远的冲绳县、宫崎县和滋贺县并没有采取新建校舍的做法。另一方面，中学撤并过程中，地处城乡交界的爱知县和三重县均采取新建校舍的方式，而在环城市带地区的大阪、茨城县和琦玉等6个县级市则完全采取并校模式。

从各地学校撤并方式可以看出，人口密度成为影响撤并的重要依据。在东京，因人口密度大，合并学校无疑会加大班级规模和班级数量，必然会影响教学质量。所以，另建校舍成为学校布局调整政策的首选；环城市带地区人口密度均匀，将生源数量较少的学校集中合并能够提高教育效益；偏远的地区人口密度低，在生源极度缺乏且教育质量不高的情况下，这些小规模学校只能关闭。

学校布局调整后，日本各地的小规模学校比例进一步扩大。全国不在法定规模标准（即12～18个年级）内的小学占48.6%，中学占53.9%。[②] 达到国家标准规模的中小学仅占1/3。从地方学校布局来看，小规模小学占5成以上的县级[③]城市有29个（全国43个县级城市），相应地，中学则有33个。不仅如此，

---

①② 敷屋和佳：《都道府県における小中学校統廃合の進行と学校規模》，国立教育政策研究所，2010年。

③ 日本的县级相当于我国的省级城市，全国是行政区域划分为东京都和京都、北海道和大阪府、千叶县等43个省级城市。

在山口县、德岛县和高知县等偏远地区，处于临时关闭状态的学校[①]也占一定的比例。

日本中小学校数量总体呈现下降趋势，各地下降幅度差异很大。例如，从1998～2010年，青森县减少了100多所中小学，减幅为71.6%；相比之下，东京都没有明显的增减。在学龄儿童持续减少的趋势下，不仅中小学校数量继续减少，小规模学校也有进一步扩大的趋势。

（二）日本义务教育学校布局调整的问题

1. 学校布局调整后财政经费问题

根据《国库负担义务教育学校设施费用相关法律实施令》，学校撤并中所产生的校舍、室内运动场及新增建筑费用，1/2由国家负担。2009年统计数据表明，1998～2008年，经过10年的布局调整，日本中小学校教育经费增减幅度在人口规模较大、密度高的地区并不明显，而在人口规模较小（1万人以下的地方自治体）、密度低的地区则较为显著。[②] 学校布局调整后，生均财政预算相比以前减少了3成。[③] 其中，财政预算减少的部分主要是人力成本，其次是校车支出，最后是改建校舍支出。

日本义务教育学校人员经费支出以县级财政负担为主，其工资由县级财政统一支付。地方市町村仅负担学校设置费用、维护及运营管理费用。学校撤并后下岗分流了部分教师，在很大程度上减轻了县级财政部门的负担。比如学校布局调整后，某地自治体教师数量从2005年7所小学41名在编教师减少至2009年1所学校17名在编教师，[④]教师人数减少了60%，这也意味着县级财政预算随之大幅度减少。

农村人口大量向城市转移导致2001年日本地方税收首次下降，尤其是在1万人以下的地区。这表明，日本小规模自治团体已经陷入公共设施供给经费紧张的境地。[⑤] 考虑到在学校维持和管理上的费用，削减学校数量成为地方自治体无奈的选择，一些历史悠久的学校也因为财政负担而成为被调整的对象，比如，预计2018年，佐渡市将目前的31所学校合并为13所。

---

① 日本称之为休校，它有别于完全关闭废除学校。

②④ 養葉正明：《公立小中が濃く統廃合に関するプロジェクト研究を終了するに当たって－》，国立教育研究所，2011年。

③ 根据日本财政审议会2008年的调查数据，通过学校布局调整实现了年度170亿日元运营费效率化节约目标，其中大部分是人事支出。在学习成本支出上每个小学生节约了33万日元，中学生则是25万日元。

⑤ 荒木田岳：《地方税收的演变以小规模町村的情形近况》，载《居民与自治》2006年第9期。

2. 闲置校舍的处理

学校不仅是教育的场所，而且也是地方政治互动、文化交流和安全避难的场所。根据日本公职选举法，每个市町村需要根据区域划分设置多个投票点，设置权由市町村选举委员会指定，学校通常作为大多数自治体的指定投票点。根据日本地方自治体地方防灾计划（灾害对策基本法第42条），学校是临时避难点或者避难所。[①] 根据日本国立教育政策研究所文教设施研究中心的调查，市町村学校的93.8%都是地方指定的避难所（见表9-1）。

表9-1　　　　指定为避难所的日本公立学校

学校类别		总学校数（所）	指定为避难所的学校数（所）	比例（%）
市町村立学校		33 131	31 064	93.8
都道府县立学校	高等学校	3 843	2 417	62.9
	特别支援学校	821	189	23.0
合计		37 795	33 670	89.1

资料来源：国立教育政策研究所文教施設研究センター，2007，12.

随着学龄儿童的锐减，日本撤并学校的频率日益增多，由此出现了大量的闲置校舍。日本是典型的学校、社会和家庭教育“三位一体”的国家。学校不仅作为教育的场所，而且也承担了重要的社会职能。中小学作为社区政治、文化生活的中心，其设施都面向社区人员公共开放。对于闲置校舍的处理，政府首先明文要求各市、县教育委员会成立“闲置教室活用规划委员会”，确定闲置教室使用方针和途径。按照使用的优先次序，闲置校舍资源首先考虑用作教育设施。例如，将闲置的教室作为儿童课外学习和生活的场所，充分挖掘学校面向社会开放的功能。对于完全闲置的校舍，可以将其改建为老人及儿童社会教育和福利场所。对于闲置校舍的处理和改建，根据日本《老人福祉法》《儿童福祉法》等规定，由地方公共团体承担设施配备建设的所需费用。

根据文部科学省统计，日本闲置校舍的数量自2000年后节节攀升，2002～2013年日本全国范围内有3 788所小学、1 089所中学、849所高中以及75所特别支援学校，共5 801所公立学校成为“废校”。其中，没有得到有效利用的

① 日本是个地震多发国家，避难所与临时避难点的作用区别在于能够为难民提供一段时间避难生活保障。

1 513 所，占“废校”总数的 29.7%。[①] 在地方自治体税收减少的趋势下，闲置校舍的维护和改建费用成为一笔财政负担。如果将完全闲置的校舍出售，学校一直以来承担的社会职能也将随之消失。因此，有学者提出，对于闲置校舍的处理不应仅仅局限于学校教育的范畴，应该着眼于社区人员的生活便利性。比如，通过招投标的形式，在闲置校舍内安置自动售货机的权限转让，其收益可以用来维护和改建校舍。对于闲置校舍，传统做法着眼点于硬件设备的改建和维护，未注意到闲置校舍的软件开发层面，这也成为大量的闲置校舍未能有效利用和开发的原因所在。

3. 实施校车制度后的就学问题

学校布局调整后，就学条件和交通安全成为学生家长最为关心的问题。日本校车制度较为完善，校车制度由来已久。从 20 世纪 50 年代《偏远地区加油振兴法》规定市町村有责任为偏远地区儿童就学提供方便，由国库补助校车购置费用。校车的财政支出由国家和地方共同负担，家长不需要承担因学校撤并后的额外经济负担。2006 年，日本文部省联合警察厅、总务省和国土交通省，再次就确保儿童就学安全发文，规定各都道府县需要有效运用交通设施来确保儿童就学安全。

从全国范围来看，偏远山区实行校车制度的比例比都市城区高。根据日本文部科学省关于日本校车（船）使用情况的调查，日本全国 62.7% 的自治体（市区町村，相当于我国的市县、乡镇）使用校车（船），在一些自然条件比较特殊的地方，如北海道、岩手县、新潟县、山形县、青森县、富山县、岛根县，校车（船）的使用率更是达到 90% 以上。[②] 山区和降雪多地区的校车比例较高，都市地区交通工具发达，校车反而较少。近年来，学校撤并后家校之间的距离进一步扩大，校车成为必然选择。

然而，由于家校距离增加，住家较远的儿童在路上花费大量时间，长期下来难免会增加儿童身心负担。与此同时，儿童放学后的社团活动和自主活动时间受校车时间限制而逐渐减少，这都不利于儿童身体健康和社会性发展。

4. 小规模学校的教育问题

义务学校布局调整之后，小规模学校不断增多。尽管小规模学校在实现个性化教学、促进师生沟通等方面具有一定的优势，但在学生社会性培养、学习能力及学校管理层面还是存在一些问题。

---

① 文部科学省：《廃校施設等活用状況実態調査について》，http://www.mext.go.jp/b_menu/houdou/26/11/_icsFiles/afieldfile/2014/11/13/1353354_1_1_1.pdf，2014-11-13/2016-08-05.

② 文部科学省：《国内校车利用情况调查报告（国内におけるスクールバス活用状況等調査報告）》，文部科学省体育青少年局，2008.

首先，小规模学校在学生的社会性培养上存在局限性。小规模学校年级数量通常少于12个年级，学生在小规模群体中交流机会相对较少。此外，师生关系较为固定，学生在少数群体中无法形成群体组织能力。

其次，小规模学校不利于学生创造性的培养。自主学习是培养学生创造性非常重要的部分。教学要根据学生的兴趣爱好，结合教材进行课题开发。在教学中教师需要将学生分成小组进行团队作业、信息收集、分析和讨论，这种学习方式在小规模学校难以进行。由于缺乏团队合作经验，一方面，学生在知识和技能的习得上容易陷入僵化模式；另一方面，学生在人数少的学习氛围下缺乏竞争意识，不利于激发学习动机。

最后，小规模学校难以改善学校管理水平。小规模学校师资配备较之常规学校要少，教研学习的氛围容易陷入少数人的固定模式。同时，由于班级数少，学科及全校范围内的教研活动及教师共同体交流受到局限。

第三节　日本义务教育学校布局调整的启示

随着城镇化发展，我国农村学龄人口大量减少，一些边远山区的学生数量减少得更快，2000~2010年我国小学和中学分别减少了1/2与1/3。[①] 然而，新一轮的学校义务教育布局调整喜忧参半，部分地区不合理的农村中小学布局调整所产生的问题及其消极影响日益凸显。

观照日本义务教育学校布局调整的历史、现状及施行过程，其总体基本特征是依法推进、遵循渐变调适的原则，在制度建设、教育政策实施等方面对我国学校布局调整有如下启示。

一、重视法律和制度建设

义务教育学校布局调整是一个较为复杂的问题，不仅宏观层面上需要一个统筹全局的基本方针，微观层面上也需要相应制度创新。日本的经验表明，从省级政府到地方政府，重视制度建设、为教育决策提供法律依据，并且做到层层督促落实。

在我国义务教育学校布局调整过程中，部分地方政府不顾当地实情，盲目合

① 根据教育部发布的《全国教育事业发展统计公报》（2000年和2010年）计算而得。

并，导致有些学校不仅没有因为合并而实现教育质量的提升，反而因为学生人数陡然增加，导致住宿和后勤无法跟上，教师教学管理压力过大。出现上述问题的原因是地方政府在政策制定和实施中注重政策的单项推进，缺乏支撑学校布局调整的配套政策。

2010 年 1 月 4 日，教育部印发了《关于落实科学发展观进一步推进义务教育均衡发展的意见》："地方各级教育行政部门在调整中小学布局时，要统筹城乡经济社会发展状况、未来人口变动状况和人民群众的现实需要，科学规划，既要保证教育质量，又要方便低龄学生入学，避免盲目调整和简单化操作。对已经完成布局调整的学校，要改善办学条件特别是寄宿条件，保障学生的学习生活。"① 但是该政策只是国家宏观层面的总体要求，至于如何落实因地制宜，地方依然没有更为详细的可操作的政策措施。

二、加强信息沟通，推动民主决策

义务教育学校布局调整过程涉及地理环境、人口分布、居民意愿、学生需求、师资力量、教学水平、学力状况等多种因素，如何确保决策的科学性和民主性，信息沟通与民主决策是非常重要的问题。日本对此采取的主要措施有两方面：一方面，要求各省级政府为市町村的学校布局调整提供信息交流的平台，在一定程度上扩大了信息沟通的渠道，同时为解决地方在推行学校布局调整中所出现的共性问题提供信息参考；另一方面，为配合学校布局调整工作，国家委托市町村开展实地调研工作，并为调研课题多的市町村提供财政支持。

对于学校布局调整这一庞大而复杂的工程而言，信息的沟通能够使决策建立在尊重事实的基础之上，避免因信息不对称而出现盲目调整。我国存在一些不合理的学校布局，很大程度上源于地方政府对民情、实情缺乏正确的理解，而民众也没有相应的利益诉求机制。所以，构建信息平台、加强信息沟通与实地调研，对于推动我国义务教育学校布局调整民主化、科学化决策十分必要。

三、尊崇质量为本的教育理念

学校布局调整最大的困惑是经济效益与教育效益之间的平衡问题。当经济理性成为社会行动的主导因素时，"学校布局调整"被完全地看作以经济效益为导

① 中华人民共和国教育部网站：《教育部关于贯彻落实科学发展观进一步推进义务教育均衡发展的意见》，2010 年 1 月 4 日。

向的教育资源再分配行为。但在教育逻辑的价值判断下，确保教育公平与提高教育质量才是学校布局调整的核心命题。学校布局调整的初衷是为了合理配置教育资源、扩大优质教育资源的辐射范围，盲目撤并学校会带来交通安全无法确保、家庭教育缺失、村落乡土文化交流机制丧失、校舍闲置等棘手问题。因此，经济因素只能是布局调整影响因素之一，而教育逻辑才是布局调整的基础。①

日本在小规模学校的撤并问题上，尊崇教育质量为本的价值信念，政策规定市町村不仅要重点关注小规模学校，而且通过调配师资来确保每一个学生都能享受到优质教育资源。

长期以来，我国不少农村地区中小学布局分散、办学条件差、学校和班级规模普遍较小、复式班级过多、教师负重、教学质量差，难以满足广大农民及其子女对优质教育资源的需求。② 实践证明，盲目追求经济效益而以牺牲学生健康成长为代价，从而引发辍学率反弹的事例不在少数。尤其是很多偏远山区的儿童，往往成为经济价值主宰下的牺牲者，小规模学校的撤并使他们就学道路变得更加遥远和困难，由此而埋下了很多安全隐患。总之，学校布局调整应该合理看待经济逻辑的价值判断，真正回归以教育质量为本、以学生发展为本。

---

① 王建梁、陈瑶：《21 世纪新西兰农村学校布局调整的反思及启示》，载《外国教育研究》2011 年第 6 期。

② 范先佐：《教育经济学理论与实践问题研究》，华中师范大学出版社 2012 年版，第 122 页。

第十章

澳大利亚义务教育学校布局调整研究

位于大洋洲的澳大利亚全称为澳大利亚联邦（The Commonwealth of Australia），是一个非常年轻的国家。1901 年 1 月 1 日，澳各殖民区改为州，成立澳大利亚联邦。目前，全国划分为 6 个州和 2 个地区，6 个州分别是新南威尔士、维多利亚、昆士兰、南澳大利亚、西澳大利亚、塔斯马尼亚；2 个地区分别是北方领土地区和首都地区，面积 769.2 万平方公里，人口 22 908 739 人（截至 2013 年 2 月 4 日）[①]，人口密度为 2.85 人/平方公里。在澳大利亚 100 多年的发展历程中，教育一直是民众关注的重点，目前已经达到了相当高的水准，实行中小学 12 年义务教育。

然而，在经济社会发展过程中，澳大利亚同样经历了缩小城乡教育差距，合理调整义务教育学校布局的过程，这可以为我国的义务教育学校布局调整的实践提供借鉴。

---

① Australian Demographic Statistics of Australian Bureau of Statistics，http：//www.abs.gov.au/ausstats/abs%40.nsf/94713ad445ff1425ca25682000192af2/1647509ef7e25faaca2568a900154b63？OpenDocument，2013－01－31.

第一节　澳大利亚义务教育学校布局调整的历程与特点

一、学校布局调整的基本历程

澳大利亚的义务教育既承袭了其宗主国英国的特点，又与本土的人文地理环境、社会发展过程融合在一起。教育主要由州政府负责，各州设教育部，主管本州的大学、中小学和技术与继续教育学院。1901 年，澳大利亚联邦成立后，便制定了《全民义务教育法》。①

澳大利亚是一个地广人稀的国家，农村地区更为明显，而且澳大利亚是世界上城市化程度最高的国家之一，大约 2/3 的人口居住在大城市，距离远和人口密度低成为满足农村适龄学生义务教育需求的最大挑战。

自建国以来，澳大利亚在义务教育学校布局调整上经历了学校总量扩张阶段、小规模学校撤并阶段、二战后初期布局调整阶段、经济效益导向的布局调整阶段、迈向民主的学校布局调整五个阶段。在这一进程中，澳大利亚的中小学数量始终保持着渐进式的变化，政府适当保留农村小规模学校，没有出现剧烈的变化。

（一）20 世纪初～20 世纪 30 年代：学校总量扩张阶段

18 世纪 70 年代，澳大利亚沦为英国的殖民地，自此也开始模仿英国的模式举办学校。特别是初期，澳大利亚几乎是英国教育的翻版，带有较强的等级性和浓厚的宗教色彩。进入 19 世纪以后，澳大利亚畜牧业、纺织业和采矿业的发展促进了工农业的发展，进而对人才的培养提出了新的需求。这一时期，教育出现了以下几个方面的变化：提出世俗教育的口号，倡导由政府设立非宗教学校，以打破教会垄断学校的局面；从 19 世纪中叶起，各殖民区出现了普及义务教育的运动。同时，19 世纪 50 年代，澳大利亚内陆地区金矿发现导致的淘金热狂潮，国内外大批淘金者迁往更为偏远的内陆地区，这导致了澳大利亚的人口总量短时间内有所增加，给教育部门制造了很大的难题，教育部门不得不考虑如何为散居在偏远地区的居民提供教育。

① 高京：《澳大利亚》，世界知识出版社 1997 年版，第 90 页。

在新南威尔士州，早在州政府1880年全面控制教育之前，就已采取多种多样的措施来为人口稀少的农村地区提供教育。19世纪后半期，巡回教师挨家挨户地巡回教学，还有一些教师为两到三个“半日学校”提供教育服务。这种临时学校和巡回教师的教学形式同样被昆士兰州采用。后来，这样的教学形式逐渐被固定校舍取代。1904年，新南威尔士州政府开始设立中心学校，免费为儿童提供教育。

自成立以来，澳大利亚联邦政府就致力于为所有澳大利亚儿童提供世俗、免费的义务教育，并逐步延长义务教育年限。自1901年联邦政府颁布《全民义务教育法》以来，澳大利亚各州积极兴建学校。然而，由于澳大利亚独特的人口分布情况，小规模学校（特别是只有一到两个教师的“单师学校”）成为澳大利亚教育的一个特征。这些学校零散地分布在澳大利亚广袤的土地上，为成千上万的家庭及其儿童提供教育。虽然规模不大，通常只有10~40个学生，但是这些学校的贡献是巨大的，在义务教育领域所占的比例比其他类型的学校都多。政府建立这种学校的原因有以下几点：建国初期，澳大利亚的主导性产业是畜牧业和农业，农村人口零散分布；各大主要城市之间距离太远；20世纪40年代以前，道路交通状况太差。

昆士兰州有两种类型规模在12~30名左右学生的“单师学校”：一种是完全由政府资助的州立单师学校；另一种由政府和当地居民共同出资建立的临时单师学校。这类单师学校是当地社区的焦点，能建立一所单师学校对于当地社区来说是一件大事，而且一旦建立，学校通常会成为当地社区活动的中心。也就是说，作为方圆数公里内唯一的公共机构，单师学校不仅是农村孩子接受教育的场所，而且还是当地社区居民社会活动的中心。单师学校的教师不仅充当着“当地教育专家的角色”，还扮演着其他角色，如顾问、社区重要活动的组织者、纠纷仲裁员、农民等。

在单师学校里，教师要进行复式教学，这就要求教师必须采取一系列相应的措施来组织好课堂教学。一般来说，教师会把不同年级的学生进行分组，在教一个年级时就给其他年级布置相应的学习任务，历史、地理、音乐和艺术这类课程则一起教。

在这一时期，政府的目标是普及义务教育，保证哪怕是最偏远地区的孩子也能享有受教育的权利。因此，农村地区还建立了以下五种类型的学校。

（1）临时学校，即学生人数不超过12人的小规模学校。当这些小规模的临时学校人数超过最小值以后，政府就将其列入普通公立学校名单。

（2）半日学校，当学生人数少到不足以建立一所临时学校时，政府就建立半日学校。由于师资不足，学生每天只上半天课。

（3）巡回教师，在人口更加稀少的地区，巡回教师会在一个固定的区域，挨家挨户地给学生上课。例如，1924 年，昆士兰州将 31.5 万平方公里的乡村地区划分为 11 个巡回教师教学区，由巡回教师为 1 080 名学生提供教学。后来，该州教育部门建立了“星期六学校”，离偏远地区最近的教师在周六为当地的孩子上课，这样的学校受到了家长们的欢迎，因为这种形式的教育比巡回教师的方式能让孩子受到更多的教育。

后来，新南威尔士州、维多利亚州、南澳大利亚州、西澳大利亚州、塔斯马尼亚州也效仿昆士兰州，政府授权居住在人口稀少地区的家长们联合起来建立“星期六学校”，州政府会以年度拨款补助和提供教学资源的方式予以协助。如果家长们在建立学校方面确实有困难，州政府会帮助他们建校舍。1924 年，新南威尔士州拨款补助建立了 694 所学校。其中，维多利亚州 4 所，西澳大利亚州 20 所，塔斯马尼亚州 47 所。

（4）旅行学校，在新南威尔士州，州政府建立了一些旅行学校，政府为教师配备了有篷货车，一般设置两个房间，一间帐篷供老师住，另一间作为教室，里面有书本以及必要的教学用具。南澳大利亚州、昆士兰州也有类似的做法。

（5）函授学校，所有的州都提供函授教育，主要面向那些住在离任何普通学校都特别遥远的学生。1922 年，新南威尔士州率先实行这种类型的教育，其他州紧随其后，各州在首府建立函授学校，教师通常是由经验丰富但是由于身体上的疾病而无法在正规课堂上课的教师组成的，他们通过邮局邮寄学习资料给学生提供教育。到 1924 年末，新南威尔士州大约有 2 300 名学生通过这种方式接受教育。昆士兰州在 1922 年 2 月首次创办函授学校时仅有 37 名学生，但到了 1924 年末，学生数已达到 1 877 名。总之，函授教育受到了家长的广泛好评。1937 年，大约有 18 467 名偏远地区的学生接受了函授教育。①

经过联邦政府和各州政府的努力，澳大利亚义务教育阶段的学校总数有了明显的提高，从 1906 年到 1936 年，学校数量一直在稳步增长。1934 年，义务教育阶段学校数量达到最高值。

伴随着义务教育阶段学校数量的稳步增长，过于分散、规模较小所致的学校效益不高成为时人关注的突出问题。恰在此时，美国和加拿大的学校合并运动取得了很大的成功，这引起了澳大利亚（特别是新南威尔士州）的注意。人们认为，一所师资优良、教学设备齐全的中心学校比几所分散的师资力量欠佳的小学校更高效。因此，在澳大利亚一些地区，小学校被关闭，学生被接送到中心学校学习。1904 年，新南威尔士州首先进行了合并试点，随后一些州也进行了一些

① Evolution of Educational Systems in Australia，http：//www. abs. gov. au/，2012 - 02 - 03.

学校合并的实践，这一时期，学校合并只在小范围内进行。然而，值得指出的是，家长并不情愿看到小学校被合并，因为小学校是他们社区的“核心”，小学校教师对孩子们的热心教导是社区社会文化的一笔不小的财富。

（二）20世纪30～50年代中期：小规模学校撤并阶段

20世纪30年代以来，澳大利亚社会、政治、经济发展出现了新的变化，农村交通状况逐步改善，农业机械化带来农场合并进而导致农村地区人口进一步减少，农村学校入学率逐年走低，二战期间教师数量减少（大批男老师参战）。针对此种变化，为了满足学生受教育的需求，教育部门决定调整学校布局，撤并小规模农村学校。

1936年，塔斯马尼亚州率先开展了撤并小规模农村学校的改革。之后，在相距不太远且包含着数个小而分散的教学点的地区，关闭“单师学校”、每天用汽车或客车免费接送儿童上学的改革较为迅速地发展起来。这项政策是基于这样一种理念，即在合并后的大学校中，学生所获得的教育、物质、社交方面的效益要超过小学校。

在30年代到50年代这段时间里，撤并农村小规模学校的改革在所有的州（除昆士兰州）都积极地开展起来，而昆士兰州却对该改革加以严格的限制。在推行小规模学校合并的过程中，部分“单师学校”以其显著的教学效果和家长的忠诚度延迟了合并的进程。实际上，在澳大利亚一些地区，社区与中心城镇之间的距离太远，所以，尽管“单师学校”的数量在逐年递减，但不可能完全被撤销。①

为满足本州中小学生的求学需要，南澳大利亚州也建立了一批农村地区公立学校，这是该州农村公立学校发展中的开创性事件，它为农村学生提供了在本地接受中等教育的机会。在40年代，只有极少农村学生能到大城市和中心城市的寄宿学校上中学。1941年，在穆雷马里地区的卡荣达建立了该州第一所农村地区公立学校。到1944年，康明斯、约克镇、梅特兰、尤达丹、潘诺拉、洛克斯顿、奥克班克、布林克沃思依次建立了另外8所地区公立学校。②

当时，尽管建立地区公立学校对南澳大利亚州而言是一件新鲜事，但是，建

① R. John Halsey. The Establishment of Area Schools in South Australia, 1941 – 1947. History of Education Review, Vol. 2, 2011.

② 早在1918年，塔斯马尼亚州朗福德学校的校长F. J. 麦克凯克就在朗塞斯顿举行的州年度教师会议上提交了一份意见书提议建立地区公立学校，这份意见书被提交到当时塔斯马尼亚州教育部长W. T. 麦考伊那里，然而W. T. 麦考伊认为这样的中心学校可能会打乱甚至破坏农村社区的社会生活，因此否决了F. J. 麦克凯克的提议。真正接受这个提议的是塔斯马尼亚州后来的教育部长G. V. 布鲁克斯，布鲁克斯强调地区公立学校能为农村社区生活带来教育上的益处。

立农村公立学校却不是新鲜事。塔斯马尼亚州早在1936年就在谢菲尔德和海格力建立起了地区公立学校。

然而，30年代实行的关闭小规模学校，建立地区公立学校政策在很大程度上是教育部门出于经济效益的考虑。在教育部门看来，为学生提供交通服务所需的经费要比维持小规模的农村单师学校所需的经费少，因此，合并小规模学校是一项值得推行的政策。当然，能否为学生提供方便快捷的交通服务是农村地区公立学校能否顺利建立起来的关键因素。亦即，如果不能为学生提供充足的交通设备方便他们上学，撤并农村小规模学校的目标是不可能实现的。

在撤并农村小规模学校的初期，南澳大利亚州教育部门遭到很多居民的反对，对于他们来说，合并意味着社区唯一的公共机构——小规模学校的消失和经济上的损失。因为居民在估算自己的财产时，通常将本地的学校视为他们财产的一部分。然而，社区居民反对合并小的单师学校的呼声往往很短暂，40年代，反对合并事件实际上基本没有了，相反，部分社区居民呼吁教育部门加快合并步伐以建立农村地区公立学校。

出现这种情况的原因，一方面是州政府为农村地区学生提供了免费的交通服务和资金补助；另一方面，农村公立学校能够提供手工艺课程，而这些手工艺课程作为中小学生普通课程的补充，受到当地农村社区家长的欢迎。

从30年代到50年代，尽管义务教育阶段入学人数一直在增加，但经过各州学校布局的调整后，中小学的数量呈现出下降的趋势。

（三）50~70年代中期：质量提高至上的布局调整阶段

第二次世界大战后，澳大利亚经济社会发展呈现一派繁荣景象。战争期间，英美等同盟国的大批订单帮助澳大利亚迅速积累起了大量的财富，为战后经济的发展奠定了基础。到50年代时，大批技术移民的涌入更是为澳大利亚的发展带来了无限的生机。移民的日益增多，人口增长率（婴儿潮）的快速上升，都对教育发展提出了更高的要求。虽然在二战前澳大利亚就已经在名义上普及了小学教育，但由于各地情况不同，不少地方由于学校设施不足，仍有部分儿童未能上学或念完小学。为此，各州大力发展小学，以满足日益增长的上学需求。除了因地制宜地开设许多新的公、私立学校以外，各州还强调发挥老校的作用，尽量扩大班级容量，但也带来了学校班级规模过大、学校设施短缺的问题。

从50年代中期到60年代中期，澳大利亚全国义务教育阶段学校数量呈上涨趋势，而且私立学校的数量有了明显的增长（见图10-1）。实际上，二战后，联邦和州政府就已经加大了对私立学校的资助。这是因为，一方面私立学校（主要是天主教等宗教学校）在抚慰战争给人们带来的心灵创伤方面有很好的作用；另一方面，政府也想改变一直以来在教育资源分配上对私立学校不公的局面。

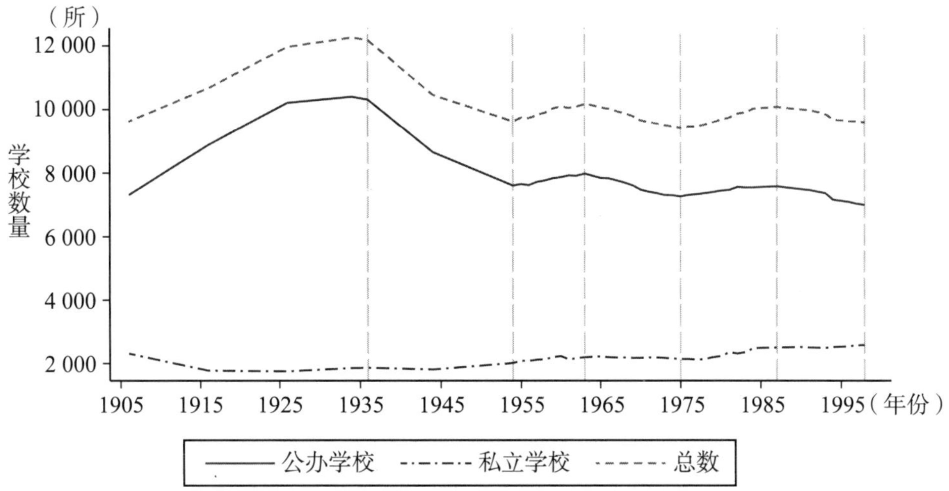

图 10－1　澳大利亚全国中小学学校规模的历时变化趋势（1906～1998 年）

注：竖虚线分别对应前文所划分的各个阶段。

资料来源：澳大利亚国家统计局，http：//www. abs. gov. au/.

（四）70 年代中期～90 年代末：经济效益导向的布局调整时期

到 60 年代后期，由于人口出生率下降，学龄人口有所减少，班级规模逐步下降，造成了学校招生规模低于实际可招生人数的局面。随着经济大发展，交通条件日益完善，许多地方纷纷把“单师学校”联合起来成为联合学校或区立学校。这样，学生人数增加了，可以按年级分班上课。教师多了，可以由一个教师教一个年级。此外，教育经费增多，充实教学设备，教学质量不断提高。学校有校车接送学生，保证了方圆几十公里的学生都能走读。从此，“单师学校”日益减少，[①] 60 年代中期到 70 年代中期，学校的总量也呈下降趋势（见图 10－1）。

70 年代，石油危机在主要工业国引发了二战以来最严重的经济危机，澳大利亚亦未能独善其身。1974～1975 年，澳大利亚经济发生衰退，联邦财政收入减少，政府连续三年实行紧缩财政开支政策。80 年代初期，遭遇特大旱灾，1981～1982 年澳大利亚经济再次发生严重衰退，1982 年，国民生产总值出现罕见的－1. 1% 的负增长。[②] 之后有所好转，1993 年，经济逐步走出低谷。

---

① 韩锋、刘樊德：《当代澳大利亚：社会变迁与政治经济的新发展》，世界知识出版社 2004 年版，第 219～220 页。

② 赵家琎、方爱伦：《当代澳大利亚社会与文化》，上海外语教育出版社 2004 年版，第 99 页。

由于经济的停滞，政府对义务教育学校的投入比例大幅度降低，如何在不减少公立学校数量的同时减少财政支出成为关注的议题。①

80 年代以后，教育又被赋予了更积极的经济作用，通过更密集地利用相同的资源，在不增加财政支出的前提下提高产出。在这一时期，政府所做的主要工作就是扩大班级规模，并关闭了一些规模较小的学校。

1988 年，澳大利亚政府制定了学校关闭和合并准则，引发了一轮合并浪潮。② 进入 20 世纪 90 年代，政府加大了学校布局调整的力度，在与社区居民、学校校长、老师民主协商的基础之上，关闭了一批学校。1990 年，塔斯马尼亚州政府减少学校投资 4 300 万澳元，并且裁员 1 074 人。1990 ~ 1992 年，小学低年级学班级规模超过 25 人的比例，从 19% 增加到 37%，初中从 35% 增加到了 55%。1992 年 10 月，维多利亚州肯尼特联合政府当选之后，关闭了 230 所学校。③

（五）20 世纪 90 年代末至今：迈向民主的学校布局调整时期

1997 年亚洲金融危机的爆发，澳大利亚的经济也受到不良影响。从 2000 年下半年开始，经济出现减弱的趋势。2008 年世界金融危机的爆发，澳大利亚深受影响，2008 ~ 2009 年，联邦政府税收减少的额度达到 230 亿澳元。在这种经济形势下，政府的义务教育学校布局再掀波澜，部分州表现十分突出。

2006 年 6 月，澳大利亚首都地区（Australian Capital Territory，ACT）启动了"面向 2020：重振学校"（Towards 2020：Renewing Our School）的公立学校布局调整计划，12 月公布改革具体实施方案（见表 10 - 1）。④

此次改革涉及首都地区 39 所公立中小学，包括一系列的学校关闭、合并和重建。通过学校布局调整，此地区所有的学前教育机构并入小学管理，关闭一批生源不足的薄弱学校，合并一些学校并建立新的年级结构，为本地区每个学生提供更为优质的教育资源、多样的选择和公平的机会。

---

① Australian Education Union ACT Branch. Beyond Rhetoric：AEU Submission in Response to Towards 2020：Renewing Our Schools，2013 - 01 - 31.

②③ ［澳］西蒙·马金森著，沈雅雯、周心红、蒋欣译：《现代澳大利亚教育史》，浙江大学出版社 2007 年版，第 173 ~ 174 页。

④ 关于澳大利亚首都地区公立学校布局调整的资料主要依据：陈瑶：《澳大利亚首都地区公立中小学布局调整研究》，华中师范大学硕士学位论文，2012 年。

表 10 - 1　　澳大利亚首都地区公立学校布局调整实施方案（2006 ~ 2011 年）

年份	关闭学校		合并学校	新建学校
	学前学校	中小学校		
2006	Mckellar，Rivett，The causeway	小学：Flynn，Hall，Melrose，Mt neighbour，Rivett，Tharwa，Weston Creek	学前教育机构都并入小学，或建立 P - 10 学校，Melba 高中与 Copland 学院合并；Chisholm 学前学校及其小学与 Caroline Chisholm 高中合并	0
2007	Cook，Page，Macarthur	小学：Village Creek，Cook；高中：Kambah		一贯制初高中：Stromlo（6 - 10）
2008	Holt，Creek	小学：Holt，Higgins		学院：Hawker；小学：Harrisoon
2009	0	0		学前学校：Sabella，plains，Lyons，Narrabundah，Southern Cross
2010	0	0		学院：港加林地区
2011	0	0		一贯制学校：Kabah（P - 10）

资料来源：澳大利亚首都地区立法会：首都地区学校关闭及重组改革报告，http：//www.hansard.act.gov.au/hansard/2009/comms/edu04.pdf。

首都地区政府及教育与培训部就此次学校布局调整实施过程前后所取得的成效做了报告。报告说明此次布局调整的必要性和重要性，政府下拨大量的资金支持改革的有效推进，其中，2006～2007 年，国家投入 9 000 万澳元用于学校设备的更新，6 700 万澳元建设新的学校，2 000 万澳元更新科技设备。随后，每年将投入 300 万澳元用于技术的更新。这反映出政府对此次改革的重视和决心。① 同时，在学校合并过程中，由于涉及大量的教师流动及学生的转校问题，政府专门开展了教师专业发展培训，特别重视教师对转校生心理适应的培训，以便教师能够有效地协助学生尽快适应新的学习生活环境，这也得到了广大家长和学生的好评。

2010 年 11 月，南澳大利亚州宣布将在 2011 年和 2012 年两年内把 67 所学校合并为 33 所，主要是提高低年级教育和高年级教育的学校合并，为学生提供无缝对接的教育，减少学生转学带来的困扰。当然，经济考虑也是一方面，此举可以节约 800 万澳元。②

2011 年，塔斯马尼亚州宣布将在今后的 4 年内关闭 20 所学校，主要是出于减少 2 400 万澳元开支的考虑。该州州长劳拉吉丁斯（Lara Giddings）称，政府不再资助那些入学率不到一半的学校。教育部网站资料表明："政府尽量在所有领域削减公共开支。继续维持一大批人数非常少且不能充分发挥作用的小学校不划算，对教育部而言，关闭和合并某些学校可以节省大量财政支出。"③

二、主要特点

澳大利亚义务教育学校布局的百年进程有其合理的一面。在普及义务教育的早期，为了尽早实现普及的目标，单师学校、素质不高的教师队伍等均在特定的历史时期发挥了其作用。随着经济的发展，社会的进步，教育质量日益重要。此时，那些早期的因陋就简的学校，都需要进行改造，学校布局需要不断调整。

在进行学校布局调整的过程中，澳大利亚延续了西方社会的法治理念，根据本国地理环境与人口分布的实际情况，适度地保留了一定量的小规模学校，渐进地推进义务教育学校布局调整。同时，为了弥补布局调整的不足，澳大利亚还采取了多种多样的教学形式加以补充，以满足不同类型学生的学习需求。在整个布局调整的过程中，澳大利亚重视"以人为本"，充分彰显了民主与协商的精神。

---

① Andrew Barr. ACT Government Submission-Inquiry into School Closures and Reform of the ACT Education System. Standing and Committee on Education, Training and Youth Affairs, 2009: 2.

② Education (Closure and Amalgamation of Government Schools) Amendment Bill, 2013-01-31.

③ Trevor Cobbold. The Tasmanian Government's Case to Close Schools is Threadbare, 2013-01-31.

（一）布局调整依据法律法规

澳大利亚义务教育学校布局调整的一个突出特点就是严格按照法律法规进行。相关法律规定明确细致，既确保了布局调整的整个过程有法可依，又规范了布局调整执行机构的行为。例如，1972 年，南澳大利亚州《教育法》第三条就明确规定了撤并学校的标准和程序、审查委员会的人员构成、工作范围与行为准则、书面报告等，使学校布局调整工作进展井然有序。[①] 2011 年，塔斯马尼亚州准备撤并 20 所学校，为了使工作顺利进展，有关部门专门制定了撤并学校的 7 项标准：学校在校生规模、使用率（实际在校生人数与可容纳规模的比例）、可达性（学校是否方便学生入学）、教育实力、财务状况、管理水平、与社区的关系。少于 150 人的小学或少于 300 人的中学都是行政部门考虑关闭的对象。使用率低于 60% 的学校将被列入考虑关闭的学校之列。乘坐公共汽车上学的小学生，单程不能超过 30 分钟，中学生不能超过 50 分钟。学校的教育实力包括师资质量、教学环境等 5 项细则。财务状况即指学校能否在政府拨付的预算经费内正常运作而不需要额外补助。管理水平包括学校教师的士气与工作满意度、教师专业发展机会等 4 项细则。与社区的关系即家长对学校的满意度及学校对社区的贡献。[②]这些详细而清晰的规定具有很强的可操作性，为澳大利亚义务教育学校布局调整的规范开展奠定了基础。

（二）渐进式推进义务教育布局调整

纵观澳大利亚义务教育布局调整百年进程，不难发现，它是以一种渐进的方式展开的，没有出现行政命令式的、运动式的大规模的布局调整。例如，1935 年，澳大利亚中小学总数为 12 243 所。1936 年，各州开始对学校布局进行调整，到 1945 年，中小学总数减为 10 264 所，平均每年仅减少近 198 所。[②] 这种渐进式的布局调整是一种符合教育发展需要的调整，它充分考虑了撤并一所学校给社区、教师、家长、孩子带来的影响，并综合各方意见进行合理的布局调整。这种渐进式的布局调整虽然可能需要时间较长，但并不是一种低效率的表现，相反，它着眼于长远的发展。如果一味追求学校数量的减少，而不注重布局调整对学校质量提升的意义，那么，可能带来后果就是打乱教育正常的发展规律，对社区文化环境、家庭教育支出、孩子成长造成不利的影响。

---

① Education Act 1972 of South Australia，2013 - 01 - 23.

② Evolution of Educational Systems in Australia，http：//www. abs. gov. au，2013 - 02 - 01.

（三）因地制宜适度保留小规模学校

澳大利亚人口的减少导致农村学校规模减小，在成本效益和规模效益的双重压力下，农村小规模学校存在的必要性受到了质疑。从20世纪40年代开始，随着民众接受中等教育需求的增加以及农业的机械化水平提高（加速了小农场合并成大农场的进程），为小规模农村学校的撤并提供了时代背景。这一时期，农村道路交通状况的改善以及兴办完全中学的趋势也对小规模学校的撤并起到了很大的推动作用。

在半个世纪里，尽管各州政府逐步地撤并了一些学校，但是，在澳大利亚义务教育体系中的小规模学校的数量依然占很大的比例。如果把学生人数小于等于100人的学校定义为小规模，那么，2008年的澳大利亚有2 500多所小规模学校。如果将标准放宽到200人，那么小规模学校有4 253所，约占45%。大多数小规模学校主要分布在农村地区。离首府或地区中心城市越远的社区，越有可能办小规模学校。①

（四）民主协商确保布局调整利益相关者的知情权

进入21世纪以来，澳大利亚政府在学校布局调整过程中，更加注重民主协商、信息公开、按程序办理。例如，澳大利亚首都地区立法会（Legislative Assembly）在2008年的《教育法修正案》中，明确提出州教育部门在决定撤并学校之前，必须遵循以下步骤：

（1）通知学校和学校所在社区的居民撤并某所学校及撤并的原因；

（2）与学校所在社区的利益群体协商至少6个月；

（3）对撤并学校给社区带来的直接的和间接的教育、环境、经济、社会文化的影响进行综合的成本—收益分析；

（4）在当地畅销的报纸上发布撤并学校的提案；

（5）在提案发布后，要继续与学校所在社区的利益群体协商至少12个月；

（6）就如何把社区对撤并学校的意见考虑在最终的决定当中做出解释。

该修正案还强调协商过程必须保证公开、平等、尊重、透明，相关的信息必须及时高效公布出来以便尽可能多的社区居民能参与进来。②

---

① R. John Halsey. Small Schools, Big Future. Australian Journal of Education, No. 55, 2011.

② Education Amendment Bill, 2013-02-04.

（五）采取多种形式补充学校布局调整的不足

由于学校的撤并导致部分学生就学距离太远，各州政府便采取了富有澳大利亚特色的教学形式来弥补。早期主要通过建立函授学校来给家校距离太远的学生（包括有特殊教育需求的学生，例如残疾、弱智、超常儿童等）提供教育，其教学以及相关活动的实现主要依靠邮寄和电话等方式，学校也会定期组织集体活动或教师到学生家里去辅导。二战以后，随着通信技术的迅速发展，政府有关部门在人口较为密集的市镇建立了远程教学中心，通过空中电波或网络为这部分学生授课。无线对讲系统是远程教学的主要工具，教师可通过它向某个学生提问，同时，其他学生都能听到。此外，学校也会定期举办集体活动，以保证教学的质量。[①] 这些富有成效的教育形式弥补了学校布局调整可能带来的负面影响，例如，学生可能因离学校太远而失学，父母到市镇中心小学陪读给家庭带来的经济负担，等等。

第二节　澳大利亚义务教育学校布局调整现状与问题

在进行义务教育学校布局调整过程中，每个国家都会遇到各种不同的问题，澳大利亚也不例外。如，人口分布带来的交通问题、撤并小规模学校给社区居民带来的消极影响、重视经济效益而实际上却效益低下等始终困扰着教育行政部门。

一、学生上学的交通问题

在澳大利亚农村地区（尤其是内陆农村地区），人口稀少且住户分散。学校合并以后，学生需要乘坐校车上学，而坐校车花费的时间、校车安全、道路状况、公平的乘车机会等问题一直困扰着家长和孩子。

坐校车花费的时间相应地减少了学生学习、休息和玩耍的时间。离学校远的学生参与课外活动和合作课程的时间明显减少，而这些有意义的活动对学生的学业成就具有不可忽略的积极影响。[②] 长时间坐校车还会占用他们写家庭作业的时

① 沈永兴、张秋生、高国荣：《澳大利亚》，社会科学文献出版社 2009 年版，第 305 页。
② 郑琼：《中外农村小学撤点并校的比较分析》，载《现代教育科学·普教研究》2011 年第 6 期。

间，同时，坐车的劳累也会降低学习效率。校车安全更是家长们关注的问题。在政府提供的校车中，大部分没有空调，而某些地区夏季的温度可高达50度，这无疑是一个潜在的危险。校车有时超载，例如，在南澳大利亚州伍丁纳地区，通常是三个学生挤在两人座上。学生们的座位通常没有安全带，家长们感到担心。另外，在一些农村地区，公立学校校车可能是当地唯一的公共交通工具，然而，一些私立学校的学生、幼儿园儿童、技术与继续教育学校的学生却无权乘坐，这就产生了乘车机会公平的问题。

二、对社区和家庭的影响

对于社区而言，学校就是一条精神纽带，在保持社区和人民精神生活稳定性上发挥了很大的作用。有的学校甚至有百年校史，有着厚重的历史感，很多家庭祖祖辈辈都在同一所学校学习，这就在无形中赋予了学校以社区灵魂感。学校就像一块无形的磁石，拉近了代际距离。学校关闭之后，对于社区的整体发展也有不良影响，如周边的服务性机构也随之消失，这不仅给社区居民的生活带来了不便，也不利于社区的经济发展，没有了学校的社区自身的地位也在不断下降。另外，撤销偏远地区的小规模学校还会给家庭带来额外的经济压力。在整个改革过程之中，经历改革、承担压力的多是那些抗风险能力差的低收入家庭。他们在学校关闭导致的交通费用或寄宿费用的增加方面，比一般家庭或高收入家庭承担的压力更大。政府在制定改革方案时，盲目地从经济效益出发，忽视了这些弱势群体的利益。①

三、学校撤并的额外成本

学校布局调整的初衷是整合教育资源，解决生源不足学校的资源浪费问题，以提高学校整体教育质量。然而，在方案制定及实施的过程之中，经济利益往往成为主导因素。特别是在全球经济低迷时期，政府的经济驱动更强烈，认为小规模学校浪费资源，一律撤并，盲目地从效益最大化目的来实施学校布局调整。

然而，学校撤并后，学生交通补贴将是一笔不小的开支，校车服务、新学校建设、合并学校的设备翻新都是额外开支。因此，学校撤并后，新布局格局下所能节约的资金其实并没有预期的多。研究也表明，接送学生的交通开支可能比维持小规模学校还要多。有研究者认为，学生在乘坐车辆上学过程中所产生的人力

① 陈瑶：《澳大利亚首都地区公立中小学布局调整研究》，华中师范大学硕士论文，2012年。

资源损耗也应该计入教育成本。如果教育部门的主要目标仅仅是成本最小化，那么还有很多措施比撤并小规模学校更有效。

第三节　澳大利亚义务教育学校布局调整的启示

澳大利亚给我们的启示是：义务教育布局调整不能仅仅追求规模效益、经济效益，应在制定合理的可操作的政策措施基础之上，综合考虑各地区实际情况，广泛征询家长、教师、学生的意见，以一种平稳渐进的方式加以推进。

一、遵循“教育逻辑”

20世纪70年代至今的布局调整进程，澳大利亚越来越多考虑经济因素，这是无可厚非的。从经济学的角度出发，撤并小规模学校确实可在一定程度上节约办学成本，提高办学的规模经济效益。然而，制定和实施布局调整政策的起点是全面提高学校的教育质量和效率，最终目的是让所有学生都能接受优质教育。因此，教育逻辑才是布局调整的首要考虑因素。一味地秉持“经济第一”，无视学校布局调整的出发点和落脚点，抱着“规模小质量一定差”的思维定式不放，经济规模效益至上的布局调整注定是无法达到目的的。

在我国，尤其是在那些财力本不充足的中西部或农村地区，规模效益、节约资金也是很多地方学校布局调整的出发点。然而，教育的对象是人，人的问题不能简单地从经济层面来定位。布局调整的立足点只能是教育本身、是学生，应严格遵循教育的逻辑，真正做到以人为本。

二、建立民主高效的程序

澳大利亚是一个非常注重“民主政治”的国家。在整个布局调整过程中，无论是初步方案意见征集还是调整中期的评估征询，政府都力图让公众参与其中，发表自己的见解和意见，“民主理性”思想贯穿于整个布局调整过程之中。

纵观澳大利亚布局调整的全过程，有成效也有不足。如，过于追求改革的“高效”招致社区居民、家长、学生及教师的不满和批判，但这种以“民主、公开、公平”为原则和基准开展协商的模式值得我们学习和思考。在我国，在民主公平的改革方案制定程序及实施过程有效监督尚未完善之时，学校布局调整就凸显出过分注重效率的问题，行政命令式、运动式的布局调整模式占主导。2001年，国务院做出《国务院关于基础教育改革与发展的决定》，其中一项内容是“因地制宜调整农村义务教育学校布局：按照小学就近入学、初中相对集中、优化教育资源配置的原则，合理规划和调整学校布局”。然而，地方政府却是“一刀切”式撤并农村小规模学校，调整效果并不好，出现了大量的问题。针对此问题，2012年9月，国务院办公厅又发布《关于规范农村义务教育学校布局调整的意见》，“在完成农村义务教育学校布局专项规划备案之前，暂停农村义务教育学校撤并”。这种自上而下的布局调整方式，地方、学校只能被动接受。因此，我国应该学习澳大利亚布局调整的经验，吸取其教训，在学校布局调整方案的制定和实施过程中，稳步推进“民主高效”模式。

三、适当保留农村小规模学校

在我国义务教育学校布局调整过程中，农村小学被大量撤并，部分地区甚至强制规定小学进镇、初中全部进县城，结果又引发了学校管理难、亲情缺失、家庭教育成本增加等一系列问题。

反观澳大利亚，尽管在20世纪后半期，农村小规模学校被大量撤并，但整体上，微型学校及小规模学校一直在农村学校中占有非常大的比例。小规模学校已经成为澳大利亚农村乃至整个国家的教育特点之一。为此，澳大利亚加大对这类农村小规模学校的硬件和软件投入，努力使就读于这些学校的学生享受同等的教育条件，获得同等的成功概率。同时，各州政府还积极发展函授教育、远程教育满足农村偏远地区学生的教育需求。

虽然我国的国情与澳大利亚不同，但是，我们依然可以从中反思：小规模学校教学质量一定差吗？大规模学校教学质量就一定高吗？恐怕不能一概而论。因此，在进行义务教育布局调整的过程中，应综合考虑小规模学校所处的地理环境、办学效益及其在当地的存在价值，适当地保留一批小规模学校，避免盲目地为撤并而撤并。

四、长远规划学校布局调整

澳大利亚农村学校布局调整的过程中的某个时期，也出现过政府过分追求节约教育投入、提高办学效率的倾向，以经济效益和规模效益为中心大规模地合并或直接关闭小学校。这种忽视农村学校经济文化功能的布局调整改革，遭到了社区居民的强烈反对。

我国农村学校布局调整也存在片面追求集中化办学的做法，反映了地方在学校布局调整中急功近利的心态，调整计划缺乏长远战略眼光的弊端。研究显示，一些县（市）在布局调整中有这样的规定：少于120名学生的小学、少于200名学生的初中原则上予以撤并，其学生就近到其他学校就读，可不受乡、镇区域限制。[①] 然而，120人或200人的标准是如何制定的、是否考虑了农村不同地区人口基数的差异、“原则上”该如何具体掌握等问题都没有较清晰的界定。从经济学角度来看，将小规模学校进行适当整合，具有一定的规模效益，但是对于那些在学校数量和教育资源方面都处于劣势的农村地区来说，无疑更是雪上加霜。

在我国，许多农村的小学都是村民一砖一瓦亲手建立起来的。学校已不仅仅是传授知识的场所，也成为社区居民聚会及商议的地点。然而，在撤并政策制定过程中，村民不仅无法参与方案的制定，而且无法改变学校关闭的结果，在心理上确实无法接受。澳大利亚的经验和教训表明，布局调整的理念应该更多地考虑社区所承载的历史和文化意义，理性并长远地评估学校对于农村社区发展的意义。[②]

① 邬志辉：《中国农村学校布局调整标准问题探讨》，载《东北师大学报（哲学社会科学版）》2010年第5期。

② 陈瑶：《澳大利亚首都地区公立中小学布局调整研究》，华中师范大学硕士论文，2012年。

第十一章

美国义务教育学校布局调整研究

大约从19世纪中后期开始，美国就开始出现了学校合并，特别是在农村地区。20世纪以来，城市工业化进程加快，农村经济不景气，大量的人口从农村迁移到城市。城市学校与农村学校先后进行了教育改革，将小规模学校进行合并。早期普及阶段，“一室校”广泛存在。伴随着布局调整的进程，学校规模也逐渐变大。

20世纪30年代后至50年代末期，由于经济危机等因素的严重影响，美国义务教育学校加快了布局调整的速度。1957年，苏联人造卫星上天对美国产生了极大的冲击，教育界亦是有所反应，改革举措频频出台。此时，义务教育学校布局调整的重点在高中阶段。

1959年，詹姆斯·康纳特（James Connat）出版《今日美国中学》，提倡减少小规模高中的数目，扩大高中规模，此举对美国农村高中合并产生较大影响。

1983年，《国家在危急之中》的颁布至今，各州对其义务教育学布局的调整逐步地走向科学规划、理性发展的道路，众多学者、研究人员、教育家大力开展定量与定性相结合的研究，对学校布局调整的研究也进一步深入。

第一节　美国义务教育学校布局调整的历程与特点

一、基本历程

（一）1897～1929年：起步阶段

在工业化的推动下，城市化成为美国19世纪的重要事件。随着城市在社会生活中的影响力越来越大，19世纪中期，不少美国教育界人士认为应当建立更为有效的城市化的学校模式，原有的"一室校"无法适应教育发展的需要，应该加以合并、重组。而1897年美国全国教育协会（National Education Association）推出的《农村学校12人委员会报告》（*Report of the Committee of Twelve on Rural Schools*）标志着农村学校合并与学区重组在美国全国范围开始成为"合适"的政策取向，各个州相继通过立法推动农村小学校合并和学区重组。20世纪初期，不少教育学者纷纷发表论著支持学校合并。著名教育史家克伯雷（E. P. Cubberley）1920年出版的著作《教育史》认为，学校合并是应对农村教育问题的首要对策，教育也可以像工业生产模式一样，实现管理、教学和设施上的规模经济效益。[①]

19世纪上半叶，美国的工业化从普及铁路开始，带动钢铁、电力、石油、制造业等工业的迅速发展，促进了美国经济繁荣，城市化进程加快。此时，汽车的发明在一定程度上促使美国教育系统发生转型，推动学校和学区的布局得以调整、合并，而且改善公路和机动车辆也意味着儿童能够去路途遥远的中心学校上学。[②] 19世纪30年代，美国产生了影响深远的公共教育运动。政府设立学校，学校建设由公共税收经费来维持，面向所有公民实施免费的普通教育。这促进了初等学校与中等学校的迅速建立，人数不断增加，学校规模逐渐扩大。

19世纪中期，美国城市地区的工业化浪潮极大地促进了学校合并运动。在

① 廖英丽：《20世纪以来美国农村学校合并历程及其影响因素研究》，载《基础教育参考》2009年第3期。

② Joe Bard, Clark Gardener & Regi Wieland. National Rural Education Association Report—Rural School Consolidation: History, Research Summary, Conclusions, and Recommendations. The Rural Educator, Vol. 27, No. 2, 2006: 40.

工业革命的巨大影响下，美国社会普遍认为教育采用工业中的管理技术将有利于构建理想的社会秩序，早期的学校改革者和政策制定者认为一个工业化的社会要求所有的学校看起来差不多，并且开始提倡建设更多的城市化的、集中管理的教育模式。[①] 值得重视的是，这种学校合并运动最先在城市开展起来。1832 年，布法罗就建立起这种统一的城市教育体系。1842 年底，特律市废除了原有的学区制度，重组为城市范围内的统一学校制度，并设立城市学校董事会进行管理。南北战争后，多数城市逐步进行学区合并。19 世纪晚期，这种城市化的统一学校教育制度在所有城市推行开来。[②]

在这种社会背景下，学校的教育目标也倾向于为工业服务。为满足工业的快速发展对技术工人和科技人才等的需求，城市与农村先后对学校进行了改革。规模较小、资源贫乏、条件恶劣的城市学校最先被合并，扩大了城市学校的规模，壮大了师资队伍与生源，充分利用了教学资源，提高了办学效益。

20 世纪初期，合并的触角伸向了分布分散、教育质量不高的农村学校。这一时期的农村发生着重要的变化。1920 年，美国城市人口首次超过了农村人口，占总人口的 51.2%。1930 年，美国农村人口占总人口的比重下降到 43.8%，基本实现了城市化。[③] 这样一来，农村的剩余劳动力开始向城市地区转移，部分农村学校的入学率急剧下降。同时，在农村地区，广泛分布的“一室校”师资匮乏、教学设备简陋、办学条件不佳，实施分年级、分班级教学较为困难。学校教育质量差强人意、效率低下，不能建立良好的教育教学秩序等问题。这些问题成为农村学校发展的极大阻碍，困扰着其教育质量的提高、农村教育的发展与进步。1869 年，马萨诸塞州率先通过了提供免费交通工具的法律，这为农村学校的合并做好铺垫。同年，该州开启将农村小规模的学区合并为大学区的先河，并在 1880 年又规定建立中心学校来替代“单师学校”，配备校车接送居住地偏远的学生，扩大学校规模、改善教学资源和设施设备。1897 年，美国全国教育协会的《农村学校 12 人委员会报告》标志着农村学校合并与学区重组在美国全国范围开始成为“合适”的政策取向，各个州相继通过立法推动农村小学校合并和学区重组。[④] 1908 年，罗斯福总统任命农村生活运动委员会，开始进行农村生活运动。除了经济和农业基础设施的变革外，农村生活委员会的工作重点是改造农村

① Kathryn Rooney & John Augenblick. An Exploration of District Consolidation, http: //www. apaconsulting. net/uploads/reports/16. pdf, 2013 - 05 - 09.

② Sun Go. The Rise and Centralization of American Public Schools in the 19th Century. CA. University of California (Davis), 2009: 110 - 111.

③ 李红恩、靳玉乐：《美国中小学学校布局调整的缘由、现状与启示》，载《比较教育研究》2011 年第 12 期。

④ 王强：《20 世纪美国农村“学校合并”运动述评》，载《外国中小学教育》2007 年第 8 期。

县镇学校和教堂，[①] 提出对现有的学校进行合并。此外，一些州和地区开始立法来保障学校合并的实施。例如，1911 年，俄克拉荷马州对合并学校进行财政拨款，资助其建设楼房、宿舍等。1913 年，威斯康星州通过了《建筑援助法》，为较大规模的学校提供建筑资金。同年，俄亥俄州组织的调查建议合并本州大多维护成本高且不经济的小学校。到 1925 年，该州的"一室校"就从 1914 年的 9 400 所减少到 5 500 所。

除此之外，学校外部环境的改善也有力地促进了农村学校合并的蓬勃发展。例如，1910 年，美国成立了"美国公路改进协会"，各州拨款数百万美元改善乡镇和各县公路，这方便了家校距离遥远的儿童上学，促进了农村偏远地区普及初等教育。这一时期，义务教育学校布局调整的主要对象是分散、规模过小的学校，目的是建立城市化的、集中的学校教育制度。在这一快速合并与重组时期，农村的学校与学区的规模日渐扩大、数量大幅度减少。仅 1919～1929 年间，美国南部农村地区"一室校"数量减少 37%，西部地区减少 32%，东部地区减少 23%。

从全国范围来看，这一时期的小规模学校布局呈现出日益减少的趋势。1918 年，学生人数少于 50 人的小规模中学有 7 024 所，到了 1924 年，这种小规模学校已经减少到 5 110 所。[②]

（二）1930～1957 年：加速发展阶段

1929 年，世界性的经济危机席卷美国，造成了严重的经济损失。随后，罗斯福总统领导的联邦政府实行新政，进行社会改革，追求经济效益的理念逐渐从工业领域转移到教育领域之中。财政困难与规模效益双重因素对这一时期义务教育学校布局调整的影响极大，调整速度加快成为布局调整的主要特征。这一时期，1929 年的经济危机对美国社会造成了严重的影响，银行倒闭、大量工厂与企业被迫关闭、失业人数不断增加。1929～1933 年，5 000 家银行倒闭，至少 13 万家企业破产，汽车工业产值下降了 95%。1933 年，工业总产量和国民收入暴跌了将近一半。作为 20 年代美国经济繁荣标志的钢铁、汽车和建筑等行业的衰退更是明显。城市与农村地区经济迅速衰退，财政紧缩、通货膨胀的现象严重，政府开始大幅度地削减教育支出，减少教育经费。在这种萧条状况，大规模地合并条件较差、规模小、资源与经费不足的学校成为逐渐明朗的趋势。

① 廖英丽：《20 世纪以来美国农村学校合并历程及其影响因素研究》，载《基础教育参考》2009 年第 3 期。

② 朱秀艳：《美国小规模学校研究》，华中师范大学硕士论文 2004 年。

在城市化和工业化的浪潮中，“规模经济”等观念蔓延到教育领域中。“规模经济”主张通过扩大学校规模和学区规模来降低生均成本和提高学生成绩。根据“规模经济”理论，大型学校更加经济、高效。因此，城市学校和大型学校被认为是“最佳模型”，农村学校则是有缺陷的。规模经济原则和追求国家目标的双重义务促使当代的学校领导者去寻找最佳的学校体系，这样学校与学区布局调整的问题再次引起教育界的关注。

此外，随着城市化进程的加速，大量的人口向繁华热闹的大城市迁移，农村人口急剧减少。例如，20 世纪 50 年代，美国农村迁出人口达到 900 万人，占当时农村人口的 30%。这样一来，迁移率超过了人口自然增长率，农村人口和学龄人口数量快速下降。同时，值得一提的是，这些流动人口主要以青壮年为主，具备良好的教育水平。1940 ~ 1950 年，移民年龄在 10 ~ 19 岁之间的占一半以上，20 ~ 24 岁之间的占 40%。早期的这种选择性迁移导致了农村“留剩资源”（指没有迁移出农村的人口与资源）的重组滞后和留剩人口的平均年龄偏大。[①] 于是，农村学龄儿童人数的减少导致了入学率的降低，而且这种人力资源的流失造成农村经济衰弱、教育资金匮乏，大范围的合并与重组由此开始。1929 年的经济大萧条对学校、学区的布局调整带来了较大的困难。各州政府及相关部门不能给合并学校与学区提供足够的经费，因此，更加强调学校的规模效益问题。那些规模较小的学校、学区就成为此期布局调整的目标。20 世纪 30 年代，大型私营汽车公司大力宣传与推广研制的新型校车，为合并后离家较远的学生提供了方便的交通工具，为学校合并大规模的实施铺平了道路。

二战爆发后，大量的城市工人被招募、参战，工业、服务业等行业劳动力缺乏，技术人员减少。于是，众多农民涌入城市工作，这也填补了各行业的人力短缺的状况。第三次科技革命的到来加剧了农村人口向城市的流动与迁移。农村人口日益锐减，农村学校入学率降低，教育质量令人担忧。1944 年，第一次白宫农村教育会议提出“复兴农村教育”，通过重组小学区促进农村教育教学资源的高效利用和教育质量的提高。于是，农村地区掀起学校、学区合并的热潮。美国义务教育学校布局调整虽然在 20 世纪 30 年代受到了经济萧条的影响，但是在二战以后取得了较大进展。1935 ~ 1936 年，学区数量为 11.9 万个。1939 ~ 1940 年，学生人数的总量达到 2 570 万人，学区数量减少到 11.7 万个，这一时期“一室校”的数量为 11.36 万所。1953 ~ 1954 年间，美国学区的数量急剧下降至 6.3 万个，关闭的学区比例为 46.1%。[②]

① 杨靳、廖少廉：《美国农村人口迁移与启示》，载《人口学刊》2001 年第 4 期。
② 于胜刚、邬志辉：《简述美国农村学区布局调整（1930—1998）》，载《学术论坛》2010 年第 6 期。

（三）1958～1983年：缓慢发展阶段

1958～1983年，美国教育界相继进行了教育改革。例如，1958年，《国防教育法》的颁布；1965年，《中小学教育法》的颁布；1969年，联邦最高法院规定立即取消种族隔离，硬性强制黑人、白人学生合校；1976年，美国基础教育委员会倡导的“返回基础”的教育改革等措施。在这种日益重视基础教育、中小学校教学质量的环境背景下，义务教育学校布局调整呈现出新的特点。调整的速度有所放缓，调整的重点在高中阶段。1957年，苏联人造卫星上天对美国教育界产生了极大的冲击，科南特的《今日美国中学》（1959）提倡减少小规模高中的数目，扩大高中规模。这对美国农村高中的合并影响较大。1957年，苏联发射第一颗人造地球卫星，舆论界惊呼美国的科学技术落后了，对学校教育的批评更为激烈，强烈呼吁改革学校的课程和教学方法。在此背景下，美国联邦政府颁布《国防教育法》，并开始进行了新一轮的大规模教育改革运动。该法要求提高课程的标准，加强科学、数学、外语的教学，强调“天才教育”，增拨大量教育经费。在这次改革中，州的教育权力集中化，州教育管理体制对教育的影响力日渐增加，有力地促进了学校布局调整的进行。

二战后，美国高等教育的大发展，改变了过去高中属于最终学历的状况，如何为高等学校提供高质量的生源成为高中的首要任务。20世纪50年代末，科南特提出的“规模效益”理论假设对美国农村学校合并起到了推波助澜的作用。1959年，曾任哈佛大学校长的科南特出版了《今日美国中学》，调查了2 024所学生规模介于250～1 999人的高中，认为大规模的综合高中能提供更宽泛的外语和高级课程[①]，大型的“综合”高中更具成本效益，也可以通过设置一系列广泛的课程来提供高质量的教育。他主张废除小规模中学、重组学校和学区，在全国范围内实施综合中学。虽然科南特报告受到公众的热烈欢迎，且被认为促进了学校合并，但在此报告发表之前，大规模合并就已经开始实施了。换言之，这个报告对美国义务学校布局调整起到的是推动作用，而并非是“导火线”的引领作用。

20世纪70年代，美国城市出现了居民迁移到农村乡镇的现象，即“农村复兴运动”或“郊区运动”。1970～1979年，从城市和城郊流向乡村的人口总数达到1292.6万人，扣除迁往都会地区的929.1万乡村人口，净增长363.5万人。[②]受这一运动的影响，农村经济得到良好的发展与改进，增长率达到了14%，而

---

①② 廖英丽：《20世纪以来美国农村学校合并历程及其影响因素研究》，载《基础教育参考》2009年第3期。

同期城市的经济增长率为11%。这样的经济环境为合并提供了良好的条件，学校布局调整基本上处于缓慢发展阶段。20世纪60年代后期，美国农村学校合并运动日渐衰微。一方面，绝大多数小学区和小学校已经被重组或合并，由社区控制的学校管理模式已经不再是农村教育管理体制的基石；另一方面，人们日益开始对学校合并运动进行质疑和历史性反思，认识到不能完全消除小学校和小学区，“规模效益理论”不具有普适性。

20世纪70年代的研究表明，学校合并不是解决学生成绩提高和达到学校规模效益的有效途径。当然，农村小学校的合并并没有终止，但人们不再片面地追求学校的规模，不同规模和类型的学校间的教育机会均等逐渐受到关注，农村学校合并运动的影响逐步衰落。

从1959年至1971年，学生人数、初等学校与中等学校数量都发生了显著的变化。同时，成千上万分散的“单师学校”被关闭。如图11－1及表11－1所示，学生人数逐年增加，由3 610万人增长到4 590万人，“单师学校”从20 213

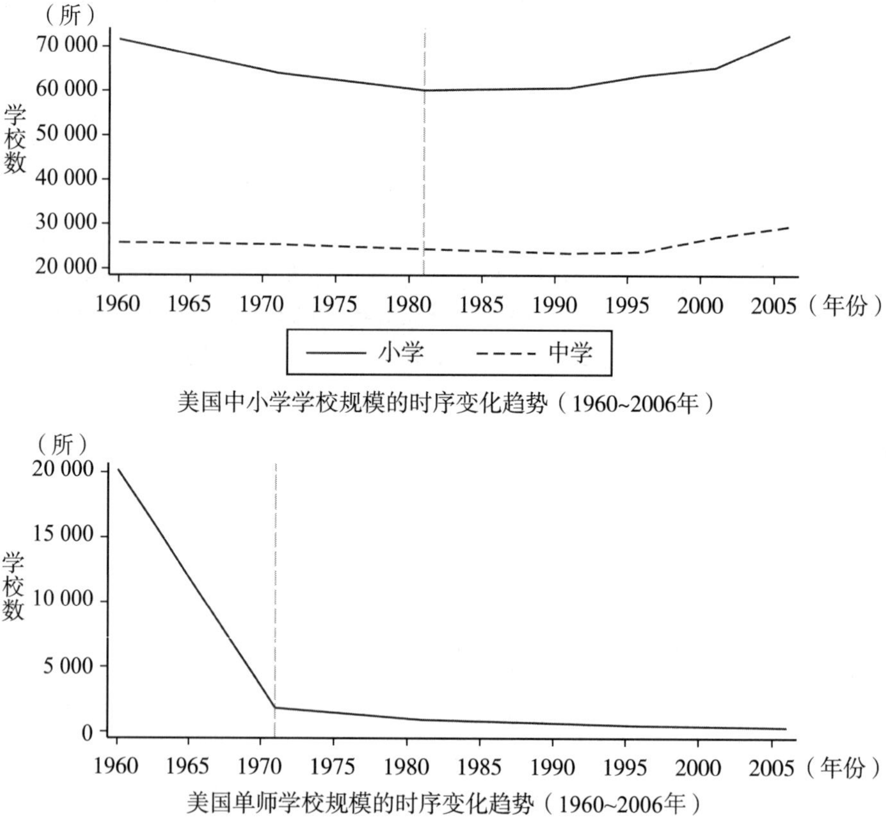

图11－1　美国学校规模的历时变化（1960～2006年）

资料来源：美国教育部，全国教育数据中心，2009年。

所急剧减少到 1 815 所，减少了 91%。在这期间，尽管入学率增长了 27.1%，但初等与中等学校的数量分别减少了 10.7%、1.7%。从 1971 年至 1981 年，"单师学校"锐减到 921 所。在"单师学校"和小学大幅缩减的同时，全国范围内的学区数量也日趋减少。1961 年，学区共有 36 402 个，1970 年降至 17 995 个，2/3 的学生都在大规模的综合中学就读①。

表 11－1　　部分年份美国学生规模与学校数量变化趋势

年份	学生规模		单师学校		小学学校		中学学校	
	数量（万人）	增长率（%）	数量（所）	增长率（%）	数量（万所）	增长率（%）	数量（万所）	增长率（%）
1960	3 610	40.5	20 213	－82.2	7.16	—	2.58	5.1
1971	4 590	27.1	1 815	－91.0	6.40	－10.7	2.54	－1.7
1981	4 090	－10.9	921	－49.3	6.01	－6.0	2.44	－3.9
1991	4 120	0.7	617	－33.0	6.07	－1.0	2.35	－3.7
1996	4 440	7.8	474	－23.2	6.35	4.6	2.38	1.4
2001	4 660	5.0	411	－13.3	6.53	2.8	2.71	13.9
2006	4 800	3.0	335	－18.5	7.27	11.3	2.95	8.9

注：增长率为是与前一时期相比的情形。

资料来源：美国教育部，全国教育数据中心，2009 年。

（四）1983 年至今：科学发展时期

从 1983 年美国中小学教育质量调查委员会颁布《国家在危急之中》至今，众多学者、研究人员、教育家对学校布局调整开展了大量的定量与定性研究。总体来看，义务教育学校布局调整逐步地走向科学规划、理性发展的道路，呈现出区域性、局部性的特征。20 世纪 80 年代，现代农业技术的发展促进了农业的规模化，农村经济的下滑致使许多农村家庭涌入城市，农村学校的入学率进一步下降。

90 年代，美国经济增长呈现良好势头，城市和农村都呈现出经济繁荣、人口增长的状况。农村经济发展速度快于城市地区，城市居民的就业增长率仅仅为农村的一半，同时农村新生人口的增加，学龄儿童数量的增多，都有利于农村中小学的发展。

① Ka thryn Rooney & John Augenblick. An Exploration of District Consolidation, http://www.apaconsulting.net/uploads/reports/16.pdf, 2013－05－09.

《国家在危急之中》颁布后，各州开始实行新的以提高教育质量为中心的教育改革。联邦政府提出：国家教育目标是为美国在全球经济竞争中保持优先地位提供高质量的劳动力，学校教育必须提高教育质量。在此背景下，各州又开始调整农村学校及学区的布局和规划等。然而，与之前的两个阶段相比，这一时期的学校合并的热情减弱，各界对学校布局调整的热烈积极态度逐渐消退。

进入 90 年代以后，美国开始了对学校进行“小规模改造”的行动。在美国，所谓“小规模学校”，一般是指最大容量为 300 ~ 400 人的小学或 400 ~ 800 人的中学。联邦政府为每所将要转变成小型学习团体的大型学校提供了 5 万美金的资助。[①] 比尔 · 梅林达基金会（The Bill Melinda Gates Foundation）也为缩小中学的规模而提供了 25 亿多美元的经费。

1999 年，克林顿政府为各州参与改革的学区拨款共 12 亿美元，促进其在 1999 ~ 2000 学年缩小低年级（小学一至三年级）的班级规模，即班级规模缩减项目（the class-size reduction program）。[②] 2000 年 12 月，克林顿总统颁布了“农村教育成就项目”（rural education achievement program，REAP）。REAP 项目中包括了小型农村学校成就项目（small rural school achievement，SRSA）。从 2002 年开始，联邦政府为推进该项目的实施而拨款 4.98 亿美元，[③] 旨在给农村偏远地区的小规模学校提供一定的财政资助，改善这些学校的教学资源、设施设备、师资力量。在美国历史上，REAP 是第一个单独对农村教育进行拨款的法案，并有效地促进农村小规模学校和学区问题的解决。这一切都为农村学校、学区布局、整合奠定了良好的基础，有效地提高了农村教育质量。

除了联邦政府之外，许多州亦开始倾向于支持小规模学校，并给予小规模学校一定的资助。例如，佛罗里达州立法机关在 2000 年通过“小规模学校需求”法案。该法案要求缩小学校规模，并要求学区教育设施新建计划和五年内学区设施建设规划都是关于小规模学校的。2001 年 2 月，马里兰州一份法案要求支付 10% 的财政拨款用于“优先资助地区”的学校建设，以满足特殊的学校规模限制；已经存在的并满足特殊要求的学校同样可以得到资助，用来修缮、更新和改造。[④]

从 80 年代至今，各州通过采取多种多样的方法来实施义务教育学校布局调整。无论是强制要求还是柔和政策、激励与资助政策，美国义务教育学校布局调

① 杜一萍、陶涛：《美国乡村学校合并的历史与反思》，载《思茅师范高等专科学校学报》2010 年第 8 期。

② 卢海弘：《班级规模变小，学生成绩更好？——美国对缩小班级规模与学生成绩之关系的理论与实验研究述评》，载《比较教育研究》2001 年第 10 期。

③④ 杜屏、赵汝英：《美国农村小规模学校政策变化分析》，载《教育发展研究》2010 年第 3 期。

整取得了一定的成效。

此期在实施合并过程中，各州主要采取以下三种方式。

第一，直接合并或财政激励。州政府立法规定所有学校或学区必须严格执行最小规模，或者强制关闭某些特殊类型的学区。阿肯色州立法规定，合并该州内所有招生人数少于350名的学区。内布拉斯加州的立法机关试图将多个Class I学区（Class I school districts，即从幼儿园至小学六年级或八年级的学区①）与只拥有一所高中的单个学区进行合并。

许多州提供财政经费来激励学区与其他学区合并或者关闭学区内部的一些学校，激励资金可以是一次性的现金到账，也有采取分期支付的方式来分担学校合并成本。在过去几年里，纽约州为新合并的学区提供巨额的财政补助。堪萨斯州提供资金激励，并允许新合并的学区保留对部分小学区的数年援助。爱达荷州、伊利诺伊州已经通过一次性的拨款或多年分付保证等形式的经济激励推动学区合并。

第二，断绝财政支持或差异化的资金援助。一些州政府部门以直接或间接的资助模式为更大的学区、学校提供更多的财政支持。若小学校或小学区的社区想保留它们的学校，社区必须为它们提供更多的教育资金来维持正常的运营。在某些情况下，这能对地方税收系统施加巨大的压力，促使社区之间相互竞争。例如，内布拉斯加州提出“地方选择”议案，减少州政府对k－12（从幼儿园到高中）学生规模小于390人的学区的生均拨款。缅因州教育经费是基于生师比而非小学校和小学区的财政需求拨付的。此外，州政府以生均交通成本而不是学校的总交通成本进行交通补助（对于人口稀少的农村地区来说，这一措施较难实施）。因此，缅因州近一半的少于300人学生的学区和超过1/3的250～500人学生的学区失去了财政来源。相比之下，学生规模大于2 000人的学区失去财政支持的比例少于10%。②

第三，附加条件。一是增加高中课程。某些州采用类似于断绝财政支持的特殊方式来迫使学校增添必修课程，强制学校聘请新教师或提供专业课程。一些州要求延长专业课程的教学时间，例如要求数学课程由三年延至四年。佛罗里达州、爱达荷州、伊利诺伊州、艾奥瓦州、密歇根州、新墨西哥州、俄亥俄州等已经提出延长专业课的教学时间，并以此作为学生毕业的要求，也有部分州的学校无法提供额外的经费来聘请新教师或提供专业课程。这些强制性要求可以以附加条件的形式来强迫贫困学校和学区进行合并。此外，州政府要求学校提高数学课

① Dave Aiken. Class I School District Consolidation Ballot Referendum, http://digitalcommons.unl.edu/agecon_cornhusker/240/, 2013－06－09.

② Anything But Research-based: State Initiatives to Consolidate Schools and Districts, 2013－08－02.

和科学课数量的毕业要求，或者要求学区增加高素质的数学、科学课师资，为富裕的学区提供一个竞争优势——用高薪吸引其他学区的教师。

二是拆并学校建筑。合并过程中，州政府往往只对入学率最低和占地面积最小的学校提供资金支持。许多州也出台鼓励新建校舍的政策。有的州有管理学校合同、调整和取缔或合并学校的中心部门。例如，西维吉尼亚州的学校建筑部门已出台了修葺或新建教学楼与校舍的政策，强制贫困社区的小规模学校进行合并。为了解决学校设施设备匮乏的问题，肯塔基州强制小规模的学校进行教学楼与校舍的合并，同时，也对合并后的学区规模进行了限制。2006 年，美国农村学校和社区信托组织（rural school and community trust）在总结了 21 世纪初期以来积极推进农村学校合并的部分州的具体政策与实践经验的基础之上，对学校和学区的规模、布局调整资助、学生乘坐校车的时间进行规定。[①] 同时还鼓励学校、学区间的资源共享、联合办学，反对学校与学区之间的侵吞、强行并入。

这一时期，美国农村学校合并是以区域性的合并为主，有的地区还出现了学校拆分的趋势。

1991～1996 年，学生人数增长速度减缓，学区数量也逐年减少、平均规模扩大，小学和中学的数量逐渐增加。如表 11－1 所示，最显著的变化有两个方面：一是“一室校”减少，2005～2006 年间仅剩 300 多所；二是到了 21 世纪初，学生人数逐年增长，中小学的数量也随之显著地增加了。

据统计，2005～2006 年美国所有学区的分布及区均规模中，超小规模（少于 300 人学生）和中小规模（学生人数在 300～9 999 人之间）的学区占 93.8%。其中，学生数量达不到超大规模（学生规模介于 1 万～2.5 万人之间和超过 2.5 万人）的学区比例为 47%。学区平均规模随着学龄人口的增加而扩大。超大规模的学区的数量较少，所占比例仅为 6.2%。2005 年，大约有 4.9 万所公立学校，而到了 2008～2009 学年，美国公立教育系统只开设了 1.39 万个学区，8.6 万所学校，区均规模增加了 10 倍，校均规模增长了 5 倍。[②] 2008 年 4 月，爱达荷州颁布的 HB 618 中规定了调整董事会成员的数量和合并创建的学区任命的成员的过程；2009 年 4 月颁布的 SB 1078 法案中规定：学区的大部分选民投票支持通过，学区才能合并。

美国学校和学区不仅规模悬殊，布局上也各有差异。例如，夏威夷整个州只有一个学区，而得克萨斯州却有 1 000 多个学区。许多州有上百个学区，如，新

① 廖英丽：《20 世纪以来美国农村学校合并历程及其影响因素研究》，载《基础教育参考》2009 年第 3 期。

② Terry E.. Spradlin & Fatima R. Carson & Sara E. Hess & Jonathan A. Plucker. Revisiting School District Consolidation Issues, http: //ceep. indiana. edu/projects/PDF/PB_V8N3_Summer_2010_EPB. pdf, 2013－03－08.

泽西州虽然面积小但人口众多，有600多个学区。

二、主要特点

在长久的发展、调整历程中，美国义务教育学校展现出许多富有特色的地方。例如，在实践中，州政府与地方政府、教育部门及其决策者都是秉着公开、民主、平等的观念来实施程序，这些观念值得我们借鉴与学习。

（一）程序公正、民主协商

美国是一个民主国家，各州进行学校布局调整本着公开、透明的原则进行，程序相对公正，基本上是通过民主协商投票进行。

2009年4月，爱荷华州政府在通过了参议院第360号文件后其颁布的SB 360法案，规定地区内学区认证、解散和合并等问题。认证委员会须先制定标准，学区必须满足这些条件才能申请认证。如果一个学区失去其认证资格，法案要明确解散和合并的过程。①

马萨诸塞州也采取措施来保证学校布局调整的顺利进行。该州在2010年建立了特殊委员会，主要目的是检查实施学校、学区合并和重组事宜，制定高效的和有效的策略来规划学校与学区的关停并转等。2010年10月至2011年7月，该委员会举行了11次会议和1次公开听证会，评估整个州目前的合并和重组的成效，征集各个利益群体（如，联邦的州和地方官员、教育实践者）的意见，邀请了各方专家参与中长期的讨论，探究如何为合并和重组提供更多激励措施和支持，缓解阻碍当前合并进程的挑战。

马萨诸塞州的特殊委员会成立了财务、学术、迁移和学区四个小组委员会独立地进行委员会的研究，并从各自职责方面提出建议。

（1）财政委员会的职责是鉴定用于评价学区的财政能力、效率、长期持久力的指标，调查与学区重组相关的迁移成本，研究学区重组对学校资金分配的影响。

（2）学术委员会的职责是鉴定用于评估学区的学术质量和计划质量的指标，举行跨学区之间的学术项目和课外活动项目，研究学区重组对教育和教学成就的影响。

（3）迁移委员会实施学校合并；学区中央办公大楼、人员、运营体系的合

① Terry E. Spradlin & Fatima R. Carson & Sara E. Hess & Jonathan A. Plucker. Revisiting School District Consolidation Issues，http：//ceep. indiana. edu/projects/PDF/PB_V8N3_Summer_2010_EPB. pdf，2013－03－08.

并；集体谈判合并协议，在合适的时间内实现学区、学校重组。

(4) 学区委员会负责开发评估整体学区规模的指标，包括为区内合并和跨区合并提供联合学术项目、采购预算等。①

（二）立法保障、标准明确

遵循法律规章、制定明确标准是美国义务教育学校布局调整百年历程最突出的特点之一。美国是一个法治国家，布局调整也是以法律为准绳。

2005 年 11 月，受缅因州教育部委托，会议小组发表了一份旨在提高教育水平的报告，包括学校合并后行政管理的建议。该建议指出：应该把缅因州的 286 个学校管理地区减少到 35 个；新创办的小学和中学的规模 350 名学生以内为宜、高中控制在 450 名学生以内。② 目前，该州 654 所学校中，一半以上的学校完成合并。

2007 年 6 月，南达科他州众议院颁布的 HB 1082 法案，规定招生规模少于 130 名学生的学区必须与邻近学区进行合并，合并可在两年以后进行，但服务范围超过 400 平方英里的学区的合并不能推迟到两年后。此外，合并学区可以获得经济补偿。

2009～2010 年，宾夕法尼亚州的财政预算中提到了关于学校合并的经费问题。州长伦德尔（Rendell）认为，宾州是全国学区数量最多的州之一，其中，80% 的英联邦学校规模小于 5 000 名学生，40% 规模小于 2 000 名学生，这导致了过分的官僚主义和单一化的课程。③ 他认为解决的方法就是合并小规模学校，并呼吁成立一个 14 人委员会（12 人投票和 2 人无投票权的成员），希望他们在一年内制定一个学校重组方案。

虽然美国各州各地区的义务教育学校布局调整的措施不尽相同，但各州政府采取相应的策略来制定标准并监督各学区和学校予以执行。例如，亚利桑那州以学校学生人数作为关闭、合并、重组学校的主要依据，并制定了判别学校是否应该被合并的“学校生存能力原则”。这项原则要求从幼儿园到小学六年级的每个年级人数必须 20 人以上，全校 7 个年级的学生总数必须超过 140 人，

---

① Special Commission. Special Commission on School District Collaboration & Regionalization, http://www.malegislature.gov/Content/Documents/Committees/J14/Commission - SchoolDistrictRegCollab - FINALREPORT - 20110825.pdf, 2013 - 08 - 09. 李惠：《美国农村学校合并的现状、问题和趋势》，东北师范大学硕士学位论文，2009 年。

② 李惠：《美国农村学校合并的现状、问题和趋势》，东北师范大学硕士学位论文，2009 年。

③ Erin McHenry - Sorber. School Consolidation in Pennsylvania: An Analysis of Governor Rendell's Policy Proposal, http://www.psba.org/issues - advocacy/issues - research/school - mergers/edldr - 597 - consolidation - sorber.pdf, 2012 - 09 - 01.

否则该校就要取消或合并。[1] 沃尔特·S. 门罗（Walter S. Monroe）指出：改善小规模学校过程中，小学每个年级至少配备一名教师；小学生乘坐校车前往学校上学的单程通勤时间不超过 1.5 小时、车程不超过 20 英里，若步行上学，距离不超过 1 英里。[2]

（三）因地制宜、权责下放

在义务教育学校布局调整的漫长发展历程中，鉴于各州教育发展的水平和空间布局，美国在制定方案、调整规划、实施执行、反馈改进工作中都采用了因地制宜的策略。例如，近年来，许多州通过采取激励、惩罚和直接介入合并工作等多样化的干预措施来督促大规模的学校和学区合并。例如，肯塔基州、西弗吉尼亚州和俄亥俄州政府提供资金支持来新建合并学校，且必须满足最小学校规模的要求。而爱达荷州、伊利诺伊州、堪萨斯州、纽约州通过一次性的财政拨款或多年分拨保证，提供直接的经济激励推动学区合并。在加利福利亚洲、纽约州和得克萨斯州，州政府没有划拨经费给小规模学校和学区，并且还规定了小规模学校和学区的教职员工最低数量、课程设置或毕业要求等内容，若小规模学校和学区无法达到这些要求就必须进行合并。[3] 亚拉巴马州、肯塔基州、俄亥俄州、北卡罗来纳州、田纳西州、弗吉尼亚州、西弗吉尼亚州等则要求小规模的、以社区为单位的合并必须达到学校设施建设政策中的最低入学标准或禁止改造现有教学建筑结构。

在遵循因地制宜的策略的基础之上，美国义务教育学校布局调整工作还体现出决策重心偏低的特点。学区是美国义务教育学校管理的主要部门，布局调整的权力也主要是掌握在学区及其董事会。例如，二战后马萨诸塞州颁布的《1949 年地方学校法案》（The 1949 Regional Schools Act）授权地方学区作为独立法人去激励多个小城镇合并其学区，建成有独立校董会的合并学区。到了 20 世纪 60 年代，新建的地方中学，加上原有的初等学校学区，从 355 所增长到 390 所。[4]

此外，社区民众也广泛讨论、积极参与、踊跃争取其教育权利。以佛罗里达

---

① 李新翠：《国外农村学校布局调整提示我们什么》，载《中国教育报》2012 年 1 月 27 日第 3 版。

② 李惠：《美国农村学校合并的现状、问题和趋势》，东北师范大学硕士学位论文，2009 年。Craig Howley & Jerry Johnson & Jennifer Petrie. Consolidation of Schools and Districts：What The Research Says and What it Means，http：//nepc. colorado. edu/publication/consolidation – schools – districts，2013 – 06 – 09.

③ Craig Howley & Jerry Johnson & Jennifer Petrie. Consolidation of Schools and Districts：What the Research Says and What it Means，http：//nepc. colorado. edu/publication/consolidation – schools – districts，2013 – 06 – 09.

④ Sarah Carleton & Christine Lynch & Robert O'Donnell. School District Consolidation in Massachusetts：Opportunities and Obstacles，http：//www. doe. mass. edu/research/reports/1109consolidation. pdf，2013 – 06 – 09.

州、密歇根州为例，早期学校布局调整过程中，缺乏对群众意见的重视，布局调整后出现的学生上学距离远、乘坐校车时间长等问题，引发了民众对这一举措的反对，民众强烈要求打破大学区，重新回归到小学区的管理模式。[①]

因此，只有从实际出发，根据当地的经济、政治、文化的发展水平与特点，当地的地理位置、交通环境、人口密度、住居分布情况、风俗习惯等因素因地制宜地实施合并。同时，将学校布局调整的权利下放到基层，满足民众与学校的合理教育需求，才能有效地达到布局调整的预期目标。

第二节　美国义务教育学校布局调整现状与问题

在美国义务教育学校布局调整的一百多年的历程中，不同地区、不同时期的布局调整的结果不尽相同。有的达到了预期效果，有的则截然相反。这样的情形引发了众多学者、教育家、研究机构对学校布局调整的成效、影响因素等方面进行深入的研究与讨论。当然，学术界对此也各持己见，甚至在某些方面针锋相对。

早期的研究多支持学校合并，认为大规模学校拥有良好的设施设备，更多高素质的教师和行政人员，高深的课程内容、多样的课程安排，缤彩纷呈的课外活动，有利于实现规模效益和提高学生成绩。1970 年之后的研究将其焦点从学校投入转移到学生学业成就方面。相当一部分研究结果否定了学校合并最为根本的两个假设（实现规模效益和提高学生成绩），普遍不支持大规模学校，而是关注于支持小规模学校。主要的争论表现在以下四点。

一、教育成本问题

主张学校合并的人认为，规模过小会增加财政负担，而学校和学区的合并则能降低教育成本。从理论上讲，学校的合并可以集中大量的教学设备、教育资源与资金（如实验室、语音教室、体育器材与体育场等），并由此降低生均教育成本，提高教育资源与资金的利用率。有的学校合并也确实实现了这一目的。马文·多德森（Marvin E. Dodson）的研究表明，阿肯色州合并的学区平均能节约

① 张源源、邬志辉：《美国学校布局调整的标准、结果及其改进原则》，载《外国教育研究》2011 年第 3 期。

34%的成本，而农村学区的合并每年能节约近4 000万美元。[1]

然而，不少州也发现，通过合并学校并不能实现适当减少教育经费支出的设想。例如，20世纪90年代，西弗吉尼亚州政府在学校合并前高调宣称，合并将为纳税人节约数百万美元。然而，公众最后发现，州政府在合并学校方面的经费支出超过10亿美元，远远超出预算。其中，大部分用于交通成本、校舍维护、先进设施设备的引进与教育管理者薪水发放。[2]

一些组织机构或学者对此问题进行了深入研究。如，农村学校与社区信托基金（RSCT）有关合并资金影响的综合研究报告显示：虽然一些成本，尤其是管理成本短期内有所下降，但交通费用和专职教师薪水引起的额外花费远远超过节省的成本。另外，关闭学校会给社区的税基和财政效能带来消极影响。[3] 例如，福克斯（Fox）等认为，学校规模与生均成本之间呈"U"型的关系：生均成本起初随着办学规模的增加而下降，但当学校规模达到一定程度时，生均成本恒定；如果学校规模进一步扩大，生均成本反而会增加。规模过小或过大的学校都不能实现规模效益。[4]

二、学业成绩问题

美国义务教育学校布局调整的另外一个重要假设是，规模过小对学生的学业成绩产生负面影响。然而，布局调整是否能够提高学生的成绩呢？不同的研究也得出不同的结果。北达科他州对1989～1994年所合并的22个学区的研究证实，教师、家长都表示：由于拥有更为丰富的资源和机会，学校合并后，学生的成绩确实得以提高。然而，1992年俄亥俄州对合并8年之后的学校教师的访谈表明，学生的成绩并未因为合并而提高。[5]

越来越多的研究表达了不同的意见。例如，凯思琳·科顿（Kathleen Cotton）在研究了大规模学校与小规模学校在课程质量、学生出勤率、辍学率、教师态度等方面的差异后得出结论：学校规模与学生的成绩并无明显的相关性，小规模学校的学生反而更容易获得较好的学业成绩。[6] 而其他相关实证研究表明，学生成

---

① 王娟涓、徐辉：《美国农村中小学合并研究》，载《比较教育研究》2011年第12期。

② 张源源、邬志辉：《美国乡村学校布局调整的历程及其对我国的启示》，载《外国中小学教育》2010年第7期。

③ 廖英丽：《美国农村中小学合并问题研究》，华中师范大学硕士学位论文，2008年，第27页。

④ 李红恩、靳玉乐：《美国中小学学校布局调整的缘由、现状与启示》，载《比较教育研究》2011年第12期。

⑤ Molly M. McClell. An Evaluation of Rural School Consolidation. Athens：Ohio University，2010.

⑥ 王娟涓、徐辉：《美国农村中小学合并研究》，载《比较教育研究》2011年第12期。

绩随着学校规模的扩大而下降。例如，得克萨斯州教育局公布的数据显示：在初中阶段，学校规模与学习指标（texas learning index，TLI）数学考试分数之间负相关。在控制了其他学校特征后，学校每增加 500 名学生时，初中生的 TLI 数学考试分数下降 0.6%。[①] 纽约的“公众议事”（public agenda）调查公司在其进行的小规模学校研究中发现：与大规模学校相比，小规模学校学生辍学率低、到课率高，学生在标准化考试中能获得较好的成绩。[②]

高中学校规模对学生学业成绩的影响不是线性关系。皮特曼和霍沃特（Pittman & Haughwout）对 744 所美国公立高中的调查结果显示：学校规模与辍学率负相关。当学校规模少于 667 人时，学生的平均辍学率是 6.4%；多于 2 091 人时，平均辍学率是 12.1%。[③]

最近，对芝加哥学校关闭的跟踪调查显示（2011 年），学校关闭后，学生转校的第一年，数学和语文成绩分别下降了 0.17 个标准差和 0.21 个标准差。[④]

三、儿童身心健康问题

学校的教育对象是学生。早期学校合并的出发点并不是学生，而是节约财政支出。随着学校布局调整的逐步深入，研究者开始思考学校合并是否促进学生的身心健康。

学校合并的另一假设是“提供多种多样的课程就等于为学生扩大机会”。在合并后的大规模学校中，学生能够学习到更加多样化的课程。例如，在 1996～1997 学年，得克萨斯州公立学校为高中生提供了 134 种不同的高级课程，课程种类随着学校规模的扩大而增加。[⑤]

然而，一些学者的研究却表明，学校所提供的新增高级课程并不能说明学校合并的有效性。例如，威廉·富勒（William J. Fowler）和赫伯特·沃尔伯格（Herbert J. Walberg）的研究表明，学校规模与课程质量之间并不存在明显的相

---

① Texas Education Agency. School Size and Class Size in Texas Public Schools，http：//www.tea. state. tx. us/acctres/Spec_PRR_12_1999. pdf，2013 - 09 - 20.

② 李钰：《“越小越好”——透视美国小型学校运动》，载《全球教育展望》2003 年第 4 期。

③ 张源源、邬志辉：《美国学校布局调整的标准、结果及其改进原则》，载《外国教育研究》2011 年第 3 期。

④ John Engberg. etc. Closing Schools in a Shrinking District：Does Student Performance Depend on Which Schools are Closed?，http：//www. aefpweb. org/sites/default/files/webform/Closing% 20Schools% 20Engberg% 20Gill% 20Zamarro% 20Zimmer% 20201103. pdf，2013 - 09 - 12.

⑤ Keith A. Nitta，Marc J. Holley & Sharon L. Wrobel. A Phenomenological Study of Rural School Consolidation. Journal of Research in Rural Education，2010，25（2）：1 - 19.

关。在超小规模学校中，学生所学的课程比大型学校学生学的课程多，学校合并后，学生学习的课程较单一，缺乏课程的多样性。在最大规模学校中，学生所学的课程也很少。①

一般而言，大规模的综合学校能提供更多的社会化机会，学生能接触到更广泛的、更多样化的朋友关系网，有益于学生的身心健康。然而，研究表明，小规模学校能够营造出更加友爱、更包容和接受外来者、更积极向上的校园氛围。例如，迈耶（Meier）发现，在学生人数超过400名的学校中，大约只有30%的学生有归属感，而这个比例在规模较小的学校中为70%。② 此外，规模较大的学校，教育管理者数量有限，不能关心、照顾到每个学生，学生容易受到社会上不良行为的影响，出现暴力、偷窃、犯罪行为。

在学习方面，学校规模的扩大可能导致班级规模的膨胀，教师与管理者精力有限，不能注意每个学生。一些性格内向的、少数民族的、家庭经济状况不佳的学生容易被忽视。相反，学生在小规模学校容易引起教师与管理者的关注，也更容易参与学校的活动中。

同时，在学校合并过程中还出现了其他的教育机会不平等、教育资源不均衡等现象。如，家庭贫困的黑人学生在大规模学校中容易受到白人学生的歧视与伤害，同时，也更容易遇到学习上和生活上的困扰或沾染不良恶习。

四、交通问题

一些研究者发现：在学校布局进行调整过程中，原先小规模学校的学生转学到较大规模的学校，上学的交通可能更不便。有限的学区、学校与交通便利之间的矛盾不可避免。这一方面增加了学生的交通费用，另一方面也不利于学生的身心健康。上学距离的增加影响学生的作息时间和睡眠。长时间的乘坐校车，减少了学生课外活动、学习和玩耍的时间，不利于学生的成长。同时，家校距离的增加缩短了学生与家人、社区朋友相处的时间，不利于人际交往以及心理健康。

在美国义务教育学校布局不断变迁的过程中，上述的讨论与争议无疑促使社会各界对其深入探究与反思，也在一定程度上影响着学校布局调整的实施。

---

① Keith A. Nitta & Marc J. Holley & Sharon L. Wrobel. A Phenomenological Study of Rural School Consolidation. Journal of Research in Rural Education, 2010, 25 (2): 1 – 19.

② 李红恩、靳玉乐：《美国中小学学校布局调整的缘由、现状与启示》，载《比较教育研究》2011年第12期。

第三节　美国义务教育学校布局调整的启示

自2001年以来，我国义务教育学校布局调整工作取得了很大的进展。然而，在实施过程中，各地中小学布局调整出现的大量撤减、盲目集中、加速调整等问题，已严重地影响了某些地区（特别是农村）义务教育的健康、持续发展，产生了许多新问题。如，2002年，东北师范大学农村教育研究所对6省14县17所农村初中历时2年的调查显示，初中学生的平均辍学率超过了40%。[①] 农民用于子女教育的费用随着学校布局的调整与重组略有提高，他们需支付比先前更多的交通费用、住宿费、生活费等。此外，学校合并还导致了学生上学不便、学校校舍闲置或废弃、进城务工儿童上学难、部分儿童不适应寄宿制学校的生活与学习、学校对社区的教育与熏陶作用削弱等问题。

美国义务教育学校布局调整的经验和教训可以为我国提供启示和借鉴，主要包括以促进学生发展作为学校布局调整的导向和目标，通过立法保障布局调整的程序公正、标准规范，以及在充分考虑民众意愿的基础上推行学校布局调整。

一、合理布局

在美国义务教育学校布局调整的起始阶段，也出现了快速大范围地合并中小学，形成大规模学校的趋势。然而，20世纪60年代之后，学校合并的速度已经逐渐减慢。这得益于学术界对合并调整后的大规模学校问题的广泛研究。如，研究发现：合并之后，当初的美好设想（实现规模效益、提高学生成绩）并未顺理成章地实现，而且可能适得其反。一方面，财政支出并未减少；另一方面，学生成绩还受到负面影响。在高中阶段，学生的学习动机下降，辍学率一直居高不下。

70年代后，教育决策者改变以往效益第一的策略，转而重视学生的身心发展问题。在此背景下，美国开始了支持小规模学校的尝试和探索。决策者认识到，无论是撤销、合并学校或学区，还是缩小学校或班级规模，最重要的是因地制宜地进行学校布局规划，提供良好的教育资源与条件，保障当地儿童均等的受

① 柳海民、娜仁高娃、王澍：《布局调整：全面提高农村基础教育质量的有效路径》，载《东北师大学报（哲学社会科学版）》2008年第1期。

教育权利与机会，促进学生的身心全面发展。

反观我国部分地区的学校布局调整现状，一方面，教育质量受到了影响；另一方面，家校距离的增加不仅带来安全隐患，而且加重了农村家庭的经济负担和学生适应新学校教学环境的心理负担等。一些地区盲目地采取“一刀切”的做法，不考虑地区差异性和特殊性，严重地损害了当地儿童就近入学的权利，并产生了一些新矛盾（如在农村贫困地区部分儿童因路途遥远而被迫辍学或失学等）。

综上所述，中小学布局调整决不等同于简单的“撤并或收缩”，应以促进当地义务教育的健康发展、保障儿童尽可能接受到高质量的基础教育为根本出发点，科学合理地“撤并”或“调增”中小学。要根据学龄人口的变化、学校的地理位置和寄宿条件、交通状况、儿童上学路程、当地居民的意愿、文化传统等因素综合考虑是否进行撤销、合并、新建，充分满足儿童就近入学的需求，适当地保留、支持小规模学校和教学点，弹性地调整处在复杂背景中的义务教育学校的布局。我国幅员辽阔、地域差异性大、学校布局复杂，在老少边穷地区保留、支持小规模学校和教学点具有深远的意义。如果盲目地按照布局调整的刚性要求撤并农村地区的小规模学校和教学点，那么，农村地区仅有的教学点的撤并将给学生和家长带来极大的不便。

二、立法保障

美国各州政府本着程序公正、民主公开的方式，积极采取各种措施推动中小学的布局调整。例如，阿肯色州政府于 2009 年 4 月颁布的 HB 2263 法案提出避免强制合并，但如果一个学区连续两年的招生人数低于 350 名学生，将会被强制拆并。这一法案虽然通过了参议院，但遭到了众议院的反对，最终没能实行。[①] 另外，马萨诸塞州于 2011 年成立的特殊委员会检查与监督实施学区或学校合并和重组策略。这都值得我们学习与借鉴。

我国中小学校布局调整的程序也要公开、透明，征求当地学校师生、管理者、家长、社区的同意，经过民主投票、科学决策后再实施方案。程序的合法与合理很重要。只有程序民主公正，才能赢得民心，学校布局调整工作才能得以顺利进行并取得良好的成效。

① Terry E. Spradlin & Fatima R. Carson & Sara E. Hess & Jonathan A. Plucker. Revisiting School District Consolidation Issues, http://ceep.indiana.edu/projects/PDF/PB_V8N3_Summer_2010_EPB.pdf, 2013-03-08.

三、民主决策

学校和学区的布局调整关系着众多利益群体。在做出布局调整的决策时，教育部门应该综合考虑到这些群体的合法权益。美国教育行政部门决定合并学区教育机构与学校时，当地学区的选民有权决定是否合并。当学校或学区调整的决议涉及取消或新建学区时，也必须由当地居民投票通过以后才能实施。若任何一个学区的投票结果对学校或学区合并持否定态度，决议就不能通过；如果两次投票都否决，则视为无效决议。[①] 从政策施行的有效性和可行性等方面来看，政府及各级教育管理部门在制定计划与调整方案的过程中，应慎重考虑实施措施的利弊，建立相关的利益补偿机制，预防产生不必要的后果。同时，政府、教育部门及其决策者应当充分尊重当地家长、民众的意愿与权利，保证每个利益相关者都有权利参与学校布局调整中，尽量保证学校布局调整措施的公正、民主。加强理论研究，深入实证调查。

在美国义务教育学校布局调整过程中，不仅是政府官员、教育决策者、民众等充分参与其中，而且学术界的研究人员也积极围绕着学校布局调整进行了热烈的讨论，多维度、多视角开展实证调查研究。

我国可以借鉴这一经验，大量开展对义务教育学校布局调整的实证研究。在义务教育学校进行布局调整前后，追踪研究，收集、分析学生的学业成绩、身心健康、学校的教学进度、课程设置、课外活动的组织开展、师资队伍的配备、师生对新学校/新班级的适应状况等数据，综合评估布局调整的成效，揭示布局调整过程中出现的特殊状况与困难。

同时，研究人员可结合自身研究兴趣，给予学校布局调整提供更多的理论指导，为实践动向提供信度好、效度高的支持信息，促进学校布局改革的科学施行。只有深入调查义务教育学校布局调整前后的教育教学、学校管理、地方财政扶持、城镇交通等情况，才能了解真实的学校状况与实施合并政策的成就与效果。只有建立在实事求是的基础上，义务教育学校布局调整才能吸取合并过程中的缺陷与教训，提出有效的解决措施，将操作性强、效率高的案例推广到更为广泛的学校中去。

---

① 张源源、邬志辉：《美国学校布局调整的标准、结果及其改进原则》，载《外国教育研究》2011年第3期。

第四编

个案研究

第十二章

村落中的学校——一个苗族村落的田野调查

第一节　问题提出

少数民族学校教育一直是国内外政府部门、各种非政府组织以及学术界关注的焦点问题。学校教育不仅是文化传递的重要机制，而且是文化的重要组成部分。乡村社会的发展离不开民族人口素质的提高，而人口素质的提高又取决于教育。教育人类学把学校教育作为研究的核心部分，其根本原因在于学校教育是人类教育活动的重要组成部分。[①] 但是，教育人类学从来都不是研究封闭的学校教育空间，它越来越关注学校教育与家庭、社区、民族、国家权力等因素的互动。

文化的多样性是人类的宝贵财富，人类文化的多样性是人类进步的象征。在追求“现代化”的背景下，民间的少数民族传统文化和地方性知识渐受忽视是不争的事实，民族社会的可持续发展能力正遭受着威胁。民族优秀传统文化是各民族在千百年的发展过程中赖以生存的策略，反映了人与自然、人与社会以及人与自我的和谐相处过程。

20 世纪后半期以来，全球化浪潮风起云涌，中国也处在从前现代社会向现代社会的转型过程之中。在现代化的背景之下，如何充分地发挥少数民族和民族

① 冯增俊：《教育人类学》，江苏教育出版社 1998 年版，第 239 页。

地区的内发力，推动民族教育的快速发展，使之更好地适应中国这个多元民族多元文化的、有着五千年文明史的复杂社会，成了我们需要思考的一个重要问题。

第二节 田野概况

一、村落现状

小茅坡营村隶属于宣恩县高罗乡。宣恩县地处鄂西南山区南部，土地面积2 740平方公里，2010年全县总人口34.24万人，其中土家、苗、回、侗等少数民族人口22.79万人，约占全县总人口的66.56%。高罗乡位于宣恩县南部，乡政府所在地距离县城35公里。2010年全乡共32个行政村，313个村民小组，10 822户，42 196人，农业经济总收入3 246万元，其中粮食作物收入2 704万元，占83.30%，农民人均纯收入1 856元，人均占有粮食450公斤。[①]

小茅坡营村位于高罗集镇的西北角，距集镇15公里。东西长8公里，南北宽6公里，海拔高度为650~1 200米。一月平均气温1.6℃，七月平均气温24.6℃，年降水量在1 500~2 000毫米之间。由于孤山独岭较多，地形地貌复杂，故有“上山云里钻，下山到河边，对山喊得应，走路要半天”之说。2010年，全村土地面积15平方公里，林地8 000余亩，耕地810亩，其中水田339亩，旱地471亩，人均粮食产量400公斤；人均纯收入1 090元。全村5个村民小组共有126户，470人，其中，男232人，女238人。苗族有382人，占村内人口总口的81.28%，主要包括冯、龙、石三大姓。冯姓有110余人，主要居住在一组，龙姓80余人主要居住在二组，三组所在的茶园是石姓的主要聚居点，共有150余人，四组孙姓侗族所在的孙家湾共20余人，五组杨家界主要是土家族杨姓的居住地，约60余人。此外，村内还有黄、田等姓氏的几户土家族人家。汉族在村中也有近20人，零星地分布在各家各户，大多是由于通婚娶来的媳妇或入赘的女婿。

小茅坡营村属于传统的山地农耕生产方式，全村人均耕地面积不足2亩，受地形的限制，土地大多条块分割，距离遥远，不利于集中耕作和提高劳动效率。家庭养殖业以喂猪为主，年均出栏生猪500余头。20世纪80年代以来，打工潮

① 本组数据分别由宣恩县人民政府办公室和高罗乡人民政府办公室提供。

的兴起使得众多的苗族群众走出了山寨，目前打工收入已经占村民收入的重要组成部分。以往从外界通往小茅坡营的小路，沟谷幽深，野兽出没，当时这个偏僻的地方对于因战乱而迁徙的苗民来说，无疑是很好的避难所。村内交通主要靠步行，运输靠肩托和背负。1985 年，国家修通了从高罗集镇到山寨的公路，2003 年，又在原来的基础上建成了沥青路，现在到集镇只需 20 分钟的车程。小茅坡营是鄂西南地区唯一完好保持着本民族语言的苗族村寨，苗族风俗习惯一直传承至今，环境优美，民风淳朴。改革开放特别是 20 世纪 90 年代中期以来，备受学术界和地方政府的关注与扶持。2003 年，小茅坡营村被恩施州人民政府命名为“民族团结进步示范村”；同年，全国人大民委主任王朝文到苗村调研，并题写寨门名称“小茅坡营苗族民俗文化村”。

二、小茅坡营苗族的族群认同

在莫里斯的眼里，族群是较大社会中一个有明显区别的人口类别，其文化往往不同于该社会自己的文化。这类族群的成员往往是，或者自己觉得，或被他人认为是由共同的种族、民族特征或文化纽带联系在一起的。[①] 在本文中，就单指本社区研究而言，族群的概念与民族的概念可以是重合的。族群认同是指社会成员对其族群归属的认知和情感依附，它是在族群互动的基础上发展起来的。只有在与异文化的接触过程中，才会产生将“我”与“非我”区分的认同感和边界。[②]

乾隆、嘉庆年间，湘西和黔东北的苗民起义失败后，清王朝继续对苗族进行残酷镇压。小茅坡营的龙、冯、石三姓人口就是当时从湘西花垣县的不同地方迁来的，属于湘西红苗的组成部分。龙、冯两姓人口分别于嘉庆元年（公元 1796 年）和同治六年（公元 1866 年）迁到小茅坡营。石姓人口迁来时间不详，但老人们说是在冯姓稍后不久。这样龙、冯、石三姓人口经过艰苦的迁徙历程后聚居在一起，构成了小茅坡营苗族的主体，他们在这个与世相对隔离的山寨里聚族而居、互通婚姻，生息繁衍至今。作为同来自湘西的移民，小茅坡营苗族有着共同的世系和因战争导致他们辗转迁徙的历史记忆，这种艰苦的迁徙史和抗争史极大地增强了他们的族群凝聚力。

小茅坡营村苗族自称“仡雄”，该村是湖北省唯一完整保留苗语的苗族聚居地。小茅坡营苗语属于汉藏语系苗瑶语族苗语支湘西方言的东部土语，目前平时

① ［英］斯蒂夫·芬顿著，劳焕强等译：《族性》，中央民族大学出版社 2009 年版，第 75～76 页。

② 徐杰舜：《人类学教程》，上海文艺出版社 2005 年版，第 100 页。

能用苗语交谈的有200多人，占全村人口的一半左右，其中一组和二组的苗语保持得最为完好。由于历史上在迁徙和抗争时为了不暴露自己的身份，只好对外放弃自己的语言，改用当地通用的汉语方言，以适应环境的需要。因此，小茅坡营苗族在中华人民共和国成立前就已会汉语。直到今天，他们仍沿用双语制，对内讲苗语，对外讲汉语，显示出杰出的生存智慧。语言共通促进族群认同，族群认同强化语言传承。民族语言成了构建小茅坡营苗族族群认同的重要边界。

就文化的变迁而言，精神文化相对于物质文化变迁来说总是更加缓慢，往往存在着一种"滞后"现象。不过小茅坡营的物质文化在发生急剧变迁的同时仍保留了苗族原有的文化因子，这在民族服饰、生活生产工具、饮食习惯、建筑风格等方面均有所体现。在精神文化层面上，则较好地保存了与祖源地同形同质的特征。(1) 完好的风俗习惯。如婚俗，基本保持着民族内婚制，男方娶亲队伍必须于所定婚期前一天到女方家，并于次日凌晨天不亮就发亲，谓之"隔夜亲"。到男方家时，新娘只能从侧门进屋，婚后新郎新娘三天不同宿。(2) 崇尚祖先崇拜。在堂屋的神龛上供奉"天地君亲师位"，但真正的家神供于火塘柴尾处，择时拜祭，供以酒肉；盛行还大牛愿、还小牛愿、还猪愿等祭祖仪式。(3) 丰富的文化艺术和民间工艺。如苗歌、猴儿鼓舞、民间故事、挑花、刺绣、编织等，无不体现出苗族人民的聪明和智慧。

小茅坡营苗族在物质尤其是精神上对本族历史文化的沿袭和铭记强化了"我们是苗族"的族群意识，虽然他们这种主观上对"我族"和"他族"的认知大多是一个集体的无意识表达，但正是这种表达使他们在外族中间用自己的世系、语言、宗教、习俗等一起构成了认同的边界，从而形成了在主观上自我认同并被其他群体所区分的一群人。

第三节　变迁中的村落学校教育

一、苗村学校教育的历史轨迹

鄂西南地区自古曾为"蛮地"，历代封建王朝严令"蛮不出境，汉不入峒"，致使境内长期处于封闭落后状态。各地土司对土民实行愚民政策，不准习书识字，"违者罪至族"。"改土归流"以后，禁例废除，汉民迁入后，各民族之间的文化交流日益频繁，学校教育有了一定的发展。但在小茅坡营村，直到新中国成立之时，都还没有正规的学校教育。

最初，由于村内没有接受正规教育的场所，极少数条件较好的家庭便把孩子送到周边汉人开办的私塾里读书。据退休干部石明勤介绍，从20世纪30年代起，村中才陆续开办两家私塾，一家是由龙家开办的，另外一家是石家开办的，其中石家开办的私塾较为正式，规模较大。当时地主石清顺热心教育，延聘汉人塾师教授各家子弟。石清顺的私塾最多时有近20个学生，均是男生，女孩是不能读书的。私塾教学时间一般为一年，每年正月或二月开学，十月初放假。教学内容一般是《三字经》《百家姓》《四书》《古文观止》等。塾师所得待遇分实物与现金两种，每月伙食定为实物，谓之“供东”，未提供“供东”的家长则交现金，每生每年3~5个银圆不等。此外，逢年过节，学生家长都筹集粮食、银钱及禽蛋肉类等奉送给先生或直接宴请。塾师的社会地位很高，在学生和家长中享有崇高的威望。中华人民共和国成立前的鄂西南地区社会动荡，苗族生活状况恶化，私塾办学断断续续，能够接受私塾教育的人也只是极少数。

1952年，国家在茶园开办了小茅坡营历史上的第一所小学，苗村从此有了正规的学校教育。当时，学校借石清汉家的一间房用作教室，唯一的一年级一个班招收了16名苗族儿童，全部自带桌凳，采用全国统编教材。1954年，“小茅坡营苗族小学”正式挂牌，村民均踊跃送小孩上学，适龄儿童入学率达到了80%。1956年，国家保送苗族青年石明永到北京师范大学学习，苗村破天荒地出了第一个大学生。随着苗族小学知名度的提高，1957年，湖北日报社记者到学校采访并报道了学校的基本情况，苗族小学第一次进入了主流媒体的视线。1958年“大跃进”开始，与全国各地一样，苗族小学停课投入支农和大办钢铁运动之中，教学秩序被打乱。1966年，“文化大革命”开始，11月，小茅坡营小学响应县里的号召“停课闹革命”，此后十年间学校陷于半停顿状态。在此期间，苗村有两名青年被保送读工农兵大学。随着“文化大革命”结束后教育上拨乱反正的进行，小茅坡营的教育事业又进入了发展的快车道。

1978年，小茅坡营小学规模扩大到3名教师、5个年级、3个教学班，学生总数增至80余人。1981年，茶园再次设立教学点，直至1985年撤销。1986年10月，考虑到学校的实际情况，州、县两级政府拨款5万元，为小茅坡营小学修建砖石结构教室两栋共6间，原有的两层楼的木房子后来与村委会合用。1988年1月，当时的鄂西州教委、州民委正式给学校命名为“宣恩县小茅坡营苗族小学”并举行挂牌仪式。同年秋，学校教职工人数达到7人，6个年级6个班的村内外学生共计140余人，苗汉双语教学也逐步开展起来，苗族小学的办学规模和办学威望达到了历史最高点。1998年，宣恩县民委、教委根据恩施州民委的文件精神，下发了《关于兴办民族学校的通知》，进一步确认了小茅坡营苗族小学的地位。2005年，恩施州民委、教育局再次下发了《关于重新认定我州民族学校的通知》，小茅坡营苗族小学依然名列其中。自1988年重新命名为苗族小学以来，苗村的学校教育蓬勃发展。据当时的普初统计，全村7~11岁的适龄儿童入学率达88%，12~15岁的少年入学率为73.3%，巩固率为97.2%，毕业率达100%。[①] 1999年，乘着国家"普九"验收的东风，苗村的教育事业取得了更大的进展。统计显示，1999年秋，村内适龄少年儿童接受九年义务教育入学率达100%，巩固率达100%，15周岁文盲率为0，辍学率为0，残疾儿童入学率为60%。[②]

二、苗村学校教育的困境

中华人民共和国成立后，小茅坡营村的学校教育得到了历史性的发展，学校教育的发展使苗族的文化素质得以提高，为经济社会的发展进步提供了强大的智力支持。

由表12-1可以看出，新中国成立后特别是改革开放以来，小茅坡营村苗族的受教育水平不断提高。到2010年，受过初中及以上教育的人口比例比1984年增长了27.52%，比1997年增长了15.04%，而在新中国成立之初，苗族没有人接受过初中以上教育。多年来，中央、省、州、县各级政府对小茅坡营的学校教育给予了极大的关注。尤其是80年代以来，几乎每年都有许多领导、专家、新闻媒体到苗村考察、采访，而学校都是必到之处。特别是80年代的"普初"和90年代的"普九"大大地促进了苗族受教育水平的提升。2000年以后，由于追求"规模经济效益"，各地村小因办学规模问题纷纷成了教育行政部门"调整学校布局"的对象，唯有小茅坡营小学凭着由上级屡次命名确认的"苗族小学"名称在夹缝中幸存。但是自2000年"普九"验收后，国家就少有建设资金投入小茅坡营小学，受损的校舍和其他设备一直得不到维修。由于生源锐减，2005年秋，小学成了一个"一校一师"的村级教学点。

表12-1　　小茅坡营村初中及以上学历变化状况统计

年份	总人口（人）	初中（人）	高中（人）	大专以上（人）	初中以上学历比例（%）
1949	270	0	0	0	0
1984	445	62	18	3	18.65

① 小茅坡营苗族小学：《关于普及初等教育自查验收的汇报材料》，1988年6月。

② 小茅坡营村委会：《小茅坡营村"普九"自查报告》，1999年11月。

续表

年份	总人口（人）	初中（人）	高中（人）	大专以上（人）	初中以上学历比例（%）
1997	453	97	38	6	31.13
2010	470	140	65	12	46.17

资料来源：根据小茅坡营村委员会历年文化户口册汇总。

学校办公室的统计材料显示，2010年，小茅坡营村共有7~12岁适龄儿童44人，13~15岁的适龄少年19人，入学率达100%。2012年，教学点共设一年级和二年级两个班进行复式教学，共有学生8人。村内的其他适龄儿童大部分都在相邻的团结村完小、高罗中心小学就读，也有少数儿童跟随打工的父母在外地上学，如浙江、福建等地；适龄少年则几乎全部在高罗初中就读，在外地就读的不多。近几年来苗村外出打工人员增多，打工族除了带来人口和资金的流动以外，还造成了教育资源的流动。举家外出打工的家庭，孩子自然随父母到外地上学；条件稍好的家庭，则不愿把孩子送到村小启蒙。因此，在村小就读的大部分都是家庭经济条件较差的学生。

语言作为人类文化延续的重要载体，它不仅仅是一种交流的工具，也是一种文化的表达。人类学语言相对论包含着两个论点：一是语言作为形成世界意象的积极要素，能够影响甚至决定人们对世界的认识；二是本土语言终将难以表达非本土的社会现实。[①] 人类学家常用“文化中断”的概念来解释少数民族学生学业失败现象。直到20世纪90年代，苗村还有孩子在上一年级时只会说苗语而不会说汉语。在村小的档案柜中，笔者发现了一份1984年秋季学期一年级期末考试10名学生的成绩单存根，语文最高分为87.5分，最低分仅2分，及格率为30%，均分为39.3分；数学最高分为98.5分，最低分54分，及格率70%，均分为77.8分。由此可见，在一个双语社会，苗村学生在语文科目上的低学业成就反映了他们在两种不同的语言文化教育空间转换过程的尴尬处境。对于数学成绩要比语文突出，有的学者认为这可能是因为数学主要考察的是学生的形象思维，它较少需要言语这一中介而是更多地借助有关数的概念。[②] 学生在语文课上的低学业成就直到近几年才稍稍有所好转，但是也还是没有彻底摆脱双语语境转换的困扰。

为了顺利实现两种语境的转换，提高教学质量，20世纪80年代末期，在县民委的要求下，苗族小学开始进行双语教学尝试，双语教学教师均由本地苗族老师担任。在没有教材、师资调动频繁的情况下，村小学的苗汉双语教学时断

① 宋蜀华、白振声：《民族学理论与方法》，中央民族大学出版社1998年版，第300页。

② 陈其斌：《东乡社会研究》，民族出版社2006年版，第204页。

时续，很不规范。目前，学校的课程表上除了语文、数学外，还有思想品德、苗语、科学、音乐、美术等课程，其中，苗语课每周两节。但孩子们对笔者说自从他们入学以来，除了在外面来人听课的时候上过苗语课，其余的时候几乎只上语文和数学。

根据村委会和学校提供的材料，1999～2006 年，苗村义务教育阶段学生的入学率、巩固率、毕业率等指标都是 100%，村委会的办公室里挂着一块“普及九年义务教育合格村”的匾牌。有村民认为，村里适龄儿童“普初”可能没有问题，但是，至少有 1/3 的孩子根本就没有念完初中，其中，女孩占大多数。比如，一组范姓村民的两个女儿均没有念完初中就到浙江打工去了，按照他的说法，家里条件差并不是孩子不愿读书的主要原因，关键是她们没有兴趣读下去，做家长的“也没有办法”。同时现实中，苗村仍然有学生因贫困而辍学。四组孙姓村民年老体弱，无任何经济来源，独自一人抚养孙子，虽然政府帮扶其孙子念完了小学，但还是没能继续念初中。初中毕业后，因为贫困或厌学等原因没有继续深造的学生就更多了，据老支书冯发宝粗略统计，村里初中升高中或中专的升学率不超过 30%。每年总有一批学生初中毕业后失去继续受教育的机会，而他们中大部分人会加入打工的队伍，只有极少数人回家务农。

走出苗村的人，几乎都接受过良好的学校教育，但是，他们绝大部分都没有回到村里。现在初中以上学历的年轻人往往在毕业之后马上就会加入打工洪流，他们中间最多也只有 1/3 的人能够挣钱，大部分人则是在城市与乡村之间来回“摆动”；即使在家也是懒懒散散，对农活一窍不通。在一些人的眼里，孩子完成义务教育就差不多了，别说考不上高中，就是考上了今后也没有“铁饭碗”，这种砸锅卖铁的巨大教育投资对他们来说是不划算的。从 20 世纪 80 年代中期到现在，苗族小学由 140 多个学生 7 个老师演变为 8 个学生 1 个老师，这不能不说是对苗村教育的严峻考验。虽然学校规模的缩减不能完全代表乡村教育的衰落，但乡村学校生源匮乏却是近几年的普遍现象，国家的教育政策、计划生育政策、农村劳动力的城市转移、择校、贫困等都是其影响因素。同样，小茅坡营村现在也正面临着这样的处境。由此，作为开启苗族儿童心智、推进苗族文化传承的民族教育的地位就岌岌可危了。

第四节　主位的视角：不同群体对学校教育的看法

“横看成岭侧成峰，远近高低各不同”。人类学研究往往注重不同社会群体和角色从不同的角度去看待同一种文化现象。马林诺夫斯基时代的“科学”单向的田野调查与参与观察已经换位于后现代人类学的多声部表达。遵从文化主位的观点，尤其是注重被研究群体内部的不同话语，已经成了当代人类学研究所遵循的主要方法。笔者通过对乡村干部、群众、教师、学生四个群体进行访谈和问卷调查，勾勒出他们对学校布局调整的看法、对所受学校教育质量的评价、对学生和教师的评价以及对学校教育的展望四个方面的图景。

一、对学校布局调整的看法

学校布局简单来说就是指学校在地理空间上的分布状况。21 世纪初，随着农村教育综合改革持续进行及“两基”攻坚和“普九”工作的深入推进，在进一步调整和优化农村教育结构的客观要求下，义务教育学校布局问题得到了高度重视，义务教育学校布局调整政策应运而生。这场发端于农村、波及城市并对我国基础教育结构具有持续影响的义务教育学校布局调整是近十多年来我国教育事业发展中的一项重要举措。

对小茅坡营所在的高罗乡团结学区而言，2005 年以前除了团结完小以外，一共还有 4 个教学点，而现在仅存小茅坡营教学点。村民冯某说：“我们这个村山大人稀，住户分散，学生从最远的五组走到学校上学就要两个多小时；大多数村民经济困难，平时也忙于生产，根本不可能把这么小的学生转到中心小学去，不仅没法照看，而且所增加的生活费、车费都是一笔不小的负担。”持这种观点的人大多是劳动力少，经济比较困难的家庭。经济条件稍好的家庭，大都把孩子转到中心学校去了，并在集镇租房陪读，他们觉得中心学校“学校大”，条件好，师资力量强。学校教师冯老师称：“很多人都把学生转走，给我倒是减轻了负担，但是苗族学生到了镇上上学往往比较内向，不爱说话，一年过去了还认不到几个字，前年有个学生还转了回来，反而还认识了很多字。”在中心学校的很多老师看来，苗族学生大都比较内向，学习成绩不占优势，下课了也基本上只和本族学生一起玩。但是笔者在苗村小学看到的却是另外一番情景。孩子们上课都非常认真，下课之后个个生龙活虎，时不时还用苗语互相交流。办公室的黑板上列出的是上一学期学生的考试成绩统计，老师自豪地说这个成绩在全乡都是名列前茅的。学生石某说：“我更喜欢在这里（村小）读书，回家更近一些，老师对我们也很好。”

可见在一个熟人社会和双语社会，很多家长和学生是很支持村落学校的保留和发展的。在苗族人的内心深处，曾经辉煌的学校一直是他们集体记忆之中引以为荣的骄傲，即使是在现在，作为村里唯一有公共设施的学校，它在村民心中仍然处于重要位置，冯老师作为知识精英，仍然在村中有着一呼百应的号召力。就连那些转走孩子到集镇上学的家长也都认为保留学校是很有必要的，他们自己小时候就是在村小开始接受教育，如果拆并教学点的话，肯定会遭到大家的反对并造成不良后果，这些后果包括学生的失学、家长的怨怒等。很多家长也希望孩子能够在苗族小学接受双语教育，学习苗语和苗族风俗习惯，不至于几代人过后“忘本”。在他们看来，苗语和风俗习惯构成了他们和外面汉人世界最大的不同，如果苗语失传了，苗族也就不存在了。在当地人看来，苗族的存在就是在于小茅坡营人有着共同的迁徙记忆、共同的地理空间、共同的生活用语、共同的生活习俗和强烈的内聚力。这就构成了苗村和周边汉族以及土家族社区的地理和文化边界。因此，小茅坡营学校的保留，排除当地民委极为努力的呼吁以外，发自老百姓内心朴素的文化自觉意识也起到了至关重要的作用。

二、对所受学校教育质量的评价

由表 12 - 2 可见，有 42% 的人对小茅坡营村苗族所受学校教育质量表示满意（选择“很满意”与“满意”之和），有 58% 的人表示不满意（选择“不满意”与“很不满意”之和）。这个结果说明了大部分人对当前学校教育质量的不认可。具体到各个群体，除了有 70% 的教师对苗族所受学校教育质量满意之外，其他三个群体表示不满意的都在 50% 以上，其中不满意的干部占 67%，学生占 59%，群众占 68%。多年以来，教师是小茅坡营教育事业发展的执行者和见证人，他们都曾或正在村小工作，虽然调动频繁，但是终究和村里有着千丝万缕的联系，村民中间很多人是他们的学生。曾在村小任过教的龙老师对笔者说，以前苗族学生的成绩的确不能和村外的汉族学生相比，但经过多年的努力，情况已经大有好转了，比如 2011 年春季学期期末考试一年级的语文、数学人平都在 80 分以上，这个成绩在全乡也属于前列，很多学生转到“完小”以后，成绩仍然不错。笔者发现，由于对学校教育质量的评价与自身利益相关，大部分教师表示比较满意苗村的学校教育质量。但是其他群体却不一定认可。干部龙某说：“我觉得以前的（教育）质量比现在还要好一些，目前在外面工作的人好多都是从村里到村外一直读书出去的，但这都是 20 世纪 90 年代以前的事情了，20 世纪 90 年代以后再也没有了。”访谈中也有学生及学生家长对苗村的学校教育质量提出质疑。

表 12-2　小茅坡营村四类群体对村民所受学校教育质量评价　单位：%

群体	很满意	满意	不满意	很不满意
乡村干部	0	33	56	11
普通群众	5	27	50	18
教师	10	60	20	10
学生	8	33	51	8
合计	6	36	43	15

作为学校教育的施行者，教师可能更多地从历时的角度来看待小茅坡营学校教育发展的过程，这样很容易得出对现在的教育质量“满意”的评价。的确，村民的整体受教育水平越来越高，但人们衡量学校教育质量主要有两个指标：一个是“考出去”的大中专生数量；一个是与周边其他村落学校教育质量的比较。在乡土社会，要想“离土”而实现向上的社会流动，几乎只能靠学校教育。这就是为什么在小茅坡营村许多经济条件较好的家庭千方百计都要把孩子送到集镇上学的原因。

三、对学生和教师的评价

学生和教师是学校教育过程中的主体，教师的“教”和学生的“学”构成的互动关系是学校教育的一个重要组成部分。学校也不是一个封闭的实体，它与所处的自然、人文生态环境有着密不可分的关系。在此，笔者根据田野访谈，列举出四类群体对苗族学生、教师的一些代表性评价，期望能从“文化负荷者”的言谈中，了解他们的心情，倾听他们的呼声。

干部石某：村里学生的学习成绩总的来说比前些年好，20 世纪 80 年代的时候还有部分学生上一年级时不会讲普通话，听不懂老师讲课，现在基本不存在这个问题。有人说苗族孩子不聪明，那简直是睁着眼睛说瞎话。中华人民共和国成立后村里考出去的不少，个个都是能干人。但是近年来，特别是“普九”过后，老师好像没有动力了。教学一点也不正规，所以学生成绩还是比不上别人。按说他们（老师）也是正规师范毕业的，有这么多年的教学经验，我看关键是没有责任心。

村民龙某：现在的小孩不是读不到（学不会），而是不愿读，其实我也想儿子能多读点书的。我现在倒也轻松了，他打工自己养活自己，有时候还可以给家里帮点。不过，这么多初中、高中毕业的，搞得好的也不多。学校现在只有一个老师几个学生、几点上学、几点放学、几时上课以及上什么课都是他（老师）一句话。经常是上课时间已经到了，老师还在家里喂猪。民委要学校上苗语课，让孩子多学点苗语和了解些苗族的传统东西，我看也没教出什么效果。

教师冯某：苗族的孩子在学校很听话，但是接受能力一般，想教好一点的学生要碰运气。不管怎么样，我们还是在尽力，毕竟家长把孩子交给我们，我们就要对得住人家。但是像我们这样的地方很特殊，学生早上下午都要在家和学校之间走好几个小时，作息时间不可能和城里一样定死。学生虽然不多，但老师的工作量比哪里都要大。苗语课上了是有好处，领导要我们上，群众也支持，但苗语课不能纳入国家的考核范围。这种情况下，老师教了也白教，学生学了也白学，考核最终还是要看语文数学。

学生石某：从小学到初中，我的成绩也还算好的。以前在村小只学语（文）数（学），上初中一下子很不习惯，很多课程以前都没有听说过。镇上的同学会唱会画，很机灵，我们不像他们那样好动，就是玩也只是几个（一个地方来的）在一起打仗（注："打仗"是孩子玩的一种游戏）。老师对我们还是很好，只是感觉上小学的时候比较随便，现在的老师要严格一些，只要你成绩好，他就会注意你。

综合以上四类群体的观点，可以看出，乡村干部、普通群众、学生都认为苗族的孩子还是和汉族一样聪明的，但是教师认为苗族的孩子"接受能力一般"。学生刚入学时，处在两种语言、两种文化的门槛处，在一个新的文化场域中，这种不适应是很正常的，这应该不是接受能力差的问题。学生群体所反映的上初中"不习惯"说到底也是一种文化的不适应，在村里只学语文数学，在集镇的初中却要学"很多课程"，体现出民族地区中小学教育某种程度的断层。镇上的学生"会唱会画"，苗族的孩子只是"一起打仗"，凸显了城乡二元对立格局中两种不同知识体系的差异。教师觉得乡村教育有其特殊性，自己在教学上尽力了，但是其他的群体，尤其是干部和群众群体却不怎么认可，他们认为教师的责任心有问题。而教师的抱怨还包括教育体制，因为苗语教学"不能纳入国家的考核范围"，苗语课是在政府的要求下开的，对苗族也许是好事，但是对教师和学生来说只是一种额外的负担。

四、对学校教育的展望

近年来，随着教育行政部门对学校布局的调整，高罗乡很多村小被纷纷撤并，由于生源的急剧减少，小茅坡营苗族小学的办学陷入了建校以来的最低谷。村民们之所以反对学校拆并，很多人认为既然学校是"苗族小学"，就应该服务于苗族的需要，在经济条件比较困难的情况下，小孩在本村上学更加方便，家长付出的成本更低，如果学校停办，很多困难家庭的孩子就会面临失学的危险。再者，人们对这所有着几十年历史的学校还是有很深的感情，在很多人的眼里，学校俨然成了苗村的一个重要文化符号。县民委也反对苗族小学撤并，毕竟小学是他们正在发展的民族文化产业的重要载体，他们认为苗村如果没有学校这样的公共设施，村落的文化气息就会黯然消退。所以，在学校存留的问题上，民委和村民是一致的，虽然他们各有各的顾虑。

虽然学校最终得以保留，但是仍然面临着诸多困难。乡村干部虽然觉得学校的保留体现了上级对苗族的照顾，但继续维持也是步履维艰。他们觉得学校的师资队伍还有很大的改进余地，在学生居住遥远、上学艰苦的情况下，如果教师不把教学当回事，那就更加危险了。学生觉得乡村的学校条件太差，他们很羡慕集镇上的孩子能够在宽敞明亮的楼房里面上课。教师则认为学校面临的最大困难是上级投资的严重不足。普通群众认为目前教育上最大困难是老百姓拿不出钱来供孩子读书，毕竟有一半的家庭才刚刚解决温饱问题；同时，他们也对教师的业务水平和敬业精神产生置疑。为了了解四个群体对学校教育的期待，笔者曾设计了以下问卷：

1. 您认为苗族孩子应该接受什么样的教育？

A. 汉化教育

B. 苗族传统教育

C. 汉化教育为主，苗族传统教育为辅

D. 苗族传统教育为主，汉化教育为辅

E. 两者一样重要

2. 您觉得现在的孩子最好能够接受哪个阶段的教育？

A. 小学　　B. 初中　　C. 高中　　D. 大学　　E. 研究生

根据对问卷问题 1 的统计，四类群体认为苗族接受的教育应该是“以汉化教育为主，苗族传统教育为辅”的占 71%，有 11% 的人选择了“两者同样重要”，9% 的人选择了“苗族传统教育为主，汉化教育为辅”，另外有 5% 和 4% 的人分别选择了“汉化教育”和“苗族传统教育”。四类群体的看法较为一致。在目前的文化语境中，汉文化代表着文化的主流，作为处在非主流氛围中的苗族，他们对主流文化的追求显示了整个社会大环境中主流文化和非主流文化之间“拉力”与“推力”之间的互动关系。同时，这种态度也表明苗族内心深处国家认同和族群认同的共存，而国家认同是族群认同得以形成和延续的前提。[①] 问卷问题 2 的

① 钱雪梅：《从认同的基本特性看族群认同与国家认同的关系》，载《民族研究》2006 年第 6 期。

统计结果显示，四类群体中选择接受高中阶段教育的占受访总数的33%，选择大学阶段教育的占38%，选择研究生阶段教育的占27%。这表明苗族对孩子受教育的期望值比较高。分群体来看，学生群体对自己接受教育的期望值最高，他们中58%的人希望最好能够接受到研究生教育；教师群体中有70%的人希望孩子最好能够受到大学教育，这比干部群体的50%要高；而群众群体中有55%的人认为孩子只要能够接受高中阶段教育就差不多了，这与其他三个群体有着较明显的差异。奥格布认为，每个社会的科层制度均有为其制定的成功者的标准，被该社会大多数人认为的成功者的形象影响家长对孩子成长和对学校教育的期望，社会科层制度在相当大的程度上决定该社会的成员追求受教育水平的努力程度。[①]这种看法为四类群体的不同选择提供了理论依据。另外，从年龄层次来看，年轻人比中老年人对孩子接受学校教育程度的期望值要高；从性别角度来看，男性比女性的期望值要高。

第五节　学校教育与村落文化生态环境

文化生态学认为，文化与其生态环境是密不可分的，文化是人类适应环境的工具，各民族文化的发展会随着生态的差异而走不同的道路。[②]文化生态模式的基本概念是适应，即人们与其所处环境的关系方式，它对将学校教育与社会生活割裂开来的方法持否定态度，认为应该将学校教育放在整个社会的生态环境中加以考虑。

一、苗村学校："村落中的国家"

学校教育是国家力量向乡村渗透的主要途径，也是乡村"国家化"的主要标志，学校就像是"村落中的国家"。通过对小茅坡营学校教育的分析，可以发现在现实场域中，其设置内含的思路就是对主流文化模式的移植；在国家化和现代化力量向村落的渗透过程中，地方性知识逐渐向家庭、邻里等初级社会群体退守。

在通村公路旁的一些地方，还依稀可见"普九"时刷写的标语。攀至村落桐

① 庄孔韶：《人类学通论》，山西教育出版社2002年版，第435页。
② 庄孔韶：《人类学概论》，中国人民大学出版社2006年版，第68页。

木坳的山顶，映入你眼帘的是一幢两层的苗式吊脚楼。作为村里的“最高建筑”，吊脚楼是村委会和学校合用的办公楼，楼前操场边一根杉木旗杆上的五星红旗正随风摆动。吊脚楼的背后是一栋作为教室的砖木结构平房，一块写有“小茅坡营民族小学”的校牌挂在外墙上，几米开外的檐廊下挂着一口铸铁钟。当地村干部自豪地说，学校目前的硬件水平在全乡乃至全县的村级小学中是很不错的。1988年学校第一次挂牌“苗族小学”的时候，县乡领导和相关单位都纷纷前来祝贺。近10年来，苗村在外界的名气日益响亮，作为村里唯一公共设施的学校更是无数次地迎来了各级领导、媒体和研究人员。这对一个村级小学包括苗村本身来说已经是很大的光荣，这是周边其他村落和小学所不可企及的。

虽然远离教育行政中心，但学校的一切事务都大致遵循上级部门所规定的模式运行。每周一早上姗姗来迟的升旗仪式使得许多到地里去干活的农民流连观看，国歌声一结束，便是老师对学生日常规范的再三强调。教室内外的墙上贴了好些幅“好好学习，天天向上”“知识就是力量”之类的励志标语，每一幅标语的上方都配以一个祖冲之、培根等古今名人的头像。学校多年以来获得的各种奖状、锦旗、领导题字在办公室的一面墙上挂了足足两排；上级下发的各种红头文件整齐地挂在靠办公桌的墙上。在当地人看来，学校是政府和教育行政部门设置在村落这个地域范围内的国家机构，和乡村社会若即若离。老师都是“端铁饭碗”的“公家人”、使用一套和普通苗族人不同的话语，是“文化”的代表；他们住在乡村，但在村民的眼里又超然于乡村。与平日的琅琅书声不同的是，每到夜晚或放假，学校又变成了一片寂静之地，一把把“铁将军”锁住了每一道门。而苗村的民房都是没有大门的，即使是家里没人，耳门也只是轻轻拉上。从学校所在的山头向四周眺望，眼前是一片稀稀落落的苗家吊脚楼，对比之下会让人感到学校就是在自然散漫的民居中人为设置的国家形象。它是国家培养人才的“工厂”，也是国家形象的一种展示。[①]

根据安东尼·吉登斯的理论，所谓“现代社会”与“传统社会”的差异，主要在于现代社会以民族—国家为特征，其突出表现是国家与社会的高度融合。他认为，现代民族—国家出现的推动力在于行政力量、公民观以及全球化，而主要的基础是配置性资源和权威性资源，前者指的是物质资源，后者指的是行政力量，他们的联系机制就是“工业化”。在这个过程中，国家逐渐渗透到社会中，控制力不断加强，社区内部的人民不断从地方性的制约下“解放出来”，直接面对国家的全民性规范、行政监视、工业管理、意识形态的影响和制约。[②] 在小茅

---

① 李书磊：《村落中的“国家”：文化变迁中的乡村学校》，浙江人民出版1999年版，第7页。

② 王铭铭：《社会人类学与中国研究》，广西师范大学出版社2005年版，第43～48页。

坡营的例子中，学校教育由国家架构并支持，其目的在于向本土社会传递国家化理念，以达到国家组织形式的巩固，完成国家与本土社会的融合。在社会与国家充分一体化的前提下，作为社会构成基本单位的人的生产，不可避免地要打下工业主义的烙印。

二、基于不同文化权力空间的“知识”

在小茅坡营村，从办私塾的石清顺到现在的小学教师冯万青，民族精英分子在构建地方教育发展历程的过程中发挥了巨大作用，他们依据的不仅仅是外来文化所赋予的文化权力，也是在村落社会中聚集起来的本土知识资源。通过本地知识人的缓冲和诠释，国家学校教育框架才得以嵌入村落社会肌体之中。[①] 其实在现在的苗村，“传统”与“现代”是一对互相渗透和转化的概念，随着全球化浪潮的冲击，村落社会已经越来越深深地嵌入整个国家的框架之中。在主流文化的强势影响下，肯定“乡土本色”的价值，也是在为地方性知识的合法存在寻求可能的路径。学校教育在这一过程中扮演的角色与地方性知识所能占据的文化权力空间有着密切关联。

不同空间的互动不仅构成了文化的隔离，而且也造成了不同个人的身份认同。调查中每每和当地人谈论教育问题时，他们出现频率最高的莫过于“读出去”“走出去”等话语的表达。村民 FFS 说：“我没有文化，不认得几个字。和他们读出去了的人是不能比的，但希望小孩能读出去，但是他小学刚读完就不想读了，农村人走出去很难。”这一空间化的表述揭示了内涵于个人行为背后更为广阔的文化权力空间配置。在这普遍描述的话语之中，冯兴给出了准确的定义，读出去就可以“吃皇粮”，就能够跳出农门，实现向城市社会的流动；走不出去就是继续留守乡土，维持着农民的身份和生活方式。至此，学校教育在乡村的“推力”和国家的“拉力”的共同作用下，正在达成某种外向型和一体化的契合。在苗村人的眼中，“有文化”或“有知识”的人就是那些“吃公家饭”的人，比如说教师、乡村干部等。这里的“文化”和“知识”是以汉语言文字为代表的现代科学知识的集合体，它已经被完全从村落社会里面剥离开来，并从国家那里获取了合法身份。

费孝通曾在《乡土中国》中对文字下乡问题做出深刻讨论，揭示了学校教育与乡土社会在文字界面上的关系。他说：“最早的文字是庙堂性的，一直到目前还不是我们乡下人的东西。我们的文字另有它发生的背景……这种乡土社会，在

① 翁乃群：《村落视野下的农村教育——以西南四村为例》，社会科学文献出版社 2009 年版，第 49 页。

面对面的亲密接触中，在反复地在同一生活定型中生活的人们，并不是愚到字都不认得，而是没有用字来帮助他们在社会中生活的需要。我同时也等于说，如果中国社会乡土性的基层发生了变化，也只有发生了变化之后，文字才能下乡。”在这个意义上，文字可以看作一个具有象征意义的要素，它被看作是文化素质的标尺，是在正规学校教育中所教授和传承的知识体系，其作为一种表达和交流的工具占据了文化的公共领域。人类社会的教育形态是多样的，每一种教育都有其社会生活与生产的基础。[①] 苗族小学教室中“知识就是力量”的标语，就是多样化教育相比较的教育均质化社会现实的反映。这里的“知识”不是村野乡民躬耕于田垄的知识，而是走上庙堂的知识。在主流价值取向的国家教育设置中，恰恰是对于乡土社会的日常生活最密切相关的知识和技能的合法性被完全地排除了。

三、从家庭到村落：不同文化空间的互动

作为相对游离于“我们的世界”中的“他者”，小茅坡营苗族在很多方面都有一种内涵于日常生活空间中的文化符号。苗族一般依山而居，住房多为干栏建筑。正屋的一侧是卧室，一侧是火塘或厨房，中间是堂屋。堂屋大门处比两侧屋短两柱，俗称“吞口”，专吞妖魔鬼怪。堂屋设神龛，供奉“天地君亲师位”。火塘屋是苗族家庭活动的核心空间，火塘柴尾处是虚设的祖先神位。房屋不仅是个人生命的中心点，也是苗族家庭文化在村落空间的进一步延伸。苗族绝大部分公众活动是以家庭而非个人为基本单位，如遇婚丧嫁娶，同一个屯的每一户必定要至少派一人帮忙，而个人声誉的建立也以其在家庭中的角色和作用来评定。儿童在日常生活空间中自然地习得禁忌、仪式和传说，一整套作为前喻文化的价值观在潜移默化中代代相传；而在与他人的交往中，又习得了村落文化运作的基本原则。这一切都是现实的学校教育所不能顾及的。现行学校教育和考试制度的功能在很大程度上是将高素质的农村劳动者从农村抽吸到城市，将本来可能会有利于农村经济发展的潜在人力资本变成了仅有利于城市经济发展的人力资本。[②] 于是，城乡的二元格局也在这种教育体制面前得以继续维持，而且二者之间的差距也越发明显。

在苗族教师冯林的记忆里，20 世纪 80 年代国家“普初”的时候，很多家长是不愿意送孩子上学的，尤其是女童的入学率很低。他们的主要理由如下：

---

① 涂元玲：《村落中的本土教育》，山西教育出版社 2010 年版，第 192 页；阮荣平、郑风田：《“教育抽水机”假说及其检验》，载《中国人口科学》2009 年第 5 期。

② 阮荣平、郑风田：《“教育抽水机”假说及其检验》，载《中国人口科学》2009 年第 5 期。

(1) 家庭贫困，无法支付上学费用；(2) 家里农活忙碌，孩子在家多少可以打帮手；(3) 山高路远，孩子上学家里不放心；(4) 祖祖辈辈都是这样过来的，上不上学并不是什么大不了的事；(5) 女孩上了学也没什么用，不如在家里帮父母做点事情，以后迟早要嫁人。从“主位”的观点来看，老百姓上述观念的产生具有一定的合情性。在商品经济不发达的情况下，苗族人很少从周围人身上发现上学改变命运的典型，他们甚至亲眼见证念过多年书的邻家少年回到村里后，可能连小麦和韭菜都分不清了。女孩一般都是在十五、十六岁就找好了对象准备出嫁，教育上的投入对家长来说是不划算的。可以说，“普初”是当时国家政策在教育层面上和地方文化空间的第一次规模性碰撞，而第二次碰撞就是后来的“普九”了。

近 30 年来，小茅坡营苗族人的生活视野越来越开阔，人们的教育观念也发生了较大变化。在访谈中，绝大部分人都认为学校教育的发展对于苗族的未来关系重大，“即便是出去打工，识字的人比不识字的人都要精灵得多”。问卷调查显示，80% 以上的村民认为送小孩上学是为了孩子自己将来有出息，并不存在性别上的歧视。但村支书说，2006 年该村初中辍学的 5 个学生中就有 4 个是女孩。可见，一个传统的乡土社会是很难彻底摆脱千百年来重男轻女思想的影响。家庭和村落空间的互动不仅表现在学校教育方面，同时也反映在社会性别视野下的家庭生活领域。在传统苗族社会的家庭权力结构中，夫权占据着重要地位；在家庭劳力的组织结构上，也体现出男走女留，男外女内的社会性别角色分工。在苗村，外出“上班”和打工的几乎都是男性。男性与外部世界尤其是国家力量直接作用的政治层面发生联系，而女性则坚守家庭本位。如此看来，男外女内是在苗族家庭空间本位导向下作出的人力资源配置，是对苗族社会文化生态的适应。

第六节　现代观念与民族传统：苗族学校教育的文化选择

在一个多样性文化的社会中，学校教育担负着弘扬民族优秀文化和提高民族整体素质的重大使命。随着现代化的进行，乡土社会正经历着巨大的变迁，国家主流文化的渗透和冲击使得地方性知识的传承逐渐向家庭领域退让。丧失现代化将意味着民族的贫困，丧失传统文化则意味着民族的消亡，在这种情况下，学校教育在民族社会的文化选择过程中起着举足轻重的作用。

一、传承民族文化，适应主流社会

学校作为一种现代化的拉力，一方面加速着村落社会出离传统的进程，另一方面也带给部分个体极大的不适、约束与失落感。① 苗族传统文化也属于社会系统，主流化实现本身就包括苗族传统文化的现代化。民族社会的主流化进程如果排挤甚至宰制着地方性知识的生存空间，这种所谓的主流化就没有存在的基础。现代化要选择传统文化，有一部分传统文化最终要在现代化的过程中被淡化、消失或改造；同时，传统文化也要选择现代化，如果现代化的道路完全违背了民族传统文化，这种现代化就可能在民族传统文化的面前碰得粉碎。因而，现代学校教育对民族传统文化的选择应该是在肯定民族传统文化的大前提下，实现除旧布新。

小茅坡营苗族学校教育的主流化倾向反映了民族—国家背景下学校教育的同一化现象，但是，苗族对于主流文化的积极认可也显示了他们作为一个边缘族群对共享人类文明成果的向往。改革开放以来，学校教育的发展以及以打工族为代表的人口流动给乡村带来了新的文化气息，人们的商品意识逐渐增强。虽然政府部门作出了种种努力企图打造一个名副其实的民俗文化村，但苗族传统文化已经越来越受到现代化的冲击。说苗语的人正在老人的叹息声中慢慢减少，很多小时候说得一口流利苗语的年轻人经过多年的漂泊，已经淡忘了自己的母语，具有苗族特色的房屋也越来越多地被钢筋混凝土的房屋所取代，部分人甚至不再拘泥于祖先传下来的规矩。在不能通过接受学校教育的途径实现向主流社会流动的情况下，许多年轻人选择了外出打工。

从目前的教育模式来看，小茅坡营苗族的学校教育是一种跨文化教育，跨文化教育是一种涵化现象，是不同文化之间的文化传递、交流与互动的过程及其结果。然而，“文化濡化”和“文化传承”都强调从历时性、特别是从代际的维度看待教育，而广义的教育实际上是人类群体历时性地传承文化和共时性地传播文化的过程。教育既是维护社会稳定的一套制度，又是促进社会变迁的动力机制。当然，从根本上说，教育最集中反映人们对社会“秩序化”这种有限的“确定性”的追求和期许。而现代学校教育迎合了现代社会分工的需要，从前现代“浑然一体”的教育中分化了出来，成为承担人的再生产和“复制社会”使命的一种且是最重要的一种社会性的制度安排。由于乡村文化背景和学校文化氛围的差

① 冯跃：《教育的期待与实践——一个中国北方县城的人类学研究》，民族出版社 2009 年版，第 187 页。

异，加之持久的贫困，小茅坡营苗族学生很难在学校教育中取得良好的成绩，从而实现向城市的流动，中华人民共和国成立以来屈指可数的大中专生数量或可佐证。教育人类学认为，少数民族学生的低学业成就适合他们特定生态环境的认知技能和生存策略。但是，一个人的认知能力会随着环境和教育的变迁而发生转变，不同社会的文化任务所要求的能力具有文化差异性，适合某种文化的认知行为对另外一种文化成员而言必然是有偏差的。因此，在传统社会中随着主流化意识的增强，学校教育功能必然会发生某种转型。

因此，苗族学校教育应该有两个最基本的功能：一是传承本民族文化，使受教育者通过文化儒化适应乡村生活，以维系民族社会的可持续发展；二是传授现代主流科学文化知识，使受教育者适应主流社会生活，并通过筛选和分配实现向上的社会流动。只有进行异文化间的交流、碰撞与吸收，取长补短，才能促进不同民族间的相互了解与尊重，才能在继承和发扬本民族文化的同时进行现代性知识的习得，推动民族社会发展。

二、苗村学校教育的文化选择

文化适应是人类学者关注的重要对象，它是文化主体获得满足环境的需要所习得知识的过程，也就是其文化认知图式的构建过程。而学校教育必须随着生态环境的变化作出与之相适应的文化选择，才能推动乡村社会的良性发展。学校教育的文化选择，包括了对文化的挑选、糅合、加工整理、清除排劣等制作过程。选择文化贯穿着学校教育的全过程，教育的每一活动，其过程的每一方面都包含着选择的意义。学校教育的文化选择功能也是教育创造性的特殊表现，通过这种选择，在历史与当代、当代与未来间建立起发展的链条，并根据现代与未来把握历史，塑造人才。通过这种选择，历史才会发展，文化才会发展。①

在我们的传统文化中，有才能的人是分布在地方社区的。② 而在小茅坡营村，出身农家在外求学的人几乎都没有回乡发挥作用。部分初中、高中毕业后到外地的打工者现在也正在淡出村落的视野，稍能挣钱就把孩子接到外地学习，甚至举家外迁，他们宁愿漂泊在城乡的边缘，也不愿意回乡种地。在现实的学校教育背景下，学生学到的是纯粹的主流化知识体系，这是完全不同于乡下的；经过多年的学习，他们经常感到在乡下无人可交谈，没有人理解他，甚至感到和自己的家人也疏远了；回乡的学生基本上找不到合适的工作来应用在学校里所学到的知

① 冯增俊：《教育人类学》，江苏教育出版社1998年版，第193页。
② 费孝通：《中国绅士》，中国社会科学出版社2006年版，第88页。

识，进城打工成了他们唯一的选择。当前的学校教育本身是不具备乡土性，所以对于一些经济条件较差的苗族家庭来说，除了让孩子在学校学会一般的识字和算术知识以外，更多的教育投入就意味着金钱和劳动力的丧失。在田野调查中，大部分受访者都认为乡村发展的关键是人，而人发展的关键是教育，但是他们表面上强烈支持有能力的人要留在村里作贡献，内心却流露出学生回乡后并无用武之地的无奈，仍然希望自己的子女能在外面的世界出人头地。这种价值预设原本没有错，但它却意味着学校教育的“成功者”向主流社会进军，而不是成为扎根于乡土的建设者。显然这是与乡村发展的希冀背道而驰的。

乡村地域文化中长期积淀而形成的地域、民俗文化传统，以及乡村生活现实中原本就存在许多合理的文化因素，有着对于乡村生活以及乡村生活秩序建构弥足珍贵的价值成分，换言之，乡村地域文化中原本就潜藏着丰富的教育资源。传统乡村教育体系是以书本知识为核心的外来文化与以民间故事为基本内容的民俗地域文化的有机结合，外来文化的横向渗透与民俗地域文化的纵向传承相结合，学校正规教育与自然野趣之习染相结合，专门训练与口耳相授相结合，知识的启蒙与乡村情感的孕育相结合，前者的不足可以在一定程度上通过后者来弥补。在乡村教育中，乡村孩子以不同的心态企望着另一个世界。这样的结果是，他们身在“他们的世界”之中，却自觉或不自觉地背离于“他们的世界”，这意味着他们所接受的并不切合于他们自身全面发展的教育过程，实际上是他们为了达成强势价值目标而不得不经受的苦役。

在民族教育的“为农”和“离农”之间，“和而不同”的城乡教育和谐发展模式不失为一种尝试。[①] 作为国家教育行政主管部门，需要把地方性、异质性因素引入教育机制，赋予乡村学校教育更多的自主权，变“行政管理”为“教育服务”。在通过学校教育手段给国家选拔适应主流社会人才的同时，也要使“教育与生产劳动相结合”、教育与乡村人民生活相结合，努力办成“人民满意的教育”。在此，笔者提出五点思考。

（一）关于学校布局的调整

政策性的学校布局调整，更多地反映的是地方官员单向的教育发展思路，小茅坡营学校之所以能在布局调整的浪潮中幸存，并不是符合“规模经济效益”的总体要求，而是苗村小学本身就是教育局、民委、乡政府、村民、师生等多重利益主体的博弈过程之中不断追求平衡的结果。这些年来对“学校规模”或“规模效益”的大力推崇，反映出部分地区学校布局调整政策过于追求经济效率的价

① 张济洲：《文化视野下的村落、学校与国家》，教育科学出版社 2011 年版，第 227 页。

值取向；学校是从事教育教学活动的专门场所，学校布局调整政策制定应当最大限度地反映教育发展需求，遵循教育规律，回归教育本位；应当从方便“政府办学”向方便“群众上学”转变，从供给本位向需求本位转变。① 如果不实事求是地坚持这一人文关怀导向的学校布局调整理念，所办的教育就会与“人民满意的教育”渐行渐远。

（二）关于农民文化自觉

作为地方性知识的主要负荷者和传承者，农民是乡村教育的主要参与者与实践者。应该采取有效方式，在充分发挥农民主体性地位的前提下，加深他们对乡土文化的认识，找到乡土知识和主流科学文化知识的对接点，提升农民对现代性知识的自主适应能力。只有不断提高农民对民族文化的认同感，才能在此基础上推陈出新，增强他们建设家园的自觉意识。

（三）关于乡土教材的编写与使用

在小茅坡营小学，笔者看到了20世纪末由宣恩县民委、县教育局组织编写的几本乡土教材，如《美丽的宣恩》《宣恩苗族》《湖北苗语》等，这可以作为学校教育在反映乡土物事、传承地方性知识等方面的一个好的手段。目前的问题是，相关部门要在学校老师的配合下改进教材的编写质量，督促学校按计划开课，增加教材的利用率。学校老师要以学生喜闻乐见的方式授课并尝试校本课程的开设，让学生在学习现代主流科学文化知识的同时，了解自身、了解家乡，增强他们热爱家园、热爱民族的情怀。

（四）关于双语教育的开展

苗村小学所实践过的双语教育是一种以汉语为主、以苗语为辅的“拐杖式”的双语教育，事实证明这对于克服儿童双语转换困境，开启儿童心智，提高民族教育质量起着重要作用。同时，双语教育的开展体现了绝大多数苗族群众的愿望，有利于贯彻党的民族政策和继承优秀的民族文化遗产，也是坚持人类文化共性和多样性相结合的具体体现。

（五）关于教育体制的探索

单独的一所小学只是中国教育浩瀚海洋中的一滴水，师生无论怎么努力，都

① 雷万鹏、张婧梅：《学校布局调整应回归教育本位》，载《教育研究与实验》2010年第3期。

不能改变乡土教育“不能纳入国家的考核范围”的现实。简单的来自官方和民间的呼喊虽然给予了学校以足够压力，但是作为一个人口较少族群的教育，在主流文化的冲击下，它本身是不能构成一条独立的教育生态链的。作为政府部门，应该对现行的教育体制进行反思和探索，以切实可行的施政来激发苗族干部群众和学校师生的积极性，本着服务于少数民族的目的，使苗族学生实现对乡土文化和主流社会的双重适应。

第十三章

教育新城与大规模学校发展研究——湖北省C县调查

第一节 问题提出

改革开放以来，随着经济持续稳定增长，我国城镇化水平逐步提高。数据显示，从1978年到2017年，我国城镇人口从1.7亿人增加到8.1亿人，城镇化率从17.92%提升到58.5%。[①] 城镇化是我国社会结构的一个历史性巨变，对经济社会各方面都产生了深刻影响。

2001年，国家颁布了《国务院关于基础教育改革与发展的决定》，文件指出，按照小学就近入学、初中相对集中、优化教育资源配置的原则，合理规划和调整学校布局。在中央政策指导下，各地纷纷以“撤点并校”模式推进学校布局调整。由此导致大量农村学校逐渐被撤，农村学龄儿童向城镇转移。在农村人口向城镇流动过程中，一方面，农村学龄人口向城镇转移，为农村孩子接受更加公平、更高质量的教育创造了机会；但另一方面，农村学校较快撤并，引发了学生上学路程普遍变远、交通安全存在隐患、寄宿制学校办学条件不到位、城镇大班额等一系列值得关注的问题。[②]

---

① 资料来源：国家统计局：《中华人民共和国2017年国民经济和社会发展统计公报》，http://www.stats.gov.cn/tjsj/zxfb/201802/t20180228_1585631.html。

② 刘利民：《城镇化背景下的农村义务教育》，载《求是》2012年第23期。

有研究表明，大规模学校不仅易发校园安全问题，还严重影响着教育资源的公平分配，存在一定程度上的规模不经济；[①] 在学校撤并决策过程中，广大居民、家长和教师参与率极低，部分群众对学校撤并效果不满意，低收入者和边远山区农民对学校撤并效果满意度相对更低。过度分散的学校布局与过度集中的学校布局都不利于学校发展，都违背了教育发展规律。[②] 有研究从学生学业成绩、学校氛围、学生参与度、归属感、人际关系、平等性六个方面，阐释了学校规模对教育成效的影响，认为小规模学校对于教育成效具有更积极的影响。[③]

面对“撤点并校”引发的诸多社会问题以及学界对新一轮学校布局调整政策的广泛质疑，2012 年 9 月，国家颁布了《国务院办公厅关于规范农村义务教育学校布局调整的意见》，文件明确指出，撤并后将造成学校超大规模或“大班额”问题突出的，均不得强行撤并现有学校或教学点。然而，因撤点并校而形成的大规模学校遍布全国已是不争的事实。近年来，在我国农村教育发展中，出现了一批由政府主导建设、规模远超国家标准的超大规模学校，它们是农村学校布局调整的直接产物。如宁夏回族自治区撤并南部山区学校，在城市建设几所学生近万人的中学，山区的学生都集中在这些学校就读；甘肃省陇东、河西等地区出现学生人数五千以上的中学；湖北省一些地区出现超过五千人的中学，以及在中、西部很多地区正在建设中的“巨型学校”等。[④]

学校规模是影响教育资源利用效率以及教育效益的重要因素之一。已有研究显示，学校规模过大，将引发教育资源分配不均衡、学校管理组织科层化、学生个性发展受阻、学生享有的教育关注度低、教师职业倦怠感增强、校园安全事故增多等一系列问题。规模经济理论表明，社会组织的规模扩大和收益之间变化关系不是无限递增的，经济学把规模扩大造成收益递减的阶段称为规模不经济阶段。学校规模扩大，虽可降低教学成本，但同时管理成本上升。一旦管理难度增加带来的影响超过了规模扩大的好处，将会导致规模不经济。

目前，学术界对农村小规模学校有深入研究，但对学校布局调整中的大规模学校研究甚少。学校规模过大会引发哪些管理问题？大规模学校中教师的生存状态和学生的发展状况如何？学生对大规模学校的评价如何？多大的规模才是合理的？本章将以此为突破口，采用个案研究方法，多视角分析县域内大规模学校之利弊，借此反思学校布局调整政策，为相关政策制定提供参考。

---

① 张新平：《巨形学校的成因、问题及治理》，载《教育发展研究》2007 年第 1 期。

② 雷万鹏、张婧梅：《构建公正的学校撤并程序——对民众参与度与满意度的实证调查》，载《全球教育展望》2010 年第 7 期。

③ 和学新：《班级规模与学校规模对学校教育成效的影响》，载《教育发展研究》2001 年第 1 期。

④ 万明钢、白亮：《“规模效益”抑或“公平正义”——农村学校布局调整中“巨型学校”现象思考》，载《教育研究》2010 年第 4 期。

第二节 田野概况

湖北省C县为华中师范大学课题组的调研网点之一，课题组成员与C县教育行政部门、学校校长、老师和部分村民一直以来都保持着紧密的联系。并且，华中师范大学与C县合作共建了国内第一个“国家教师教育创新与服务综合改革实验区”，C中学因此而成为华中师范大学在全国的第一个教师教育区域性数字化学习港，相互之间合作密切。课题组于2011年11月至2012年4月，三次进入个案学校即C中学进行实地调研，通过与学校管理者、教师、学生和教育局工作人员等进行访谈、收集资料、随堂听课、课间参与学生活动、在学校随意走动等深入了解学校运转情况。第三次，笔者把目标对象缩小到班级，以C校二分校803班班主任助理的身份，深入学生当中，同研究对象之间建立了友好、和谐的关系，这种“局内人”的身份有助于获取真实的信息。

下文将对个案县及个案学校基本情况予以介绍，然后分别从学校管理模式、教师生存状态、学生发展状况等角度分析大规模学校运行状况及其发展问题，最后进行反思和总结。

一、C县社会经济与教育概况

C县位于鄂东南，地处湘、鄂、赣三省交界处，北靠武汉，南及长沙，东至九江，西去岳阳。该县属低山丘陵地区，地处大幕山、大湖山、大药姑山之间，地形结构为“八山半水半分田”，旧志谓其“四周崇山环绕、中土平衍，俨如天城”，古喻“天城之乡”。全县海拔高度在40～1 100米，最高点大湖山主峰海拔1 239米，丘陵海拔高度在100～500米间，面积1 300多平方公里，占全县总面积的67%。县境东西长61公里，南北宽52公里，土地面积1 968平方公里，现辖8镇4乡，是一个经济基础较为薄弱的山区县。

2017年，C县年末总户数13.81万户，总人口50.83万人，常住人口40.70万人，人口自然增长率为11.73‰。2017年，C县地区生产总值67.44亿元，财政总收入10.46亿元，财政支出28.56亿元；全县居民人均可支配收入17 979元，同比增加1 440元，增长8.7%，其中城镇常住居民人均可支配收入25 130元，同比增加1 932元，增长8.3%；农村常住居民人均可支配收入13 199元，同比增加1 110元，增长9.2%。

目前，C县共有各类学校170所，其中，初中11所，九年一贯制学校4所，民办完全中学1所，特校1所，小学153所（完小42所、初小32所、教学点79个）。义务教育阶段学校在校学生51 336人，其中，初中13 621人，小学37 646人，特校69人；现有在岗教师3 117人（含省招新机制教师467人）。而在2012年，C县义务教育阶段有学校167所，其中，初中14所，小学151所（完小82所，初小41所，教学点28个），特校1所。义务教育阶段学校在校学生47 679人，其中，初中在校学生12 818人，小学在校学生34 813人，特校48人；共有教师3 213人，其中，初中教师1 345人，小学教师1 860人。县城初中4所，分别为C中学、桃溪中学、天城中学、众望初中（民办），8个县城附近的乡镇各保留初中1所。

二、C县教育城建设概况

作为湖北省义务教育均衡发展综合改革试验县，C县在教育改革上采取了集团化办学模式。近年来，该县城市建设步伐不断加快。完成旧城改造20万平方米，新建城区10万平方米。为有效破解城乡教育均衡发展的难题，C县在新城区建成了一座集幼儿园、小学、初中、高中、职业教育于一体的教育城。教育城设施先进、功能齐全、体系完整，现拥有2万名学生、1 100多名教职员工，全县实现了100%高中生和70%的初中生进城上学、70%的教师进城从教。教育城是C县集中办学的标志。

C县教育城位于天城镇城北新区，南临电力大道，北接隽北大道，东依文昌大道，西至白泉大道，四通八达，交通便利，总占地面积约80万平方米，总建筑面积近30万平方米，总投资5.2亿余元，是县委、县政府重点打造的最大民生工程。其集幼儿园、小学、初中、高中、职教、青少年校外活动中心于一体，可开设400个教学班，容纳近2万名学生就读。

教育城先后分三期建设。第一期工程于2005年11月20日正式开工，投资8 000万元，兴建职教中心，其占地面积13万多平方米，建筑面积7万平方米。职教中心于2006年8月交付使用。2011年，该校被评为国家示范中职学校。

C中学便是第二期工程。它于2008年6月25日正式开始。C中学新校区投资1亿多元建成，占地面积26万平方米，建筑面积10万平方米，有教学楼4栋（总校、一、二、三分校各1栋）、实验楼1栋（共用）、学生食堂3个、学生公寓4栋、教师公寓4栋，塑胶跑道2个，水泥操场1个。学校可容纳7 000名学生就读，5 000名学生食宿。校内还设有附属小学、幼儿园，分别可容纳2 500名学生和1 500名学生。

第三期工程新一中（高中）规划投入1.9亿元，占地面积33万多平方米，建筑面积12万平方米，规划容纳学生6 000余人，于2009年8月开始兴建，2011年暑假正式投入使用。一中搬到新校区后，教育教学设施设备齐全，功能完备的综合楼、实验楼、规划科学的教学楼、卫生舒适的学生公寓，饮食中心、开阔气派的运动中心，一应俱全。学校领导坚持“依法治校，民主治校”方略，实行全封闭管理。

三、C中学组建基本情况

教育城第二期工程C中学于2008年底初步完成。2009年元旦，老C中学迁入教育城。老C中学创办于1940年，拥有悠久的办学历史、深厚的文化底蕴以及优异的教学质量，于2008年被拍卖。2009年秋季，撤销九所中学并入教育城C中学，实现“十校合一”。当时，C中学学生数达到6 000余人。据C县教育局工作人员介绍，撤并交通不便、教学质量薄弱、教学条件差（破、小、旧）的边远山区中学，十校合一，快速实现了该县教育发展规划中“小学进镇，初中进城”“70%的学生到城里读书”的目标，满足农村家长对优质资源的需求；学校合并后，县财政承担了三个最偏远、最贫困乡镇学生的上学交通费用。

C中学设1总校，下设3个分校，各自分管1个年级，实行“总校统筹，分校管理”的管理体制。总校主要负责校园安全、人事与经费统筹、公共设施添置与维护，以及食堂、超市管理、对外宣传和接待等；总校按一定比例统一抽取学生公用经费来满足履行上述职能的开支。各分校实行分校长负责制，负责本校人、财、物、教、学各环节的管理，各分校在日常运转中相对独立、互不干涉。

C中学教师与学生的构成具有一定的特殊性和复杂性，在一线教师约300人中，农村教师的比例占到70%，学生5 000左右人中农村学生占80.2%，偏远农村学生的比例占到14.9%（见表13-1）。也就是说，C中学14.9%的学生面临着上学远、交通费用、住宿费用等各种成本增加的困难。

表13-1　C中学基本信息

教职工（人）	一线教师总数（人）	农村教师比例（%）	班级总数	学生总数（人）	农村学生比例（%）	周边农村学生比例（%）	偏远农村学生比例（%）
410	300左右	70	69	5 000左右	80.2	65.3	14.9

“阳光跑操”是C中学每天必须开展的体育运动。所谓“阳光跑操”，即每

天早自习之前，上午课间时间，各分校学生以班级为单位，每班以方阵的形式，围绕操场跑道跑步，并齐声高喊“我自信，我阳光，我快乐”。跑操的每个班级方阵中都有一个同学高举一面红旗，在前面领跑。这是C中学的创新活动之一。以跑操代替传统的广播体操的原因显而易见，各分校操场根本无法容纳一千多人做广播体操。

一杆红旗，一个路队，是C中学最普遍的现象，校园里随处可见。一杆红旗引路，各班保持路队前进，课间跑操如此，进入食堂如此，放学出校亦如此。这个做法是二分校校长从小学借鉴而来，以整顿学校合并后混乱的局面。撇开其他不说，在校园安全方面，确实取得了良好效果。

“校园飞歌”是C中学在校园文化上的创新。每天三次在课前，全校所有班级的学生起立，集体跟随广播唱同一首歌曲，声势浩大，歌声在校园里久久回荡。歌曲基本属于思想教育或励志型，都是学校每周一次的音乐大课堂所教曲目。说起音乐大课堂，也就是一个音乐老师通过广播教分校所有学生唱歌，这与学校缺乏音乐教师不无关系。“学校希望通过这种形式，熏陶学生的思想，让他们感受到音乐与艺术的魅力，特别对农村学生。”二分校杨校长说。

第三节　学校运行状况

本书研究中的大规模学校是在学校布局调整背景下大量农村学校被撤而形成的，大多集中在教育新城，并配备较好的师资条件、硬件设施。大规模学校是怎样运行的，教师与学生的生存状态如何，是研究大规模学校发展必须回答的问题。下文将分别从学校管理模式、教师生存状态、学生发展状况等角度分析大规模学校运行状况及其存在的问题。

一、学校层面：“金字塔式”组织结构

（一）学校管理模式

C中学设1总校，下设3个分校，各自分管1个年级，实行“总校统筹，分校管理，目标考核，均衡发展”的管理模式。具体而言，总校负责校园安全管理、人事统筹、经费统筹、公共设施设备统筹、食堂、超市统筹、对外接待和宣传等，总校按一定比例统一抽取学生公用经费来满足履行上述职能的需求。各分

校实行校长负责制，负责本校人、财、物、教、学各环节的管理，各分校在日常运转中相对独立、互不干涉，在总校统一部署下具体落实各项工作。在经费使用上，各分校公用经费按实际学生人头数划拨。总校、分校设立报账员，实行逐级报账制，即各分校到总校报账，总校到县教育局报账。

每学期初，各分校签订《C中学分校校长目标管理责任状》，每学期末，总校负责对各分校目标考核，量化评分。总校每学年评优表模一次，比例10%；分校每学期对行政人员、班主任、教学人员和非教学人员进行量化考核，评优表模，比例10%。同时，考核结果与绩效工资挂钩。总校负责资源优化组合，保证各分校共享优质资源，均衡发展。各分校要采取各种方式方法，着眼于全体教师教学教研能力的发展和素质的提高，确保教师水平相对均衡；着眼于学生整体水平和综合素质的提高，促进学生相对均衡发展。

（二）组织结构分析

由图13-1可知，C中学按照管理的纵向层级进行结构排列，总校到分校，到政教处、总务处、教务处，再到教师，最后是学生，由高到低，组织被分成了若干管理层级，权力逐渐集中，构成了一个垂直分布的金字塔形态，即传统的

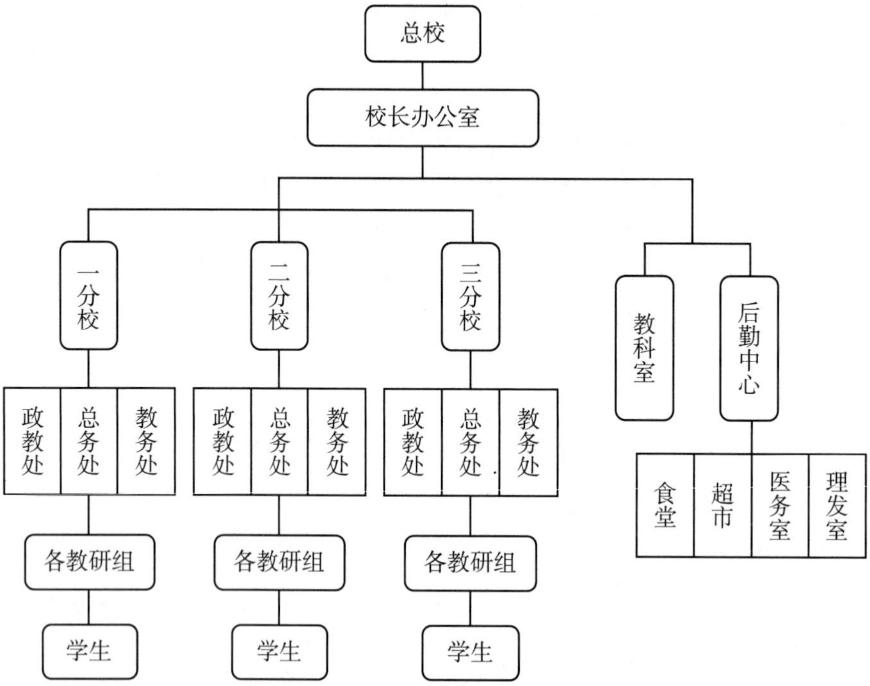

图13-1　C中学管理体系

“金字塔式”组织结构。在这种结构中，组织的决策权由最高层领导掌握，组织的普通成员只能被各级管理者所支配，上级对下级具有全部的责任和权限。因此，这种结构具有权力集中、指挥统一、责任分明、便于指挥和控制、便于监督等优点。

对于C中学来说，其组织结构的优点体现在以下三个方面。首先，有利于学校集中力量办大事。总校与三个分校连为一体，集中力量、集中资源，全方位地将一件事办到精益求精，好上加好。其次，总校把关大的方面（包括办学方向、职能部门的协调、公共设施管理、接待工作等），有利于分校专心抓教学。各分校相对独立，有利于各分校发展自己的特色。最后，有利于分校之间良性竞争，相互学习与共享好的管理方式。二分校在实行“一杆红旗，一个路队”规定后，学生在遵守纪律方面自觉了不少，彻底治理了因学生人数太多而导致的混乱局面，学校因此变得井然有序；一分校、三分校见成效显著，也争相效仿，用一分校吴校长的话说，这是相互学习，共同进步。

然而，这种组织结构也不可避免地存在一些问题。首先，权力过度集中，对领导者知识与能力的挑战很大，这就要求总校必须具有一个高水平的决策团队。作为一所学校的最高领导者，校长是师生的表率、育人的模范、管理的专家和教育教学的引领人，决定着学校发展的前途和命运。总校所做的每一个决策，都将直接或间接影响到学校的教师和学生，影响到学校发展。另外，总校权力过大，也会在一定程度上制约分校的发展。

案例1：一分校吴校长，原本在港口乡中学担任校长，因课堂教学改革颇有成效而被调到C中学一分校担任校长，但来到C中学后他感到很苦恼，总校总想保持学校单元的综合性和统一性，无法接受他课堂教学改革的方式，教学改革初期对他的工作产生了相当大的阻碍。访谈中他表示：“总校管理方式陈旧，各分校受限制太多，需要更大的独立空间。总校作为领头羊，管理思想必须先进，我认为有必要进行体制改革，多给分校一些独立发展空间。”

其次，总—分校管理模式，也容易产生学校之间的分裂。各分校之间过于独立，尤其是一些人为的规定，如学生不许串校等制度，很大程度上阻碍了学生之间的交流与沟通。即使在同一分校内，相邻办公室的教师相互之间都不熟悉。因为教师人数太多，一个科目一个教研组，一个教研组一个办公室，教师们很少与其他科目的教师交流。相关研究表明，“金字塔式”组织结构比较适合于人数较少、管理工作比较简单的组织。当组织规模过大、组织层级过多时，采用这种结构很可能导致形成部门“本位主义”观念，部门之间互通情报少，横向交往受阻，出现沟通障碍。

案例2：二分校李老师是学校合并时调进城的众多教师之一。在访谈中，他不禁感慨，在以前的学校，老师与老师之间、与领导之间的关系都比较简单，相处融洽，集体感强，有什么事可以直接跟领导汇报商量。但在C中学就不同了。老师与老师之间仅隔一道墙却了解甚少，老师与领导之间的关系疏离，沟通困难，有些领导不带课，一个星期下来很难见到面。他说："我已经麻木了，只知道每天把自己的事做好就行。"

二、教师层面：在"夹缝"中"生存"

C中学刚性管理制度，使得教师"外"民主渠道不畅、缺乏人文关怀，"内"工作负担加重，工资待遇偏低，且随时面临末位淘汰，可以说是在"夹缝"中"生存"。

（一）教师参与学校管理渠道不畅

就教师而言，学校民主管理的本质就是教师民主参与管理和决策，是以发挥教师主人翁地位为基础，以权责利统一为前提，教师以自己的主体意识影响学校的目标和决策的一种学校管理制度。它本质上是广大教师与学校党政领导真诚沟通、相互协作和分权的过程，以发挥教师参政议政的作用，实现民主监督与民主决策。然而，这在超大规模学校很难实现。事实证明，学校规模越大，教师越难以参与学校管理，就越不易实现民主管理。在C中学，学校事务一般由总校与分校长讨论决定，教师的参与率很低。访谈中，有教师反映："在这个学校谈不上什么民主，学校这么大，每个人都是很小的一分子，大家都这样，那我也无所谓。久而久之，就麻木了。"在访谈过程中，听到最多的就是"麻木"一词，这虽然是教师一己之怨，但也说明教师在学校缺乏存在感和集体感。

案例3：二分校黄老师曾在大源中学工作，大源中学撤并后调到C中学。对于教育参与决策，他有至深感受。他说，之前在大源中学，教师基本上了解每个学生的学习甚至家庭情况，熟悉每一位教师，每天都可以跟校长聊上几句，把真实情况最及时最直接地反映给校长。学校在大事上，也都召集所有教师开会讨论决定。然而在C中学，很难参与学校决策中，上面下发一个文件，我们就照办。在这里，领导们只注重结果，而对过程不闻不问，对教师缺乏人文关怀。

（二）教师工作负担明显加重

学校规模大，显著增加了教师的工作量。C 中学并校后，由于学校人数增多，管理难度相应增大。半数以上学生住宿，教师的工作时间延长。在缺乏生活教师的情况下，只能让教师额外承担生活管理工作。尤其是刚并校时，部分工程尚未完工，来自不同乡镇的学生拉帮结派、打架斗殴现象频繁，老师们都焦头烂额，心力交瘁。

案例 4：三分校黄主任是由老 C 中学合并过来的教师，一路走来，C 中学从合并前到合并后的变化他亲身经历，没有人比他更有发言权。据他回忆，刚并校那段时间，老师特别是班主任，天天在读文件，天天在学制度，还要管理那群难以应付的学生，特别辛苦，压力也大，好几个女老师都找他哭诉，能不能不当班主任。他说，以前在老 C 中学，下午四点半学生放学之后老师也就下班回家了，相比现在而言，轻松太多了。

工作量大，待遇理应相应提高，可在 C 县教师工资普遍偏低，工作量与工资待遇不成正比。一次访谈中，三分校老师抱怨道："一直比教学，但从不比工资，相邻的赤壁县教师工资都比 C 县高，但消费水平比 C 县低。"教师之间也一直流行着一句话，光搞教育没"钱"途，教书只能当做第二职业。部分教师也想过离开 C 县去深圳、广州等大城市。但 C 县政策不能停薪保职，一旦离开就丢了工作，绝大部分教师怕担风险。尽管如此，每年还是有个别优秀教师离开。

（三）教师工作自主性不强

在"金字塔式"的组织结构中，组织的决策权由最高层领导掌握，组织的普通成员只能被各级管理者所支配，好像机器上的零件一样被使用。显然，依据古典组织理论所开展的组织工作，将限制个人发展，压抑人们的主动性、积极性、创造性。C 中学的教师就处在"金字塔"的底层，根据学校需要，服从指挥，按部就班地进行工作。无论是学校领导与教师，还是老师与学生，都是一种"管与被管"的关系。学校对教师抓得紧，根据《教师综合考核评估细则》对教师考核，实行末位淘汰制。每年考核最低分者，则被派往乡镇小学任教一年。因此，教师不得不严管学生，把学生"困"在教室里。

《教师综合考核评估细则》是 C 中学对教师进行考核的唯一标准。由表 13－2 可知，C 中学从教学效果、教学管理、工作量、教师考勤、学生评议、教师评议、行政评议七个方面严格实行教师量化考核。这种考核方式虽便于统一化、操作化，但对C中学的教师而言，简单的量化考核不能完全评价教师的工作量及成果，这在一定程度上也会制约教师自主性和创造性的发挥。

表13－2　　C中学一分校教师综合考核评估细则

考核内容	比重（%）	备注
教学效果	40	上学期期中、上学期期末、下学期期中、下学期期末考试成绩名次分依次占10%、20%、30%、40%
教学管理	20	包含备课（3分）、上课（5分）、常规教学检查（12分）
工作量	10	按不同年龄、不同职务划分工作量，饱满为10分
教师考勤	10	包含坐班（5分）、请假（5分）
学生评议	5	由学生对老师教学行为、师德等方面进行评价，分A、B、C三个等次，分别记5、4、3分
教师评议	5	分办公室不记名打分，最低分3分
行政评议	10	由行政人员、教研组长备课组长对各教师评估打分，最低分6分，若教师的个人师德及行为问题给学校造成恶劣影响（受到教育局通报批评）的打0分

三、学生层面：个性化发展难以实现

大规模学校增加了教师的工作负担，限制了教师的工作自主性与创造性，那么，大规模学校对学生发展具有什么影响？大规模学校的学生发展状况如何？这些问题仍待探索。下文将分别从人际交往、教育关注度、学生心理压力、学生个性化发展、学生成绩等角度描述分析大规模学校学生的发展状况，探讨大规模学校对学生发展的影响。

（一）学生人际交往被人为割裂

学校的人际关系是教育管理中不可缺少的一环，直接关系到学校群体组织的整体性与共同活动的效率。对于学生来说，人际交往素质不仅关系到其自身的身心健康，对他们今后步入社会也有着极其重要的影响。相关研究发现，在小规模学校与人际关系的互助之间存在正相关，而在大规模学校研究中并未发现平等或更好的人际关系。C中学更是忽视了对学生人际交往的关注。为便于管理，学校规定，各分校学生之间不允许来往，不许串校，不许串班，一旦发现不同分校的学生一起扎堆玩，一律扣分，以此避免分校之间、高低年级之间的学生产生矛盾而打架。

案例5：一分校学生王同学来自C县白霓镇，她的姐姐在三分校，由于不能串校串班，她们在学校里几乎从未相见；二分校饶同学曾因去一分校超市买零食，而被广播全校通报批评，并扣除所在班级考核分。

上述规定是一种人际交往的人为割裂，阻碍了学生之间的来往和交流。另外，由于布局调整导致的部分学生寄宿学校也在一定程度上阻隔了他们与父母及家人之间的亲情交流，此时同伴之间的交往显得尤为重要。因此，如果同伴之间的交往被阻断，将会影响学生身心的健康发展。

（二）学生享有的教育关照度降低

有研究指出，教育关照度是指以班级为授课单位的条件下，教师对每个学生关心与照顾的程度。从学校层面来说，是指每位教师在一定时空范围内关心与照顾学生的程度。教育关照度 = [（周上课时数 × 上课单位时间）/班级编制标准]/60。教育关照度表示，如果每个学生进行均等教育的话，每个学生将得到教师何种程度的关心和照顾。教育关照度指数越大，表明教师对每个学生的关心和照顾越多，师生交往的机会与时间越多，学生的发展可能越好。① 而在超大规模学校，由于规模过大，学生的课堂参与率较低。尤其是成绩靠后的学生，教师对学生的个别指导和交流难以实现。在学生升学与学生数量过大的双重压力下，教师不得不将更多的时间和精力关注和保障成绩好的学生升学。

“班级人数太多，老师工作量太大，我们基本上不可能有时间个别辅导学生。”三分校老师这句话道出了所有教师的真实心声。笔者在随堂听课过程中发现，绝大部分女教师使用麦克风上课，否则后排学生很难听清。另外，教师请同学回答问题时，只能叫出部分学生的名字，其他则以“这位同学”“那位同学”代替，甚至偶尔叫错名字。这不免增加了教师与学生之间的疏离感和陌生感。

（三）刚性管理阻碍学生个性化发展

大规模学校偏重于制度化管理而忽视人性化管理。为了便于管理，保障学生安全，大规模学校必须制定一系列制度，用设定的条条框框来约束人，每个人只能在规定的“格子”里活动。笔者了解到，除了课间十分钟，学生几乎没有任何

① 和学新：《班级规模与学校规模对学校教育成效的影响——关于我国中小学布局调整问题的思考》，载《教育发展与研究》2001年第1期。

自由的时间和空间。在C中学，整齐的路队随处可见；走读生排队出校门；按班级分区在食堂就餐，碗筷位置要接受值班学生监督；在校园走路不许快跑，不许喧哗等。这一系列的规定，一方面，使得学校秩序井井有条；而另一方面，学生却像是在学校各种规章制度和教师的监视下学习和生活。学校秩序的有条不紊，是以扼杀学生的自由成长和个性发展为代价的。

案例6：一次体育课上，笔者来到操场与学生聊天。12岁的孩子们纷纷以小大人的口气，处处透露着对老师权威的愤慨和自由的向往。"学校管得可严了，这也不许，那也不许，整天就让我们待在教室学习。""希望初中早点结束，到大学就自由了。""只有周二上午第四节体育课的时候，我们才能自由地进去食堂吃饭，不需要等待排队。"

教育需以生为本，教育的重要使命是发现每个学生不同的特点与个性，尽其可能地促进学生个性化发展。在学校管理过程中，绝不能为了管理而管理，一味采取刚性措施，而应刚柔并济。既要以学生为中心，适应学生身心发展特点，又要制定相应制度，推进学校有序发展。

（四）学生心理压力较大

笔者调查发现，布局调整对学生的心理影响比较复杂。经历过布局调整的学生与没有经历过布局调整的学生在"自信心""安全感""孤独感"等几个指标上没有显著差异，但在"幸福感"等指标上存在显著差异，经历过布局调整的学生的幸福感要低于未经历过布局调整的学生。在这种背景下，超大规模学校过于偏重于制度化的管理方式，整天把学生困在教室里，实际上是在一点一点地压抑着学生。二分校李老师在访谈中忧心忡忡，"如果一两个月还好，要是一年两年三年一直这样下去的话，肯定会出问题的。这三年也许看不出来，但以后的30年呢？"据了解，学校的硬性管理对学生心理发展不利，加重学生的厌学情绪，间接造成学生的流失，这种现象在初三年级尤为明显。

案例7：二分校803班班长本是一个好学乖巧的孩子，但在一次临近放假时，老师们把假期作业一布置，她就在班上哇哇大哭起来。二分校黄同学在访谈中说道："我们每天作业好多，基本上都待在教室写作业，也没时间午睡，下午上课根本打不起精神。家长就知道成绩、分数，其他都不管，老给我们灌输'万般皆下品，唯有读书高'的思想，烦都烦死了。"由此可见，学校制度化的管理和应试教育强度已经快让学生喘不过气来，学生心理压抑应受到重视。

（五）学生成绩趋于两极分化

随着城镇化进程的加快，农村家长的教育需求已从“有学上”转向“上好学”，对优质资源的渴望强烈。就我国目前状况而言，不得不承认，农村教育与县城教育无论是师资，还是办学条件、校园环境等方面都存在一定差距。城里硬件设施、师资条件好，有利于乡镇及农村的好学生潜力得以充分发挥，有利于好学生成绩进一步提升。然而，大规模学校对学生成绩的影响到底如何，目前在相关研究中，也没有明确的数据说明这个问题。但在C中学存在这样一种现象，成绩好的学生成绩越来越好，成绩差的学生成绩却越来越差。

在撤并之前，乡镇中学每年考上重点高中的学生寥寥无几，尤其是几个地处偏远地区的乡镇，每年都被“剃光头”。但这几个乡镇的学校并入C中学后，这种情况彻底改变。每年都有一两个学生考上重点中学。另外，在学生总报考人数下降的情况下，考上县一中的人数不减反增，C中学对好学生的拔高作用由此可见一斑。另外，据教师透露，成绩偏差的学生成绩却越来越差，学校严格的制度管理加重了他们的厌学情绪，这不仅不利于他们的身心发展，也间接导致了学生的流失。可见，这种初中进城、集中办学的方式是一把“双刃剑”，对学生成绩的影响具有双向性，甚至会强化两极分化效应。

第四节　对大规模学校发展之反思

通过个案研究我们发现大规模学校的发展有利有弊。一方面，学生进城，享受到了更优质的教育资源，教师也相应进城，工作环境得到改善；另一方面，大规模学校实行刚性化管理也增加了教师工作负担，阻碍了学生的个性发展。基于个案研究，笔者对大规模学校发展问题有以下几点反思。

一、遏制“一刀切”的撤点并校行为

大规模学校是我国学校布局调整过程中出现的一种畸形现象。一些地区在制定农村学校调整规划时，罔顾城乡经济水平和群众的现实需求，简单地执行“村不办小学，镇不办中学”、学校向城镇集中的调整策略，从而导致城镇学生过分集中，形成了一批类似C中学的大规模学校。不得不说，大规模学校的出现与我国基础教育布局调整的初衷是相违背的。C县处于典型的山区，C中学偏远地区

的学生上学远、交通费用、交通安全风险、食宿费用增加的问题不容忽视。从实际出发，应当根据需要适当恢复或建立一些农村教学点和初中。这样做不仅能够避免上述问题的出现，也可以适当分流大规模学校的学生，为大规模学校“减负”“瘦身”。

二、关注农村小规模学校发展

在教育经费有限的情况下，政府投入了大量的教育经费建设教育新城，保障大规模学校的优质师资和办学设施，导致城乡学校之间的差距越来越大。在城市学校规模扩大的同时，农村学校岌岌可危。《农村教育布局调整十年评价报告》显示，2000～2010 年十年间，我国农村小学减少 22.94 万所，减少了 52.1%；教学点减少 11.1 万个，减少了 6 成；农村初中减少 1.06 万所，减幅超过 1/4，农村教育急剧萎缩。[①] 换言之，在我国农村，平均每一天就要消失 63 所小学、30 个教学点、3 所初中，几乎每小时就要消失 4 所农村学校。在学校布局调整过程中幸存的农村小规模学校，也依旧存在经费不足、校舍破旧、师资堪忧、课程“开不齐、开不足”等问题，农村小规模学校遭遇严重的生存与发展危机。政府应对农村学校予以关注，尤其是关注农村小规模学校的生存与发展，把布局调整重点从建设大规模学校，转移到保障农村小规模学校的生存与发展上来。保障农村教育投入，加大对农村教师的倾斜力度，缩小城乡之间、校际之间的差距，推进教育均衡发展。

三、严格控制不断膨胀的学校规模

学校规模经济效应不应该成为决定学校生存与发展的唯一标准。在大规模学校，无论是管理模式，还是教师、学生的生存状态，都偏离了常态，不利于人的身心健康发展。有研究显示，从心理学角度出发，班级人数不超过 45 人，才能满足教师对学生心理上的掌控感。刘宝超认为，小学以每校 18～24 个班，每班 40～45 人，全校共 720～810 人为宜；中学以每校 24～30 个班，每班 40～50 人，全校共 1 350～1 500 人为宜。[②] 和学新提出，小学的效益规模为 300～400 名学

① 资料来源于 21 世纪农村教育高峰论坛。
② 刘宝超：《关于教育资源浪费的思考》，载《教育与经济》1997 年第 3 期。

生，而对中学来说，400~800名学生则是适宜的。[①] 在学校布局调整过程中，应将城镇学校的容纳力作为制定学校布局调整整体规划的一个因素来考虑，制止因“撤点并校”而形成城镇大规模学校的现象再度发生。学校规模应着眼学生发展，遵循教育规律，避免教育走上“学校工厂化”“教育流水线化”“产品标准化”的歧路。

四、以生为本促进学生个性化发展

在大规模学校，随着学校管理负担加重，管理者开始倾向于采取军事化管理，这种模式剥夺了学生的自由，抑制了学生的个性发展。在倡导以生为本、以师为先的现代社会，调动人的积极性和创造性，促进人的全面可持续发展，是教育的本质追求。学校管理者应站在学生的立场上，从学生的利益出发，探讨人本化学校管理模式。学校领导与教师、教师与学生不应该是一种命令与服从、管与被管的关系，而应该是人格平等、情感共融的人际互动关系。切忌把学校变成工厂，把教师变成工人，把学生变成流水线上的“产品”。教育应遵循其规律，回归本源，真正促进学生的个性化发展。

---

① 和学新：《班级规模与学校规模对学校教育成效的影响——关于我国中小学布局调整的思考》，载《教育发展与研究》2011年第1期。

第十四章

学校布局调整与“联校走教”模式研究——湖北省T县调查

第一节 研究背景

2012年，国务院办公厅出台了《关于规范农村义务教育学校布局调整的意见》，要求各地方政府科学制定农村义务教育学校布局规划、规范学校撤并程序和行为、办好农村小学和教学点。随着该政策的实施，中西部地区必要的村小、教学点被保留和恢复，如何办好这些农村小规模学校成为农村教育发展首要问题。而在布局调整过程中，县域内人、财、物等教育资源逐步向城镇学校聚集，教育资源短缺严重制约了我国农村教育发展。其中，由于师资短缺，农村小规模学校课程难以开齐、开足，教育质量有待提升等问题尤为凸显。面对这些问题，从中央到地方开展了许多有益的探索，例如“免费师范生政策”“特岗教师计划”“城乡教育轮岗交流”“国培计划”等，力图从教师补充、教师队伍结构调整、教师专业发展等方面加强农村教师队伍建设。在此过程中，“联校走教”已成为中西部地区缓解师资供需矛盾，解决教学点师资短缺的重要举措。

湖北省T县作为最早推行“联校走教”政策的地区之一，在全国产生了广泛影响。华中师范大学课题组从2007年开始，围绕“联校走教”政策实施对T县进行了历时10年的跟踪调查，见证了该政策的盛衰起落。通过对教师的深入访谈和观察，课题组掌握了较为全面的信息。本章以T县洪港镇联合小学作为研究个案，采用人类学、社会学的田野调查方法，结合T县社会、经济、教育等发展状况，以访谈、观察等方式深入了解“联校走教”模式的发展，探究在农村学校布局调整中“联校走教”模式的现状及前景。

一、T县社会经济概况

T县地处鄂东南，多山地丘陵，截至2016年，全县下辖12个乡镇和1个管委会，共有184个行政村及15个社区居委会，户籍人口约47.7万人，其中，外出务工人员约占总人口数的21.8%。从国民经济发展情况看，T县2009~2016年地区生产总值从37.6亿元增长至101.2亿元，年平均增长率10.7%。城乡居民可支配收入逐年提升，其中，城镇居民可支配收入从2009年的9 249元增加至2016年的21 584元，农村居民可支配收入从2009年的3 141元增加至9 516元，城乡居民可支配收入比从3∶1降至2.3∶1（见表14-1）。

表14-1　T县国民经济发展概况（2009~2016年）

年份	户籍人口（万人）	地区生产总值（GDP）		城镇居民可支配收入（元）	农村居民可支配收入（元）
		值（亿元）	增幅（%）		
2009	45.7	37.6	17.3	9 249	3 141
2010	46.3	46.1	15.6	10 287	3 542
2011	47.4	56.2	15.8	11 667	4 224
2012	47.7	69.7	13.2	13 394	4 898
2013	48.0	81.2	11.5	14 719	5 567
2014	47.6	87.8	8.1	18 064	8 046
2015	46.9	95.2	7.8	19 654	8 851
2016	47.7	101.4	7.4	21 584	9 516

资料来源：T县国民经济与社会发展公报（2009~2016年）。

T县财政为典型的“吃饭财政”，其对上级政府的财政转移支付依赖度较高。2011~2016年的数据显示，上级政府转移支付收入在地方财政收入总数中的占比80%，地方财政收入仅占20%左右。以2016年为例，T县本级财政收入7.71亿元，占地方财政总收入的20.1%，全面预算总支出29.77亿元，主要财政支出依赖上级政府的转移支付，一般性转移支付和专项转移支付分别占比43.5%和29.0%（见表14-2）。

表 14－2　　T 县财政收入结构（2011～2016 年）　　单位：%

年份	地方财政收入	一般转移支付	专项转移支付	政府债券	上年结余
2011	23.9	59.0	15.2	4.9	－3.0
2012	19.6	42.6	32.3	3.1	2.4
2013	22.8	41.6	32.2	3.1	0.3
2014	22.8	44.6	29.3	2.8	0.5
2015	17.4	40.0	26.5	15.8	0.4
2016	20.1	43.5	29.0	4.8	1.6

注：截至完稿时，T 县 2017 年社会经济发展的相关公报尚未发布，故相关数据只更新到 2016 年。笔者将在后续研究中对相关数据给予关注和追踪。

资料来源：T 县财政局统计年报（2011～2016 年）。

有限的自有财力直接影响 T 县教育发展。从教育财政视角看，教育财政支出占地区生产总值（GDP）的比例（充足度指标）和教育财政支出占财政总支出的比例（政府努力度指标）是衡量地方政府教育投入的两项重要指标。2012～2016 年，T 县教育财政支出占地区生产总值的比例保持在 5% 以上的水平。但政府教育财政投入努力度整体上呈现下降的趋势，教育财政支出占财政总支出的比例从 2012 年的 30.8% 降至 2016 年的 19.1%（见表 14－3）。

表 14－3　　T 县教育财政投入情况（2011～2016 年）

年份	地区生产总值（亿元）	总财政支出（亿元）	教育财政支出	
			地区生产总值占比（%）	总财政支出占比（%）
2011	56.20	11.55	3.45	16.8
2012	69.69	11.85	5.23	30.8
2013	81.21	21.15	5.27	20.2
2014	90.10	26.10	5.82	20.1
2015	95.23	33.77	5.70	16.1
2016	101.40	29.77	5.62	19.1

注：2012 年国家财政性教育经费首次突破 2 万亿元，占 GDP 比例首次超过 4%。在此宏观政策影响下，地方教育性财政支出骤增。

资料来源：T 县国民经济与发展公报（2011～2016 年）、T 县年度财政信息公开工作报告（2011～2010 年）。

二、T县教育发展概况

自20世纪末我国提出“两基”目标以来，T县的教育获得了长足发展。2000年10月，T县普及九年义务教育工作通过了湖北省“普九”评估验收。统计资料显示，截至2006年，T县为实现并巩固“两基”目标累计投入3亿余元人民币，用于改善办学条件。由于经费的短缺，T县采取了政府投入为主的多渠道筹资措施，在实行财政紧缩政策节约开支的同时，积极争取上级政府、教育部门的教育经费投入，并号召社会各界捐资助学。“普九”期间，T县人民共捐资1.5亿元，在全县广大乡镇地区建成中小学300余所。

2001年，在实现“普九”目标的基础上，T县教育工作重心开始转向大规模的农村学校布局调整。在2006年以前，T县农村学校逐步由分散走向集中，从村向镇、从镇向城集中，农村中小学校或撤除或合并，数量迅速减少，农村儿童不能就近入学引发诸多问题。考虑到县域内人口流动状况以及当地经济发展水平相对偏低，无法保障寄宿制学校的有效建设，T县政府和教育局调整了该县农村学校布局规划，适当保留一批村小、初小、教学点，并恢复了部分教学点。

截至2016年秋季，全县共有普通中小学101所，中职学校1所，特教学校1所。在校中小学生61 047人，其中，高中学生4 957人（含中职学生591人），初中学生13 496人，小学学生42 594人，特教学生76人。全县中小学教职工3 190人，其中，专任教师3 173人。全县共有幼儿园59所，在园幼儿19 078人，教职工2004人，其中，专任教师1 207人。适龄儿童入学率达到100%，九年义务教育完成率100%，小学升学率100%。高考一本上线239人，上线率14.2%；二本上线785人，上线率46.8%；中考合格率73.6%，比上年提高1.8个百分点。

从表14－4可看出，2007～2011年，T县中小学学校数量逐步减少，从2007年的159所减少至2011年的127所。随着2012年国务院《关于规范农村义务教育学校布局调整意见》的出台，T县中小学数量逐渐回升，至2013年有中小学校155所。调研发现，在实施“联校走教”后，T县将教学点托管于乡镇中心小学，不再将教学点作为单独的学校进行统计，因此，2015年以后，T县中小学数量大幅度减少。

表 14－4　　2007～2016 年 T 县中小学校数量及在校生数、教师数变动情况

年份	中小学数（所）	小学在校生数（人）	普通中学在校生数（人）	在岗教师数（人）
2007	159	46 912	32 810	2 662
2008	159	47 517	32 932	2 680
2009	144	48 037	33 837	2 713
2010	127	50 904	33 470	2 740
2011	127	54 856	31 411	2 763
2012	153	50 042	24 894	3 490
2013	155	50 903	22 173	3 507
2014	—	—	—	—
2015	98	53 112	18 453	3 448
2016	101	42 594	13 496	3 173

资料来源：T 县国民经济与社会发展公报（2007～2016 年）。2014 年数据未公开，2015 年以后将村小、教学点纳入中心学校建立联合学校，T 县政府不再将村小、教学点作为独立学校，纳入数量统计范围。

回顾 T 县农村学校布局变迁化轨迹可以看到，在当地经济社会和地理环境等外部客观条件制约下，保持相对分散的农村学校布局成为 T 县进行学校布局调整的现实选择。农村学校布局相对分散的格局确定后，T 县教育发展又面临一个日益严重的问题：教育发展的校际不平衡，这种不平衡突出表现为师资质量的不平衡。为解决农村学校尤其是村小、初小和教学点因师资质量薄弱所导致的学校发展滞后问题，T 县开始实施“联校走教”的办学模式。

三、T 县“联校走教”运行机制

所谓“联校走教”是指“学校联合，教师走教”，即以一所完全小学为主体，按地理位置、生源范围将附近初小、教学点作为其分部，多所学校联合而成的一个集人事、财务、教育教学管理于一体的集团化办学实体。完全小学派出体育、音乐、美术、英语等科目的教师到农村教学点开展教学，形成自上而下教师的流动机制。

为保证农村教学点能够将课程开齐、开足和开好，T 县于 2007 年开始实施“联校走教”政策。“联校走教”政策实施至今共经历了三个阶段：第一阶段

（2007～2008 年）是酝酿试点阶段，T 县教育局首先在两个乡镇开展试点工作；第二阶段（2008～2013 年）是全面实施阶段，“联校走教”在全县 12 个乡镇全面展开；第三阶段（2013 年至今）是调整转型阶段，“联校走教”政策从县级政府层面逐步放慢实施步伐，代之以“联校网教”[①] 试点改革。在此阶段，县级政府层面的“联校走教”政策渐趋停滞，但笔者组在田野调查中发现，在部分信息化设备尚未配备齐全的地区，仍有学校自筹经费派遣教师继续实施走教。

1. 机构设置

1 个乡镇完全小学管理 1～3 个初小和教学点，学校名称统一称为联校，初小或教学点统一称为联校教学点。目前，全县中小学联校共 49 个，覆盖初小、教学点 83 个，共 10 266 名学生，走教教师 162 人，走教周课时达 1 029 节。

2. 学校管理

在联校内实现人事、财务和教学的统一管理。第一，人事统一调配。联校实行校长负责制，联校校长是学校的法定代表，对联校进行行政管理，全面负责。按照县教育局下达的教师编制实行教师聘任制，教职工由联校校长聘任，其工作岗位由联校统筹安排。各教学点负责人配合校本部负责本点日常教育教学工作，工作评价统一标准。第二，财务统一管理。校本部和教学点实行校产、财务管理统一，教育资源共享，教职工待遇同等。财务实行联校统一收支，经费统一上缴，统一支配。第三，教学统一安排。校本部和教学点必须统一课程表、统一教学计划、统一作息时间，对英语、体育、音乐、美术、信息技术等短缺学科教师采取“走教”的流动教学形式，送教到班，执教到班，弥补教学点师资不足。

3. 教学管理

教学点每周向联校报送周工作报表，反馈本周工作情况和安排下周工作，联校及时做出相应指导性意见，由教学点负责人落实；联校每月统一进行一次常规检查，内容包括教育教学工作和安全隐患排查等，并将结果及时在联校内通报。实行“走教”双向管理工作，要求每位走教教师认真填写好“走教卡”，一式两份，交教学点负责人填写回执，一份交本部，一份由教学点保留备查，学校教导处对教师走教进行登记，一个月核算一次，作为发放教师课时补助的依据。

4. 保障机制

首先是组织保障。T 县教育局成立领导小组，领导小组下设工作办公室，工作办公室全面负责落实联校走教实施方案。乡镇中心学校与当地政府联合，成立联校领导机构，结合校点布局调整制定科学的实施方案。其次，教师激

---

① “联校网教”即利用信息技术辐射向农村教学点辐射优质教育资源，城镇学校教师通过网络同步课堂或云课堂等形式，对农村教学点学生实施教学。

励。(1) 为鼓励教师走教或到教学点工作，将绩效工资作为课时津贴，适当提高走教教师和教学点教师课时津贴标准，从上级拨专项走教经费和公用经费中抽出一定费用解决走教教师交通工具、交通费及相应补助。(2) 建立教师流动轮岗机制。各乡镇中心学校将各科教师均衡分配到联校，联校根据学校需要对联校本部和教学点教师实行统一调配，有序流动，调动教师积极性，挖掘教师的潜能。(3) 进一步推行农村安居工程，在农村教师住宅周转房的分配过程中，适度向走教教师倾斜。最后，加强宣传。采取各种形式宣传联校建设的重要意义，做好当地人民群众、裁撤的行政干部和教师的思想工作，使他们统一思想认识，理解和支持联校的建设和管理。

第二节 "联校走教"的田野调查

2007 年以来，华中师范大学课题组对 T 县 H 镇进行了长达 10 年的跟踪研究，通过对 H 镇"联校走教"政策实施过程的 30 多次田野调查，获得了大量的第一手资料，见证了"联校走教"政策的启动、运行与衰落，从一个长时段感受了政策实施中不同利益群体的行为选择及其背后的制约因素。相较于横截面的点状调研，本研究更能反映出县域教育政策实施过程的真实性。

一、校点分布

2007 年，为响应 T 县教育局推动义务教育均衡发展的倡议，H 镇中心小学联合 7 个农村教学点成立联合小学，形成了"一校多点"的散点式分布格局。H 镇中心小学为一所寄宿制完全小学，全校共有 22 个班级，在校学生 1 095 人，其中，寄宿学生 204 人[①]。联合小学下属的教学点多为学校布局调整后为保证农村儿童就近入学而保留的校点。教学点的教学组织以复合班级为主，在校生人数最多者 70 余人，最少者只有 17 人。从空间分布看，最近的教学点距离中心小学 1.9 公里，最远的校点距离中心学校 9.5 公里，大部分教师走教以公共交通为主，平均往返交通时间约为 80 分钟（见表 14-5）。

① 资料来源于本校 2012 年秋季统计数据。

表 14－5　　H 镇联合小学校点概况（2012 年）

学校名称	年级数	班级数	复式班级	在校生数	到中心学校距离（公里）
中心小学	6	22	—	1 095	—
教学点 1	4	3	三、四年级	52	5.5
教学点 2	4	3	三、四年级	70	2.3
教学点 3	4	3	三、四年级	51	9.5
教学点 4	2	1	一、二年级	22	6.0
教学点 5	2	1	一、二年级	25	1.9
教学点 6	2	1	一、二年级	17	2.7
教学点 7	2	1	一、二年级	17	7.5

注：由于 2013 年 T 县教育局做出政策调整，H 镇“联校走教”已逐步停止，因此本章选取 2012 年数据资料，以反映政策全面实施时期的 H 镇联合小学概况。

资料来源：H 镇中心小学 2012 年统计资料。

二、师资状况

截至 2012 年秋，H 镇联合小学共有教职工 80 人，其中，在岗教师 78 人，工勤人员 2 人。从年龄结构看，教师队伍老龄化现象显著。其中，50 岁及以上教职工人数 31 人，占全校教职工总人数的 38.75%。40～49 岁的教师 16 人，占全校教职工总数的 20%；30～39 岁的教师 17 人，占全校教职工总数的 21.25%；20～29 岁的教师 16 人，占全校教职工总数的 20%。从性别结构来看，全校教师以女性教师为主体，占比达 58.75%。从学历结构来看，78.75% 的教师拥有大专及本科以上学历。其中，教龄 30 年及以上的教师有 28 人，占全校教师总人数的 35%（见表 14－6）。以上信息表明，H 镇中心小学师资队伍配置并不优良，在此背景下实施“校一点”帮扶容易面临师资短缺的隐忧。

表 14－6　　H 镇联合小学教师信息统计表（2012 年）

年龄	总数（人）	女性教师		大专及以上学历	
		人数（人）	比例（%）	人数（人）	比例（%）
50 岁及以上	31	8	10.00	20	25.00
40～49 岁	16	11	13.75	12	15.00
30～39 岁	17	13	16.25	15	18.75
20～29 岁	16	15	18.75	16	20.00
合计	80	47	58.75	63	78.25

资料来源：H 镇联合中心小学统计资料。

联合小学共有7名教师参与走教，其中，女性教师6人，平均年龄不到30岁，均有大专及以上学历。这些教师多为新入职的年轻教师，其中，6人为代课教师身份。他们主要承担教学点英语、音乐、美术等课程的教学任务，每位教师平均每周走教4课时。

三、配套政策

为保证“联校走教”政策顺利实施，H镇联合小学采取了一系列激励政策，这些政策得到了湖北省政府、T县政府的大力支持。主要激励措施有以下三个方面。第一，T县财政拨付专项资金用于发放走教教师的交通补贴和课时津贴。H镇联合小学在原有课时津贴基础上，额外给予走教教师10元/课时的补助，并从学校公用经费中单列支出，设立500元/年的全勤奖励。同时，在职称评定、外出培训、教师入编等方面向走教教师倾斜。这对年工资收入不足3万元，且缺乏晋升机会的H镇教师而言具有一定的吸引力。第二，H镇被列入首批“湖北省教师安居工程”名单，走教教师在安居房的分配使用中享有优先权。第三，湖北省教育厅设立地方教育制度创新奖，给予县级政府资金奖励，其中，H镇联合小学的走教教师被评为先进个人，树立为“联校走教”教师典型。这些政策及政策所嵌入的区域社会经济文化因素相互交织，共同构成了教师“联校走教”特定的情境脉络。

第三节　“联校走教”实施中的教师行为

“联校走教”政策实施效果最终取决于一线教师的真心参与和现实行动。田野调查发现，T县的社会经济背景、农村学校的生存状况、教师队伍的管理和激励机制等多种因素形成的约束条件，为“联校走教”政策的实施构建了独特的情境。在此情境中，中心校校长、代课教师、新入职教师、公办教师的角色和身份呈现多样性，其行为选择具有较大的差异性。

一、中心校校长：“两难”中的抉择

乡村中心学校校长是学校管理者和教育政策实施的组织者，但其本质上仍是教师队伍中的一员，兼具行政性与专业性的双重属性。处于教育行政链条最末端的乡村学校校长，通常被赋予受命执行的角色，他们既要忠诚于组织目标，又要

在资源有限的情况下完成既定工作。换而言之，在“联校走教”的政策情境中，中心校校长需要兼顾“校点联合”与“教师走教”两项政策目标。但从实际操作层面看，中心校校长往往表现出“重联校、轻走教”的倾向。

“校点联合”是将农村教学点交由乡镇中心学校托管，中心学校享有对农村教学点的人事、财务、教学管理权。2012 年《国务院办公厅关于规范农村义务教育学校布局调整的意见》提出，“对学生规模不足 100 人的村小学和教学点按 100 人核定公用经费”，上述政策有利于增加中心校的经费额度和资源配置权，这种政策激励对中心校长实施“校点联合”产生了推动力。但在田野调查中发现，H 镇教育站（组）将教学点额外资金纳入全镇统筹使用，并没有将资金全额分配给中心校，这种“责任下放，财权上收”的管理模式，一定程度上挫伤了中心校校长推行“联校走教”政策的积极性。

“教师走教”的本质是通过教师的城乡流动、校际流动实现教师资源的优化配置。但田野调查发现，H 镇联合小学在选派走教教师时，采取的是自我保护的替代性策略，即真正前往农村教学点教学的教师多为代课教师和新入职教师，而经验丰富的骨干教师较少参与走教。中心校校长采取这种替代性策略也是无奈之举，一方面，中心校校长掌握的资源有限，难以调配资源对全校教师进行有效激励；另一方面，中心学校同样面临师资短缺、教师队伍老龄化等现实问题，保障本校教学质量的师资力量已经“捉襟见肘”“自身难保”，如何选派教师参与走教但又不至于让自己的学校“伤筋动骨”，成为中心校校长面临的现实难题。

中心校校长作为县域内教育政策在乡村的执行者，其实际采取的策略向教师传递了某种与上级政府意图相偏离的信号，此信号与其他因素相互作用，构筑了一线教师行为表达的情景脉络，导致一线教师在政策实施过程中的角色分化与行为差异化。

二、代课教师：失望中的“希望”

在特定的条件下，参与政策实施对有些教师而言可能是新的发展机会，这些教师往往会成为政策拥护者和执行者①，H 镇的个案就验证了这一点。在“联校走教”政策实施过程中，代课教师是走教任务的主要承担者，这些教师大多来自本乡本土，他们对参与政策实施充满热情和期望，这种热情与期望源自代课教师内生需求与外部激励。从某种程度上来说，参与“联校走教”政策实施可能成为

① Stephen J. Ball, M. Maguire, A. Braun & Kate Hoskins. Policy Actors: Doing Policy Work in Schools. Discourse: Studies in the Cultural Politics of Education, No. 10, 2011: 625 - 639.

他们改变生活现状，获取个人发展的重要机会。

首先，参与“联校走教”是代课教师转变教师身份，获取额外经济收入的有效途径。T县“联校走教”政策文本规定：“参与走教的代课教师，在获取财政编制方面享受优先待遇，并优先分配教师安居房。”在此政策激励下，代课教师一方面试图通过良好的工作表现，力求在短期内获取正式的教师编制，改变自身代课教师身份，提升工作岗位的稳定性；另一方面参与政策实施可提高代课教师的经济收入。笔者在调查中发现，2012年T县代课教师的月收入不足千元，参与走教额外获得的课时津贴、交通补助以及每学期500元的绩效收入对代课教师有较强的吸引力。

其次，参与政策实施有助于代课教师专业发展，积累人生发展的资本。对年轻的代课教师而言，参与“联校走教”是一个人力资本积累的过程，也是个人专业发展的过程。在获取额外收入的同时，他们有更多的机会积累教学经验，推动自身的专业发展，为人生发展积累资本。在田野调查中，笔者对其中一名代课教师进行了追踪调查，W老师是联合小学最早参与“联校走教”的教师之一，2007年她是T县H镇中心小学的一名代课教师，2009年通过入编考试成为一名公办教师。因其较强的教学能力和较好的综合素质，W老师成为T县主流媒体宣传的践行“联校走教”政策的榜样，多次获得各种荣誉表彰。2014年，W老师已成长为中心学校的骨干教师，并于同年通过县、市两级考核，最终成功获评湖北省特级教师。访谈中，W老师谈道：“我转正之后，学校就没有再安排我走教，目前我是一个班的班主任还兼任几个班级的课，有时也需要参与学校的管理工作，比如接受上级检查、准备汇报材料等。虽然我个人很想再去教学点看一看，走一走，但现在实在是精力有限。”通过该案例可发现，W老师是通过参与政策实施获得个人发展机会的成功案例之一，她在短期内从一名代课教师转变为有正式编制的教师，从一名新手教师成长为学校的业务骨干。虽然在转变身份后，学校已不再安排她参与教学点的教学工作，但几年的走教经历为其人生发展奠定了坚实基础，她本人也被地方政府树立为“联校走教”的标杆和旗帜。

在调查中我们发现，少数在“联校走教”中获益的代课教师对那些尚未转正的代课教师产生了较强的正向激励。身边的榜样与示范，进一步增强了代课教师群体参与“联校走教”的积极性。在县域内教师编制短缺的背景下，大多数参与“联校走教”的代课教师依然保留着体制外的身份，干着“同工不同酬”，甚至“多劳少得”的活。

三、新入职教师：被动的参与者

通常而言，宏观政策的实施往往不被一线教师所关注，除非该政策与教师个人切身利益密切相关。调查发现，除代课教师外，新入职的在编教师也是“联校走教”政策实施的主要参与者。参与“联校走教”被他们视为学校工作安排的一部分。他们在政策规则范围内自主分配个人时间、精力和努力度。笔者在与他们的访谈对话中，他们大多会用“强制”“被安排”“被分配”“服从”等字眼来形容走教工作。这些教师会在规则允许的范围内，根据自身工作时间安排以及现实条件做出不同的选择，他们对走教工作或是被动应对，或是敷衍了事。同时，由于缺乏对其教学效果的科学评估和考核，进一步弱化了对走教教师行为的监督和约束。笔者观察到的普遍现象是，这些新入职教师仍以中心校的教学和班级管理工作为重点，对于到教学点上课的走教任务仅保持有限的热情。

四、骨干教师：政策的旁观者

就田野调查情况而言，只有部分代课教师和少数公办教师参与“联校走教”，大部分教师尤其是骨干教师成为政策的局外人。这些教师或多或少地关注政策实施，但不会在正式场合对“联校走教”政策提出建议或置疑。在访谈中发现（见案例4），这些教师成为政策旁观者的根源在于以下三个方面。首先，政策议题并非与自身的利益息息相关。“联校走教”与骨干教师之间并无直接的利益联系，如何做好中心校本部的班级教学和管理才是这些教师关心的重点，这同时也是家长、学校和上级政府部门评估其绩效的重点。其次，政策实施的激励机制难以让他们产生内生的参与动力。因为这些乡村骨干教师多已获得中、高级职称，且多为本乡本土人，他们在学校附近自有田地和住房，“联校走教”政策设计中提供的经济和非经济收益（例如代课教师转正、职称评定等），并不能弥补其走教成本，因此难以对其产生激励。最后，这些教师多为有丰富教学经验的骨干教师，在中心校承担较重的教学任务和管理工作，学校出于自我保护的需要，并不会选派这些教师参与走教。否则，会出现“种了他人田，荒了自家地”的结果。

第四节 “联校走教”模式的反思

通过对T县“联校走教”实施过程的研究，我们发现县域内教育政策的实施深植于复杂的本土化情境。区域社会经济发展水平、县域教育治理结构、教育资源分配机制以及本土社会文化环境共同构建了复杂的制度情境。镶嵌于制度情境中的主体差异性越大，彼此之间的互动越频繁，影响政策实施的复杂性因素就越多，这对教育政策实施提出了严峻考验。基于T县“联校走教”政策实施的长时段调研，结合我国义务教育均衡发展战略，有如下三个议题值得我们进一步反思。

第一，“联校走教”政策的目标落实何以渐行渐远?“联校走教”政策的核心目标是通过城乡优质师资流动，缩小城乡教育差距，促进教育公平。从T县实际运行层面看，“联校走教”的政策目标与教师个体利益之间的张力导致教师的多样化行为，异质性的教师行为互动强化了政策实施过程的复杂性。经验丰富的骨干教师既没有参与政策实施过程，也缺乏足够的参与动力，以代课教师和新入职教师为主的“联校走教”活动仅能在短期内保证农村教学点课程开齐，但教师走教在多大程度上提高了农村教学点的教育质量?这一政策实施的关键问题却少有人关注。如此看来，“联校走教”本应成为政府、校长、教师等利益主体共担责任，共同完成的一项公共事业，但最终却旁落为以代课教师和新入职教师为主体的教师流动，这一状况显然有违政策制定者的初衷。

第二，“联校走教”政策实施中的教师激励不足。长久以来，政策制定者对一线教师的生存处境及其对外来政策的反应存在理解误区。实际上，不同的教师对制度规则有着各自的反应。在“联校走教”政策实施中，行政主导的“自上而下”的教育决策机制往往忽略了政策情境的复杂性，处于弱势地位的教师往往被视为教育政策忠诚的服从者和不折不扣的执行者。与此相反，教师作为具有独立人格的生命体，在复杂的政策情境中其偏好、意愿和行为体现出较大的差异性。“联校走教”政策实施的跟踪研究表明，教育政策的实施必须考虑复杂情境中的教师激励问题，必须设计出对不同类型教师有持续激励的机制，否则缺乏有效激励的政策始终避免不了“雷声大，雨点小”的结局。这一现象在部分地区推行的“学区制改革”“教育集团”“教师轮岗交流”等政策实施过程中屡见不鲜。有研究表明，当政策激励机制与教师的利益结构不相融时，教师流动意愿不强烈，且对政策价值缺乏足够认同[①]（方征，谢辰，2016）。

第三，通过制度创新提升教育政策实施效能。在“以县为主”的教育管理体制下，教育资源配置与政策实施始终局限在行政权力的框架内。从纵向关系看，T县政府被赋予的财权与事权不对等，有限的地方财力难以支持“联校走教”实施的经费需求。从横向关系看，“联校走教”政策涉及教育局、财政局、人社局、编制办等多个职能部门，而教育部门的资源统筹力相对较弱。这种状况导致教育政策实施受到一系列外部制度的掣肘，常常出现教育经费保障不到位、教师编制短缺等问题。笔者对T县“联校走教”政策实施的研究表明，真正的“联校走教”应当是各学校师资配备相对均衡基础上的教师交流与学校文化的交融，而不是在普遍面临师资短缺背景下的“穷校帮穷校”。更准确地讲，从教师增量补充与存量调整之间的关系看，为每一所学校（包括教学点）配备充足的教师是教师流动的前提[②]（雷万鹏，2013），而不是在师资短缺背景下的“形式化流动”，否则教师流动积极性必然不高，流动的效果必定不彰。基于T县“联校走教”政策研究，有助于我们反思各地推进义务教育均衡发展过程中普遍采取的“教育集团”“学区制”“教师县管校聘”及“教师流动”政策。这些如火如荼的改革，如果未能理解特定情境中一线教师如何“做政策”，未能创新教师流动激励机制，其结果定会偏离政策目标，最终避免不了“为流动而流动”的局面。

本书研究通过多个案例的呈现，对“联校走教”政策实施中不同类型的教师行为进行了描述和分析。但是，田野调查获得的丰富信息如何通过逐层编码的方式予以提炼和深化？这些工作将在后续研究中予以跟进。此外，围绕“联校走教”政策实施，尚有三个研究议题有待进一步拓展和深化：一是“联校走教”政策实施过程中的多层级政府如何互动？二是家庭或社区如何参与和影响“联校走教”政策实施？三是“联校走教”政策实施与教学点教育质量提升、学生发展之间有何联系？有鉴于此，我们将在后续研究中对此逐一探讨，以深化人们对县域内的政策实施复杂性和本土性之理解。

---

① 方征、谢辰：《“县管校聘”教师流动政策的实施困境与改进》，载《教育发展研究》2016年第36期。

② 雷万鹏：《高度重视农村小规模学校发展》，载《教育发展研究》2013年第33期。

第五编

政策研究

第十五章

学校布局调整标准研究

第一节　问题提出

伴随“普九”目标基本实现，自20世纪90年代中后期以来，我国启动了新一轮学校布局调整工作。2001年，《国务院关于基础教育改革与发展的决定》指出：“按照小学就近入学、初中相对集中、优化教育资源配置的原则，合理规划和调整学校布局。农村小学和教学点要在方便学生就近入学的前提下适当合并。”同年，国务院召开全国基础教育工作会议，将农村中小学布局调整列入农村义务教育发展的重点工作。自此，义务教育阶段“村村办学”格局逐步被“集中办学”模式取代，义务教育学校数量与格局发生了巨大变化。

统计显示，1998～2008年我国共减少33.34万所小学和1.38万所初中，平均每年减少3.16万所学校（包括3.03万所小学和0.13万所初中）。[①] 义务教育学校大量减少，尤其是小学数量急剧减少，表明撤并学校已成为新一轮学校布局调整的重要策略。学校撤并不仅意味着学校空间结构变化，也影响到学生、家庭、学校及社区利益。从规模经济理论看，撤点并校有利于节约教育成本、优化教育资源配置。但有调查显示，因校点撤并，学生不得不到更远的学校上学，由

① 根据教育部发布的《全国教育事业发展统计公报》（1998～2008年）计算所得。

此增加的交通成本和生活成本对家庭造成了新的压力，儿童上学安全问题也令人担忧。同时，乡土社会中的学校在信息传播、人际互动与文化融合等方面担当了重要角色，学校被撤并，部分群众对此不理解、不支持，甚至引发激烈的群体事件和社会冲突。① 诚然，利益调整是学校布局调整的本质，学校撤并标准是布局调整政策的核心要素。合理的学校撤并标准有助于整合社会各方利益，促进教育有序发展；反之，不合理的学校撤并标准必将激化社会矛盾，阻碍教育健康发展。

所谓学校撤并标准，是指决定某所学校保留或关闭的依据和评判指标。它不但蕴含技术标准，也包含重要的价值选择。现有文献在学校撤并标准问题上，要么语焉不详，刻意回避；要么囿于定性描述和经验判断，缺乏实证分析。鉴于此，本书采用内容分析（content analysis）方法探讨我国义务教育学校撤并标准问题，在国际比较视野下思考学校布局调整的变革路径。

第二节　学校撤并标准的内容分析

研究指出，在新一轮学校布局调整中，部分地区学校撤并标准不合理，片面追求集中化办学，显示出地方政府急功近利的心态。② 此种现象的具体表征是什么？各地学校撤并标准的主要特征是什么？借助网络平台，笔者采用内容分析方法，对各地学校布局调整规划文本进行实证分析，以此透视学校撤并标准之基本特征。作为一种研究方法，内容分析法是对文献内容进行系统定量或定性分析的方法。政策文本是政策行为的反应，文本的语义则是政策意图和政策过程是否有效的客观凭证，内容分析法特别适合对政策文本的比对和解读。③

笔者以“布局调整”“学校布局”“学校撤并”等词汇在互联网上搜集各地有关学校布局调整规划的政策文本。由于政府信息公开程度的有限性及我们信息搜集能力局限，截至 2009 年 10 月，本研究最终搜集了 172 个政策文本。文本时间跨度是 1998 ~ 2009 年，涵盖东、中、西三大区域，文本发布机构包括省（自治区、直辖市）、县（市、区）政府和教育行政部门。

基于 172 个政策文本，笔者发现近一半政策文本仅仅阐明了布局调整指导思

① 佚名：《家长抵制学校突击撤并，教学中断村民接管》，载《南方农村报》2009 年 10 月 22 日。

② 庞丽娟：《当前我国农村中小学布局调整的问题、原因与对策》，载《教育发展研究》2006 年第 4 期。

③ 李钢、蓝石等：《公共政策内容分析方法：理论与应用》，重庆大学出版社 2007 年版，第 3 ~ 4 页。

想和实施步骤，对于学校撤并标准没有任何明确说明。由于这些文本没能提供学校撤并标准的有效信息，故在分析中予以剔除。剔除这些样本后，剩余的88个规划文本（占51.16%）即为研究的有效样本，它们涵盖福建、山东、浙江、安徽、河北、湖南、山西、湖北、江西、内蒙古、陕西、广西、青海、云南、贵州、重庆等16个省（区）。按照区域划分，东、中、西部省（自治区、直辖市）各占1/3左右。在上述文本中，属于省（自治区、直辖市）颁布的文件有12个，属于县（市、区）颁布的文件有76个。基于对88个规划文本的分析，笔者发现了各地学校撤并标准的基本特征。

一、推崇规模效益

“教学点在校生人数不足20人的必须撤并”“学校服务人口不到1万人的必须撤并”，诸如此类的话语表述在规划文本中屡见不鲜。对政策文本的分析表明：近90%的文本将“学校规模”、“服务人口”和“服务半径”视为学校撤并核心指标。至于办学历史、学校教育质量、学校设施状况、儿童上学距离、上学时间、交通便利度、区域文化等因素在规划文本极少被提及。“学校规模”旨在衡量学生集中度；“服务人口”与“服务半径”衡量学校对社区的辐射范围。这三类指标成为决定学校是否撤并的重要标准，反映了各地学校布局调整对集中办学、提高教育规模效益的价值追求。

二、“学校规模”成为最核心指标

尽管“学校规模”、“服务人口”和“服务半径”都影响学校撤并行为，但在上述指标中，“学校规模”被赋予更高权重，在所有撤并指标中居于核心地位。88个有效样本中明确对“学校规模”设定底限标准的占64.8%，依次是“服务人口”（62.5%）和“服务半径”（23.9%）。由于在校生规模是一个较易量化和操作化的指标，大部分地区撤并学校都是以在校生规模是否“达标”为评判依据。“从2006年开始，凡小学一个年级生源不足50人、初中一个年级生源不足100人的学校坚决撤并。”诸如此类的规定在各地规划文本中俯拾皆是。在“坚决拆并”“一律撤并”“强制关闭”等语词背后，不难看出“学校规模”在决定学校命运上的重要影响力。

三、缺乏差异性标准

所谓差异性标准，是指根据区域经济、社会、人口和文化特点实施的差异性撤并标准。从文本数据看，只有一部分地区（占 16%）考虑到了城乡差异与山区、丘陵、平原等地形差异，大部分地区（占 84%）采取大一统、“一刀切”的学校撤并标准。比如，在 32 个涉及完全小学撤并标准的文本中，有 28 个没有区分城乡与地理地形差异（占 87.5%）；在 15 个涉及中心小学撤并标准的文本中，有 13 个没有区分城乡与地形差异（占 86.7%）。此外，在“老、少、边、穷”地区，中小学撤并标准与其他地区也缺乏区分度。

四、撤并标准显著偏高

88 个样本中，明确对“学校规模”设定底限标准的占 64.8%，考虑到小学（包括中心小学、完小、教学点等）是学校撤并的主要对象，本章着重对小学规模标准进行内容分析。从表 15 - 1 可以看出，51.9% 的政策文本规定教学点学生人数必须达到 50 人以上（否则被撤并）；40% 的政策文本规定初小最低人数要达到 200 人（否则被撤并）。在义务教育阶段，教学点和初小存在的主要功能是方便儿童入学，保障儿童平等接受教育，上述要求对山高路远、居住分散的贫困山区学校显著偏高。

表 15 - 1　　教学点和初小最低规模标准比例分布

学校最低规模（人）	教学点（%）	学校最低规模（人）	初小（%）
20 以下	14.8	100 以下	20
20 ~ 50	33.3	100 ~ 200	40
50 以上	51.9	200 以上	40
总计	100	总计	100

在有效样本中，21.43% 的政策文本要求当地完全小学在校生最低应达到 300 人，25% 的文本要求完全小学在校生最低应达到 400 人（见表 15 - 2）。按照教育部规定小学班额标准为 40 ~ 45 人，[①] 假设以一所完全小学 6 个年级，每个年级

① 教育部：《关于贯彻〈国务院办公厅转发中央编办、教育部、财政部关于制定中小学教职工编制标准意见的通知〉的实施意见》，2002 年 6 月。

40人计算，一所完小有240人就是一个功能完整的学校。以此观之，部分地区对完小在校生规模的规定过于苛刻。

表15-2　　完全小学和中心小学最低规模标准比例分布

学校最低规模（人）	完全小学（%）	学校最低规模（人）	中心小学（%）
100~200	25	500以下	15.4
201~300	28.57	500~800	46.2
301~400	21.43	800以上	38.4
401~500	25		
总计	100	总计	100

基于对布局调整政策文本的实证分析，不难看出我国义务教育学校撤并标准的“单一性”特征。对“学校规模”或“规模效益”的大力推崇，反映出部分地区学校布局调整政策追求经济效率的价值取向。学校是从事教育教学活动的专门场所，学校布局调整政策制定应当最大限度地反映教育发展需求，遵循教育规律，回归教育本位。

新一轮学校布局调整政策实施以来，部分地区片面追求教育规模效益，大量撤并教学点和村小，引发了儿童上学难、家庭经济与心理负担加重等问题。2006年教育部发布《关于实事求是地做好农村中小学布局调整工作的通知》中提出：“为防止在中小学布局调整过程中出现新的学生失学、辍学和上学难问题，要求各地教育行政部门在保证学生就近入学的前提下进行农村中小学布局调整，在交通不便的地区仍须保留必要的小学和教学点。”2009年教育部颁布《关于当前加强中小学管理规范办学行为的指导意见》，再次强调：“合理规划学校布局，避免简单撤点并校。撤点并校要十分慎重，坚持一切从实际出发，防止‘一刀切’和‘一哄而起’。”这表明中央政府已相继出台政策规范遏制政策执行过程中仅依靠“学校规模”撤并学校的行为。学校撤并标准反映了学校布局调整的政策价值和决策模式，了解其他国家和地区学校撤并标准有助于制定合理的义务教育学校布局调整政策。

第三节　比较视域中的学校撤并标准

义务教育学校布局调整的历史折射出经济社会变迁的历程。经济发展、社会转型、人口流动和适龄人口变动共同推动了义务教育学校数量和结构变化。以美国为例，19 世纪后期，美国开始实施大规模学校合并运动。其中小学布局调整大致经历了兴起（1897 ~ 1944 年）、高潮（1944 ~ 1966 年）及衰微（1966 ~ 2000 年）三个阶段。[①] 早期的政策制定者认为学校规模越大，教育会更经济和更有效。随着学校合并运动暴露出的诸多问题，改革者开始反思并逐步采取更平稳的方式处理学校合并，更加注重反映学生与社区等多元需求。[②] 从倡导“规模效应”到追求“多元均等”教育理念的转型，欧美学校合并运动有经验，也有教训。通过对欧美等国学校布局调整政策的个案分析，可获得许多有益启示。

一、教育本位，标准多元

许多国家和地区在学校撤并中建立了多元化价值标准，对教育因素之考量居于核心地位。比如，2007 年，美国伊利诺伊州芝加哥市在《公立学校政策指南》[③] 中强调，撤并学校是为了给学生提供高质量的学校教育机会。它们将学校撤并分为三种类型，第一类是因教学原因而撤并学校。如果学生考试通过率及基本技能测验成绩连续几年未达标者，此类学校可考虑撤并。第二类为应对教育改革需求而撤并学校（比如课程改革）。第三类是因非学术原因撤并学校，主要指标包括学校空间利用率、建筑的物理条件及设备使用状况。2005 年加拿大安大略湖州以四类标准衡量学校的价值，以此决定学校是否被撤并。四类标准分别是：学校对学生的价值；学校对社区的价值；学校对教育系统的价值；学校对本地经济的价值。[④] 2007 年，美国肯纳邦克及肯纳邦克波特等镇制定的学校撤并标准草案中包括：学生的学业成绩、交通便捷性、教育成本、学校人员配备、社区影响、学区人口组成（比如不同种族人口的比例）、学生入学率等。[⑤]

以上个案反映出学校撤并标准的多元性，学校硬件设施、教育质量、学校规模、交通状况及其对社区影响等共同构建了学校撤并的多元化、系统化指标体系。其中，学校硬件与质量，学校对学生、家庭和社区的价值与影响构成了学校

---

① 王强：《20 世纪美国农村“学校合并”运动述评》，载《外国中小学教育》2007 年第 8 期。

② Lyson Thomas A.. What Does a School Mean to a Community? Assessing the Social and Economic Benefits of Schools to Rural Villages in New York. Journal of Research in Rural Education, Vol 17, No. 3, 2002: 131 - 137.

③ Chicago Public Schools Policy Manual. Closing of schools [EB/OL]. http://policy. cps. k12. il. us/Policies. aspx, 2007 - 5 - 23.

④ E. Fredua - Kwarteng. School Closures in Ontario: Who has the Final Say?. Journal of Educational Administration and Policy, No. 19, 2005.

⑤ RSU Decision Criteria - Questions - Msad 71 Responses, Draft (Rev. 8/2/07), http://www. rsu21. net/SchoolBoard/DraftPolicy. htm, 2007.

撤并标准的核心要素，而“学校规模”仅仅是多元指标体系中的一个组成部分。

二、注重学校的文化价值

学校是社区的一部分，特别是对于农村地区来说，学校具有重要的社会、经济和文化价值。[①] 学校是否被撤并必须考虑其对居民心理情感及文化归属感的影响。在教育分权国家，学校对社区的心理文化价值尤显重要。2006 年，澳大利亚教育联盟（AEU）将学校关闭标准聚焦于两方面：一为社区的体验和态度；二为学生的学习经验，他们认为，学校布局应该根据教育发展需要，而不是纯粹的经济学或人口学考量。[②]

2008 年美国加利福尼亚州教育厅在《关闭学校的最佳实践指南》[③] 中提出了关闭学校的标准。除了有关学校教育质量、运作成本、学校安全、种族平衡及交通状况之外，特别强调撤并学校对社区的影响。甚至从美学角度提出，精心设计的学校景观是令社区居民骄傲的资本，它也是社区的重要资产，不可轻易撤并。该州学校布局调整政策体现的核心价值观是：通过扩大学校规模提高生均成本固然重要，但是关闭学校的价值不能仅局限于减少财政支出，更在于增强社区凝聚力和文化认同。

三、多方参与，民主决策

许多国家和地区在学校撤并中形成了一整套公开透明化程序，不同群体利益在学校撤并中得到平等对待，不同群体的参与和表达共同影响到撤并标准选择及不同标准的权重。很多地区学校撤并标准考量的基本步骤是：（1）设立相关指标并按重要性排序；（2）计算每个学校在相关指标上的得分；（3）加总每个学校得分，将得分较少者列入被合并学校名单中。比如，按重要性排列，下列指标是美国堪萨斯州学校撤并时重点考虑的标准[④]：（1）学校教育质量及学生成绩；

① Joe Bard et al. . Rural School Consolidation Rreport. History Research Summary Conclusions and Recommendations. Prepared for the National Rural Education Association Executive Board, 2005.

② Australian Education Union – ACT Branch Submission to the Inquiry into School Closures and Reform of the ACT Education System, http://www. parliament. act. gov. au, 2009 – 3.

③ Closing a School Best Practices Guide. California Department of Education, http://www. cde. ca. gov/index. asp, 2008 – 5.

④ Midwest Research Institute. Decision Criteria and Policy for School Consolidation. Final Report. MRI Project RA – 115 – D (1). Kansas City, MO: Kansas City School District, MO, 1974 – 3.

（2）生均成本；（3）生均建筑面积；（4）教师负担（生师比）；（5）种族平衡；（6）学校建筑年代和设施状况；（7）学校辅助设施完整度（包括食堂、医疗、图书馆、体育馆、资源中心等）；（8）空间可达性（学校撤并后，分流学生离最近接收学校的距离）；（9）学校在校生数量。此外，社区影响、学生心理与文化认同、上学适应性、上学安全及上学步行距离和交通负荷等变量也是学校撤并中需要综合考虑的方面。在上述案例中，学校撤并标准制定是一个多方利益主体共同协商、民主决策的结果。学校撤并标准的建立于公开、透明、科学的撤并程序之上。

通过文本分析与国际比较，我们可以总结出学校撤并标准的两种模式：“单一性标准”与“多元化标准”，两种标准的差异相当明显。一是在指标体系上，“单一性标准”倚重规模效益指标，特别是学校规模指标，“多元化标准”涵盖教育、人口、社会、文化与经济等多元指标，其中，学业成绩、入学率、学校历史、硬件设施、学校在当地社区的文化价值被视为核心要素；二是在价值导向上，“单一性标准”偏重经济效益考虑，“多元化标准”以教育为本，在遵循教育规律基础上兼顾经济效益；三是在决策程序上，“单一性标准”仰赖行政主导，“多元化标准”强调多方参与、民主决策，通过合法的程序解决利益争端；四是在测算方法上，“单一性标准”具有较强的主观性与随意性，其所设置的最低“学校规模”标准，往往脱离教育发展实际。“多元化标准”以教育、社会、人口、文化和经济等多维度指标对学校赋值、打分、排序，以科学评价方法决定学校是否撤并（见表 15 -3）。

表 15 -3　　学校撤并标准比较

分析维度	单一标准	多元标准
指标体系	规模效益指标	教育、人口、文化与经济等多元指标
价值导向	偏重经济效益	尊重教育规律，兼顾经济效益
决策程序	行政主导	利益相关者广泛参与
测算方法	随意和模糊	打分排序，科学评价

第四节　学校布局调整的改革路径

学校布局调整是适应城镇化发展和工业化发展的必然选择。欧美等国学校布局调整政策的产生有赖于其独特的经济社会环境和政治制度基础，我们不能简单地照搬和移植。但是，人类社会发展有其共同规律，世界上其他国家和地区学校布局调整之有益经验值得我们学习和参照。广泛吸纳社会各方力量，以程序公正保障结果合理，避免“一刀切”式的学校撤并运动；回归教育本位，在尊重教育规律的基础上兼顾教育规模效益。这也许是我们获得的最重要的政策启示。结合我国经济社会和教育发展实际，未来义务教育学校布局调整政策应实现四个转变。

一、从单一标准向多元标准转变

学校规模固然重要，但学校是否撤并应当有多元化评估指标，包括学业成绩与学校教育质量、学校交通便捷性、儿童上学安全、生均教育成本、学校规模、服务人口、学校物质设施使用状况、学校对社区的价值等。学校撤并不能过多考虑财政与经济因素，应当在尊重教育规律的基础上，客观评价学校发展的多元价值与功能。

二、从关注结果向关注过程转变

急功近利追求短期内撤并大量学校，以此作为地方政府改革政绩，这不仅有违教育发展规律，也对被撤并学校学生、家庭和社区带来一系列不利影响，甚至影响社会稳定。学校撤并应当逐步建立合法、合理、民主化程序，实现从关注结果到关注过程的转变。笔者建议：(1) 参考国外经验，建立广泛吸纳各方利益代表的学校布局调整委员会共同讨论制定学校撤并标准，普通家长和村民应当有平等的参与权和表达权；(2) 学校撤并应遵循公平、透明、科学的程序。学校撤并标准应多元化，通过对不同标准赋值、排序打分，最终确定学校撤并名单；(3) 为避免强势力量对学校撤并行为的影响，可以考虑聘请第三方评估机构，对拟撤并学校进行独立评估，从而为政府决策提供参考。

三、从供给为本向需求为本转变

学校是儿童受教育的场所，学校撤并对儿童、家庭和社区影响深远。学校撤并标准制定以及学校布局调整政策制定，应当从方便“政府办学”向方便“群众上学”转变，从供给本位向需求本位转变。学校撤并标准应充分考虑学校撤并后对受教育群体的影响以及因学校撤并可能带来的社会后果，比如，学生辍学问题、家庭负担加重问题、社会弱势群体教育不公平问题及闲置资产处置问题等。

四、从道德呼吁到制度保障

当前，部分地区义务教育学校盲目撤并行为已带来消极社会后果，我们不能仅仅停留于道德呼吁和舆论谴责，更应当着力于制度建设和规范，使学校布局调整工作纳入良性的发展轨道。义务教育是纯公共物品，中央和省级政府应当在义务教育学校布局调整政策制定和实施中发挥更重要的作用。在“以县为主”管理体制下，中央及省级政府应在方针制定、督导评估、财政拨款等方面，加大对地方政府学校撤并行为的影响和约束。基于我国小规模学校大量被撤并的事实，有必要由中央和省级政府合理实施“教学点及小规模学校振兴计划”，对于必须要保留的教学点和小规模学校实行倾斜性政策，在教师配置、经费拨付、教学管理、校舍维修改造等方面给予更多支持，促进教学点和小规模学校健康发展。

第十六章

学校布局调整程序研究

第一节　问题提出

学校撤并不仅导致学校数量减少和空间结构改变，更影响学生、家庭、教师和社区利益，其实质是利益调整。因此，学校撤并标准的设定应合理公正，它必须尽可能协调不同利益矛盾，最大化地体现公共利益。但是，有关学校撤并标准的研究表明，一些地区过于追求在校生规模，过于倚重规模效益指标。在“效率至上”价值观引导下，部分地区以在校生规模为唯一标准撤并学校，导致大量小规模学校被关闭，学生不得不到距家更远的学校上学，陡然增加的交通风险和家庭经济负担，引发了家长和村民不满，甚至出现群众上访和群体对抗事件。①

学校具有多元价值，学校撤并决策应当充分考虑学校在人才培养、文化传承及社会认同等方面的价值。扩大参与，为家庭、社区等利益主体搭建起平等互动的沟通平台，以程序正义确保学校撤并结果公正是彰显学校多元价值的重要路径。2010 年 1 月，教育部印发的《关于贯彻落实科学发展观进一步推进义务教育均衡发展的意见》指出：地方各级教育行政部门在调整中小学布局时，“要进一步规范学校布局调整的程序，撤并学校必须充分听取人民群众意见，避免因布

① 雷万鹏、张婧梅：《布局调整应回归教育本位——对学校撤并标准的实证分析》，载《教育研究与实验》2010 年第 3 期。

局调整引发新的矛盾”。2010 年国务院颁布的《国家中长期教育改革和发展规划纲要》指出：“把促进公平作为国家基本教育政策。”“提高政府决策的科学性和管理的有效性。规范决策程序，重大教育政策出台前要公开讨论，充分听取群众意见。”在此背景下，探索学校撤并程序的公平正义有利于拓展民众沟通渠道，遏制盲目的撤点并校行为，推动学校布局调整政策创新，真正办人民满意的教育。

从法律学角度看，程序是指按照一定顺序、方式和手续作出决定的过程。合理的程序有助于促进意见疏通、加强理性思考、扩大选择范围、排除外部干扰以保证决定的成立和正确性。[①] 程序正义被视为“看得见的正义”，其实质是指裁判过程（相对于裁判结果而言）的公平，法律程序（相对于实体结论而言）的正义。学校撤并程序是指在学校撤并决策中，根据宪法与行政法规的要求，按照一定顺序、方式与步骤作出的学校关闭或合并决策；如果说程序正义是最好的实现正义结果的方法，那么学校撤并决策的程序正义就是通过理性权衡，寻找并选择最有效地体现学校布局调整决策公平正义要求的流程和方法。

在基础教育“以县为主”管理体制下，我国义务教育学校撤并决策程序是正义的吗？民众参与学校布局调整决策的程度如何？老百姓对学校撤并效果满意吗？以上问题在学术界尚缺乏实证研究。鉴此，本章利用华中师范大学课题组对我国 11 个省份义务教育学校布局调整的调研数据，实证探讨学校撤并程序之公平正义问题，希望有助于相关政策的制定。

第二节　学校撤并决策的民众参与度与满意度

探究学校撤并程序问题既需要规范分析，也需要实证研究，而寻找有效度的指标以测量学校撤并程序正义是实证研究的关键。有研究指出，判定公共政策程序的正义与否主要依据三个标准：程序所产生的结果与实质正义相一致，公民参与性的广度、深度，以及这种程序所允许的政治权力使用的正当性。[②] 借用上述标准，结合我国教育发展实际，本书提出评判学校撤并程序正义的三个标准：第一，学校布局调整政策实施结果与目标的一致性程度；第二，在学校撤并决策过程中，学生、家长、教师、村民等利益主体参与决策的广度与深度；第三，

① 季卫东：《程序比较论》，载《比较法研究》1993 年第 1 期。

② 李建华：《公共政策程序正义及其价值》，载《中国社会科学》2009 年第 1 期。

学校布局调整决策中政治权力使用的正当性，即学校布局调整程序设定在多大程度上扮演了抑制性程序以限制政府公权力的运行，确保布局调整政策不偏离公共目标。

上述第一个指标需要比较学校布局调整政策目标与政策实施效果之间的差异。考虑到学校布局调整政策涉及多元利益主体，研究者需要对教师、家长、社区人士、行政部门等利益主体进行调查，以了解其对学校布局调整政策实施效果的评价。因数据获取的难度，本章不拟对第一个指标进行探讨。第二个指标用来测量各利益主体参与学校布局调整决策的广度与深度。家长、教师和社区居民是学校布局调整政策的利益相关者，与行政权力比较，这类群体往往处于相对弱势的地位。本章以学校撤并过程中“是否征求过意见”来测量家长、教师和社区人士的参与度。第三个指标用来测量民众对学校撤并效果的满意度，以量度学校撤并决策在多大程度上合乎公共目标。选取家长、教师和社区居民对学校撤并政策的“满意度”来测量是一个可行的选择。

一、学校撤并决策中民众参与率低

学校撤并不是帕累托改进，其对不同群体的影响具有不均衡性，那些因学校撤并而不得不转学的学生及其家庭在布局调整中利益受损最严重。[①] 调查显示，在学校撤并这一影响广大群众利益的政策制定中，广大居民、家长和教师的参与率相当低。

以“是否征求过意见”来测量民众参与率，对社区居民的调查显示，20.6%的居民在学校撤并过程中被征求过意见，79.4%的没有被征求意见。对学生家长的调查表明，当孩子所在学校面临被撤并时，被征求过意见的家长仅占21.8%，绝大多数家长未参与决策，成为“沉默的大多数”。教师是学校撤并中的重要利益主体，撤并学校意味着教师工作和生活环境变动。在学校撤并过程中，部分富余的教师甚至有被转岗或被裁减的可能。而对中小学教师的调查发现，75.3%的教师表示布局调整过程中没有征求其意见。

总体看，超过75%的教师、居民和家长未参与学校撤并决策，这种低参与率为公权力的滥用及强制性撤点并校行为的产生提供了适宜的土壤。在行政主导的学校撤并决策模式下，一些地方政府为追求“政绩”，一方面大规模撤减农村学校，以“提前”“超额”“提速”来完成布局调整目标；另一方面又盲目地合

① 雷万鹏、徐璐：《农村校车发展中的政府责任——以义务教育学校布局调整为背景》，载《中国教育学刊》2011年第1期。

并学校，扩大办学规模，这些做法脱离农村发展实际，也违背了老百姓的意愿。[①]值得注意的是，一些地区学校布局调整文件常提及“学校撤并工作要取得群众理解与支持”“做好群众思想工作”“认真听取人民群众意见”“加大思想宣传”……但实证研究发现，在学校撤并中绝大部分居民、家长和教师实际上被排斥在决策之外。民众的低参与率反映出学校撤并决策程序的不公正性，势必会影响民众对学校撤并效果的满意度和认同度。

二、部分群众对学校撤并效果满意度不高

调查显示，41.8%的居民对学校撤并结果表示满意，27.7%表示不满意，30.5%的居民对学校撤并效果不置可否。对于学校撤并的效果，31.9%教师认为“利大于弊”，12.5%认为“弊大于利”，另外55.6%认为“不好说”。可见，对于新一轮学校布局调整政策，老百姓对此评价不一，一部分老百姓对学校布局调整表示不满意。其中，近1/3的居民对学校撤并结果不满意，超过10%的教师认为学校撤并“弊大于利”，这从一个侧面提醒我们应当反思学校布局调整政策的合理性问题。

进一步的研究发现，不同群体对学校撤并满意度存在差异。其一，家庭收入与家长对学校撤并满意度高度正相关。收入越高者满意度越高，收入越低者满意度越低。家庭年收入1万元以下的家长对学校撤并效果不满意的比例为30.6%，收入1万~2万元的比例为28.5%，收入2万~3万元的比例为23%，收入3万元以上比例为17.8%。其二，不同区域老百姓对学校撤并满意度存在差异。山区与丘陵地区对学校撤并的满意程度明显低于其他地区。可见，不同群体对学校撤并满意度存在差异，农民、低收入及山区、丘陵地区老百姓对学校撤并政策的满意度相对较低。

相对而言，普通农民、低收入者及边远山区群众在社会中处于弱势地位，由于他们占有的经济资本、文化资本和社会资本相对较少，其应对学校撤并的能力较低。在学校布局调整中，社会弱势群体的利益受损最为严重，他们对学校撤并决策的不满意感也更强烈。

---

① 庞丽娟：《当前我国农村中小学布局调整的问题、原因与对策》，载《教育发展研究》2006年第4期。

三、民众参与度影响其政策满意度

有研究显示，缺乏民众广泛参与的决策，往往导致人民群众对政策的认同度和可接受度不高。[①] 对学校布局调整政策实施效果的分析进一步验证了此看法。调查显示，在征求过意见的居民中，对学校撤并行为表示满意的为73.2%，表示不满意的为8.9%；而在没有征求过意见的居民中，表示满意的仅占33.6%，33%表示不满意。可见，民众是否参与学校撤并决策对政策满意度有重要影响。相关信息参见表16－1。

表16－1　　居民参与度和满意度之对比　　单位：%

	满意	不好说	不满意
征求过意见	73.2	17.9	8.9
没有征求过意见	33.6	33.4	33

学校撤并过程中民众参与对于沟通信息、增进了解、提高政策满意度有十分重要的作用。进一步分析表明，撤并学校时“是否征求意见”与“对撤并学校的满意度”显著正相关（$r=0.33$，$p<0.01$）。

类似地，家长参与度也影响政策满意度。数据显示，征求过意见的家长中，表示满意的占77.5%，在没有征求过意见的家长中，表示满意的占39.7%，前者比后者高37.8%；在征求过意见的家长中，表示不满意的占10.3%，而在未征求过意见的家长中，表示不满意的占30.1%，后者比前者高近19.8%，参见表16－2。

表16－2　　家长参与和满意度对比　　单位：%

	满意	不好说	不满意
征求过意见	77.5	12.2	10.3
没有征求过意见	39.7	30.2	30.1

从表16－2可以看出，学校撤并过程中是否让家长参与，是否征求家长意见直接影响家长对学校撤并效果的满意度。相关分析表明，家长参与度和政策满意度之间有显著正相关关系（$r=0.38$，$p<0.01$）。

---

① 李大治、王二平：《公共政策制定程序对政策可接受性的影响》，载《心理学报》2007年第6期。

以上分析说明，学校撤并中民众参与度对政策满意度有非常重要的影响。广泛的民众参与提供了一个利益表达机制，有利于沟通信息、化解矛盾、达成共识。否则，缺乏广泛参与的决策模式必将导致民众对政策较低的认同度和满意度，甚至会对学校布局调整政策表达强烈不满。华中师范大学课题组对部分县市教育部门负责人的调查发现，44.8%的县市认为学校布局调整阻力较大，其阻力主要来源于家长、村民和村干部，分别占68.4%、59.9%和48.3%。这从另一个侧面反映了学校撤并程序之不公正会引发改革的巨大阻力。

第三节　学校撤并程序之反思

以上分析表明，我国学校撤并决策中民众参与率低，部分群众对学校撤并效果不满意。从程序公正视角看，我国学校撤并决策未能真正体现公平正义原则。为此，我们有必要从以下三个层面进行反思。

一、撤并标准与撤并程序：孰先孰后？

在学校撤并标准和撤并程序上，很多人认为学校撤并标准是先定的、外设的，学校撤并程序只是落实学校撤并决策的过程。在各地颁布的学校布局调整政策文本中，上述思想体现得十分突出。部分地区推行的“一刀切”式的学校撤并运动，也暴露出以刚性的学校撤并标准决定学校命运的弊端。学校撤并标准是如何产生的？是依靠行政领导和少数精英制定的，还是在民众参与下，通过不同利益主体间的博弈而产生？借用哈耶克有关知识、风险及有限理性的理论，我们对学校撤并程序之重要性有更深刻理解。哈耶克认为知识不是社会性的而是个人化的，它融入于个人生活史之中；改革者的理性是“有限理性”——在知识扩张过程中，理性改革者不仅不能获得所有“明确知识”，而且大量分散的、融入个体生活脉络中的知识也是改革者的心智所不能企及的。[①] 因此，仅仅依靠行政力量和知识精英发动的改革，必然因改革者的“有限理性”而无法获得广泛的、分立的个人化知识。改革者理性的自负（rational conceit）必将因改革知识基础的脆弱而陷入困顿。与此对应，参与式变革认为人类理性是有限理性。改革是在民众

① ［英］弗里德利希·冯·哈耶克，邓正来译：《自由秩序原理》，三联书店1997年版，第19～41页。

广泛参与的基础上，通过平等对话而实现的制度变迁。参与式改革为个人提供了表达个人偏好、需求、态度、情感等信息的机会。在人际互动中，参与式改革也建构了传递个人化、分立化知识的机制。

哈耶克的理论给我们的启示是：知识是改革的基础，而知识是分立的，分散于不同利益主体之中。改革是一场知识上的冒险，降低改革风险的有效途径是建立广泛的民众参与和信息吸纳机制，实施参与式改革。在一个多元化、差异化社会中，学校撤并标准并不是一个外设的、先定的绝对性指标，而是一个生成性的、构建性的相对标准，学校撤并标准的确立产生于利益相关者平等对话、协商和人际互动之中。在撤并标准与撤并程序先后次序上，撤并程序决定撤并标准。公平正义的学校撤并程序必将导致合理科学的撤并标准，不适当的撤并程序必将导致不适当的撤并标准和结果。因此，与其等待一个放之四海而皆准的学校撤并标准，不如设置公正的学校撤并程序，为广大利益相关者提供一个互动博弈的渠道，以公正的过程生成合理的结果。

二、政府权威与民众参与：多元利益如何表达？

前文研究表明，在学校撤并决策过程中，超过75%的居民、家长和教师被排斥于决策之外。这一方面凸显了政府力量的强大，另一方面凸显了民众利益表达渠道不畅。“以县为主”的基础教育管理体制，令县级政府在区域内教师资源配置、经费拨付、学校布局调整等方面拥有比以往更大的裁量权，这也为行政主导式学校布局调整改革提供了制度基础。此外，学校撤并决策中“民众缺席”与我国经济社会发展阶段性特征有关。首先，在城乡二元经济结构背景下，伴随大量农民工外出务工，农村人口结构发生巨大变化。留守农村的大多数是妇女、儿童和老年人，其教育程度和民主参与意识相对薄弱。这在一定程度上影响了村民参与公共政策（包括学校布局调整政策）决策的积极性。其次，社会分层与农民工群体分化速度加快，导致大量农民工将城市作为人生归属，其对农村生活日渐隔膜和冷漠。在离农弃农心态作用下，青壮年农民工普遍向往城市教育，而对农村学校布局调整缺乏参与热情。最后，村民自治组织发育不完善及代表农民利益的专业化组织（比如“农民协会”）的匮乏，也导致农民利益缺乏组织化、制度化表达渠道。在学校布局调整决策中，大多数农民的利益诉求无法在政府决策中被采纳和吸收。

从本质上说，公共政策是政府依据特定目标，对社会公共利益进行权威性分配，其根本目标是促进公共利益的最大化。学校布局调整政策是否回应民众需求，在多大程度上令人民满意是评判政策优劣的根本标准。伴随城镇化发展，扩大民众参与，建立多元化利益表达机制，为民众参政议政提供畅通的制度化渠道，是促进学校撤并程序公平正义的重要举措。

三、政府职能转变：如何以民生为本？

华中师范大学课题组 2009 年对 600 多个县的调查显示：未来 5 年，61.4% 的县市教育行政部门负责人认为将“进一步撤并教学点和村小，实行集中化、规模化办学”；35.9% 的中小学校长认为 5 年内学校有可能被撤并，其中 91.2% 的被撤并学校是农村学校。尽管中央政府三令五申严禁“一刀切”式的撤点并校行为，但各地学校撤并冲动还是难以遏制。追根溯源，中央与地方政府事权与财权不对等以及地方政府考核评价机制不完善是导致中央政策执行不畅的制度性原因。以程序公正促进学校布局调整政策回归公共利益，其实质是政府职能转变和“以民生为本”的服务型政府建设。在此方面，处理好中央政府与地方政府的关系，明晰各自的权能职责是改革的关键。

受中央政府委托，地方政府对义务教育实施属地化管理是教育发展的必然选择。按照权责对等原则，地方政府承担了义务教育发展责任，必须享有相应的权能，在教育资源筹措、分配和使用等方面享有充分自主。但是，受财税体制和行政管理体制束缚，我国中央政府与地方政府权责严重不对称，特别是 1994 年分税制改革后，伴随财力上收和责任下放，县级政府担负了公共物品供给的无限责任（比如，义务教育、农田水利建设、公共卫生等），但普遍缺乏充足财力。在责任无限下放、财力层层上收的制度安排下，中央与地方政府的政治博弈不可避免。学校布局调整政策实施过程中，地方政府往往将中央政府提出的“就近入学”“因地制宜”“保留必要的教学点”等字眼忽略掉，而将“撤并学校”“扩大规模”“提高效益”等赋予过高权重，从而导致撤点并校、集中办学、竭力降低财政性教育支出成为地方政府推行学校布局调整政策的主要模式。①

因财税体制不健全，政府间事权与财权划分不明晰，地方政府缺乏足够财力满足辖区民众的公共需求。此外，在以 GDP 为主要指标的政府考核体系中，地方官员的目标函数未能实现从“经济建设偏好”向“执政为民”转变，这也是导致学校撤并程序的非公平正义的重要原因。

---

① 万明钢、白亮：《“规模效益”抑或“教育公平”——农村学校布局调整中“巨型学校”现象思考》，载《教育研究》2010 年第 4 期。

第四节　构建公正的学校撤并程序

构建公平正义的学校撤并程序需要在制度和技术两个维度进行变革。制度性变革主要包括：转换政府职能、扩大民众参与，完善弱势群体的利益表达机制，建立规范化、制度化学校撤并程序等；技术性变革是指应用现代化评价技术手段，在操作层面上实施公正、科学、民主的学校撤并程序。

一、转变政府职能、扩大民众参与

构建公平的学校撤并程序，其核心是实现政府职能转变。理顺中央与地方政府关系，重塑财政体制。改革地方政府绩效评估机制和干部选拔任免制度，建立包含公共服务绩效、民众参与、民意测评等在内的多元化考核指标体系，是激发地方政府提供优质、均等公共服务的基础，也是推进学校撤并程序公平正义的重要前提。

民众参与是公民为维护或促进社会公共利益，通过各种合法途径与方式表达利益诉求、影响公共活动的社会政治行为。[①] 学校撤并决策应有广泛的群众基础，让各利益相关者知悉、了解、参与、监督公共政策制定和实施，使学校撤并政策真正反映民情、合乎民意。前文研究表明，家长、教师和居民参与学校撤并决策的程度较低，这不仅影响决策的科学性，也影响民众对政策的认同度和满意度。农村人口大规模持续流动，也提醒决策者要高度关注农民工及其子女的教育需求。创新社会管理机制，创造有利条件，吸纳更多农民工参与学校撤并决策是实现学校撤并程序公平正义的重要途径。

二、构建和完善弱势群体利益表达机制

弱势群体是指在经济、政治和社会资源分配方面缺乏机会而处于不利地位的人群。[②] 在公共政策制定和实施中，弱势群体缺乏话语权，其利益往往被强势集团遮蔽。在没有矫正性制度干预的情况下，弱势群体常常处于“资源短缺制约公

① ［英］戴维·威尔逊等著，张勇等译：《英国地方政府》，北京大学出版社 2009 年版，第 4 页。

② 王思斌：《改革中弱势群体的政策支持》，载《北京大学学报（哲学社会科学版）》2003 年第 2 期。

共政治参与—参与不足影响利益表达—表达不畅阻碍处境改善”的循环之中。[①] 重视弱势群体利益表达问题，提升弱势群体的参与能力，保障其权利实现，是构建和谐社会的内在要求。

学校撤并对农民的利益影响深远，因此，构建有利于农民的利益表达机制是实现学校撤并程序公平正义的核心环节。目前，可采取的措施主要有以下三点。第一，构建公开、透明的信息传导机制。信息传导包括政府向公众发布信息以及公众向政府反映情况两个方面。地方政府在学校撤并决策时，应通过公示、政府工作报告、宣传等手段将学校撤并信息公开，让广大农民有知情权；同时，通过来信来访、民意调查等途径了解民众对学校撤并的意见、建议和需求。第二，构建弱势群体参与决策机制。农民不仅要知悉学校撤并信息，政府还应该提供足够的机会和渠道让他们表达利益诉求，在与政府部门讨论、对话、协商中达成共识，寻求各方利益均衡。为此，应严格执行《中华人民共和国全国人民代表大会和地方各级人民代表大会选举法》和《中华人民共和国人民代表大会组织法》，增加人大代表中农民所占的比例；完善村民委员会选举制度，建立健全民主监督制度。第三，提高农民的组织化程度，形成制约公权力的强大力量。在学校撤并过程中，单个农民无法对学校撤并决策形成有效制衡。在宪法许可范围内，政府应鼓励农民组建农会或其他公益性社会组织，以组织化方式有序地表达农民利益诉求，增强农民的组织性和自我保护能力，推动包括学校布局调整在内的公共政策制定的民主化和科学化。此外，要发挥大众媒体的舆论监督功能，使区域内学校撤并行为能得到全社会关注和监督。

三、建立规范化、制度化的学校撤并程序

学校撤并涉及老百姓切身利益，为提高政府决策的科学性，应建立和完善重大决策征求意见制度，建立重大政策的风险评估机制。第一，将学校布局调整纳入法律保障范畴。建立“学校布局调整法”，对学校撤并程序给予严格的法律规定。从国际视野看，欧美等国对学校撤并程序有严格的法律规定。比如，美国芝加哥市[②]、加利福尼亚州[③]的《公立学校政策指南》，加拿大安大略湖省颁布的《学校关闭指导方针》等政策法规，都对学校撤并程序、撤并步骤做出了明确规

---

① 周国雄：《博弈：公共政策执行力与利益主体》，华东师范大学出版社 2008 年版。

② Chicago Public Schools Policy Manual. Closing of Schools，http：//policy. cps. k12. il. us/Policies. aspx，2007 – 5 – 23.

③ Closing a School Best Practices Guide. California Department of Education，http：//www. cde. ca. gov/index. asp，2008 – 5.

定。在这些法律规定中，民众参与是其最核心内容之一。第二，制定严格的公众参与指标。学校撤并决策过程中，建立广泛吸纳各方利益代表的学校布局调整委员会，共同讨论制定学校撤并标准，普通家长和村民应当有平等的参与权和表达权。公众参与的方式包括听证会、网上留言、服务热线、直接参与会议决策等多种途径。第三，制定学校撤并决策的纠偏机制。学校撤并决策若受到社区成员、家长代表的广泛质疑，应提供有效渠道进行行政申诉。例如，加拿大安大略省2005年颁布的《学校关闭指导方针》规定，只要有50名家长联名或50%的家长提出申诉要求，教育部就要安排第三方独立调查，对学区学校撤并决议过程进行审查，以认定其是否符合教育部指导方针的要求。[①] 第四，制定有效的配套措施。撤并学校涉及一整套制度变革，决策者必须要考虑到学校撤并前、撤并中及撤并后各种可能出现的问题和困难，并针对这些问题采取有效的解决方案。学校撤并的配套措施包括：学生安置与分流措施、学生交通安全保障、免费校车供给、寄宿生生活补助政策、教师分流或转岗政策及闲置校产处置方案等。

四、以科学的评价手段保障学校撤并程序公正

应用现代化评价技术评估学校的整体价值（多元价值），以此决定学校是否应该被撤并及如何撤并，这是欧美等国学校布局调整的基本经验。其基本程序包括以下四个步骤：首先，充分考虑学校的多元价值（包括经济、社会、文化、教育和心理价值等）；其次，在利益相关各方充分参与的基础上，对学校进行价值评估，确定各项指标的权重系数；再次，计算每所学校在相关指标上的得分；最后，加总每个学校得分，将得分较少者列入被合并学校名单中。比如，按重要性排列，下列指标是美国堪萨斯州学校撤并时重点考虑的因素：[②] 学校教育质量及学生成绩；生均成本；生均建筑面积；教师负担（生师比）；种族平衡；学校建筑年代和设施状况；学校辅助设施完整度（包括食堂、医疗、图书馆、体育馆、资源中心等）；空间可达性（学校撤并后，分流学生离最近接收学校的距离）；学校在校生数量。此外，社区影响、学生心理与文化认同、上学适应性、上学安全及上学步行距离和交通负荷等变量也是学校撤并要考虑的要素。

---

① E. Fredua – Kwarteng. School Closures in Ontario: Who has the Final Say? . Journal of Educational Administration and Policy, No. 19, 2005.

② Midwest Research Institute. Decision Criteria and Policy for School Consolidation. Final Report. MRI Project RA – 115 – D (1). Kansas City, MO: Kansas City School District, MO, 1974 – 3.

第十七章

学校布局调整影响因素研究

第一节 问题提出

改革开放以来，我国教育发生了巨大变化。2000 年“普九”目标基本实现，2008 年城乡免费义务教育政策全面实施及 2009 年教师绩效工资改革逐步推行，预示着义务教育由外延扩张向内涵发展转型，促进义务教育优质均衡发展成为新的战略重点。在此背景下，探讨义务教育学校合理布局问题，思考以学校布局为核心的教育资源优化配置机制，对促进义务教育均衡发展有十分重大意义。

学校布局是指学校在地理空间上的分布。伴随城镇化发展，义务教育学校数量急剧下降，农村学校“空壳化”与城镇“大班额”现象对城乡教育一体化发展提出新的挑战。什么因素导致义务教育学校变动？在校生规模、产业结构、区域经济发展水平、交通设施及宏观教育政策对学校数量变动产生怎样影响？各自的影响力如何？义务教育学校数量变化是顺应适龄人口变动与城镇化发展“自然调整”，还是政府主导与政策干预下的“主动调整”？伴随义务教育发展转型，社会各界对中小学布局调整政策众说纷纭，莫衷一是。围绕学校布局调整政策争议，因缺乏系统的实证研究，难免就事论事、失之空泛。本章利用全国统计数据，深度探索影响义务教育学校数量变化的因素，为学校布局调整政策制定提供有益启示。

第二节 文献综述

围绕学校布局调整的研究文献相当丰富。大多数研究从经济学角度探讨学校适度规模问题，也有学者从社会学、教育学视角分析学校布局调整政策对教育公平及教育需求的影响。总体看来，城镇化、人口变动、经济发展水平、区域地理环境、交通设施、行政区划调整及教育政策等因素对学校布局有重要影响。

有研究指出，城镇化发展与人口流动对学校布局影响深远。一方面，基础设施改善为学校合并提供了物质基础。美国国家农村教育协会 2005 年提交的一份关于农村学校合并的报告[①]指出，汽车的发明和道路铺设使得学生在更短时间内去更远的地方上学成为可能，由此减少了农村地区对“单间学校”（one-room school）的需求。同时，农村通信设施改善，增强了农民获取信息的能力，简陋的“单间学校”已不能适应时代发展需求，合并小规模农村学校成为提高教育质量、满足农民教育需求的重要途径。另一方面，城镇化背景下人口集中于城区，城区学校规模随之增大，合并小规模学校成为必然选择。

教育的对象是人，人口变化直接影响学校布局调整，许多研究着重探讨人口变动对学校布局的影响。研究表明，人口规模、人口年龄结构与区域分布将导致学校数量和结构变化。人口数量增加、年轻化及居住分散将导致教育服务需求扩张，学校布点增加，反之，学校布点将减少。[②③] 有学者对我国学龄人口变动趋势做了预测分析。在此基础上推断出 21 世纪初我国教育适龄人口规模将呈下降趋势，城乡各级学龄人口变化情况则呈现较大差异。由此导致农村学生向城镇集中，农村义务教育学校数量减少。[④⑤] 也有研究指出，人口出生率下降、人口老龄化和农村人口的减少导致学校布局调整因势而动，合并和关闭小规模学校成为主要应对措施[⑥]。在中国社会转型期，农村人口流动引发了城乡教育资源分配和

---

① J. Bard, C. Gardener, R.. Wieland. Rural School Consolidation Report: History, Research Summary, Conclusions and Recommendations. Norman, OK: National Rural Education Association, 2005.

② S. Heshcovitz. Socio - Spatial Aspects of Changes in Educational Services: TelAviv and Jerussalem, 1970 - 1988. Originally Published in The Service Industries Journal, Vol. 11, Aprit, 1991: 137 - 153.

③ 石人炳：《我国人口变动对教育发展的影响及对策》，载《人口研究》2003 年第 1 期。

④ 袁桂林、宗晓华、陈静漪：《中国分城乡学龄人口变动趋势分析》，载《教育科学》2006 年第 1 期。

⑤ 段成荣、杨书章、高书国：《21 世纪上半叶我国各级学校适龄人口数量变动趋势分析》，载《人口与经济》2000 年第 4 期。

⑥ 杨兆山、杨清溪、朱雪研：《加拿大学校布局调整研究及其启示——基于萨斯喀彻温省的个案分析》，载《外国教育研究》2007 年第 12 期。

学校布局结构失衡问题。有研究指出，由于城市学校布局规划是以户籍人口为基准设立的，伴随农民工大量涌入城市，城市教育供求矛盾日益严峻。“农民工子女学校”、外来流动儿童“入学门槛”、城市义务教育经费保障等问题挑战了城乡分割的教育体制，适应城乡一体化发展的学校布局结构亟须变革。①

经济发展水平、区域地理环境及上学距离对学校布局有显著影响。拉维（Lavy）对加纳农村地区基础教育需求进行实证研究，结果表明，上学距离、社区环境等因素影响儿童入学机会，因此中小学布局应充分考虑上述因素影响，对贫困地区、农村地区和少数民族聚集区域来说尤其如此。② 在学校布局规划中，“学生上学距离”与“学校覆盖人口”是影响学校布局调整的关键指标，运用地理信息系统（GIS）技术，有学者探讨了学校空间可达性对教育资源合理配置及教育公平的影响。③ 除了纯粹技术上的考虑，文化因素对学校布局的影响也日益受到关注。比如，在学生上学距离方面，有学者提出三种衡量方法：一是物理距离（physical distance），即实际的空间距离，用公里来衡量；二是文化距离（cultural distance），当儿童不得不离开自己的社区到另一个把他们当作外人并对他们不友好的社区上学，从而导致辍学的距离；三是时间距离（time distance），考虑诸如山地、河流、森林等自然条件的阻碍而延长上学途中的时间。④

教育成本、效率及教育规模效益被视为影响学校布局调整的关键因素。教育规模效益旨在探讨学生数量变化与生均成本之间的关系。当学生数量增加而生均成本递减时，即产生了教育规模经济效益。厉以宁应用企业规模效益理论探讨了学校合理布局问题；⑤ 闵维方对我国高等教育适度规模的实证分析颇具代表性。⑥ 在教育实践中，教育规模经济理论影响力极大。政策制定者及教育专家往往从教育成本效益出发，通过制定学校规模标准推动学校合并。在经济理性与效益至上价值观主导下，农村教学点及小规模学校往往成为布局调整的主要目标群体。⑦

---

① 雷万鹏：《将农民工子女纳入区域教育规划》，载《中国教育报》2009 年 2 月 28 日。

② V. Lavy. School Supply Constraints and Children's Educational Outcomes in Rural Ghana. Journal of Development Economics, Vol. 51, December, 1996: 291 - 313.

③ I. Attfield & M. Tamiru & B. Parolin, A. D. Grauwe. Improving Micro-planning in Education through a Geographical Information System: Studies on Ethiopia and Palestine. Paris, France: International Inst. for Educational Planning, June, 2002.

④ D. Lehman. Bringing the School to the Children: Shortening the Path to EFA. Oringnally Published by World bank, August, 2003.

⑤ 厉以宁：《教育经济学》，北京出版社 1984 年版，第 376 ~ 392 页。

⑥ 闵维方：《中国高等院校规模效益：类型、质量的实证分析》，载《教育与经济》1993 年第 1 期。

⑦ A. J. DeYoung & C. B. Howley. The Political Economy of Rural School Consolidation. Peabody Journal of Education, Vol. 67, Summer, 1990: 63 - 89.

此外，行政区划与教育政策对学校布局的影响也不可忽视。斯特朗（Strang）通过选取1938～1980年中若干年份的州级水平数据，以学区数量为因变量，州级教育财政投入、城市化、中小学入学率、学区面积为自变量进行回归分析，结果表明，州级教育行政部门通过教育财政推动着学区合并，并最终影响学校数量变化和学校布局。[①] 行政力量、管理体制及教育财政等因素是影响学校数量变化的重要因素。

现有文献从理论和实践层面对学校布局调整问题进行了大量有价值的研究，其成果为本研究提供了重要参考，但现有研究也存在明显不足。其一，对学校布局现象的描述多于对学校布局内在规律揭示，普遍缺乏对学校布局调整的量化分析；其二，在借鉴国外有关学校布局研究成果时，缺乏对我国国情及我国教育发展独特矛盾的深刻理解，由此导致国外经验借鉴存在一定盲目性。比如，有关学校适度规模研究不应当被视为放之四海皆准的“硬标准”，应当结合各国实际因地制宜、灵活运用。

鉴于现有研究之不足及我国义务教育学校布局调整中存在的主要问题，本书着重探讨城镇化、人口、财政、交通、区域特征和教育政策等因素对义务教育学校数量的影响。考虑到学校布局调整令农村小学数量急剧减少的事实，本研究也将探讨农村小学数量变化的影响因素。

第三节　学校布局影响因素分析

“以县为主”的教育管理体制令县（市、区）政府对辖区中小学布局有较大调控权。因此，建立以县（市、区）为基本单元的统计模型，探索义务教育学校布局调整的影响因素将是最理想的选择。但是，考虑到全国县（市、区）统计信息的不完整性，我们无法建立包含学校数量、在校生数、班级规模及教育财政等变量在内的统计模型。作为一种替代方案，本研究试图以31个省（自治区、市）为基本单元，结合横截面与时间序列数据建立数据库。数据取自1995～2008年《中国统计年鉴》、《中国教育统计年鉴》及《中国教育经费统计年鉴》[②]。

① D. Strang. The Administrative Transformation of American Education: School District Consolidation, 1938－1980. Administrative Science Quarterly, Vol. 32, 1987: 352－366.

② 本书统计数据不包括香港、澳门、台湾。

一、模型与数据分析

（一）模型与变量

本研究使用的基本统计方法是多元线性回归模型，结合文献分析和我国教育发展实际，本研究建立模型如下：

$$TSN = \alpha + b_1 RM + b_2 NUM + b_3 NAL + b_4 FI + b_5 CS + b_6 PY + b_7 C + b_8 W + \varepsilon \qquad (17-1)$$

$$NPN = \alpha + b_1 RM + b_2 NUM' + b_3 EQ + b_4 FI + b_5 CS' + b_6 PY + b_7 C + b_8 W + \varepsilon \qquad (17-2)$$

方程（17－1）、方程（17－2）是一般多元线性回归方程，分别用来探讨影响学校数量与结构的因素。其中，*TSN* 表示义务教育学校数量，*NPN* 代表农村小学数量。在回归模型中，主要自变量的含义如下：

RM 表示公路长度（公里/万人），由区域公路里程①和人口数折算得出，此变量用来反映交通基础设施建设对学校数量及结构变化的影响。

NUM 和 *NUM'*分别表示义务教育学校、农村小学在校生人数（人），反映学龄人口变动。

NAL 表示非农产业就业比率（%），反映产业结构与就业结构，用来衡量就业结构变动对学校布局的影响。

FI 表示人均地方财政收入（元/人），以年度地方本级财政一般预算收入与人口数之比表示，此变量用以反映地方财力对学校布局的影响。

EQ 为城乡教育均衡指标，是农村小学生均经费支出与全体小学生均经费支出的比值（下文简称为小学均衡指数）。此比值越大，表示农村小学与全体小学差距越小。因数据获取局限性，本书用此变量来衡量城乡教育均衡发展程度。

CS 和 *CS'*分别表示义务教育学校平均班额和农村小学班额（人/班），反映学校内部学生结构。田野调查中发现，在学校布局调整过程中，各地撤并学校并相应扩充班级规模是一种较为普遍的现象。此变量用以探测学校数量与班级规模之间的变化关系。

PY 是代表学校布局调整政策的虚拟变量（控制组为 2001 年前）。考虑到

① 公路里程指在一定时期内实际达标的等级公路，并经公路主管部门正式验收交付使用的公路里程数。

2001 年后我国基础教育实行“以县为主”管理体制改革，各地学校布局调整工作力度加大。此变量用以反映教育政策因素对学校数量变化的影响。

C 和 *W* 代表东、中、西部的虚拟变量。由于我国区域[①]经济社会发展存在较大差异，以东部地区为参照，建立中部和西部两个虚拟变量，用以反映区域差异对学校布局的影响。

（二）数据分析结果

表 17－1 是模型中主要变量的平均值和标准差。从表 17－1 可以看出，1995～2008 年义务教育学校数（包括农村小学）和在校生数不断下降，班级规模不断提高；非农从业人员比率、人均财政收入及人均公路长度都在提高，城乡小学均衡指数（小学生均经费差异）不断缩小。

表 17－1　　1995 年和 2008 年相关变量平均值和标准差

变量	1995 年（*N*＝30）		2008 年（*N*＝31）	
	平均值	标准差	平均值	标准差
义务教育学校数（*TSN*）	24 524	18 080	11 566	7 984
农村小学学校数（*NPN*）	18 621	14 640	8 163	6 215
义务教育在校生数（*NUM*）	5 950 989	4 084 460	5 076 021	3 765 252
农村小学在校生数（*NUM′*）	3 102 063	2 430 977	1 856 414	1 655 404
义务教育学校班额（*CS*）	35.0	4.6	40.2	6.0
农村小学班额（*CS′*）	28.6	4.5	29.8	7.5
非农从业人员比率（*NAL*）	49.2	17.1	60.0	14.4
人均财政收入（*FI*）	305.3	295.9	2 541.4	2 668.9
人均公路长度（*RM*）	14.3	16.3	36.6	32.2
小学均衡指数（*EQ*）	0.88[a]	0.07[a]	0.98	0.09

注：1997 年重庆直辖市设立，1995 年、1996 年全国为 30 个省（区、市）；a 为 1996 年数据。

表 17－2 为模型回归分析结果。从表 17－2 可以看出，模型 1 和模型 2 的拟合度都较好，R^2 分别为 0.763 和 0.78。这表明模型 1 的自变量可以解释义务教

① 东、中、西部区域划分标准，参见 2003 年国家统计局划分标准。东部地区包括北京、天津、河北、辽宁、上海、江苏、浙江、福建、山东、广东、广西、海南 12 个省（区、市）；中部地区包括山西、内蒙古、吉林、黑龙江、安徽、江西、河南、湖北、湖南 9 个省（区）；西部地区包括重庆、四川、贵州、云南、西藏、陕西、甘肃、宁夏、青海、新疆 10 个省（区、市）。

育学校数量变化 76.3% 的变异，模型 2 的自变量可以解释农村小学数量变化 78% 的变异。

表 17-2 模型回归分析结果

自变量	模型 1（义务教育学校数量）		模型 2（农村小学数量）	
	非标准化系数	标准系数	非标准化系数	标准系数
（常量）	25 521.053***	—	-14 168.805***	—
义务教育在校生数	0.003***	0.905	—	—
义务教育学校班额	-621.055***	-0.351	—	—
非农从业人员比率	23.699	0.028	—	—
人均公路长度	-91.633***	-0.162	-66.432***	-0.142
人均财政收入	-0.58	-0.061	0.063	0.007
2001 年	-3 116.07***	-0.116	-2 510.053***	-0.118
西部地区	5 091.06***	0.177	3 196.528***	0.141
中部地区	5 553.261***	0.188	3 507.709***	0.151
农村小学在校生数	—	—	0.004***	0.782
农村小学班额	—	—	-86.074**	-0.088
小学均衡指数	—	—	23 026.37***	0.158
R^2	0.763		0.78	
N	309		309	

注：*** 表示 $p<0.001$，** 表示 $p<0.01$。

二、影响义务教育学校数量变化的因素

模型 1 是义务教育学校数量回归模型。在控制其他因素情况下，义务教育在校生数对学校数量有正向影响，义务教育学校班额对学校数量有反向影响。在控制其他因素的情况下，在校生数量减少 1 000 人，学校数量将相应减少 3 所；班级规模每增加 1 人，义务教育教育学校数量减少约 621 所。通过标准化回归系数比较，可以看出义务教育在校生数的边际影响力最大，其次是学校班额。

在控制其他因素情况下，非农产业从业人员比率对义务教育学校数量有正向影响，但这种影响没有统计上的显著性（$p=0.544$）；人均财政收入对义务教育学校数量没有显著影响（$p=0.087$）；人均公路长度对义务教育学校数量有显著

的负向影响（$p<0.001$）。在控制其他因素的情况下，人均公路长度每增加 1 公里/万人，学校数量将相应减少约 92 所。

从区域变量看，在控制其他因素情况下，东、中、西部地区义务教育学校数量存在显著差异。与东部省份相比，中部和西部省份义务教育学校多约 5 553 所和 5 091 所。

从教育政策变量看，2001 年新一轮布局调整政策的实施对学校数量有显著影响。在控制其他变量的情况下，与 2001 年前的学校数量相比，2001 年后每省份平均减少约 3 116 所学校。

三、影响农村小学数量变化的因素分析

为考察义务教育城乡均衡对小学数量的影响，模型 2[①] 中引入一个新的变量小学均衡指数（EQ），此变量衡量城乡教育非均衡性。从模型 2 可以看出，在控制其他因素情况下，农村小学在校生数对学校数量有正向影响，农村小学班额对学校数量有反向影响。农村小学在校生每减少 1 000 人，将减少 4 所农村小学；班级规模每增加 1 人，农村小学数量将减少约 86 所。通过标准化回归系数比较，在所有自变量中，农村小学在校生数的边际影响力最大。

在控制其他因素情况下，人均财政收入对义务教育学校数量没有显著影响（$p=0.843$），小学均衡指数对农村小学数量有显著正向影响（$p<0.001$），这表明城乡小学发展越均衡，农村小学数量越多；人均公路长度对农村小学数量有显著负向影响（$p<0.001$）。在控制其他变量情况下，小学均衡指数提高 1%，农村小学增加约 230 所；人均公路长度每增加 1 公里/万人，农村小学减少约 66 所。

从区域变量看，在控制其他因素情况下，东、中、西部地区义务教育学校数量存在显著差异。与东部省份相比，中部和西部省份义务教育学校多约 3 508 所和 3 197 所；2001 年新一轮布局调整政策的实施对学校数量有显著影响。在控制其他变量的情况下，与 2001 年前比较，2001 年后每省平均减少约 2 510 所农村小学。

---

① 考虑到模型 2 中非农产业就业比例（NAL）与其他变量存在显著相关，不符合多元线性回归模型假设，因此模型 2 中未加入这一变量。

第四节 研究结论与政策建议

一、研究基本结论

综合模型 1 和模型 2 分析结果，我们得到以下基本结论。

第一，义务教育学校数量分布存在区域差异。相比东部地区，西部与中部地区义务教育学校数量显著多于东部地区；西部与中部农村小学数量也高于东部地区。非农产业就业比例及人均财政收入对义务教育学校数量都没有显著影响，人均公路长度对义务教育学校数量有反向影响，人均公路长度越长，义务教育学校数量越少。

第二，比较回归模型标准化系数，可以看出在校学生数是影响学校数量变化的最主要因素。在控制其他因素的情况下，义务教育在校生每减少 1 000 人，学校将相应减少 3 所；农村小学在校生数每减少 1 000 人，将减少 4 所农村小学。总体看，生源数量下降是义务教育学校数量减少的决定性因素，农村小学在校生数量波动也是影响农村小学数量变动的最重要因素。

第三，在控制其他因素背景下，班级规模是影响学校数量的又一关键变量。班级规模越大，义务教育学校数量越少。在控制其他变量的情况下，2001 年后学校数量显著下降，这表明新一轮义务教育学校布局调整政策效应已充分显现。义务教育均衡发展程度对农村小学撤并有重要影响，城乡教育发展差异越大，农村小学数量越少。

如何解释上述研究结果呢？结合我国经济社会和教育发展实际，我们尝试给出如下解释。

（一）区域环境和经济社会发展水平影响义务教育学校数量

受经济发展水平、区域地理环境与人口居住方式等因素影响，中、西部地区义务教育学校布局相对分散，学校规模集中度远低于东部地区，由此导致中部和西部义务教育学校数量（包括农村小学数量）远远高于东部地区。一定程度上看，义务教育学校数量分布的区域非均衡性受制于区域经济社会发展的非均衡性。

（二）同区域社会经济发展对义务教育学校数量变化有非线性影响

人均公路越长，义务教育学校数量越少。这意味着交通设施改善，特别是农村普遍实施的“村村通”工程，有利于学生到更远距离的学校上学，由此导致部分小规模学校（包括教学点、不完全小学等）被撤并到乡镇中心小学。非农从业人员比例和人均财政收入对义务教育学校数量没有显著影响，如何解释上述结论？首先，我国城镇化严重滞后于工业化。受户籍制度及农村土地产权制度约束，农村人口向非农产业转移并不能实现居民同步身份转换。统计显示①，2008年我国农民工总量为2.25亿人，其中本乡镇以外就业的外出农民工数量为1.4亿人。另据全国1%人口抽样调查显示，2005年我国农民工随迁子女（6～14周岁）为861万人，农村留守儿童（6～14周岁）达到3 264万人②③。农民工子女绝大多数滞留于农村老家的事实，一定程度上解释了义务教育学校数量（包括农村小学数量）为什么没有随就业结构发生相应变化的现象。其次，人均财政收入对学校数量无显著影响。这反映出财政收入与学校数量变化的非线性关系。一种可能的解释是经济发达地区与经济不发达地区在学校布局调整中采取了类似的改革模式，比如片面强调“撤点并校”和“集中办学”，由此导致经济发展水平对义务学校数量改变没有显著影响。

（三）在校生数量是影响学校数量变化最重要的因素

学生规模急剧减少导致义务教育学校数量急剧减少，这表明义务教育布局调整根本动力来自生源变动。换言之，人口因素及与人口相关的政策（比如计划生育政策）是导致义务教育（包括农村小学）数量改变的最直接、最关键、最根本因素。相对而言，包括社会经济发展水平、区域地理环境及教育政策变革等变量在内的影响力都不如在校生规模的影响力。可见，学校布局调整受人口因素影响程度远大于其他因素的影响力。

（四）布局调整政策对学校数量变化影响相当明显

教育政策影响力也相当明显，这种影响体现在三个方面：“大班额”“择校”

---

① 人力资源和社会保障部、国家统计局：《2008年度人力资源和社会保障事业发展统计公报》，http://www.stats.gov.cn/tjgb/qttjgb/qgqttjgb/t20090519_402559984.htm。

② 6～14岁农民工随迁子女数量由6～14周岁流动儿童与农业户口流动儿童比例折算得出。原始数据来源于段成荣、杨舸：《我国流动儿童最新状况——基于2005年全国1%人口抽样调查数据分析》，载《人口学刊》2008年第6期。

③ 段成荣、杨舸：《我国农村留守儿童状况研究》，载《人口研究》2008年第5期。

“布局调整”。

（1）班额对学校数量的反向影响，说明扩大班级规模对减少义务教育学校数量有重要影响。在义务教育学校布局调整过程中，扩大班级规模充当了“蓄水池”的角色——扩大班额，降低教育成本，保障撤点并校后学生有学上。这也可以解释为什么在学校布局调整力度最大的时期，城镇“大班额”现象也最为严重。有研究表明，义务教育阶段城镇“大班额”现象特别显著。据2007年有关调查数据显示：小学超过国家规定班额的班级比例为30.8%，初中和高中班额超过55人的班级比例分别为44.79%和57.01%。[①]

（2）小学均衡指数对农村小学数量减少有显著影响，小学均衡指数越低，农村小学数量越少。其内在逻辑关系是：城乡义务教育非均衡—农村学生到城镇地区择校借读—农村小学生源减少—部分农村小学被关闭—农村小学数量减少。目前，城镇地区出现的“陪读”“择校”等现象就是对城乡教育发展非均衡的一种自然反应，这必须引起决策者高度关注。

（3）在控制其他因素后，与2001年前比较，2001年之后义务教育学校，特别是农村学校数量显著减少。这显示出基础教育管理体制改革和新一轮布局调整政策成效显著。1985年后基础教育实行分权改革，形成了县办高中、乡办初中、村办小学的分级办学体制和县、乡两级以乡为主的管理体制。2001年，《国务院关于基础教育改革与发展的决定》奠定了“以县为主”教育管理体制。2002年，《国务院办公厅关于完善农村义务教育管理体制的通知》中明确指出，“县级人民政府负责制定本地区农村义务教育发展规划，组织实施农村义务教育；从实际出发，因地制宜，逐步调整农村中小学布局”。通过回归模型分析，本研究进一步证实了基础管理体制改革和新一轮学校布局调整政策对义务教育学校数量变化有重要影响。

如果将人口、区域环境、就业结构及经济发展视为影响教育发展的外部因素，我国学校布局调整更多体现为“自然型调整”——顺应人口、区域特征、经济社会发展及城镇化发展趋势进行的调整。其中，人口因素对义务教育学校数量变化有决定性影响。但是，“城镇大班额”、农村学生“择校”、农村家长“陪读”及2001年之后义务教育学校数量显著减少的事实表明，义务教育学校数量变动受制于教育发展非均衡性、受制于基础教育“以县为主”管理体制及新一轮学校布局调整政策等因素的综合影响。由此可见，我国义务教育学校布局调整也体现为“政策型调整”。总体看，“自然型调整”与“政策型调整”构成了我国义务教育学校数量变动及结构调整的两大推力。考虑到在校生数量对学校数量变

① 马艳云：《班额对基础教育阶段学生的影响》，载《教育科学研究》2009年第7期。

化的边际影响力，“自然型调整”是影响义务教育学校布局的主导力量，但2001年之后，“政策型调整”的作用力也日益凸显。

二、政策建议

实证分析表明，1995~2008年在校生数量变化是影响学校数量变化的主要因素，我国学校布局调整是顺应人口变动和城镇化发展的“自然型调整”，这一判断有助于回应学界对学校布局调整政策的盲目批判和质疑。站在历史发展高度看，新一轮布局调整不过是应时而动，因势而发，是在“自然型调整”基础上的政策干预与介入同时，新一轮布局调整政策实施以来，不断蔓延的“大班额”现象、旷日持久的城乡教育非均衡问题及新一轮学校布局调整中出现的一刀切式“撤点并校”行为，表明“政策型调整”必须恪守合理限度，无节制地撤并农村小规模学校的行为应当被遏制。学校布局政策必须回归教育本位，回应教育需求，尊重教育发展规律。因此，对新一轮学校布局调整的支持与赞同，并不等于毫无批判地接纳现有政策。

拓宽视野，在深度反思基础上探索适合中国国情的学校布局调整政策是时代发展之必然，义务教育布局调整政策面临新的战略转型，具体政策建议如下。

（一）大规模“撤点并校”行为应当被有效遏制

在校生数量是影响学校布局调整的最关键因素，考虑到未来数年我国义务教育适龄人口出现回升趋势，现有学校布局调整政策应当在“撤点并校”改革中保持适当限度。考虑到我国进入工业化中期阶段，义务教育的供求矛盾将从“有学上”到“上好学”，对优质教育质量的追求将成为义务教育发展的重点，因此必须在解决“城镇大班额”问题上下大力气，布局调整改革不能以义务教育质量下降为代价。从战略层面看，学校布局调整已经到一个关键阶段，学校布局结构应当保持相对稳定。2009年，华中师范大学课题组对全国11个省份的调查数据显示，未来五年，以村小和教学点为主要撤并对象的大面积撤点并校还可能继续推进，其中教学点将被撤并的比例高达58.9%。[①] 这种趋势不得不引起社会各界高度关注。

因此，义务教育学校布局调整面临战略转型，着力促进城乡中小学均衡发展

① 资料来源：2009年4月，教育部和华中师范大学“义务教育学校布局问题研究”课题组对湖南、安徽、河南、山西、青海、广西、山东、湖北、浙江、黑龙江、内蒙古11个省份发放的学校校长调查问卷数据。

应成为新的战略重点。一方面，要增加教育投入，在城镇地区新建学校以满足城镇化及流动儿童就学需求；另一方面，在农村地区，特别是山高路远区域，应当适当保留小规模学校以保证儿童就近入学的需求。这就意味着2001年新一轮学校布局调整政策实施以来的大面积“撤点并校”行为应当被遏制。

（二）优化以中小城市和县镇为核心的学校布局结构具有重要的战略意义

2020年，我国城镇化率将达到50%以上，[①] 2010年《中共中央　国务院关于加大统筹城乡发展力度　进一步夯实农业农村发展基础的若干意见》提出重点发展中小城市和小城镇。因此，在学校布局调整过程中，优化以县镇为核心枢纽的学校布局结构，加大对中小城市和县镇教育投资力度，通过新建、扩建学校，提高中小城市和县镇教育供给容量，应当是我国义务教育学校布局的战略重点。从人口流动趋势看，为有效推进城镇化发展，减缓特大城市教育资源承载压力，积极发展作为城乡教育发展的缓冲地带的县镇教育，是城乡一体化教育发展的必然选择。

（三）实施“边远山区小规模学校建设工程”，推动义务教育均衡发展

通过提升小规模学校教育质量，确保小规模学校健康发展。长期以来，小规模学校（村小及教学点）在方便儿童就近入学，保障儿童公平入学机会等方面为我国农村教育事业发展做出了巨大贡献。因此，在财政方面，各级政府应加大对小规模学校的财政支持力度，提升其办学条件和师资水平，解决小规模学校的生存发展问题，从而避免由于撤点并校带来的学生失学、辍学、上学难等问题。在管理方面，可采取“联校走教”“一校制”“捆绑发展”等方式，以中心学校带动周边村小及教学点共同发展，扩大优质教育资源覆盖面，缩小城乡差距，推动城乡教育一体化发展。

（四）在校车管理、寄宿制学校人员与经费保障等方面实行配套改革，提升布局调整政策实效

实证研究表明，交通条件改善有助于学校布局调整，因此相应的配套措施应

---

① 2010年5月11日在北京发布的《中国城市发展报告》2009年卷指出，中国已进入城镇化加速时期，预计到2020年，将有50%的人口居住在城市，2050年则有75%的人口居住在城市，http://news.xinhuanet.com/2010-05/11/c_1289573.htm。

及时跟进。在交通方面，各地应积极探索专业化校车制度，根据我国经济社会发展实际，我国中小学校车运营应建立“政府统筹、部门合作、专业化运作”的模式，确保学生上下学的交通安全。在寄宿方面，自 2004 年“农村寄宿制学校建设工程”启动以来，我国寄宿制学校办学条件有了大幅提升。但寄宿制学校发展仍然面临许多困境。单一化的教育经费拨款模式制约了寄宿制学校的发展。调查显示，寄宿制学校生均公用经费支出远大于走读学校。因此，应加大对寄宿制学校的公用经费投入，促进其可持续发展。此外，寄宿制学校功能性的扩张增加了对生活教师、寝室管理员和保安的需求。地方政府应根据实际需要，为学校配备足额的教职工，并在编制和财政上予以保证。

（五）强化中央与省级政府责任，建立多元化决策机制，确保学校布局调整政策的科学性、合理性与实效性

针对义务教育学校布局调整中各地盲目撤并学校的行为，2006 年，教育部发布的《关于实事求是地做好农村中小学布局调整工作的通知》中提出：“在交通不便的地区仍须保留必要的小学和教学点。”2009 年，教育部发布《关于当前加强中小学管理规范办学行为的指导意见》，再次强调：“合理规划学校布局，避免简单撤点并校。撤点并校要十分慎重，坚持一切从实际出发，防止‘一刀切’和‘一哄而起’。”2010 年《教育部关于贯彻落实科学发展观，进一步推进义务教育均衡发展的意见》中提出，对条件尚不成熟的农村地区，要暂缓实施布局调整，对必须保留的小学和教学点，要加强资源配备，撤并学校必须充分听取人民群众意见。

在学校撤并问题上，中央政府曾三令五申，但在许多地方依然是有令不行，有禁不止。这表明在中央与地方政府博弈中仅仅通过政策文本的规范，难以彻底遏制地方政府盲目撤并学校行为。因此，要加大中央和省级政府对县（市、区）学校布局调整工作的指导、规范与督导力度。由于我国区域间、城乡间存在巨大差异，应建立公众广泛参与的学校布局调整决策机制，让家长、教师、社区等各界人士共同参与布局调整决策。以程序公正保障结果公平，以多元参与推进决策民主化，为遏制部分地区“一刀切”撤点并校行为提供制度保障。如此，学校布局调整政策方能吸纳民意，造福民众，真正让人民满意。

我国县域差异远大于省际差异，本研究尚需进一步建立县域分析模型。若采用多层分析技术，并辅以田野调查，将有助于深度挖掘义务教育学校布局影响因素及其相互关系，为相关政策制定提供更多信息。

第十八章

学校规模经济效应研究

第一节　问 题 提 出

自2001年《国务院关于基础教育改革和发展的决定》颁布以来，我国各地普遍开展了以“撤点并校”为主导模式的学校布局调整运动。“小学进镇、初中进城”，撤并小规模学校，兴建大规模学校成为新一轮学校布局调整的基本特征。为什么各地将“撤点并校”、扩大学校规模作为学校布局调整的主导思路？仔细审读各地颁布的义务教育学校布局调整政策文本，我们不难发现，在教育决策者看来，提高学校办学规模是降低教育成本、提高教育质量的关键利器，实现教育规模效应成为指导学校布局调整政策实施的基本价值追求。

义务教育阶段是否存在教育规模经济效应？如何理解地方政府的教育决策行为？如何合理地运用教育规模经济理论指导学校布局调整决策？对于上述议题人们还缺乏深入的研究。实际上，学校布局是一个内涵极其丰富的概念，它至少包括了以下三方面的内容。第一，学校布局是指学校在地理空间上的分布，在此意义上学校布局是一个地理学上的概念。第二，学校布局是指与学校空间分布相关的教育资源配置，在此意义上学校布局是一个经济学的概念。第三，学校布局是指为满足教育需求，促进学生发展而进行的学校撤并、新建、改建和扩建的过程。是否有利于学生发展，是否有利于教育发展成为衡量学校布局合理与否的关键标准，在此意义上学校布局是一个教育学的概念。以此观之，对学校规模效应的倚重显示出人们将学校布局理解为一个资源配置的过程，学校布局被纳入经济学视野予以考量，是否有利于人的发展并没有成为指导学校布局调整政策实施的关键因素。

为深入思考影响学校布局调整政策实施的因素，探索合理的学校布局结构，本章运用华中师范大学课题组 2009～2010 年对我国 11 省份调研数据，实证分析义务教育阶段学校规模经济效应问题。本研究试图回答三个问题：（1）义务教育阶段学校是否存在规模经济效应？（2）生均成本与在校生规模的关系是否因城乡、地理环境或学段的不同而存在差异？（3）如何运用规模经济理论制定科学合理的学校布局调整政策？

第二节　文献综述

所谓规模经济，是指在其他因素一定的情况下，产品平均成本与其产量的反向关系。新古典主义经济理论假定长期平均成本曲线随着规模的增大呈现先减后增的“U”型曲线关系。但许多经济学家的研究显示，在实际生产中平均成本曲线是“L”型的，即单位成本随着规模的扩大而不断下降，或至少不再增加。规模经济研究始于物质生产部门，随后逐渐应用于教育等非物质生产领域。学校规模经济的讨论是教育经济学研究的传统议题之一，国内外学者进行了大量的经验研究和理论探讨，学校及学区的合并、学生成绩等是中小学教育规模经济研究的聚焦点。

大部分教育规模经济研究着力于对教育成本函数的估计，以生均机构成本[①]为平均成本的代理变量，集中讨论了教育规模经济是否存在的问题。早期的研究表明，在其他条件不变的情况下，学校规模越大，生均成本越低。其中，里尤和科恩（Riew & Cohn）对中小学学校教育规模经济的研究具有广泛代表性。科恩对艾奥瓦州 377 所高中学区进行了经验分析，其研究结果显示，爱荷华高中办学存在显著的规模经济效应，但“最优化”的适度规模点并不存在。[②] 后续的研究中，科恩对成本分析做了新的尝试，使用更能体现教育生产特点的分项目（pro-

① 一般由学校一年生均经常性支出和学生平均每天出勤人数（average daily attendance，ADA）折算得出。其中均经常性支出包含：教师、行政管理人员等薪资，课程教学用品支出，校舍修缮等支出。

② Elchanan Cohn. Economies of Scale in Iowa High School Operations. The Journal of Human Resources, Vol. 3, No. 4, 1968.

gram）成本折算方式。对不同项目的研究结果表明，学校合并在上课人数达到一定规模之后能有效降低生均成本。[①]

随着数据的丰富，后续研究在对比的基础上对教育规模经济进行了更深入的分析。查克拉博蒂和刘易斯（Chakraborty & Lewis）等使用犹他州学区的面板数据，对学区和学校级别的教育经济规模做了估计，结果表明，学区存在显著的规模经济效应，但学校的规模经济效应相对较弱。[②] 库玛（Kumar）对加拿大滑铁卢郡（Waterloo）不同年份的成本对比研究表明，教育规模经济效应的确存在，并得出最优的学校规模为 800 ~ 1 000 人。[③]

对教育成本的精确化考虑促使学者对学生上学的交通成本、家长的时间成本等进行了深入分析。霍兰地和巴里泰勒（Holland & Baritelle）对林肯郡（Lincoln）的研究中考虑了学生交通成本，研究结果表明，在地广人稀的农村合并学校，其成本节约的程度可能微乎其微。[④]希门尼斯（Jimenez）尝试使用包含两项产出和两项投入的超对数成本函数，对巴拉圭和玻利维亚两国的中小学校进行了规模经济的对比研究，结果表明，即使考虑运输成本，两国中小学校仍然存在显著的规模经济。[⑤]陶和袁（Tao & Yuan）对台北县 200 所公立小学的研究认为，平均成本曲线在加入通勤成本之后将会由原来的“L”型拉高为“U”型，因此不考虑交通成本，盲目扩大学校是无意义的。[⑥]

有研究试图从学生成绩和学校规模之间的关系中寻找小规模学校存在的意义和价值。鲍尔斯和博斯沃思（Bowles & Bosworth）基于 17 个怀俄明州学区中的学校数据，运用不同模型对比分析显示，小规模学校的生均支出显著高于大规模学校。若仅仅以效率准则分配教育资源，小规模学校无法得到与大规模学校同等支持。[⑦] 爱德曼和努森（Edelman & Kundsen）的研究中加入了地方财力、地理环境等变量，其研究结果表明，学校支出与地方财力显著正相关。合并小规模学校

① Elchanan Cohn, Teh - Wei Hu. Economies of Scale, by Program, in Secondary Schools. Journal of Educational Administration, Vol. 11, No. 2, 1973.

② Kalyan Chakraborty, Basudeb Biswas, W. Cris Lewis. Economies of Scales in Public Education: An Econometric Analysis. Contemporary Economic Policy, Vol. 18, No. 2, 2000.

③ Ramesh C. Kumar. Economic of Scale in School Operation: Evidence from Canada. Applied Economics, Vol. 15, No. 3, 1983.

④ David W. Holland, John L. Baritelle. School Consolidation in Sparsely Populated Rural Areas: A Separable Programming Approach. American Journal of Agricultural Economics, Vol. 57, No. 4, 1975.

⑤ Emmanuel Jimenez. The Structure of Educational Costs: Multiproduct Cost Functions for Primary and Secondary Schools in Latin America. Economics of Education Review, Vol. 5, No. 1, 1986.

⑥ Hung - Lin Tao, Ming - Ching Yuan. Optimal Scale of A Public Elementary School With Commuting Costs—A Case Study of Taipei County. Economics of Education Review, Vol. 24, No. 4, 2005.

⑦ Tyler J. Bowles, Ryan Bosworth. Scale Economies in Public Education Evidence from School Level Data. Journal of Education Finance, Vol. 28, No. 2, 2002.

应更多地考虑到空间、交通及政治等因素的影响。① 埃伯茨等（Eberts et al.）从学生和家长的教育选择出发，对包含 287 个学校的样本进行了分析，结果显示，800 人以上的大规模学校，其效率显著低于 200 人的小规模小学。因此，降低学校的学生规模可以提升学生的学业表现。②

通过文献回顾我们不难看出，各类研究的理论基础、样本单位、成本内涵及变量测度都存在巨大差异，但这些研究都建立在较扎实的经验分析基础上。鉴于国内对义务教育规模经济效应的实证研究还比较匮乏，本书将对此议题进行探讨。

第三节　学校规模经济效应的实证研究

一、分析框架和模型

由于成本函数能较好地反映平均成本与投入因素、规模之间的关系，大部分的教育规模经济研究皆基于成本函数的分析框架。福克斯（Fox）通过回顾 35 个有关教育规模经济的研究文献提出，理想的教育成本分析框架应包括地方服务需求函数、成本函数、劳动力投入约束和资本投入约束构成的方程组。③但由于数据和样本单位的限制，大多数研究仍倾向于使用短期教育成本函数来进行分析，本章亦采用短期教育成本函数作为研究的分析框架。在函数形式上，线性模型简单直观，对数据要求不高，是最常使用的成本函数形式。本研究所使用数据为横截面数据，并且未包含学生成绩等重要的产出代理变量，因此，本章考虑采用单方程线性模型作为教育成本函数的形式。本章分析的基本思路如下：

首先，构建仅包含学校规模解释变量的基本“U”型和“L”型曲线，用以了解我国义务教育学校是否存在显著的适度规模点（“U”型）或规模经济（“L”型）。其次，选择拟合度较好的“U”型或者“L”型为基础构建模型，同时考虑以下解释变量：（1）学段、地理环境、城乡等虚拟变量，用以了解不同类

① Mark A. Edelman & James J. Knudsen. A Classic Economies of Size Analysis on Average School Costs: An Iowa Case Study. North Central Journal of Agricultural Economics, Vol. 12, No. 1, 1990.

② Randall Eberts & Ellen K. Schwartz & Joe A. Stone. School Reform, School Size, And Student Achievement. Economic Review, Issue Q II, 1990.

③ William F. Fox. Reviewing Economies of Size in Education. Journal of Education Finance, Vol. 6, No. 3 1981.

型学校的规模经济是否存在差异；(2) 教育投入，用以了解教育投入对生均成本的影响。最后，在模型中加入教育产出质量变量构建模型2，用以探究学校教学及管理与学校规模、生均成本之间的关系。“U”型线和“L”型线公式分别如公式（18－1）和公式（18－2）所示。

$$SAC = a + bQ + cQ^2 + \sum_{i=1}^{n} d_i z_i \tag{18-1}$$

$$SAC = a + bQ^{-1} + \sum_{i=1}^{n} c_i z_i \tag{18-2}$$

式中，SAC 为年生均成本，Q 为在校生数量，z 为影响年生均成本的其他因素集合。

二、数据来源和描述统计

本研究数据来自教育部哲学社会科学研究重大课题攻关项目“义务教育学校布局问题研究”。2009年4月至2010年10月，华中师范大学课题组对11个省份①进行了大规模调研。在调研中使用问卷和信息表两种量化调研工具，在兼顾经济发展水平和地理环境等差异的基础上进行随机抽样。本章从校长（学校负责人）填答的“学校信息表”中选取了2008年的截面数据进行分析。根据研究的需要，对“学校信息表”进行了筛选和预处理，筛选后的样本量为1 617个。

在样本学校中，小学有1 350所（83.49%），初中267所（16.51%）。农村学校1 513所（93.57%），城镇学校104所（6.43%）。由学校所处地理环境来看，地处山区的学校有675所（41.74%），丘陵地区学校465所（28.76%），平原地区有378所学校（23.38%），包含林区、草原、海岛和湖区等其他地理环境学校为99所（6.12%）。

表18－1是样本学校在校生规模及生均经常性支出的情况。从表18－1中可以看出，随着学校规模的逐级增大，生均经常性支出大体呈下降趋势，这种趋势随着规模层级的上升而不断加强。这是否表明存在学校规模经济效应？还有待进一步研究。

① 11个省份包含山东、安徽、浙江、湖北、湖南、山西、青海、内蒙古、黑龙江、广西、河南。

表 18-1　　在校生规模及生均经常性支出（2008 年）

规模范围		学校平均规模（人）	生均经常性支出（元）
小学	0～199 人	92	2 983.50
	200～399 人	272	1 860.25
	400～599 人	489	1 838.93
	600～799 人	698	1 958.10
	800 人及以上	1 211	1 495.43
初中	0～299 人	188	5 855.85
	300～599 人	468	2 710.84
	600～999 人	775	2 310.57
	1 000 人及以上	2 421	587.80

本研究中主要考虑的自变量有以下五个。

（1）生均机构成本（*SAC*）：生均成本的代理变量，由样本学校 2008 年经常性支出和在校生数量折算而得，经常性支出包含教师工资福利支出、对个人和家庭补助、商品和服务性支出三个部分。该变量为被解释变量，下文简称生均成本。

（2）在校生数（*Q*）：本书使用 2008 年在校生数作为产出数量的代理变量。

（3）生师比[①]（*STR*）：产出质量的代理变量。在研究教育规模经济时，由于教育产出的多样性，通常对产出数量做质量修正。一般的做法有两种：一种是把产出数量和质量重新计算一个“修正产出量”加入模型；另一种做法是把产出质量作为单独变量加入模型中，对产出数量进行控制，本书采用后者。在质量变量方面，学生成绩是最常使用的代理变量。但在缺少产出质量代理变量的情况下，一个可选择的方案是使用投入品质量替代产出质量。福克斯的文献回顾指出，投入质量作为产出质量的代理变量，不仅可以避免对于产出的测量，而且也考虑了产出的多维性。缺点在于，投入的质量可能并不完全代表产出的质量。一般认为，生师比反映了教师在课堂教学及管理的难度。生师比越大，单个教师需要教学及管理的学生数量越大，教师更难以兼顾学生需求，由此导致教学质量受影响。

（4）教师平均工资（*AS*）：学校投入的代理变量。学校投入包含人员投入和资本投入。由于教育生产特别依赖于教师，而资本投入常常难以折算，在实际操作中，常使用与教师相关的变量如教师工资、教龄、职称等作为学校投入的代理

① 生师比指的是学生和教师的比率，其计算公式为生师比 = 在校生数/教师数。一般来说，生师比越高，学校班级规模越大。

变量。需要指出的是，教师工资和生师比常在缺少产出质量代理变量的情况下，作为质量控制变量引入模型中，在本研究中教师平均工资仅被作为学校投入的代理变量，而非产出的质量控制变量。

（5）虚拟变量组（D）：用以分析不同类别、地域及城乡的学校教育成本是否存在差异。它们分别是：中小学虚拟变量（D_C）、地理环境虚拟变量（D_E）和城乡差异虚拟变量（D_U）。变量描述如表 18－2 所示。

表 18－2　　因变量及自变量说明（2008 年）

变量名		变量说明
因变量	SAC	生均年经常性支出，由学校经常性支出与在校生数折算得出
自变量	Q	在校生数量
	Q^2	在校生数量的平方，用于估计“U”型曲线
	Q^{-1}	在校生数量的倒数，用于估计“L”型曲线
	AS	教师平均工资，由学校经常性支出中的工资福利支出与教师数量折算得出
	STR	生师比，在校生数与教师数量的比值
	D_C	学校类别虚拟变量，$D_C=1$ 为中学，参照组为小学
	D_{Ei}	地理环境虚拟变量：$D_{E1}=1$ 为丘陵；$D_{E2}=1$ 为平原；$D_{E3}=1$ 为其他，参照组为山区
	D_U	城乡学校虚拟变量：$D_U=1$ 为城镇，参照组为农村

三、实证研究结果

根据以上分析思路，先建立只包含在校生规模（Q）的“U”型基本模型和“L”型基本模型。从模型的拟合情况来看，“L”型曲线（$R^2=0.192$，$F=383.11$）明显优于“U”型曲线（$R^2=0.0545$，$F=46.54$）。据此我们初步推断，在我国义务教育学校中，不存在明显的适度规模点，但是存在显著的规模经济。因此，我们采用“L”型为基础，构建模型 1（公式（18－3））和模型 2（公式（18－4））：

$$SAC=\beta_0+\beta_1 Q^{-1}+\beta_2 AS+\beta_3 D_C+\sum_{i=1}^{3}\beta_{Ei}D_{Ei}+\beta_4 D_U+\varepsilon \qquad (18-3)$$

$$SAC=\beta_0+\beta_1 Q^{-1}+\beta_2 AS+\beta_3 D_C+\sum_{i=1}^{3}\beta_{Ei}D_{Ei}+\beta_4 D_U+\beta_5 STR+\varepsilon \qquad (18-4)$$

从表 18 -3 的回归分析结果可以看到，模型 1 和模型 2 的判定系数 R^2 分别为 0.305 和 0.425，拟合度都较好。

表 18 -3　　模型 1 及模型 2 回归分析结果

	模型 1		模型 2	
	非标准化系数	标准化系数	非标准化系数	标准化系数
常数	201.2 (212.3)	—	2 941.5 (287.5)	—
Q^{-1}	27 359.5 (1717.7)	0.422	19 271.6 *** (2 587.9)	0.297
D_C	775.4 (220.8)	0.1114	279.1 (189.6)	0.0401
D_{E1}	-157.7 (109.3)	-0.028	190.5 (100.7)	0.033
D_{E2}	168.8 (183.1)	0.028	56.4 (170.3)	0.009
D_{E3}	563.2 (325.3)	0.052	597.8 (289.8)	0.055
D_U	894.0 ** (263.6)	0.085	713.5 *** (217.3)	0.068
AS	0.0811 *** (0.0072)	0.29	0.071 *** (0.0067)	0.255
STR	—	—	-155.42 *** (12.95)	-0.384
R^2	0.305		0.425	
N	1 617		1 617	

注：*** 表示 $p<0.001$，** 表示 $p<0.01$；括号中显示数字为非标准系数的稳健标准误差。

（一）模型 1 分析结果

（1）学校规模和教育投入对生均成本有显著影响。在控制其他变量的情况下，学校规模的倒数（Q^{-1}）对生均成本（SAC）有显著正影响（$p<0.001$），这说明学校规模与生均成本间存在显著的反比关系，即学校规模越大，生均成本越低。从标准化回归系数中，我们亦可看到在校生规模是影响生均成本的首要因

素。另外，教师工资（AS）作为教育投入的代理变量，对生均成本有显著的正向影响（$p<0.001$）。在控制其他变量的前提下，教师工资每增加 100 元，生均成本相应增加 8.11 元。

（2）分学段（D_C）来看，中小学的生均成本存在显著差异（$p<0.001$），初中的生均成本平均高出小学 775.4 元。山区、丘陵、平原等不同地理环境地区学校的生均成本差异不具有统计上的显著性。分城乡（D_U）来看，城镇学校生均成本显著高于农村学校（$p<0.001$）。与城镇学校相比，农村学校的生均成本少 894 元。

（二）模型 2 分析结果

（1）在校生数量及教师工资对生均成本有显著的影响。在加入生师比变量后，在校生规模的倒数（Q^{-1}）与生均成本依然显著正相关（$p<0.001$）。但对比模型 1 和模型 2，加入生师比变量后，在校生规模对生均成本的解释力减小了；从非标准化回归系数的对比中，亦可以见，在校生规模对生均成本的影响力下降。在学校投入方面，教师工资（AS）对生均成本的正向影响在控制教育质量后略微减小。

（2）从学段来看，加入生师比后，生均成本的学段差异变小。在模型 1 中，初中生均成本高出小学 775.4 元，这种差异非常显著。而在加入了生师比的模型 2 当中，这种差异不仅减小为 279.1 元，并且变得不显著了（$p=0.059$）。这说明初中学校规模扩大的同时，未根据教学及管理的需要增加必要的人员投入，使得短期内中小学生均成本差异不显著。

（3）从地理环境来看，模型 2 中不同地理环境学校的成均成本高低次序也发生了改变，山区的生均成本最低，其次是平原、丘陵和其他环境，但这种地理环境上的差异仍然是不显著的。从城乡来看，在模型 1 的分析中，城镇学校生均成本显著高出农村 894 元，在控制了教育质量的模型 2 中，这种差异减少到 713.5 元，但城乡差异依然显著（$p<0.001$）。

（4）生师比对生均成本的影响最大。生师比这一变量作为教育产出的质量变量，是本书关注的又一重点。从模型的解释力来看，加入生师比变量后的模型 2 比模型 1 多解释了生均成本方差变异的 12%，并且加入生师比之后，模型的常数项变得显著、丘陵虚拟变量（D_{E1}）的方向亦发生了变化，这说明生师比是解释生均成本变化的重要变量。在模型 1 和模型 2 的对比分析中，我们可以看到在模型 1 中，在校生数对生均成本的影响最大；在模型 2 中，生师比成为对生均成本影响最大的变量，并且这种影响是负向的（$Beta=-0.384$）。在控制其他变量的前提下，生师比每上升一个单位，生均成本将减少 155.42 元。这说明在学校规模确定的情况下，提高人员利用率，增大班级规模能显著降低学校运行成本。

第四节　基本结论与政策建议

一、基本结论

结合模型1和模型2的分析结果，我们可以得出以下结论。

（1）从学校机构成本看，我国义务教育学校存在显著的规模经济效应。学校在校生规模越大，学校生均成本越低。在控制地区、城乡差异等变量后学校规模经济效应仍然存在。

（2）生师比是影响生均机构成本最重要的变量。在控制其他变量的情况下，生师比越高，生均成本越小。在所有变量中，生师比对生均成本的影响最大。

（3）教师薪酬是影响学校生均成本的重要变量。模型1和模型2的对比分析中，教师平均工资的贡献未呈现较大差异。说明教师平均工资是一个影响学校生均成本的稳定性因素。

（4）学校生均成本在城乡间有显著差异。研究结果显示，城镇学校的年生均机构成本高出农村700～900元，这体现出城乡间教育配置的不均等性，城镇学校比农村学校享有更多的教育投入。

二、政策建议

如何理解上述研究结果并反思现有学校布局调整政策？本书有两个基本判断：其一，从实证分析结果看，义务教育学校规模经济效应的确存在，但有可能被高估了；其二，从教育发展目标与学校多元价值视角看，我国学校布局调整政策应超越“规模经济效应”——不仅不能随意撤并小规模学校，更应采取“反规模经济效应”的布局调整政策，加大对农村小规模学校的扶持力度。

第一，实证研究表明我国义务教育阶段学校规模经济效应是存在的。换言之，地方政府合并小规模学校，降低教育成本的做法是符合教育规模经济理论的。大量研究表明，我国中西部地区县乡政府财政自给能力普遍较低，但却承担着很多公共服务职能，财权与事权不对等导致地方政府对公共教育投资普遍不足。1994年分税制改革及2000年农村税费改革后，伴随“以县为主”行政管理体制建立，县级政府逐步成为相对独立的利益行为主体，其在上级政府和地方公众的双重委托代理关系中体现出自身的效用偏好。① 在以 GDP 为主要考核指标的政府绩效评价机制作用下，地方政府通过“撤点并校”缩减教育开支，聚集优势教育资源“拉动”县域经济发展的行为具有强大动力。在此意义上，地方政府大力实施“撤点并校”以降低教育成本的行为具有相对的合理性。

第二，需要特别指出的是，各地以“撤点并校”削减公共教育支出的效果可能被高估了。实证研究显示，在控制质量变量（生师比）后，在校生规模扩大带来的成本节约部分地被生师比所替代。从教育投入来看，扩大学校规模，提高教师资源的利用效率能够显著地降低生均成本，这在短期内是十分经济的。但从教育产出看，提高生师比，扩大班级规模很可能引起教育质量下降和学校管理难度的增大。② 从模型 1 和模型 2 可以看出，初中学校的大班额问题似乎更为令人忧虑。从质量与数量的替代关系看，学校短期的成本节约将很可能带来长期的教育不经济。

第三，如果将私人成本纳入考察范畴，教育的规模经济效应会进一步降低。经济学认为教育成本是指包含机会成本在内的全口径成本，它不仅包含学校的机构成本，还包含学生家庭的私人成本。调查显示，“撤并学校”导致学生的时间成本、经济成本和风险成本增大。学校布局调整前学生家校距离平均为 1.6 公里，调整后提高到 4.5 公里，增幅为 181%；从上学时间来看，布局调整前后学生步行上学的时间由 26 分钟增加到 44 分钟，平均增加 18 分钟。③ 因此，如果将学生的交通、食宿等私人成本纳入分析范畴，撤并学校很可能是不经济的。相当多的实证研究表明，在考虑学生交通及相关成本以后，合并学校的经济节约可能是微弱甚至是不存在的。④⑤

第四，学校规模效应不存在显著的地区差异，这可能反映出各地“撤点并校”行为的盲目性。从地理环境看，山区人烟稀少交通不便，不适合过度集中办学。与平原地区相比，山区的教育规模经济效应应低于平原地区，但实证研究表明地理环境差异对学校生均成本没有显著影响，这显示出地方政府在“撤点并

① 马斌：《政府间关系：权力配置与地方治理——基于省、市、县政府间关系的研究》，浙江大学出版社 2009 年版。

② 马艳云：《班额对基础教育阶段学生的影响》，载《教育科学研究》2009 年第 7 期。

③ 雷万鹏、徐璐：《农村校车发展中的政府责任——以义务教育学校布局调整为背景》，载《中国教育学刊》2011 年第 1 期。

④ Mark A. Edelman, James J. Knudsen. A Classic Economies of Size Analysis on Average School Costs: An Iowa Case Study. North Central Journal of Agricultural Economics, Vol. 12, No. 1, 1990.

⑤ Dona Dawson. Economies of Scale in the Ontario Public Secondary Schools. The Canadian Journal of Economics, ld A. Vol. 5, No. 2, 1972.

校”中没有区分山区与非山区的地理环境差异，采取“一刀切”的撤并学校模式。事实上，不顾地理环境差异的“撤点并校”行为导致了儿童“上学远”“上学难”“上学贵”，上述问题在山区更明显。雷万鹏、张婧梅对全国各地学校布局调整政策文本的分析显示，各地布局调整普遍以在校生规模为单一标准决定学校的存留，基本没有考虑学校地理环境方面的差异。①

第五，尽管存在学校规模经济效应，但它不应当成为决定学校是否存在的唯一标准。学校发展具有多元价值，学校布局调整的核心目标是通过学校的关闭、合并、新建、改建或扩建，保障儿童平等的教育权利，促进儿童健康发展。在影响学校布局调整政策的多元价值选择中，教育公平应被置于首要位置，优先于效率标准。面对城乡差异不断扩大，社会阶层日益分化的现实背景，边缘山区的农村小规模学校在方便儿童就近入学、保障儿童安全及保障社会弱势群体最基本的受教育权等方面发挥了重要作用。基于工具理性与价值理性之权衡比较，我们有必要反思过去10年的学校布局调整政策，有必要在新的历史起点上实行“反规模经济效应”政策，即以教育发展内在需求和保障儿童受教育权益为出发点，判定小规模学校的价值。对于必要的教学点不仅不能因其耗费的成本高而将其关闭，反而应当提高教育投入权重，以差异化的投入补偿学校小规模学校的消耗，在战略定位、公用经费拨款和优质师资保障等方面为小规模学校发展构建“优先区”。②

事实上，国家出台的学校布局调整政策一定程度上体现了“反规模经济效应”的理念。2012年，《国务院办公厅关于规范农村义务教育布局调整的意见》（简称《意见》）指出：“坚决制止盲目撤并农村义务教育学校。已经撤并的学校或教学点，确有必要的应予以恢复。对保留和恢复的村小学和教学点，要采取多种措施改善办学条件，着力提高教学质量。”在小规模学校是撤是留的问题上，《意见》指出：“提高村小学和教学点的生均公用经费标准，对学生规模不足100人的村小学和教学点按100人核定公用经费，保证其正常运转。”上述政策可以看成是新时期我国义务教育学校布局调整政策从效率优先向公平优先的转向。目前，有些地方已尝试恢复教学点。比如，2010年，湖北红安县在对教学点进行实地调查的基础上，为解决低年级学生上学远、上学难的问题，兴建农村教学点35所。2012年，新疆决定恢复已经造成学生失学、影响入学率或交通不便的边远农牧区的学校和教学点，并对保留的规模较小学校和教学点加大经费投入，使较小规模学校达到标准化学校的基本要求。此外，在各地实施的义务教育均衡发

① 雷万鹏、张婧梅：《构建公正的学校撤并程序——对民众参与度和满意度的实证调查》，载《全球教育展望》2010年第7期。

② 雷万鹏、张雪艳：《论农村小规模学校的分类发展政策》，载《教育研究与实验》2011年第6期。

展行动计划中，通过“联校走教”“强弱捆绑”以及建立跨乡镇的“学区制”等方式，大力改善农村小规模学校的生存处境，这些举措显示出人们对教育规模经济效应的反思、批判和超越，也折射出新时期我国义务教育学校布局调整政策的重大转向。

第十九章

结论与建议

第一节　学校布局调整研究之基本结论

采用量化研究与质化研究相结合的范式，本书对义务教育学校布局调整中的问题进行了实证研究，研究议题涉及农村小规模学校、农村校车发展、寄宿制学校发展、学校撤并标准、撤并程序、学校布局调整动因等重大问题。为弥补专题研究之不足，本书从国际比较视野，分析了印度、日本、澳大利亚、美国中小学布局调整的经验与教训，也选择若干个案县进行了田野调查。在专题研究、国际比较研究和个案研究中，对有关义务教育学校布局调整的问题及解决问题的对策思路进行了实证分析。本章从宏观层面梳理专题研究、国际比较和个案调查的基本观点，对义务教育学校布局问题研究的主要观点进行归纳和总结。

一、城镇化发展、人口流动与在校生规模是影响义务教育学校数量变化的重要因素，“自然型调整”和“政策型调整”构成了我国义务教育学校布局调整的两大推动力

改革开放40多年来我国义务教育学校数量急剧减少，绝大多数研究者从定性研究视角给出了解释，但其解释力存在很大局限。为客观分析义务教育学校数

量变迁的动因，笔者以31个省（区、市）为单元，建立面板数据，在此基础上构建了多元线性回归模型。

（1）在控制其他因素的情况下，义务教育“在校生数”对义务教育学校数量有正向影响，“学校班额”对学校数量有反向影响。比较标准化回归系数，可以看出，义务教育“在校生数”的对学校数量边际影响力最大，其次是“学校班额”。

（2）学生规模急剧减少导致义务教育学校数量急剧减少，义务教育布局调整根本动力来自生源变动。换言之，人口因素及与人口相关的政策（比如计划生育政策）是导致义务教育学校（包括农村教学点）数量改变的最直接、最关键、最根本因素。相对而言，包括区域地理环境及教育政策变革等变量在内的影响力都不如在校生规模的影响力。

（3）与2001年前比较，2001年之后义务教育学校，特别是农村学校数量显著减少。一方面，如果将人口、区域环境、就业结构及经济发展视为影响教育发展的外部因素，我国学校布局调整更多体现为“自然型调整”——顺应人口、区域特征、经济社会发展及城镇化发展趋势进行的调整。其中人口因素对义务教育学校数量变化有决定性影响。但另一方面，“城镇大班额”、“农村学生择校”、农村家长“陪读”等事实表明：义务教育学校数量变动受制于教育发展非均衡性、受制于基础教育“以县为主”管理体制及新一轮学校布局调整政策等因素的综合影响。因此，我国义务教育学校布局调整也体现为“政策型调整”。

（4）总体看，“自然型调整”与“政策型调整”构成了我国义务教育学校数量变动及结构调整的两大推力，考虑到在校生数量对学校数量变化的边际影响力，“自然型调整”是影响义务教育学校布局的主导力量。所以，我国学校布局调整乃顺应人口变动和城镇化发展的“自然型调整”，这一判断有助于回应学界对学校布局调整政策的批判和质疑。从战略视野看，新一轮学校布局调整实乃应时而动，因势而发，是在“自然型调整”基础上的政策干预与介入。义务教育学校布局调整反映了义务教育发展的内在需求，也是我国经济社会发展和城镇化发展的客观需要。应当用发展的眼光看待学校布局调整中存在的问题，不能否定义务教育学校布局调整的必要性与必然性。

二、义务教育学校布局调整对教师和学生影响巨大，不同利益主体对学校布局调整效果的评价存在差异

（1）从教师视角看，学校布局调整改善了教师的工作环境。从总体上看，学校布局调整有助于改善学校的教学条件、管理水平、教学质量和教师合作机会。

不过，学校布局调整对教师的影响存在差异：对于一部分教师来说，学校布局调整改善了教学条件，拓宽了信息渠道和教师交流机会；对于另一部分老师来说，学校布局调整导致其生活不便，工作不适应，增大了心理压力，高达70%的教师认为学校布局调整后工作强度增大。统计显示，不同教师对学校布局调整的效果评价存在差异，总体而言，经历过学校布局调整的教师评价更低，女性教师的评价低于男教师，教学点及初中教师评价低，寄宿制学校教师低于非寄宿制学校。

（2）从学生视角看，布局调整在优化教育资源配置、提高教育质量等方面有积极效果，新校的办学条件得到大部分学生的认可。在对原校撤并态度上，近60%的学生更偏好新校，但仍有1/5强的学生仍偏好原来学校。不愿原校被撤并的群体主要是来自高年级、少数民族、草原地区及新校位于县城及城郊的学生，这些多为布局调整力度大的地区和学校，表明布局调整力度过大，更易产生不良影响，也更易引起学生对布局调整的抵触。

（3）学校布局调整令一部分学生不适应新的学校生活。数据分析表明，经历过布局调整的学生不适应学校生活的比重为16.7%，比没有经历过布局调整的学生高出4.9%。进一步分析表明，“想家”是学生不适应学校生活的最主要原因。相对而言，因学校被撤并而转学的学生的朋友数量较少、同学关系较差，也表明学校撤并对学生融入新集体带来了影响。

（4）学校布局调整对学生的学习状态有一定影响，但对学生心理发展未产生显著影响。统计结果显示，经历过布局调整与未经历布局调整的学生在“课堂发言次数”“喜欢学习”“成绩等级”等指标上有显著差异，经历过布局调整的学生一周内发言次数多于未经历过布局调整的学生，但经历过布局调整的学生更不喜欢学习，学习成绩也相对较差。经历过布局调整的学生与没有经历过布局调整的学生在“自信心”“安全感”“孤独感”等几个指标上没有显著差异，但在“幸福感”等指标上存在显著差异，经历过布局调整的学生的幸福感要低于未经历过布局调整的学生。

三、实施义务教育学校布局调整政策具有历史必然性，但部分地区“一刀切”的“撤点并校”行为，导致学生上学距离过远，家庭经济负担增加及大量校产闲置，应深刻反思新一轮学校布局调整政策的利弊得失

义务教育最基本的原则是“就近入学”，但新一轮布局调整政策实施后，学生家校距离陡然增加，由此带来了许多新的问题。笔者通过对11省份数据

的分析发现以下三个方面。

（1）学校布局调整后学生上学距离变远。77.8%的农村家长将布局调整后孩子上学不便的原因归因为“上学路程太远”。从样本总体来看，学校布局调整前学生家校距离平均为1.590公里，布局调整后家校距离平均为3.945公里，家校距离增幅为148%；除了总体上表现出的上学路程变远之外，通过均值比较发现，学校布局调整对不同年级、不同地理环境和区域学生上学路程的影响呈现出较大的差异。学校布局调整后，1～3年级、4～6年级、7～9年级学生的上学路程分别比布局调整前增加了2.210公里、1.925公里和2.835公里；在学校布局调整之后，山区、丘陵和平原地区学生上学距离分别增加了3.225公里、1.585公里和1.795公里，布局调整对山区孩子上学路程的影响最大；在学校布局调整之后，来自村里、乡镇的学生上学路程比布局调整前平均增加了2.765公里和2.340公里，而位于县城的学校学生的上学距离在布局调整前后变化不明显。

（2）布局调整后家庭额外支付的教育成本增加。研究表明，有半数家长认为学校布局调整增加了家庭的教育开支。从总体上看，学校布局调整后，家庭教育成本因学校布局调整而增加的费用均值为1 585元，家庭额外的教育成本主要用于支付学生的生活费、交通费和住宿费。

（3）学校布局调整后陪读家庭比例增加。未经历学校布局调整的地区的陪读家庭的比例占11.6%，而经历了学校布局调整的地区的相应比例占18.4%。家庭年收入为1万元以下、1万～3万元和3万元以上家庭陪读的比例占相应群体的比例分别是60.2%、30.5%和9.3%，可见年收入越低的家庭陪读现象越多，其弱势表现的更加明显；从地理环境看，山区、丘陵、平原地区，家庭陪读所占的比例分别是40.8%、9.8%和26.2%，山区家长陪读最多。

学校布局调整的实质是利益调整，它是一柄利弊同在的“双刃剑”。学校布局调整的“利”是指布局调整有助于提高教育质量、缩小城乡教育发展差距、提升教育资源配置效率；学校布局调整的“弊”是指因学校布局调整导致一部分儿童上学不便、家庭经济负担加重、校产闲置，甚至因布局调整引发了一些社会矛盾和冲突。新一轮学校布局调整中，部分地区过分追求教育规模效益，将布局调整简单等同于“撤点并校”，导致部分学生和家长在学校布局调整中利益受损。唯有建立更科学、更民主化的决策机制，实施有效的弱势群体补偿政策与学校布局调整配套政策，方能逐步化解学校布局调整中的利益冲突与矛盾，促进义务教育可持续发展。

四、在新一轮学校布局调整过程中，部分地区实施的义务教育学校布局规划缺乏科学依据，对效率标准的极力推崇显示出学校撤并标准的单一和偏狭

运用文本分析法，笔者以“布局调整”“学校布局”“学校撤并”等词汇在互联网上搜集各地有关学校布局调整规划的政策文本，研究发现各地学校撤并标准的基本特征有以下四个。

（1）过于推崇规模效益。近90%的文本将“学校规模”、“服务人口”和“服务半径”视为学校撤并核心指标。这三类指标成为决定学校是否撤并的重要标准，反映了各地学校布局调整对集中办学、提高教育规模效益的价值偏好。

（2）“学校规模”成为最核心指标。尽管“学校规模”、“服务人口”和“服务半径”都影响学校撤并行为，但在上述指标中，“学校规模”被赋予更高权重，在所有撤并指标中居于核心地位。88个有效政策文本中明确对“学校规模”设定底限标准的占64.8%，依次是“服务人口”（62.5%）和“服务半径”（23.9%）。

（3）缺乏差异性标准。从文本数据看，只有16%的样本考虑到了城乡差异、山区、丘陵、平原等地形差异，大部分地区（84%）采取大一统、“一刀切”的学校撤并标准。此外，“老、少、边、穷”地区的中小学撤并标准与其他地区也缺乏区分度。

（4）撤并标准显著偏高。样本中明确对“学校规模”设定底限标准的占64.8%，51.9%的政策文本规定教学点学生人数必须达到50人以上（否则被撤并）；40%的政策文本规定初小最低人数要达到200人（否则被撤并）。在义务教育阶段，教学点和初小存在的主要功能是方便儿童入学，保障儿童平等接受教育，上述标准对山高路远、居住分散的贫困山区学校显著偏高。

对“学校规模”和教育“规模效益”的大力推崇，反映出我国部分地区学校布局调整政策过于追求经济效率的价值取向，这种单一性的学校布局调整标准违背了教育发展规律，背离了中央的政策初衷。从国际比较视野看，欧美、日本等国学校布局调整标准具有多元性。综合考虑学校对学生的价值、学校对社区的价值、学校对教育系统的价值、学校对本地经济的价值等，以此决定学校是否有继续存在的价值。在决定学校是否撤并上，以下九个因素特别重要：学校教育质量及学生成绩；生均成本；生均建筑面积；教师负担（生师比）；种族平衡；学校建筑年代和设施状况；学校辅助设施完整度（包括食堂、医疗、图书馆、体育馆、资源中心等）；空间可达性（学校撤并后，分流学生离最近接收学校的距

离）；学校在校生数量。此外，社区影响、学生心理与文化认同、上学适应性、上学安全及上学步行距离和交通负荷等变量也是学校撤并中需要综合考虑的方面。因此，构建多元化学校布局调整标准是我国的必然选择。

五、义务教育学校布局调整程序不合理，民众参与度低，其对学校布局调整满意度不高

学校布局调整程序是指在学校布局调整决策中，根据法律与行政法规的要求，按照一定顺序、方式与步骤作出的学校新建、扩建、关闭或合并决策。基于对学校撤并过程中民众参与度和满意度的调查，笔者探讨了学校撤并程序的公正问题。

（1）学校撤并决策中民众参与率低。以“是否征求过意见”来测量民众参与率，对社区居民的调查显示：20.6%的居民在学校撤并过程中被征求过意见，79.4%的没有被征求意见。对学生家长的调查表明：当孩子所在学校面临被撤并时，被征求过意见的家长仅占21.8%，绝大多数家长未参与决策。对中小学教师的调查发现，75.3%的教师表示布局调整过程中没有征求其意见。总体看，超过75%的教师、居民和家长未参与学校撤并决策，这种低参与率为公权力的滥用、误用及强制性撤点并校行为的产生提供了适宜土壤。在行政主导的学校撤并决策模式下，一些地方政府为追求“政绩”，一方面大规模撤减学校，以“提前”“超额”“提速”来完成布局调整目标；另一方面又盲目地合并学校，扩大办学规模。这些做法脱离农村发展实际，也违背了老百姓的意愿。

（2）部分群众对学校撤并效果满意度不高。调查显示，41.8%的居民对学校撤并结果表示满意，27.7%表示不满意，30.5%的居民对学校撤并效果不置可否。对于学校撤并的效果，31.9%教师认为“利大于弊”，12.5%认为“弊大于利”，另外55.6%认为“不好说”。对于新一轮学校布局调整政策，近1/3的居民对学校撤并结果不满意，超过10%的教师认为学校撤并“弊大于利”。进一步的研究发现，不同群体对学校撤并满意度存在差异。其一，家庭收入与满意度高度正相关。收入越高者满意度越高，收入越低者满意度越低。其二，不同区域老百姓对学校撤并满意度存在差异。山区与丘陵地区对学校撤并的满意程度明显低于其他地区。相对而言，普通农民、低收入者及边远山区群众在社会中处于弱势地位，由于他们占有的经济资本、文化资本和社会资本相对较少，其应对学校撤并的能力较低。在学校布局调整中，社会弱势群体的利益受损最为严重，他们对学校撤并决策的不满意感也更强烈。

（3）民众参与度影响政策满意度。调查显示，在征求过意见的居民中，对学

校撤并行为表示满意的73.2%，表示不满意为8.9%；而在没有征求过意见的居民中，表示满意的仅占33.6%，33%表示不满意。可见，民众是否参与学校撤并决策对政策满意度有重要影响。撤并学校时“是否征求意见”与“对撤并学校的满意度”显著正相关。征求过意见的家长中，表示满意的占77.5%，在没有征求过意见的家长中，表示满意的占39.7%，前者比后者高37.8%。相关分析表明，家长参与度和政策满意度之间有显著正相关关系。

以上分析显示：学校撤并中民众参与度对政策满意度有非常重要的影响。广泛的民众参与提供了一个利益表达机制，有利于沟通信息、化解矛盾、达成共识。否则，缺乏广泛参与的决策模式必将导致民众对政策较低的认同度和满意度，甚至会对学校布局调整表达强烈不满。笔者对部分县市教育部门负责人的调查发现，44.8%的县市认为学校布局调整阻力较大，其阻力主要来源于家长、村民和村干部，分别占68.4%、59.9%和48.3%。这从另一个侧面反映了学校撤并程序不公正在一定程度上形成了变革的巨大阻力。

六、义务教育阶段存在显著的规模经济效应，农村教学点等小规模学校面临较大的成本压力，实施“反规模经济效应”政策是必然趋势

运用11省份调研数据，笔者实证探讨了义务教育阶段学校规模经济效应问题。从模型拟合情况看，生均成本与在校生规模的关系用“L”型曲线（而非“U”型曲线）描述更合适，我国义务教育学校存在显著的规模经济，但不存在适度规模点。

（1）从学校机构成本看，我国义务教育学校存在显著的规模经济效应。学校在校生规模越大，学校生均成本越低。在控制地区、城乡差异等变量后学校规模经济效应仍然存在。由此可见解释：在以GDP为主要考核指标的政府绩效评价机制作用下，地方政府通过“撤点并校”缩减教育开支，聚集优势教育资源“拉动”县域经济发展的行为具有强大动力。

（2）如果考虑教育质量这一变量，各地以“撤点并校”削减公共教育支出的效果可能被高估了。从质量与数量的替代关系看，学校短期的成本节约将很可能带来长期的教育不经济（比如学生因布局调整而辍学）。如果将私人成本纳入考察范畴，教育的规模经济效应会进一步降低。

（3）尽管存在学校规模经济效应，但它不应当成为决定学校是否存在的唯一标准。学校发展具有多元价值，学校布局调整的核心目标是通过学校的关闭、合并、新建、改建或扩建，保障儿童平等的教育权利，促进儿童健康发展。在影响

学校布局调整政策的多元价值选择中，教育公平应被置于首要位置，优先于效率标准。

（4）从我国实际出发，实施“反规模经济效应”政策具有相当的必要性。面对城乡差异不断扩大，社会阶层日益分化的现实背景，边缘山区的农村小规模学校在方便儿童就近入学、保障儿童安全及保障社会弱势群体最基本的受教育权等方面发挥了重要作用。基于工具理性与价值理性之权衡比较，我们必须反思过去10年的学校布局调整政策，在新的历史起点上实行“反规模经济效应”政策，即以教育发展内在需求和保障儿童受教育权益为出发点，判定小规模学校的价值。对于必要的教学点不仅不能因其耗费的成本高而关闭，反而应当提高教育投入权重，以差异化的投入补偿小规模学校的消耗。

七、农村小规模学校面临严重的生存危机，从战略高度突进农村小规模学校发展问题是学校布局调整工作的重中之重

（1）农村小规模学校有发展优势也有劣势，关键是创造条件彰显优势，扬长避短。一方面，小规模学校管理层级少、有利于师生交流和因材施教；小规模学校为儿童就近入学提供了便利，可以节省校车、宿舍、食堂等公共支出。另一方面，小规模学校生均资本性成本和人员成本相对较高，缺乏规模效益；小规模学校课程单一、教师专业化水平不高，其抗风险能力较差，人事变动与偶发事件极易威胁到学校正常运作。

（2）我国农村小规模学校生存堪忧，发展乏力，处于不断被边缘化的困境中。田野调查表明：农村小规模学校生存和发展面临严重的危机。一是从教育经费看，小规模学校缺乏独立的经费处置权，在与“中心学校”的博弈中处于弱势地位，并长期遭遇经费不到位、经费被克扣的困境。二是从师资队伍看，小规模学校教师低学历、年龄老化、代课教师居多现象较为普遍。由于缺乏独立的法人地位，小规模学校新教师补充渠道阻塞，94%的小规模学校没有接收过特岗教师或支教教师，部分地区实行的“联校走教”政策对小规模学校的帮扶作用也有待提升。三是从农村小规模学校外部关系看，小规模学校与家长在既熟悉又陌生的场域中缺乏实质性互动。“以县为主”管理体制的变革，导致学校投资和管理权上移到县级政府，乡镇政府与村委会对小规模学校的支持力度大为减少。四是从小规模学校日常运转看，教学管理随意，教学行为不规范，课程“开不齐、开不足”的现象比较严重，“复式教学法”的推行面临家长和教师的双重阻力。

（3）影响农村小规模学校发展的因素是多样的，农村小规模学校的弱势地位

和边缘化处境，一方面受制于学校自身发展能力不足，另一方面与其长期缺乏有利的外部环境直接紧密关联。农村小规模学校具有促进社会公平的价值，它的存在为那些处境不利儿童提供了就近入学的机会；同时，小规模学校是乡村社会的重要组成部分，其对社区政治、经济、社会和文化发展发挥了重要作用，各级政府应当从战略视野关注农村小规模学校的生存发展。促进农村小规模学校发展，必须在战略上对其进行准确定位，对小规模学校科学定位，有助于将小规模学校生存发展作为独立的政策议题纳入公共政策体系，以“发展”而不仅仅是“保留”作为小规模学校的政策目标。从优质师资配置、经费分配、社区支持、管理体制创新和学校组织文化再造等层面为农村小规模学校发展提供强有力的支持。

八、化解学校布局调整矛盾需要有短期策略和中长期战略之考虑。短期看，应在经费投入和教师编制等方面向寄宿制学校和教学点等小规模学校倾斜；长远看，应在义务教育管理、投资和教育决策机制等方面进行制度创新

义务教育学校布局中暴露的问题有些具有偶然性、随机性，有些问题具有结构性和系统性。短期看，建立义务教育分类拨款制度，对农村寄宿制学校赋予更大的拨款权重；在教师编制、优质教师资源配置等方面向农村学校、寄宿制学校、农村教学点和不完全小学倾斜；对在学校布局调整中利益受损者进行经济补偿，包括补偿寄宿生生活费、交通费；在绩效工资改革中对包括寄宿制学校班主任在内的一线教师实行倾斜性政策；建立以政府统筹、各部门协作、教育部门为主的学校闲置校产处置工作机制。

长期看，应当在管理、投资和决策机制等方面进行变革。学校布局调整中出现的问题源于农村义务教育管理体制、财政体制及公共政策决策机制。其一，“以县为主”管理体制加大了县市政府在学校布局调整中的统筹权，县级政府和教育部门能够统筹教育系统的人力、物力和财力。在垂直管理体制架构中，学校布局政策推行具有更便捷的条件。其二，税费改革后县市财政资源短缺及义务教育投资责任不明晰，导致义务教育学校布局调整在某些地区被扭曲为财政约束下的布局调整。“一刀切”式的“撤点并校”或“甩包袱”暴露出义务教育财政体制的缺陷。其三，在我国基层民主化建设不完善背景下，因缺乏有效的政治参与，自上而下的学校布局调整决策缺乏更广泛的来自基层的制约，导致学校布局调整程序、实施进度等方面不能令老百姓满意。以上三方面是导致学校布局调整问题出现的制度性原因。未来的改革当着力于义务教育管理体制、财政体制和教育决策机制的创新。

第二节　义务教育学校布局调整政策建议

一、义务教育学校布局调整的基本原则

学校布局调整的基本原则是：就近入学、公平优先；科学规划、因地制宜；稳步调整、配套改革。

就近入学、公平优先——教育必须遵循“以生为本”原则，就近入学。小学1至3年级学生原则上不寄宿，就近走读上学；小学高年级学生以走读为主，确有需要的可以寄宿；初中学生根据实际可以走读或寄宿。每个乡镇均应设置1所初中和1所中心小学；每个行政村原则上均应设置1所小学；人口稀少、地处偏远、交通不便的自然村，应保留或设置教学点。义务教育学校布局调整必须贯彻公平优先的价值目标，确保所有儿童的入学机会和受教育不因学校布局调整而受损；切实防止和纠正盲目推进“小学进镇，初中进城”的做法。

科学规划、因地制宜——学校布局调整规划应当在综合考虑经济、社会和人口等因素基础上进行科学化、民主化决策。考虑各地经济、社会和教育发展差异性，义务教育学校布局调整不宜采取单一的撤点并校模式。各地应从实际出发，因地制宜地实施学校布局调整政策，不同区域（山区、丘陵、平原等）、不同学段（小学和初中）、不同经济发展水平地区学校布局标准应有差异。

稳步调整、配套改革——学校布局调整面临结构转型，从全国发展趋势看，义务教育学校布局应严格限定和控制“撤点并校”行为，在基本稳定现有学校数量基础上提升教育质量，促进义务教育均衡发展，在农村小规模学校建设、寄宿制学校建设、闲置校产处置、实施农村校车工程、补偿弱势群体等方面实行配套化改革，尽可能发挥学校布局调整的积极效应。

二、义务教育学校布局调整政策建议

（一）科学规划，民主决策，制定合理的学校布局标准

学校布局调整实际上是利益调整。各级政府应强化学校布局调整前的风险评

估，布局调整中的利益协调及布局调整后配套改革等环节的工作，切实贯彻落实《国务院办公厅关于规范农村义务教育学校布局调整的意见》。国际经验表明，科学的学校布局标准体现在程序和技术两个层面：首先，要建立公正、透明、民主的利益表达机制；其次，各地要根据本地经济社会发展状况、地理与人口特征等因素，因地制宜地制定学校布局调整分类标准。

学校布局标准要综合考虑服务人口、服务半径、学生上学时间、班级规模和学校规模等。根据实证研究结果，笔者对义务教育学校布局标准的基本看法是：(1) 学校规模。从全国平均标准看，完全小学达到 200～600 人，初中达到 400～1 000 人为适度规模；对于人口密度较小、生源少、山高路远的偏远地区，上述标准还可以适当降低；在山高路远区域，应保留或恢复农村教学点。(2) 服务人口。平原地区小学服务人口原则上为 5 000～8 000 人，初中服务人口为 3 万～4 万人左右；山区和丘陵地区小学服务人口原则上为 3 000～5 000 人，初中服务人口原则上为 2 万～3 万人左右。(3) 服务半径。平原地区小学服务半径原则上为 3 公里左右，初中服务半径为 8～10 公里左右；山区和丘陵地区小学服务半径原则上为 2 公里左右，初中服务半径原则上为 5～8 公里左右。(4) 上学时间。走读学生上学单程步行时间，小学生原则上不超过 30 分钟，初中生原则上不超过 40 分钟。

（二）建立学校撤并审核制度，控制学校布局调整速度，基本稳定学校数量

新一轮学校布局调整中，学校撤并速度过快导致部分群众不满意，社会矛盾加剧。目前应建立学校撤并审核制度，控制学校布局调整速度，基本稳定学校数量，学校增减比例适当。在以县为主管理体制基础上强化省级统筹力度，中央与省级政府应加大对义务教育学校布局规划的审批、督导和检查力度，杜绝地方政府盲目"撤点并校"行为。加强学校信息备案制度建设，以县为单位建立学校电子信息系统。学校信息系统包括学校历史文化特征、在校生规模、地理位置、生均面积、办学条件、师资队伍、生源流动状况、学校财务等信息。通过学校电子信息系统，可以清晰把握和监控学校布局调整动态变化，为各级政府科学决策提供依据。

（三）尊重民意，拓展民众参与渠道，严格规范学校撤并程序

学校撤并涉及老百姓切身利益，为提高政府决策的科学性，应建立和完善重大决策征求意见制度，建立重大政策的风险评估机制。首先，将学校布局调整纳

入法律保障范畴。建立《学校布局调整法》，对学校撤并程序给予严格的法律规定。从国际视野看，欧美等国对学校撤并程序有严格的法律规定。比如：美国芝加哥市、加利福尼亚州的《公立学校政策指南》，加拿大安大略湖省颁布的《学校关闭指导方针》等政策法规，都对学校撤并程序、撤并步骤作出了明确规定。在这些法律规定中，民众参与是其最核心内容之一。其次，制定严格的公众参与指标。学校撤并决策过程中，建立广泛吸纳各方利益代表的学校布局调整委员会，共同讨论制定学校撤并标准，普通家长和村民应当有平等的参与权和表达权。公众参与的方式包括听证会、网上留言、服务热线、直接参与会议决策等多种途径。最后，制定学校撤并决策的纠偏机制。学校撤并决策若受到社区成员、家长代表的广泛质疑，应提供有效渠道进行行政申诉。

规范农村义务教育学校撤并程序。确因生源减少需要撤并学校的，县级人民政府必须严格履行撤并方案的制定、论证、公示、报批等程序。要统筹考虑学生上下学交通安全、寄宿生学习生活设施等条件保障，并通过举行听证会等多种有效途径，广泛听取学生家长、学校师生、村民自治组织和乡镇人民政府的意见，保障群众充分参与并监督决策过程。学校撤并应先建后撤，保证平稳过渡。撤并方案要逐级上报省级人民政府审批。在完成农村义务教育学校布局专项规划备案之前，暂停农村义务教育学校撤并。开展依法规范撤并后原有校园校舍再利用工作，优先保障当地教育事业需要。坚决制止盲目撤并农村义务教育学校。多数学生家长反对或听证会多数代表反对，学校撤并后学生上学交通安全得不到保障，并入学校住宿和就餐条件不能满足需要，以及撤并后将造成学校超大规模或“大班额”问题突出的，均不得强行撤并现有学校或教学点。已经撤并的学校或教学点，确有必要的由当地人民政府进行规划、按程序予以恢复。

（四）从战略角度认识农村小规模学校存在的必要性和长期性，实施“农村教学点发展工程”

保留必要的小规模学校是世界各国在发展农村教育的过程中达成共识的一项举措。国际经验表明，世界上发达国家在现代化发展和农村交通网络发达之前，其教育体系也在很大程度上依赖于小型学校。学校布局要充分尊重受教育者的需求。从战略视角看，保留教学点等小规模学校不仅是必要的，而且应当在战略层面认识教学点的价值，实施“农村教学点发展工程”。

实施“农村教学点发展工程”，对于保留的小规模学校必须加大建设力度，从经费投入和师资供给等方面提供支持。（1）加强中央和省级政府的财政责任，在教学管理、校舍建设、设备购置和经费使用上优先保证教学点等小规模学校硬件设施达到合格学校标准。（2）提高教学点公共经费拨款权重。根据教学点等小规模学校学生少，学校维持运转所需经费短缺的特点，建议按照3～4倍标准对教学点等小规模学校拨付公用经费，在财政预算中单列，避免教育经费由中心校划拨可能产生的经费挪用或挤占。（3）适当放宽农村教师编制，优先向教学点配备优质教师。鼓励国家特岗生、免费师范生、资教生优先保障教学点师资需求并建立激励制度。根据教学点的特殊性，政府应专门培训教学点教师，在教师选拔、培训和专业发展等方面向教学点倾斜，培养优秀的教学点教师队伍。

（五）建立解决城镇“大班额”问题的有效机制

城镇“大班额”问题是一个综合性的社会问题。城镇“大班额”问题的出现主要受制于三种力量：一是城乡教育非均衡发展，导致学生及其家庭的择校冲动；二是城镇化发展、人口流动导致随迁子女对城镇学校教育系统的巨大冲击；三是盲目撤点并校冲动导致农村学生被迫到城镇学校就读，即“教育的被城镇化”。因此，解决城镇“大班额”问题既需要在教育系统内部努力，更需要从教育系统外部，从改革经济社会发展方式和城镇化发展模式入手进行深层次的体制机制变革。第一，要将学校建设纳入城乡建设总体规划，科学布局城乡学校，综合考虑配套设施、旧城改造、人口密度加大、人口流动加速等因素，做到同步规划、同步建设、均衡推进。第二，要加大经费投入，通过新建、扩建、改建学校和合理分流学生等措施，使学校班额符合国家标准。班额超标学校不得再接收其他学校并入的学生。第三，对教育资源较好学校的“大班额”问题，要通过实施学区管理、建立联盟、探索集团办学等措施，扩大优质教育资源覆盖面，合理分流学生。第四，要认真反思和吸取新一轮学校布局调整的经验和教训，尊重教育发展规律，建立科学的学校布局标准和学校撤并程序，防止盲目的撤点并校行为再次发生，构建城乡学校各归其位、共同发展的格局。

（六）加大政府统筹力度，探索社会化、专业化校车制度

加大政府统筹力度，探索专业化校车制度。根据我国经济社会发展实际，我国中小学校车运营应建立“政府统筹、部门合作、专业化运作”的体制机制。政府是校车管理的第一责任人，交通、财政、教育等部门应各负其责、通力合作，共建安全、有序和规范的校车运营体系。

（1）将校车费用纳入财政预算，建立农村校车发展财政保障机制。随着学校辐射范围的扩大，学生上学距离的趋远，交通工具成为保障入学公平的重要手段。将校车作为农村地区教育教学的基本需要，政府应构建长效校车经费拨付标准，将校车支出单列，纳入财政预算，作为生均公用经费中的一部分，提高生均公用经费拨付标准。拓宽新机制中“两免一补”的内涵，将学生交通费用纳入

“两免一补”的范畴。校车经费拨付标准，可按照“走读生 2.5 元/天，寄宿生 1 元/天”的标准拨款。同时，在制定拨付标准时，应对经济发展较差、自然条件较恶劣、学校辐射范围较大的地区有所倾斜。

（2）建立合理的成本分担机制。校车的成本主要分为车辆购置费用和日常运营费用两部分。第一，车辆购置等固定资产投资由中央和省两级政府共同承担，参照新机制中“西部地区 8∶2，中部地区 6∶4，东部地区除直辖市外，按照财力状况分省确定”的方式购置车辆。第二，校车日常运营费用可按照政府、学生家庭共同负担的方式支付，各省份可依据本省情况制定相应分担比例。

（3）因地制宜，分步实施农村校车工程。我国还处于社会主义初级阶段，发展农村校车不可能一蹴而就。各地经济社会发展差距大，发展农村校车也不可能采取同一模式，也不可能一步到位。笔者建议分三步走：第一，2013 年以前，完善制度建设，购置合格校车，规范校车市场；第二，到“十二五”末，形成“分项目、按比例”的校车成本分担机制，即初步实现东部及中部大部分农村地区免费校车覆盖；第三，到 2020 年，逐步实现全国范围内农村地区免费义务教育校车。

（4）当务之急应采取的措施有以下四个方面。一是严厉打击黑校车、校车超载现象，确保儿童安全。二是在平原、丘陵、草原等交通相对便利地区，开展农村校车试点工作。探索“省级统筹、以县为主、专业化运作”的校车发展机制。三是对交通环境和财力薄弱地区，应逐步扩大公交系统覆盖面，解决远距离儿童上下学难问题；同时，通过中央和省级转移支付提高寄宿制学校保障水平、扩大寄宿容量，优先满足远距离儿童寄宿需求。四是实施交通补偿政策。对学校布局调整力度较大区域实施财政补偿，提高经济困难家庭儿童和远距离求学的交通补贴标准。

（七）制定寄宿制学校办学标准，在教师编制、经费拨付等方面大力提高寄宿制学校保障水平

从教育公平的视角出发，教育拨款制度设计应体现纵向公平原则，即充分考虑不同主体之间的支付能力与成本结构差异，实施“不同主体不同对待”的政策。实证研究表明，现有拨款公式不能反映寄宿制学校的实际成本消耗，要使拨款公式与寄宿制学校的实际需求相匹配，就必须在决策过程中运用成本评估与分析的相关技术，将成本测算引入决策过程，在科学评估寄宿制学校的实际成本的基础上确定相应的拨款权重。基于寄宿制学校成本分析，我国农村义务教育财政拨款模式应作如下改革。

（1）公用经费方面，寄宿制学校的公用经费需求大约是非寄宿制学校的

1.5~1.7倍，相应的拨款权重需要在此范围内调整。考虑到寄宿制学校普遍在低成本状态下运转的事实，建议寄宿生的生均公用经费拨款标准应为非寄宿生的两倍左右。

（2）人员经费方面，由于现有的寄宿制学校存在缺编少岗，生活教师配备不足的情况，因此现有的人员经费规模对确立相应的拨款权重参照性不大。应在充分调研的基础上，合理测算寄宿制学校生活老师、保安、炊事员等编制，在此基础上测算科学的人员经费拨款权重。解决工勤人员编制问题是当前农村寄宿制学校建设的当务之急。一方面，应增加工勤人员的编制配备，从当前实际情况来看，大规模学校应至少按每200人配备1名生活教师的标准增加相应编制，100人以下的小规模学校则至少应保持1名生活教师，而保洁人员、食堂员工、安保人员等也应按国家有关标准增配相应编制；另一方面，应对承担额外职责的教师给予合理补偿，对于兼任生活教师的教学人员，应根据其承担的实际非教学工作量给予补偿，并在绩效工资考核中增加对教师额外劳动的考量和认定。对于寄宿制学校的班主任，应根据其工作绩效和工作量大幅提高班主任教师津贴水平，以稳定教师情绪，使其安心从教。

（3）基建经费方面，应加强预算编制的系统性，全面考虑学校基建的整体成本，不仅要涵盖校舍兴建的成本，还应涵盖前期勘测、设计，后期维护以及相应配套设施在内的各项成本。从我们调查结果看，寄宿制学校在基建方面的成本规模大约是非寄宿制学校的1.4~1.7倍，相应的拨款权重也应在这一比例范围内加以调整。

（八）加强组织领导，构建学校布局调整长效工作机制

考虑到学校布局调整是一个动态的持续的过程，因此，建立学校布局调整的长效工作机制特别重要。笔者建议，以县为单位，成立中小学布局调整和标准化建设领导小组，政府主要负责人担任组长，成员由发改、教育、财政、建设、国土资源、人力资源与社会保障、编制、交通等部门负责人组成。各地应将学校布局调整和标准化建设纳入地方经济社会发展规划的总体目标，统筹规划，确保教育布局规划落实。发展和改革部门按照要求审批建设项目；国土资源管理部门依据学校布局规划建设用地需求，采取土地划拨、土地置换、用地整合等措施，优先保证学校建设用地；城乡建设部门要依法落实中小学建设规划减免和质量监督检查；人力资源和社会保障部门、编制办要依据中小学教师编制标准及时足额落实教师编制，建立教师补充机制；财政部门要积极筹措资金，为中小学布局调整及标准化建设提供资金保障；交通部门负责解决学校布局调整后道路交通等相关问题；教育部门要认真组织规划实施工作，密切关注和有效解决离校较远和家庭

困难学生上学问题，强化教育资源配置，促进教育均衡发展。

（九）加强对义务教育学校布局调整工作的督导与评估

在义务教育“以县为主”管理体制下，应当进一步强化中央和省级政府的教育统筹责任。县域内制定的义务教育学校布局调整规划，应当接受上级政府的督导和社会各界的监督。建立义务教育学校布局调整监控和督导评估制度，建立相应的激励机制，将义务教育学校布局调整情况作为对政府部门工作考核的重要指标。各级人民政府督导部门要加强对义务教育学校布局调整工作的督导、检查、评估和指导，对义务教育学校布局是否制定转向规划、调整是否合理、保障措施是否到位、工作程序是否完善、农村小规模学校建设是否合格等进行专项督查，督查结果要向社会公布。对督导检查中发现的问题要责令当地政府限期整改，督导结论要作为对当地党政主要领导政绩考核和资金投放的重要依据。对中小学校布局调整和标准化建设取得突出成绩的单位和个人予以表彰，对工作不力，严重违背教育发展规律，严重影响学校规划实施的，追究有关当事人的责任。

（十）科学判断，建立学校布局调整动态机制

2019 年，中共中央、国务院印发《关于深化教育教学改革全面提高义务教育质量的意见》，强调“树立科学的教育质量观……营造良好的教育生态”。然而，在学校布局调整中，部分地区过于推崇规模效益，“学校规模”成为评价学校是否撤并的最重要指标，破坏了当地的教育生态。正是在这种经济价值主导下的布局调整，导致许多偏远农村地区学生“无学可上”，学校作为村落的文化中心作用也不断减弱。小规模学校是否撤并应建立在科学判断的基础之上，在综合考虑学校布局调整中所涉及的多方主体的利益需求后，合理解决学校撤并后带来的学生“入学难”“上学远”问题。同时，推行教育联盟、集团化办学、学区制管理等策略有助于缓解“择校热”与“教育质量不高”等问题。在对现阶段及未来学校布局调整行为中，依照“上级统筹，合理规划，动态调整，保障弱势”的基本思路，建立学校布局动态调整机制，根据地区实情决定小规模学校的“开”与“撤”。

附　录

一、学生问卷

________省________县/市________乡/镇________学校

义务教育学校布局调查

（学生卷）

同学们，你们好！

为了解你们学习和生活情况，我们设计了以下问卷。本问卷采取不记名的方式，请你根据自己的实际情况回答（在横线上填写数字或在相应选项上打"√"），感谢你的配合与支持！

"义务教育学校布局研究"课题组

二〇〇九年

1. 你的性别是：

①男　　②女

2. 你的年龄：______周岁。

3. 你是：

①汉族　　②少数民族（______族）

4. 你今年上____年级。（如果是初一、初二、初三，请分别填写"7、8、9"）

5. 本学期你班上有____人。

6. 你妈妈的教育程度是：

①小学及以下　　②初中　　③高中（中专）　　④大学及以上

7. 你爸爸的教育程度是：

①小学及以下　　②初中　　③高中（中专）　　④大学及以上

8. 今年你爸爸或妈妈外出打工的情况是：

①爸爸一人外出打工　②妈妈一人外出打工

③爸妈都外出打工　④爸妈都在家

9. 你家在当地的经济状况：

①很不好　②不太好　③一般　④比较好

⑤很好

10. 本学期学校给你发过生活补助吗？

①没有　②发过，大约是____元/学期

11. 你的家乡属于：

①山区　②丘陵　③平原　④林区

⑤草原　⑥海岛　⑦湖区　⑧其他

12. 你们学校在：

①村里　②乡镇上

③城郊　④县（市）中心城区

13. 如果有可能，你最希望在哪里的学校读书？

①村里的学校　②乡镇学校

③城郊学校　④县（市）城区学校

14. 目前，你家与学校的距离大约是____米。

15. 学校放学（放假）后，你是怎么回家的？

①走路

②骑自行车

③坐车→

1. 你坐的车是：

①学校校车　②中巴车或公交车

③摩托车/三轮车　④其他____（请注明）

2. 坐车回家，你觉得安全吗？

①很安全　②不太安全

③很不安全

3. 你每次坐车从学校回家，车费是________元/趟。

④其他方式（请说明）

16. 如果从家里走路到学校，一般要多长时间：

①15 分钟左右　②半小时左右

③45 分钟左右　④1 个小时左右

⑤1 个半小时左右　⑥2 个小时左右

⑦2 个小时以上

17. 最近一周，你在班上发言的次数：

①0 次　②1 ~ 2 次　③3 ~ 4 次　④5 ~ 6 次

⑤7 ~ 8 次　　⑥9 ~ 10 次　　⑦11 次以上

18. 你目前的成绩在本校同年级中属于：

①优秀　　②中上等　　③中等　　④中下等

19. 这学期你：

①住家里　　②住学校宿舍　　③租房住　　④住亲戚家

⑤其他

20. 本学期你家里有人在外租房，专门照顾你学习和生活？

①有　　②没有

21. 如果你在学校住宿，你对学校食宿环境满意吗？

①满意

②不满意→

不满意的原因是：（可多选）

①老师关注不够　　②人多吵闹

③课余生活太单调　　④学校没有食堂

⑤学校伙食不好　　⑥洗漱间、厕所少

⑦宿舍床位拥挤　　⑧卫生状况差

⑨住宿环境不安全　　⑩其他

22. 下学期你最希望？

①住家里　　②住学校宿舍　　③租房住　　④住亲戚家

⑤其他

23. 请选出符合你现在情况的选项：（请在符合你实际情况的后面打“√”）

序号	状态	完全符合 ①	比较符合 ②	不确定 ③	不符合 ④	完全不符合 ⑤
1	我很自信					
2	我喜欢学习					
3	我的朋友很多					
4	我感到很安全					
5	我很幸福					
6	我父母对我很负责任					
7	我和同学们的关系很好					
8	我感到很孤独					
9	我有一个幸福温暖的家					

24. 总体看，你适应学校的学习和生活吗？

①适应　　②不适应

如果不适应，主要是哪些方面不适应：

①吃饭和住宿不习惯　　②想家

③课余生活太单调　　④老师口音和方言重，听课有困难

⑤对老师的教学方式不适应　　⑥成绩跟不上

⑦其他

25. 学生转学有很多原因，以下哪种情形最符合你的实际？

①因为学校被撤并或关闭而转学　　②随父母进城务工而转学

③为接受更好的教育而转学　　④未转过学

⑤其他______（请注明）

（如果选①，请你继续回答以下问题；选其他选项，以下题目不用作答。）

26. 你原来读书的学校：

①空了，没人上学了　　②还有学生上学

③不知道

27. 在原来学校读书时，你们班上有______人。

28. 因为转学，你原来班上有______个同学没有读书了。

29. 在原来学校读书时你：

①住家里　　②住学校宿舍　　③租房住　　④住亲戚家

⑤其他

30. 在原来的学校读书时，你家与学校的距离是______米。

31. 在原来学校读书，如果从家里走路到学校，一般要多长时间：

①15 分钟左右　　②半小时左右

③45 分钟左右　　④1 个小时左右

⑤1 个半小时左右　　⑥2 个小时左右

⑦2 个小时以上

32. 在原来学校读书时，放学（假）后，你通常怎么回家？

①走路　　②骑自行车

③坐车　　④其他方式______（请注明）

33. 与原来学校相比，去新学校上学：

①更方便

②差不多

③更不方便——→

主要原因是：

①上学的路太远　　②上学花更多时间

③上学的路难走　　④上学路上不安全

34. 与原来学校比较，新学校里教学条件：

①更好　　②差不多　　③更差

35. 与原来学校比较，新学校里你和同学关系：

①更好　　②差不多　　③更差

36. 与原来学校比较，新学校里学习环境：

①更好　　②差不多　　③更差

37. 与原来学校比较，新学校里老师对你关注：

①更多　　②差不多　　③更少

38. 与原来学校比较，新学校里老师水平：

①更高　　②差不多　　③更差

39. 与原来学校比较，你更喜欢：

①原来的学校　　②差不多　　③新学校

问卷结束，谢谢你！

二、教师问卷

________省________县/市________乡/镇________学校

义务教育学校布局调查

（教师卷）

尊敬的老师，您好！

为了解义务教育阶段学校布局情况，了解您教学和生活情况，我们设计了此问卷。本问卷采取匿名方式，请您根据自己的实际情况回答（在横线上填写数字或在相应选项上打"√"），衷心感谢您的配合与支持！

"义务教育学校布局研究"课题组

二〇〇九年

1. 您的性别：

①男　②女

2. 您今年____岁。

3. 您的学历：

①初中　②高中（中专）　③大专　④大学本科

⑤硕士及以上

4. 您现在的职称是：

①初级　②中级　③高级

5. 您现在是：

①公办教师　②特岗（支教）教师

③代课教师

6. 在学校里您有教师公用住房吗？

①没有　②有→人均住房面积______平方米

7. 您目前所在的学校的基本情况是：

（1）①教学点　②村小　③中心小学　④初中　⑤九年一贯制学校

（2）①走读学校　②走读寄宿混合学校　③完全寄宿制学校

（3）①在村里　②在镇上　③在城郊　④在县（市）中心城区

（4）①2000 年以来经历过学校撤并　②2000 年以来没有经历过学校撤并

8. 学校所在区域属于：

①山区　②丘陵　③平原　④林区

⑤草原　⑥海岛　⑦湖区　⑧其他

9. 与周边同类学校相比，您所在学校的质量：

①较好　②差不多　③相对弱一些

10. 近几年您所在学校：

①生源不足　②生源基本稳定　③生源爆满

11. 您现在教门课？____门，迄今为止您的教龄有____年。

12. 您每周上____节课，上课之外每天用于学生管理的时间是____小时/天。

13. 您是班主任？

①不是

②是——→

1. 本学期您班上有______名学生，其中：有______名学生是外校转来的；有______名学生转到其他学校；

2. 本学期您所在的班上，有______名学生因学校撤并或关闭而辍学。

14. 以贵校为例，您认为合理的班级规模和学校规模分别是：

①每个班____名学生；　②每所学校____名学生。

15. 根据本地交通和地理环境，您认为：

（1）小学 1～3 年级学生，学校到家的路程最远不要超过____公里；

（2）小学 4～6 年级学生，学校到家的路程最远不要超过____公里；

（3）初中学生，学校到家的路程最远不要超过____公里。

16. 您认为以下年龄段学生，哪些学生适合住宿？（可多选）

①小学 1～3 年级　②小学 4～6 年级

③初中生

17. 为方便孩子入学，应大力使用“校车”接送学生，您对此：

①非常赞同　②比较赞同　③不好说　④不赞同

⑤坚决反对

18. 去年您参加了几次培训？

①0 次　②1 次　③2 次　④3 次

⑤4 次以上

19. 您是否感到疲劳、过累、无力或精疲力竭（在过去的一个月里）？

①所有时间　②大部分时间　③很多时间　④有时
⑤无

20. 工作中您的压力：
①非常小　②比较小　③一般　④比较大
⑤非常大

21. 您一年的收入大约是：(单位：元)
①5 000 以下　②5 000 ~ 8 000　③8 000 ~ 1 万　④1 万 ~ 1.5 万
⑤1.5 万 ~ 2 万　⑥2 万 ~ 3 万　⑦3 万 ~ 5 万　⑧5 万 ~ 7 万
⑨7 万 ~ 10 万　⑩10 万以上

22. 您对目前的经济收入与福利状况：
①非常满意　②比较满意　③过得去　④不太满意
⑤很不满意

23. “我想换一个学校”，这种想法对您来说：
①特别强烈　②比较强烈　③不强烈　④很不强烈

24. 您是否愿意终身从事教师职业？
①愿意　②不确定　③不愿意

25. 农村学生向城镇流动导致城镇学校“大班额”（班级人数过多）现象十分普遍，您认为如何解决城镇“大班额”问题？(可多选)
①在城镇新建更多学校，接纳外来学生
②提高农村教育质量吸引学生回流
③禁止学生择校
④严格控制城镇学校班级规模
⑤顺其自然
⑥其他______（请说明）

26. 小学和初中衔接上，您更赞成哪种模式？
①小学和初中分开　②九年一贯制

27. 本地推行学校布局调整政策时，征求过您的意见吗？
①没征求过　②征求过

28. 在您看来，当前中小学布局调整推进速度：
①太快了　②适度　③太慢了

29. 您认为本地中小学布局调整的实施效果：
①利大于弊　②不好说　③弊大于利

30. 结合本地实际，您对农村“教学点”和“寄宿制”学校的基本看法是：

	非常不同意 1	不同意 2	不确定 3	同意 4	非常同意 5
1. “教学点”在方便孩子就近入学方面有优势	□	□	□	□	□
2. 相对其他学校，“教学点”难以按规定开齐、开足课	□	□	□	□	□
3. 相对其他学校，“教学点”教师素质普遍不高	□	□	□	□	□
4. 相对其他学校，“教学点”的教学质量较差	□	□	□	□	□
5. 撤并“教学点”是导致学生辍学的重要原因之一	□	□	□	□	□
6. 总体看，中心学校对“教学点”的支持力度不大	□	□	□	□	□
7. “联校走教”是缓解教学点师资短缺的有效措施	□	□	□	□	□
8. 教学点有存在的必要，政府应加大投入力度	□	□	□	□	□
9. 相比非寄宿制学校，寄宿制学校学生管理难度更大	□	□	□	□	□
10. 相比非寄宿学校，寄宿制学校教师压力更大	□	□	□	□	□
11. 办寄宿制学校加重了家长的经济负担	□	□	□	□	□
12. 办寄宿制学校有利于培养学生生活自理能力	□	□	□	□	□
13. 办寄宿制学校有利于提高教育质量	□	□	□	□	□

31. 学校如何设置比较好？

①一村一校　　②联村办学、村里设教学点

③集中在城镇办学　　④其他

32. 因学校合并，教师转到其他学校教书，近几年您有过这样的经历吗？

①没有经历过

②经历过（如果经历过，请继续回答以下问题）

33. 您原来任教的学校现在：

①闲置无人管理　②办教学点　③办幼儿园　④办校办产业

⑤租赁给他人　⑥变卖了　⑦村委会办公　⑧其他

34. 与原来学校相比，在新学校您生活上：

①更便利　　②差不多　　③更不方便

35. 与原来学校相比，新学校中您获取信息的渠道：

①更多　　②差不多　　③更少

36. 与原来学校相比，新学校教师间合作机会：

①更多　　②差不多　　③更少

37. 与原来学校相比，新学校的教学条件：

①更好　　②差不多　　③更差

38. 与原来学校相比，新学校的管理水平：

①更强　　②差不多　　③更差

39. 与原来学校相比，新学校的教育质量：

①更高　　②差不多　　③更差

40. 与原来学校相比，新学校的工作强度：

①更大　　②差不多　　③更小

41. 与原学校相比，您更喜欢哪个学校？

①原来学校　　②现在学校　　③差不多

问卷结束，谢谢您的大力支持！

三、家长问卷

________省________县/市________乡/镇________村

义务教育学校布局调查

（家长/监护人）

尊敬的家长，您好！

为了解孩子学习和生活情况，我们设计了此问卷。问卷采用不记名方式，请您根据实际情况回答（在横线上填写数字或在相应选项上打“√”），所有信息仅供学术研究之用，感谢您的配合与支持！

提示：如果您家里有几个孩子读小学或初中，请任选一个孩子，根据他（她）的实际情况填写问卷。

“义务教育学校布局研究”课题组

二〇〇九年

1. 您的性别：

①男　　②女

2. 您的年龄：____岁。

3. 您的教育程度：

①小学及以下　　②初中　　③高中（中专）　　④大专及以上

4. 您的职业是：

①农民

②工人

③个体户或商业人员

④办事人员（如机关科员）

⑤专业技术人员（如教师、医生、律师等）

⑥经理、企业老板

⑦干部

⑧其他______（请注明）

5. 您家在：

①山区　②丘陵　③平原　④林区

⑤草原　⑥海岛　⑦湖区　⑧其他

6. 您家住在：

①村里　②乡镇上

③城郊　④县（市）中心城区

7. 您家2008年总收入大约为：（单位：元）

①5 000以下　②5 000～8 000　③8 000～1万　④1万～1.5万

⑤1.5万～2万　⑥2万～3万　⑦3万～5万　⑧5万～7万

⑨7万～10万　⑩10万以上

8. 在本地您家经济状况：

①很不好　②不太好　③一般　④比较好

⑤很好

9. 孩子今年____岁，目前孩子上______年级。（初一至初三用“7、8、9”代替）

10. 您家孩子的户口属于：

①农村户口　②城镇户口

11. 今年孩子的爸爸或妈妈外出打工的情况是：

①爸爸一人外出打工　②妈妈一人外出打工

③爸妈都外出打工　④爸妈都在家

12. 孩子读书的学校在：

①农村　②乡镇

③城郊　④县（市）中心城区

13. 本学期孩子：

①住家里　②住学校宿舍　③租房住　④住亲戚家

⑤其他

14. 您希望孩子：

①住家里　②住学校宿舍　③租房住　④住亲戚家

⑤其他

15. 您家孩子从学校到家里的路程是____公里。

16. 在您看来：

（1）小学1～3年级学生，学校到家的路程最远不要超过____公里；

（2）小学4～6年级学生，学校到家的路程最远不要超过____公里；

(3) 初中学生，学校到家的路程最远不要超过____公里。

17. 学校放学（放假）后，您家孩子怎么回家？

①走路

②骑自行车

③坐车——→

④其他方式

1. 孩子坐的车是：

①学校校车　　②中巴车或公交车

③摩托车/三轮车　　④其他______（请注明）

2. 坐车回家，你觉得安全吗？

①很安全　②不太安全　③很不安全

3. 您家孩子每次坐车从学校回家，车费是______元/趟。

18. 您家孩子选择现在的学校读书，主要的理由是：

①因为学校离家近，就近入学

②原来的学校被撤并，转到现在学校念书

③学校质量高，孩子过来借读

④孩子父母进城务工，孩子跟过来读书

19. 目前，您家孩子读书有没有困难？（请在下表中合适的地方打"√"）

Ⅰ. 没困难			
Ⅱ. 有困难，主要困难是：	①上学费用太高	②上学路太远	③上学不安全
	④学校没有地方住宿	⑤学校住宿条件差	⑥其他

20. 与周边同类学校比，孩子所在学校的教育质量：

①较好　　②差不多　　③较差

21. 您对孩子学校的教育质量满意吗？

①很满意　　②比较满意　　③一般　　④不太满意

⑤很不满意

22. 如果您孩子在学校住宿，您对学校食宿环境满意吗？

①满意

②不满意——→

不满意的原因是：（可多选）

①老师关注不够　　②人多吵闹

③课余生活太单调　　④学校没有食堂

⑤学校伙食不好　　⑥洗漱间、厕所少

⑦宿舍床位拥挤　　⑧卫生状况差

⑨住宿环境不安全　　⑩其他______

23. 您最希望孩子在哪里读书？

①村里的学校　　②镇上的学校

③城郊的学校　　　　④县（市）城区的学校

24. “想方设法让孩子接受更好教育”，这种想法对您来说：

①非常强烈　　②比较强烈　　③不强烈

25. 如果让孩子到一个更好的学校念书，您家经济上负担得起吗？

①经济上没有问题　　②经济上有一定困难

③经济上完全负担不起

26. 以您家孩子为例，如果他（她）到城镇学校借读，每年需额外支付（含交通费、住宿费、赞助费等）______元（请估计）

27. 让家人或亲戚在外租房，专门照顾孩子读书（“陪读”），这种现象在本地多不多？

①非常多　　②比较多　　③不清楚　　④比较少

⑤基本没有

28. 这学期，您家里有人在外租房陪孩子读书吗？

①有　　②没有

29. 在农村地区办更多寄宿制学校，您支持这种做法吗？

①非常支持　　②比较支持　　③不好说　　④不支持

⑤很不支持

30. 今后村里的学校不办了，孩子都集中到城镇读书，您同意这种做法吗？

①非常同意　　②比较同意　　③不好说　　④不同意

⑤很不同意

31. 学校如何设点比较好？

①一村一校　　②联村办学、村里设教学点

③集中在城镇办学　　④其他

32. 近年来，由于撤销或合并学校，有些学校被关闭了。本地有这样的情况吗？

①没有（请跳到39题继续回答）　　②有（请继续回答下面的问题）

33. 您赞成这些学校被撤销或合并吗？

①赞成　　②不好说　　③不赞成

34. 本地在撤销或合并学校时，征求过您的意见吗？

①征求过　　②没征求过

35. 本地撤销或合并学校时，主要做法是（可以多选）：

①广泛征求群众意见，协商沟通　　②行政命令，强制撤并

③行政主导与协商沟通相结合　　④减少对学校的投入，迫使学生转学

⑤其他______（请注明）

36. 您对本地撤销或合并学校时的做法满意吗？

①非常满意　　②比较满意　　③不好说　　④不太满意

⑤很不满意

37. 学校撤销或合并让一些学校变成了“空壳”学校，您觉得：

①这是一种浪费　　②这不算浪费　　③不好说

38. 您认为这种撤销或合并学校的效果：

①很好　　②比较好　　③不好说　　④不好

⑤很不好

39. 因为学校被撤销或合并，很多孩子转到其他学校读书。您家孩子有这样的经历吗？

①没经历过（问卷结束）

②经历过（如果经历过，请继续回答以下问题）

40. 与原来学校相比，孩子去新学校上学：

①更方便了

②差不多

③更不方便了——→

主要原因是：	
①上学的路太远	②上学花更多时间
③上学的路难走	④上学不安全

41. 在原来学校读书时，你家孩子：

①住家里　　②住学校宿舍　　③租房住　　④住亲戚家

⑤其他

42. 在原来的学校读书时，孩子从学校到家的路程是____公里。

43. 与原来学校比较，新学校办学条件：

①更高　　②差不多　　③更低

44. 与原来学校比较，新学校教师素质：

①更高　　②差不多　　③更低

45. 与原来学校比较，新学校教育质量：

①更好　　②差不多　　③更差

46. 与原来学校相比，孩子在新学校的花费：

①差不多

②更多——→

③更少

1. 主要花费是：		
①交通费	②住宿费	③吃饭费用
2. 每年增加的费用大约是________元。		

47. 如果让您选择的，您更希望孩子：
①在原来的学校上学　　　　②在现在的学校上学

问卷结束，谢谢您！

四、学校问卷

________省________县/市________乡/镇________村

义务教育学校布局调查

（学校信息表）

尊敬的校长/学校负责人：您好！

为了解学校布局状况，我们设计了“学校信息表”。信息表共5个页码，请您根据实际情况回答问题，所有信息仅供学术研究之用。请注意，“教学点”和“村小”也需要单独填写此表。衷心感谢您的配合与支持！

“义务教育学校布局研究”课题组

二〇〇九年

第一部分

1. 贵校是：

①教学点　②村小　③中心小学　④初中

⑤九年一贯制　⑥完全中学

2. 贵校属于：

①公办学校　②私立（民办）学校

3. 贵校所处位置：

①农村　②乡镇

③城郊　④县（市）中心城区

4. 贵校地理环境：

①山区　②丘陵　③平原　④林区

⑤草原　⑥海岛　⑦湖区　⑧其他

5. 贵校服务半径____公里；服务人口____人；辐射____村____乡镇（若没有，请填“0”）。

6. 贵校管理或辐射____个教学点和村小（如果没有，请填写“0”）。

7. 与周边同类学校相比，贵校的教育质量：

①较好　　　　②差不多　　　　③相对弱一些

8. 您估计，未来5年本校生源变化趋势是：

①总量减少　　　　②总量基本不变　　③总量增加

9. 2009年贵校在校生中：辖区招生范围内学生____人，辖区招生范围外学生____人。

10. 2009年学校“留守学生”人数：父母一方外出打工的学生有____人，父母双方外出打工学生有____人，孤儿和由其他原因导致父母无力监护的学生有____人。

11. 2001年以来，您所在的学校经历过布局调整吗？

①没有经历过布局调整

②经历过布局调整——→

（1）我校布局调整大约在________年。
（2）布局调整前：在校生数______人，教职工数______人，班均人数______人。
（3）调整后：在校生数________人，教职工数________人，班均人数________人。

12. 按照规划，未来5年贵校有被撤销、关闭或被合并的可能？

①有可能　　　　②没有可能

13. 按照规划，未来5年贵校有兼并或整合其他学校的可能？

①有可能　　　　②没有可能

14. 根据本地交通和地理环境，您认为：

（1）小学1~3年级学生，学校到家的路程最远不要超过____公里；

（2）小学4~6年级学生，学校到家的路程最远不要超过____公里；

（3）初中学生，学校到家的路程最远不要超过____公里。

15. 在小学和初中设置上，您更倾向哪种模式？

①小学初中分开　　　　②九年一贯制

16. 学校现有____个标准教室，其中：有____个闲置（如果没有，请填“0”）。

17. 近年来，您所在的学校是否接收过因学校被撤并而转来读书的学生？

①没有接收过
②接收过→

(1) 2008 年，学校接纳了____位因学校撤并而转学的学生；其中，因转学而需要在校住读的学生有____人； (2) 如果这类学生住校，每名学生每年在交通、住宿、吃饭等方面额外增加的费用大约是____元/年/生； (3) 如果这类学生走读，每名学生每年在交通、吃饭等方面额外增加的费用大约是____元/年/生。

18. 在学校布局调整中，您如何看待学校“闲置”或“空壳”现象？

①一所学校都不能“闲置”
②学校“闲置”不可避免→

您认为多大比例“学校闲置”可以接受？ ①5% 以内　②5% ~10% ③10% ~15%　④15% ~20% ⑤20% ~30%　⑥30% 以上

19. 从本地教育发展实际看：
(1) 小学布局重点区域应当是：
①村里　②乡镇上
③城郊　④县（市）城区
(2) 初中布局重点区域应当是：
①村里　②乡镇上
③城郊　④县（市）城区
20. 如何解决城镇学校“大班额”现象？(可多选)
①在城镇新建更多学校
②提高农村教育质量吸引学生回流
③禁止学生择校
④控制城镇学校班级规模
⑤顺其自然
⑥其他______（请说明）
21. 本地推行学校布局调整政策时，征求过您的意见吗？
①没征求过　②征求过
22. 您如何看待以下观点？

表1　　观点看法

	非常不同意 1	不同意 2	不确定 3	同意 4	非常同意 5
1. 应进一步加大“教学点“和村小的撤并力度	□	□	□	□	□
2. 应加大对教学点和村小的支持力度	□	□	□	□	□
3. 改善寄宿制学校办学条件比新建寄宿制学校更重要	□	□	□	□	□
4. 学校布局调整应广泛征求群众意见	□	□	□	□	□
5. 学校布局调整应当有更透明的程序	□	□	□	□	□
6. 为方便孩子入学，应大力推行“校车”制	□	□	□	□	□
7. 提高农村教育质量有助于稳定农村生源	□	□	□	□	□
8. 总体看，老百姓对学校布局调整政策效果比较满意	□	□	□	□	□

第二部分（学校基本数据）

表2　　学校基本情况　　单位：人

年份	班级数	在校生数	其中：寄宿生	教职工数	其中：教师
2000					
2005					
2006					
2007					
2008					
2009					
2010					

注：请根据学校实际填写相应数字（2010年的数据请估计）。

表3　　2009年学校师资情况——教师基本信息　　单位：人

	总人数	其中：英语	其中：信息技术	其中：音乐	其中：体育	其中：美术
其中：公办教师						
代课教师						
特岗或支教教师						

表 4　　2009 年学校师资情况——2009 年教师学历和年龄结构　　单位：人

学历	人数	年龄	人数
其中：初中		其中：30 岁以下	
高中（中专）		31～40 岁	
大专		41～50 岁	
大学本科		50 岁以上	
硕士及以上			

表 5　　您认为当地农村学校合理布局结构情况

合理布局指标项		小学	初中
学校服务半径大约多少公里为合理？			
学校服务人口大约多少人为合理？			
理想学校规模	一个班大约多少个学生合适？		
	一个学校大约多少个学生合适？		
	合理的师生比是多少？	1：	1：

注：请在表中填写相应的数字。

表 6　　学校办学条件——学校信息

	类别	面积（平方米）	总价值（元）	使用年限（年）	单位造价（元）
A 学校校舍	占地面积		—	—	—
	①教学及辅助用房				
	②行政办公用房				
	③学生生活用房				
	①②③合计				
	其中：各类危房面积		—	—	—
B 仪器设备	类别	数量（个）	总价值（元）	使用年限（年）	
	教学仪器设备				
	图书				
	课桌凳				

注：请填写 2009 年数据。

表7　　学校办学条件——寄宿学校信息（寄宿制学校运行）

	类别	面积（平方米）	总价值（元）	使用年限（年）
C 学生生活用房	宿舍			
	食堂			
	开水房			
	浴室			
	厕所			
D 生活设备	类别	数量（个）	总价值（元）	使用年限（年）
	学生用床具			
	餐桌			
	生活加工设施（如炊具）			
	锅炉			
	消毒柜			
	冰箱			
E 资源消耗		数量（个）	总费用（元）	
	水			
	电			
	煤			
	其他			
F 工勤人员	类别	月工资（元）	实际人数（人）	期望人数（理想人数）（人）
	生活管理员			
	保安人员			
	炊事人员			

7.1　按照学校发展实际，本校寄宿生规模达到____人比较合理适度；

7.2　2009年学生公用经费拨付标准是每生每学期____元；寄宿生补贴标准____元/生/天；

7.3　2009年学校全托寄宿生收费标准是每生每学期____元/学期；

7.4　按实际需要及当地物价水平，如果对食堂进行改建或扩建，造价大约是____元；

7.5　按实际需要及当地物价水平，如果对学生宿舍进行改建或扩建，造价大约是____元；

7.6　按实际需要及当地物价水平，如果对浴室、厕所进行改建或扩建，造价大约是____元。

第三部分（2008 年学校收支）

表 8　　2008 年学校收支情况

省（自治区）　　市　　县（区）　　（单位公章）　2009 年 4 月

<table>
<tr><th>收入</th><th>2008 年</th><th>支出</th><th>2008 年</th></tr>
<tr><td>本年度收入合计</td><td></td><td>本年度支出合计</td><td></td></tr>
<tr><td>1. 财政拨款</td><td></td><td>1. 工资福利支出</td><td></td></tr>
<tr><td>（1）教育事业费</td><td></td><td>（1）基本工资</td><td></td></tr>
<tr><td>其中：在职人员经费</td><td></td><td>（2）津贴补贴</td><td></td></tr>
<tr><td>离退休经费</td><td></td><td>（3）奖金</td><td></td></tr>
<tr><td>公用经费</td><td></td><td>（4）其他</td><td></td></tr>
<tr><td>专项经费</td><td></td><td rowspan="2">2. 对个人和家庭补助</td><td rowspan="2"></td></tr>
<tr><td>（2）基本建设拨款</td><td></td></tr>
<tr><td>（3）教育费附加</td><td></td><td rowspan="3">3. 商品和服务性支出（含办公费、水电费、交通费、取暖费、差旅费、会议费、劳务费、招待费、培训费等）</td><td rowspan="3"></td></tr>
<tr><td>2. 事业收入（含学杂费、借读费等）</td><td></td></tr>
<tr><td>3. 服务性收费</td><td></td></tr>
<tr><td>4. 其他收入（包括利息收入、赞助费、单位共建费、社会捐赠等）</td><td></td><td rowspan="2">4. 其他资本性支出（含房屋建筑物购建大型修缮、办公设备购置、专用设备购置、交通工具购置、信息网络购建等）</td><td rowspan="2"></td></tr>
<tr><td>5. 上年结余</td><td></td></tr>
</table>

问卷结束，谢谢您的大力支持！

五、县信息表

________省（自治区）________________县（市）

义务教育学校布局调查

（县市信息表）

本调查旨在了解义务教育学校布局状况，为教育政策制定提供参考。调查采取不记名方式，所有信息仅供研究用。请您根据本地实际情况，在相应的序号（例如①②…）上打“√”；或在横线“　　”上填写文字或数字。衷心感谢您的参与和支持！

“义务教育学校布局研究”课题组

二〇〇九年

1. 所在县（市）的基本信息：

（1）面积____平方公里，2008 年人口____万人；

（2）2008 年，城镇户籍人口____万人，农村人口____万人；

外出农民工____万人，外来人口____万人，县（市）中心城区人口____万人。

（3）1999 年有____乡镇____村；2008 年有____乡镇____村。

（4）2008 年人均国内生产总值____元，城镇居民人均可支配收入____元，农村居民人均纯收入____元。

（5）2008 年三次产业比例：第一产业____%，第二产业____%，第三产业____%

（6）本县（市）主要地理环境是：

①山区　　②丘陵　　③平原　　④林区

⑤草原　　⑥海岛　　⑦湖区　　⑧其他

2. 县（市）学校、班级、学生和教师的基本信息（1）

表1　　县（市）学校、班级、学生和教师的基本信息（1）

学校类型	项目	1999年	2000年	2005年	2008年	2009年	预计2010年
教学点	学校（所）						
	班级（个）						
	学生（人）						
	教师（人）						
不完全小学（不含教学点）	学校（所）						
	班级（个）						
	学生（人）						
	教师（人）						

3. 县（市）学校数、班级数、学生数、教师数的基本信息（2）

表2　县（市）学校数、班级数、学生数、教师数的基本信息（2）

学校类型	项目	1999年	2000年	2005年	2008年	2009年	预计2010年
完全小学	学校（所）						
	班级（个）						
	学生（人）						
	教师（人）						
初中	学校（所）						
	班级（个）						
	学生（人）						
	教师（人）						
九年一贯制	学校（所）						
	班级（个）						
	学生（人）						
	教师（人）						

4. 结合贵县（市）实际，学校合理布局结构应该是：（请填写数字）

表3　　　　　　学校合理布局结构

<table>
<tr><th colspan="2">合理布局指标项</th><th>小　学</th><th>初中</th></tr>
<tr><td colspan="2">学校服务半径大约多少公里合理？</td><td></td><td></td></tr>
<tr><td colspan="2">学校服务人口大约多少人合理？</td><td></td><td></td></tr>
<tr><td rowspan="3">理想学校规模</td><td>一个学校多少个学生合适？</td><td></td><td></td></tr>
<tr><td>一个班大约多少个学生合适？</td><td></td><td></td></tr>
<tr><td>合理的师生比是多少？</td><td>1：</td><td>1：</td></tr>
</table>

5. 贵县（市）推行学校布局调整政策时，主要希望解决什么问题（可多选）？
①学校布点分散　②教师资源配置失衡
③学校发展不均衡　④教育资源浪费
⑤行政管理成本过高　⑥学校规模过小
⑦学生上学不方便　⑧其他______（请说明）

6. 贵县（市）学校布局调整的主要做法是（可多选）：
①广泛征求群众意见，协商沟通
②行政命令，强制撤并
③行政主导与协商沟通相结合
④减少对拟撤并学校的投入，令其自然关闭
⑤其他______（请注明）

7. 贵县（市）在学校布局调整过程中遇到的阻力：
①非常大　②比较大　③不大　④基本没有

8. 如果有阻力，这些阻力主要来自（可多选）：
①学生　②家长　③教师　④校长
⑤村民　⑥村干部　⑦乡镇干部　⑧其他

9. 贵县（市）布局调整中闲置校产的处置情况：
（1）布局调整中闲置校产主要由什么机构或组织负责处置（可多选）？
①学校　②当地村民
③村委会　④乡镇政府
⑤教育局　⑥县（市）政府
⑦其他______（请说明）
（2）布局调整后闲置校产主要用途是______（可多选）：
①闲置　②办教学点

③办幼儿园　　　　　　　　　　④办校办产业
⑤村委会办公　　　　　　　　　⑥租赁
⑦变卖　　　　　　　　　　　　⑧其他______（请说明）

10. 从本地教育发展实际看：

（1）小学阶段的学校布局重点区域应当是：

①村里　　②乡镇上　　③城郊　　④县（市）城区

（2）初中阶段的学校布局重点区域应当是：

①村里　　②乡镇上　　③城郊　　④县（市）城区

11. 围绕学校布局调整工作，下一阶段本县（市）比较迫切的任务是（可以多选）

①进一步撤并教学点和村小，实行集中化、规模化办学
②新建、改扩建一批寄宿制学校
③保持现有学校格局基本不变，着重提高学校质量和办学水平
④改善寄宿制学校条件，提高寄宿制学校办学水平
⑤提高教师素质，加强农村教师队伍建设
⑥重点发展农村教育，增强农村学校吸引力
⑦着力解决城镇学校“大班额”问题
⑧探索学校“班车”工程，解决边远地区学生上学和返家交通问题
⑨其他

12.（1）2001 年至今，贵县（市）共撤并教学点______个，不完全小学（不含教学点）______所，完全小学______所，初中______所；

（2）至 2009 年，本县（市）闲置小学总数为______所，初中为______所；

（3）总体看，贵县（市）学校撤并力度最大的年份是______年至______年。

13. 未来 5 年，本县（市）农村义务教育阶段在校生数变动趋势是：

①不断下降　　②保持平稳　　③不断上升

14. 未来 5 年，本县（市）城镇义务教育阶段在校生数变动趋势是：

①不断下降　　②保持平稳　　③不断上升

15. 请提供本县（市）城区义务教育资源供求方面的信息：

（1）2009 年，本县（市）城区共有小学和初中学校______所，在校生______人，其中：择校和借读生大约______人；

（2）2009 年，本县（市）城区小学和初中接收非辖区人口子女比例为__%；

［说明：非辖区人口子女是指县（市）内跨区借读生和外县（市）借读生］

（3）未来 5 年，非辖区人口子女在本县（市）城区小学读书的规模将：

①逐年递减　　②保持平稳　　③逐年递增

（4）未来5年，非辖区人口子女在本县（市）城区初中读书的规模将：

①逐年递减　②保持平稳　③逐年递增

（5）本县（市）应对非辖区人口子女进城读书的基本做法是：

①不设门槛、顺其自然　②抬高门槛、严格控制

③适当设门槛、适度放开

（6）本县（市）城区学校接收非辖区人口子女入学，面临的主要障碍（可多选）：

①土地资源有限　②教育经费短缺

③师资力量不够　④学校硬件设施跟不上

⑤其他______（请说明）

16. 如何解决城镇学校“大班额”现象？（可多选）

①在城镇新建更多学校　②提高农村教育质量吸引学生回流

③禁止学生择校　④控制城镇学校班级规模

⑤顺其自然　⑥其他______（请说明）

调查完毕，再次谢谢您的合作！

六、访谈提纲

****** 访谈中特别需要关注的问题 *****

(1) 新一轮学校布局调整实施状况（推进方式、突出矛盾、阻力、群众满意度）。

(2) 学校撤并的标准及学校适度规模问题（覆盖人口与服务半径）。

(3) “教学点”和“村小”生存与发展问题。

(4) 寄宿制学校的条件保障与发展。

(5) “校车”使用现状、可行性及安全问题。

(6) 城镇学校“大班额”问题。

(7) 闲置校舍处置问题。

(8) 当前学校布局调整迫切需要解决的问题、面临的困难及对策建议。

(一) 县（市）教育行政人员访谈提纲

(1) 当地经济社会发展状况（城乡人口分布、人口流动、产业结构等）。

(2) 当地义务教育发展状况（特别是农村义务教育发展状况）。

(3) 当地中小学布局调整推进时间、推进方式、推进的幅度。

(4) 学校布局调整主要矛盾、阻力、群众满意度（如：学生就学困难、费用增加、交通安全隐患、寄宿条件，有无群众上访）。

(5) 当地政府部门在撤并学校时的主要标准是什么（学生人数、家校距离、教育质量）？有没有学校布局调整规划？如果有，制定规划的依据是什么？

(6) 学校布局调整后配套政策（对学生及其家庭补偿？闲置校产处置？）。

(7) 寄宿制学校发展问题（新建改建计划、布局重点区域、经费来源与拨付标准、教师编制问题等）。

(8) 本地推行“校车”的现状及可行性。

(9) 城镇学校“大班额”问题（是否严重？主要原因？解决办法？）。

(10) 本地学校布局调整工作，有怎样的经验和教训？

(11) 下一步推进学校布局调整面临的主要困难是什么？有什么建议和措施？

（二）校长访谈提纲

（1）学校基本状况（学生、教师基本信息）。

（2）学生上学远？校车接送？是否有住宿生？学生住宿条件如何？学生住宿的费用？

（3）对本地学校撤并（特别是教学点和村小撤并）有什么看法？学校撤并的程序？闲置校产处置？

（4）受布局调整影响，有没有学生因学校撤并而辍学？学生/家庭负担有无增加？通过个案计算家庭增加的费用。

（5）布局调整对教师的影响？

（6）布局调整对学校工作的影响（有无托管教学点或村小？管理难度？）。

（7）学校生源流动状况？学生流失或来校借读情况？“大班额”现象是否严重？

（8）对学校布局有什么看法和建议？

（三）教师访谈提纲

（1）教师的生活状况（家庭人口、生活水平、办公用房情况等）。

（2）教师的工作状况（类别、工作量与工作压力、加班情况、收入及福利等）。

（3）教师所在班级学生的状况：

①班级规模、学生流失、借读人数以及住读生人数；

②有没有因布局调整而转来上学或辍学的学生？

（4）布局调整对教师的影响：

①学校撤并是否征求过本人意见？

②教师福利、工作量、压力、工作便利程度、个人发展等方面的影响；

③现在学校与原来学校差异比较（如学校质量、规模、收入）；

④被撤并的学校现状、处置情况。

（5）有关寄宿制学校问题：

①如果是，住宿原因、食宿环境、如何管理？是否增加了工作量？

②如果不是，学生走读方式、安全隐患、对学校统一安排校车可行性的看法？

（6）对本地学校布局调整、学校撤并等问题的看法（满意度？存在问题？解决对策？）。

（四）家长访谈提纲

（1）家长或监护人个人信息。

（2）家庭及孩子的基本信息（家庭人口、父母工作状况、家庭经济状况、义务教育阶段适龄孩子数量、年级等）。

（3）当地是否有学校被撤并？如何看待这件事？

（4）布局调整的程序问题：征求过本人意见？方式合理？满意不满意？为什么？

（5）孩子读书情况（上学难？是否住宿？是否经历过学校撤并？增加的费用?）

（6）什么样的学校布局符合家长期望和要求？有什么建议？

参考文献

［1］［法］埃米尔·迪尔凯姆著，冯韵文译：《自杀论》，商务印书馆2007年版。

［2］安田隆子：《学校統廃合—公立小中学校にかかる諸問題》，国立国会図書館：調査と情報第640号，2009年。

［3］日本教育再生会議：《学校の適正配置関連資料》。

［4］卜文军、熊南凤：《农村贫困地区中小学布局结构调整存在的问题与对策》，载《教育与经济》2007年第4期。

［5］［美］布鲁斯·约翰斯顿著，沈红等译：《高等教育财政》，人民教育出版社2008年版。

［6］曹晶：《农村学校布局调整政策执行偏差及改进对策研究——以县级政府为执行主体的视角》，载《教育理论与实践》2015年第19期。

［7］曹宇：《内蒙古乡镇寄宿制学校学生心理健康状况调查及干预措施》，载《北京教育学院学报（自然科学版）》2015年第3期。

［8］陈瑞华：《通过法律程序正义——萨默斯程序价值理论评析》，《北大法律评论（第1卷）》，法律出版社2000年版。

［9］陈其斌：《东乡社会研究》，民族出版社2006年版。

［10］陈前恒、林海、郭沛：《贫困地区农村基础教育可及性与农民的主观幸福感》，载《中国人口科学》2011年第5期。

［11］陈向明：《文化主位的限度与研究结果的“真实”》，载《社会学研究》2001年第2期。

［12］陈向明：《质的研究方法与社会科学研究》，教育科学出版社2000年版。

［13］陈孝彬、高鸿源：《教育管理学（第三版）》，北京师范大学出版社2008年版。

［14］陈瑶：《澳大利亚首都地区公立中小学布局调整研究》，华中师范大学硕士学位论文2012年。

［15］陈美玉：《教师专业实践理论与应用》，台北师大书苑1996年版。

[16] 陈云松、张翼：《城镇化的不平等效应与社会融合》，载《中国社会科学》2015 年第 6 期。

[17] 程开明：《聚集抑或扩散——城市规模影响城乡收入差距的理论机制及实证分析》，载《经济理论与经济管理》2011 年第 8 期。

[18] 程墨：《闲置校产首先应姓“教”》，载《中国教育报》2011 年 11 月 9 日。

[19] 迟福林、方栓喜：《公共产品短缺时代的政府转型》，载《上海大学学报》2011 年第 4 期。

[20] [日] 冲原丰：《世界的教育》，福村出版社 1977 年版。

[21] 崔东植、邬志辉：《韩国农村小规模学校合并政策评析》，载《教育发展研究》2010 年第 10 期。

[22] 崔峰、曹霁阳：《消除校车安全阴影》，载《瞭望》2007 年第 2 期。

[23] 大姚县地方志编纂委员会：《大姚县志》，云南人民出版社 2010 年版。

[24] [英] 戴维·威尔逊等著，张勇等译：《英国地方政府》，北京大学出版社 2009 年版。

[25] 邓金：《培格曼最新国际教师百科全书》，学苑出版社 1989 年版。

[26] 丁冬、郑风田：《撤点并校：整合教育资源还是减少教育投入？——基于 1996—2009 年的省级面板数据分析》，载《经济学（季刊）》2015 年第 2 期。

[27] 丁煌：《我国现阶段政策执行阻滞及其防治对策的制度分析》，载《政治学研究》2002 年第 1 期。

[28] 丁廷森：《国际教育百科全书》（第八卷），贵州教育出版社 1990 年版。

[29] 丁芝华：《发展我国校车市场的关键路径：立法先行》，载《中国公共安全（学术版）》2010 年第 1 期。

[30] 丁芝华：《美国的校车安全立法研究》，载《道路交通与安全》2010 年第 1 期。

[31] 董世华：《我国农村寄宿制中小学运行成本分担问题研究——基于公共产品理论的视角》，载《教育发展研究》2011 年第 19 期。

[32] 杜屏：《西部五省区农村小学寄宿生的学业成绩与学校适应性研究》，载《教育学报》2010 年第 6 期。

[33] 杜屏、赵汝英：《美国农村小规模学校政策变化分析》，载《教育发展研究》2010 年第 3 期。

[34] 杜育红：《农村寄宿制学校：成本构成的变化与相关的管理问题》，载《人民教育》2006 年第 23 期。

[35] 段成荣、吕利丹、邹湘江：《当前我国流动人口面临的主要问题和对

策——基于2010年第六次全国人口普查数据的分析》，载《人口研究》2013年第2期。

[36] 段成荣、杨舸：《我国流动儿童最新状况——基于2005年全国1%人口抽样调查数据分析》，载《人口学刊》2008年第6期。

[37] 段成荣、杨舸：《我国农村留守儿童状况研究》，载《人口研究》2008年第5期。

[38] 段成荣、杨书章、高书国：《21世纪上半叶我国各级学校适龄人口数量变动趋势分析》，载《人口与经济》2000年第4期。

[39] 范铭、郝文武：《对农村学校布局调整三个"目的"的反思——以陕西为例》，载《北京大学教育评论》2011年第2期。

[40] 范先佐：《构建"以省为主"的农村义务教育财政体制》，载《华中师范大学学报（人文社会科学版）》2006年第2期。

[41] 范先佐、郭清扬：《我国农村中小学布局调整的成效、问题及对策——基于中西部地区6省区的调查与分析》，载《教育研究》2009年第1期。

[42] 范先佐、郭清扬、赵丹：《义务教育均衡发展与农村教学点的建设》，载《教育研究》2011年第9期。

[43] 范先佐：《教育经济学理论与实践问题研究》，华中师范大学出版社2012年版。

[44] 范先佐：《农村中小学布局调整的原因、动力及方式选择》，载《教育与经济》2006年第1期。

[45] 范先佐、曾新：《农村中小学布局调整必须慎重处理的若干问题》，载《河北师范大学学报：教育科学》2008年第1期。

[46] 方创琳、鲍超、黄金川、李广东：《中国城镇化发展的地理学贡献与责任使命》，载《地理科学》2018年第3期。

[47] 方征、谢辰：《"县管校聘"教师流动政策的实施困境与改进》，载《教育发展研究》2016年第36期。

[48] 费孝通：《江村经济》，商务印书馆2001年版。

[49] 费孝通：《中国绅士》，中国社会科学出版社2006年版。

[50] 冯长春、李天娇、曹广忠、沈昊婧：《家庭式迁移的流动人口住房状况》，载《地理研究》2017年第4期。

[51] 冯建军：《程序公正：制度化教育公正的重要原则》，载《教育发展研究》2007年7－8A期。

[52] 冯跃：《教育的期待与实践——一个中国北方县城的人类学研究》，民族出版社2009年版。

［53］冯增俊：《教育人类学》，江苏教育出版社 1998 年版。

［54］敷屋和佳：《都道府県における小中学校統廃合の進行と学校規模》，国立教育政策研究所，2010 年。

［55］［英］弗里德利希·冯·哈耶克著，邓正来译：《自由秩序原理（上）》，生活·读书·新知三联书店 1997 年版。

［56］傅松涛、赵建玲：《美国城乡教育机会均等与“农村教育成就项目”》，载《外国教育研究》2006 年第 3 期。

［57］甘晓：《农村学校布局调整应优先发展校车》，载《中国科学报》2012 年 2 月 23 日 A3 版。

［58］高京：《澳大利亚》，世界知识出版社 1997 年版。

［59］高学贵：《农村学校布局调整的效应及对策分析》，载《中国教育学刊》2011 年第 5 期。

［60］高中建、王潭：《农村寄宿制学校中留守儿童生活教育探究》，载《教育探索》2013 年第 5 期。

［61］葛涛、李金叶：《城镇化、教育投入的经济增长效应研究》，载《工业技术经济》2018 年第 2 期。

［62］葛孝亿、王彦：《农村学校布局调整的政策选择：公共理性的视角》，载《教育发展研究》2013 年第 Z2 期。

［63］耿申：《学校适宜规模及相关设施标准》，载《教育科学研究》2003 年第 5 期。

［64］耿益群等：《国外校车的运营和管理管窥》，载《素质教育大参考》2011 年第 22 期。

［65］辜胜阻：《新型城镇化的难点是人的城镇化》，载《唯实》2013 年第 3 期。

［66］谷生华、彭涛、谢峰：《西部农村基础教育重组应一步到位——关于西部农村基础教育寄宿制学校建设的调查与思考》，载《教育发展研究》2006 年第 6 期。

［67］顾东东、杜海峰、刘茜、李姚军：《新型城镇化背景下农民工社会分层与流动现状》，载《西北农林科技大学学报（社会科学版）》2016 年第 4 期。

［68］郭清扬：《我国农村中小学布局调整的具体成效——基于中西部 6 省区的实证研究》，载《教育与经济》2007 年第 2 期。

［69］郭清扬、赵丹：《义务教育新机制下农村教学点的问题及对策》，载《华中师范大学学报（人文社会科学版）》2009 年第 6 期。

［70］哈经雄、滕星：《民族教育学通论》，教育科学出版社 2001 年版。

[71] [美] 哈维·罗森，特德·盖亚主编，郭庆旺等译：《财政学》，中国人民大学出版社 2008 年版。

[72] 韩锋、刘樊德：《当代澳大利亚：社会变迁与政治经济的新发展》，世界知识出版社 2004 年版。

[73] 何树彬：《刚柔相济的美国校车服务》，载《上海教育》2005 年第 5 (A) 期。

[74] 和学新：《班级规模及学校规模对学校教育成效的影响——关于我国中小学布局调整问题的思考》，载《教育发展研究》2001 年第 1 期。

[75] 贺武华：《农村寄宿制学校办学发展的价值重构与功能再造》，载《浙江社会科学》2015 年第 3 期。

[76] [美] 亨利·莱文，帕特里克·麦克尤恩著，金志农等译：《成本决定效益：成本—效益分析方法和应用》，中国林业出版社 & 北京希望电子出版社 2006 年版。

[77] 侯龙龙、张鼎权、卢永平：《西部五省区农村学校布局调整与学生发展》，载《教育学报》2010 年第 6 期。

[78] 胡彦杰：《当前农村小学布局调整中存在的问题与对策》，载《当代教育论坛》2005 年第 6 期。

[79] 华中师范大学课题组：《我国农村中小学布局调整的背景、目的和成效——基于中西部地区 6 省区 38 个县市 177 个乡镇的调查与分析》，载《华中师范大学学报（人文社会科学版）》2008 年第 4 期。

[80] 华中师范大学课题组：《义务教育学校布局问题研究》，教育部教育政策咨询报告，2011 年 8 月。

[81] 荒木田岳：《地方税收的演变以小规模町村的情形近况》，载《居民与自治》2006 年第 9 期。

[82] 黄栋林：《突击撤并、家长抵制、教学中断、村民接管》，载《南方农村报》2010 年 9 月 15 日第 1 版。

[83] 黄石灵：《响水县规范教育闲置校产管理》，载《行政事业资产与财务》2012 年第 7 期。

[84] 黄兆信、潘旦、万荣根：《农民工子女融合教育：概念、内涵及实施路径》，载《社会科学战线》2010 年第 8 期。

[85] [英] 基思·F. 庞奇著，林世华等译：《社会科学研究法：量化与质化取向》，心理出版社 2005 年版。

[86] 汲慧丽、姚斯亮：《农村中小学布局调整需警惕教师职业倦怠问题》，载《天水师范学院学报》2010 年第 5 期。

［87］《家长抵制学校突击撤并，教学中断村民接管》，载《南方农村报》2009年10月22日。

［88］贾建国：《农村寄宿制学校建设分析：制度互补性的视角》，载《教育发展研究》2009年第7期。

［89］贾勇宏：《农村学校布局调整过程中的利益冲突与协调》，载《教育发展研究》2008年第7期。

［90］贾勇宏：《农村中小学布局调整的预期和动力——基于中西部6省（区）的调查与分析》，载《教育发展研究》2007年第21期。

［91］贾勇宏：《农村中小学布局调整对学生学业成绩的影响——基于全国九省（自治区）样本的考察》，载《教育与经济》2014年第2期。

［92］贾勇宏：《农村中小学布局调整中的弱势伤害与补偿——基于全国9省（区）的调查》，载《教育发展研究》2012年第21期。

［93］江川玟成等：《最新教育キーワード》，時事通信社，2002年版。

［94］姜流：《宁夏利用闲置校舍兴办农村幼儿园》，载《教育》2007年6月。

［95］焦蓓：《农村撤并学校加大校车安全风险》，载《参考消息》2012年5月23日16版。

［96］靳希斌：《教育经济学》，人民教育出版2009年版。

［97］柯进、高毅哲：《农村闲置校产未来何在》，载《中国教育报》2011年11月6日第001版。

［98］柯玉斌：《房县农村中小布局审计促11个教学点恢复办学》，湖北省审计厅官网。

［99］雷万鹏：《家庭教育需求的差异性与学校布局调整政策转型》，载《华中师范大学学报（人文社会科学版）》2012年第6期。

［100］雷万鹏：《将农民工子女纳入区域教育规划》，载《中国教育报》2009年2月28日。

［101］雷万鹏、徐璐：《农村校车发展中的政府责任——以义务教育学校布局调整为背景》，载《中国教育学刊》2011年第1期。

［102］雷万鹏：《以体制机制改革推动农民工子女教育的发展》，载《人民教育》2010年第20期。

［103］雷万鹏：《义务教育学校布局：影响因素与政策选择》，载《华中师范大学学报（人文社会科学版）》2010年第5期。

［104］雷万鹏、张婧梅：《构建公正的学校撤并程序——对民众参与度和满意度的实证调查》，载《全球教育展望》2011年第7期。

［105］雷万鹏、张婧梅：《学校布局调整应回归教育本位——对学校撤并标

准的实证分析》，载《教育研究与实验》2010 年第 3 期。

[106] 雷万鹏、张雪艳：《论农村小规模学校的分类发展政策》，载《教育研究与实验》2011 年第 6 期。

[107] 冷智花：《中国城镇化：从失衡到均衡发展》，载《南京大学学报(哲学·人文科学·社会科学)》2016 年第 4 期。

[108] 李大治、王二平：《公共政策制定程序对政策可接受性的影响》，载《心理学报》2007 年第 6 期。

[109] 李钢、蓝石等：《公共政策内容分析方法：理论与应用》，重庆大学出版社 2007 年版。

[110] 李红恩、靳玉乐：《美国中小学学校布局调整的缘由、现状与启示》，载《比较教育研究》2011 年第 12 期。

[111] 李红霞、林雪、林静、司继伟：《寄宿制小学生时间管理倾向与学业成绩的关系：自我调节学习的中介作用》，载《心理研究》2015 年第 8 期。

[112] 李惠：《美国农村学校合并的现状、问题和趋势》，东北师范大学硕士学位论文 2009 年。

[113] 李慧敏：《农村寄宿生生活现状及改善对策探究》，载《教学与管理》2017 年第 35 期。

[114] 李建华：《公共政策程序正义及其价值》，载《中国社会科学》2009 年第 1 期。

[115] 李尽晖：《西部农村寄宿制学校校长培训的问题与对策研究》，载《教育发展研究》2006 年第 22 期。

[116] 李玲、杨顺光：《“全面二孩”政策与义务教育战略规划——基于未来 20 年义务教育学龄人口的预测》，载《教育研究》2016 年第 7 期。

[117] 李满贺、王文来：《建立外地务工子弟学校校车事故预防长效机制》，载《道路交通安全》2005 年第 5 卷 (6)。

[118] 李勉、张彩、张丹慧、柯李：《寄宿对农村留守儿童发展的影响——基于 12 省 33 680 名留守儿童学校适应状况的实证研究》，载《上海教育科研》2017 年第 4 期。

[119] 李勉、张平平、王耘：《国外中小学寄宿制学校的办学管理经验及其影响》，载《河北师范大学学报 (教育科学版)》2017 年第 5 期。

[120] 李明欢：《“多元文化”论争世纪回眸》，载《社会学研究》2001 年第 3 期。

[121] 李培林：《从农民的终结到村落的终结》，载《财经》2012 年第 5 期。

[122] 李韧竹：《我国农村寄宿制学校学生补贴政策研究》，载《教育发展

研究》2008 年第 19 期。

[123] 李书磊:《村落中的“国家”:文化变迁中的乡村学校》,浙江人民出版 1999 年版。

[124] 李文:《贫困地区农村寄宿制小学儿童膳食营养状况评估》,载《中国农村经济》2008 年第 3 期。

[125] 李祥云、魏萍:《财政分权、地方政府行为扭曲与城乡中小学布局调整》,载《当代财经》2014 年第 1 期。

[126] 李新翠:《国外农村学校布局调整提示我们什么》,载《中国教育报》2012 年 1 月 27 日第 3 版。

[127] 李钰:《“越小越好”——透视美国小型学校运动》,载《全球教育展望》2003 年第 4 期。

[128] [美] 理查德·A. 金、奥斯汀·D. 斯旺、斯科特·R. 斯维特兰,曹淑江等译:《教育财政:公平、效率和绩效(第三版)》,中国人民大学出版社 2010 年版。

[129] 厉以宁:《教育经济学》,北京出版社 1984 年版。

[130] 厉以宁:《走符合中国国情的城镇化道路》,载《中国合作经济》2013 年第 3 期。

[131] 廖英丽:《美国农村中小学合并问题研究》,华中师范大学硕士学位论文 2008 年。

[132] 廖英丽:《20 世纪以来美国农村学校合并历程及其影响因素研究》,载《基础教育参考》2009 年第 3 期。

[133] 林毅夫:《承载新使命的城镇化战略》,载《唯实》2013 年第 2 期。

[134] 刘宝超:《关于教育资源浪费的思考》,载《教育与经济》1997 年第 3 期。

[135] 刘利民:《城镇化背景下的农村义务教育》,载《求是》2012 年第 23 期。

[136] 刘善槐:《科学化·民主化·道义化——论农村学校布局调整决策模型的三重向度》,载《教育研究》2012 年第 9 期。

[137] 刘诗波、郑显亮、胡宏新:《农村寄宿制学校留守儿童家庭教育功能补偿探索——以江西 A 县 B 小学的实践为例》,载《中国教育学刊》2014 年第 10 期。

[138] 刘铁芳:《乡土的逃离与回归——乡村教育的人文重建》,福建教育出版社 2008 年版。

[139] 刘贤伟:《农村中小学布局调整的负面影响》,载《教育科学研究》2007 年第 8 期。

[140] 刘欣：《农村中小学布局调整与寄宿制学校建设》，载《教育与经济》2006年第1期。

[141] 柳海民、娜仁高娃、王澍：《布局调整：全面提高农村基础教育质量的有效路径》，载《东北师大学报（哲学社会科学版）》2008年第1期。

[142] 卢海弘：《班级规模变小，学生成绩更好？——美国对缩小班级规模与学生成绩之关系的理论与实验研究述评》，载《比较教育研究》2001年第10期。

[143] 卢海弘、史春梦：《农村寄宿生补贴政策比较研究——以澳大利亚等国为例》，载《教育发展研究》2008年第19期。

[144] 卢珂、杜育红：《农村学校布局调整对学生成绩的影响——基于两水平增值模型的分析》，载《清华大学教育研究》2010年第6期。

[145] 陆伟、宋映泉、梁净：《农村寄宿制学校中的校园霸凌研究》，载《北京师范大学学报（社会科学版）》2017年第5期。

[146] 陆学艺：《当代中国社会十大阶层分析》，载《学习与实践》2002年第3期。

[147] 吕国光：《中西部农村小学布局调整及教学点师资调查》，载《教育与经济》2008年第3期。

[148] 马斌：《政府间关系：权力配置与地方治理——基于省、市、县政府间关系的研究》，浙江大学出版社2009年版。

[149] 马存芳：《青海藏区寄宿制学生心理健康状况及社会支持关系研究》，载《民族教育研究》2017年第1期。

[150] 马存芳：《职业倦怠对青海藏区寄宿制中小学教师心理健康的影响》，载《民族教育研究》2018年第2期。

[151] ［美］马丁·卡诺依主编，闵维方等译：《教育经济学国际百科全书》，高等教育出版社2000年版。

[152] ［美］马克·汉森著，冯大鸣译：《教育管理与组织行为》，上海教育出版社2005年版。

[153] 马萍：《学校布局调整中基础教育资源配置效率评价——基于X省2002—2013年数据的DEA分析》，载《中国人口·资源与环境》2017年第11期。

[154] 马晓强：《关于我国普通高中教育办学规模的几个问题》，载《教育与经济》2003年第3期。

[155] 马艳云：《班额对基础教育阶段学生的影响》，载《教育科学研究》2009年第7期。

［156］［英］米切尔·黑尧著，赵成根译：《现代国家的政策过程》，中国青年出版社2004年版。

［157］闵维方：《中国高等院校规模效益：类型、质量的实证分析》，载《教育与经济》1993年第1期。

［158］牛利华：《农村中小学布局调整中的教师角色及其导引策略》，载《湖南师范大学教育科学学报》2010年第11期。

［159］庞丽娟：《当前我国农村中小学布局调整的问题、原因与对策》，载《教育发展研究》2006年第4期。

［160］庞丽娟、韩小雨：《农村中小学布局调整的问题、原因及对策》，载《教育学报》2005年第4期。

［161］庞晓鹏等：《农村小学生家长租房陪读与家庭经济条件——学校布局调整后农村小学教育不公平的新特征》，载《中国农村观察》2017年第1期。

［162］彭希哲、胡湛：《当代中国家庭变迁与家庭政策重构》，载《中国社会科学》2015年第12期。

［163］钱雪梅：《从认同的基本特性看族群认同与国家认同的关系》，载《民族研究》2006年第6期。

［164］乔虹：《农村留守儿童教育中推行寄宿制学校的实施探究》，载《现代中小学教育》2014年第11期。

［165］秦平：《关于湖南省湘西农村中小学危房改造和农村寄宿制学校建设问题的思考》，载《当代教育论坛》2005年第22期。

［166］秦玉友：《农村被撤并学校用地处置问题研究》，载《教育发展研究》2009年第21期。

［167］秦玉友：《农村小规模学校教育质量困境与破解思路》，载《中国教育学刊》2010年第3期。

［168］秦玉友：《农村学校布局调整的认识、底线与思路》，载《东北师大学报（哲学社会科学版）》2010年第5期。

［169］秦玉友、宋维玉：《农村学校布局调整的“经济”与“不经济”》，载《南京社会科学》2018年第1期。

［170］秦玉友、孙颖：《学校布局调整：追求与限度》，载《教育研究》2011年第6期。

［171］人力资源社会保障部，国家统计局：《2008年度人力资源和社会保障事业发展统计公报》，http://www.mohrss.gov.cn/SYrlzyhshbzb/zwgk/szrs/tjgb/201710/t20171031_280388.html。

［172］阮荣平、郑风田：《“教育抽水机”假说及其检验》，载《中国人口科

学》2009 年第 5 期。

[173] [美] 萨巴蒂尔著，彭宗超译：《政策过程理论》，生活·读书·新知三联书店 2004 年版。

[174] 单成蔚、秦玉友、曾文婧、宋维玉、赵忠平：《教师人数变多对他们意味着什么？——来自学校布局调整亲历者农村教师的声音》，载《教育科学研究》2016 年第 4 期。

[175] 单丽卿：《“强制撤并”抑或“自然消亡”？——中西部农村“撤点并校”的政策过程分析》，载《河北学刊》2016 年第 36 期。

[176] 沈永兴、张秋生、高国荣：《澳大利亚》，社会科学文献出版社 2009 年版。

[177] 石磊：《三农问题的终结：韩国经验与中国三农问题探讨》，江西人民出版社 2005 年版。

[178] 石人炳：《国外关于学校布局调整的研究及启示》，载《比较教育研究》2004 年第 12 期。

[179] 石人炳：《我国人口变动对教育发展的影响及对策》，载《人口研究》2003 年第 1 期。

[180] 石人炳：《用科学发展观指导中小学校布局调整》，载《中国教育学刊》2004 年第 7 期。

[181] 石维：《成本规制与准公益项目补贴机制研究——以张家港校车公交化为例》，南京农业大学硕士学位论文 2010 年。

[182] 石中英：《知识转型与教育改》，教育科学出版社 2001 年版。

[183] 时可、张娜：《对农村中小学闲置校园校舍利用的若干思考》，载《教育研究》2011 年第 7 期。

[184] 史耀波、赵欣欣：《父母外出务工与寄宿制：哪个对农村学生辍学影响更大？——基于西部三省 1 881 名初中生的实证分析》，载《教育与经济》2016 年第 5 期。

[185] [英] 斯蒂夫·芬顿著，劳焕强等译：《族性》，中央民族大学出版社 2009 年版。

[186] 宋蜀华、白振声：《民族学理论与方法》，中央民族大学出版社 1998 年版。

[187] 宋映泉：《校舍安全何以保障》，载《北京大学教育评论》2008 年第 4 期。

[188] 孙丹、沈贵鹏：《寄宿制学校初中生亲子代沟调查报告——以江苏省无锡市为例》，载《教学与管理》2016 年第 11 期。

［189］孙家振：《调整学校布局优化资源配置——关于农村义务教育阶段学校布局调整的实践与思考》，载《山东教育科研》1997年第1期。

［190］孙来勤、秦玉友：《“后普九”时代农村小学教学点边缘化境遇和发展思路》，载《当代教育科学》2010年第8期。

［191］孙群：《老河口再利用闲置校产》，载《襄樊日报》2010年10月26日第04版。

［192］孙战民、陈鹏：《农村寄宿制学校安全管理的基本原则》，载《教学与管理》2006年第7期。

［193］谭春芳：《公共政策视角下农村学校布局调整探析》，载《中国教育学刊》2012年第10期。

［194］谭春芳、徐湘荷：《大就好吗——美国小规模中小学校（学区）合并问题研究》，载《外国中小学教育》2009年第2期。

［195］腾讯网：《共和国辞典：撤点并校》，http：//news. qq. com/zt2011/ghgcd/59. htm。

［196］腾讯网：《农村学校撤并须听家长意见　保障儿童就近入学》，hsalPost-Detail. do? id =422923&boardId =1&view =1ttp：//ezheng. people. com. cn/propo。

［197］涂元玲：《村落中的本土教育》，山西教育出版社2010年版。

［198］万明钢、白亮：《“规模效益”抑或“公平正义”——农村学校布局调整中“巨型学校”现象思考》，载《教育研究》2010年第4期。

［199］王桂臣：《关于农村中小学布局调整负面影响的思考》，载《河北教育》2005年第17期。

［200］王海英：《农村学校布局调整的方向选择——兼谈农村学校“撤存”之争》，载《东北师范大学学报（哲学社会科学版）》2010年第5期。

［201］王海英、张强：《驻校社工“嵌入”农村寄宿制学校：问题与策略》，载《当代教育科学》2015年第22期。

［202］王建梁、陈瑶：《21世纪新西兰农村学校布局调整的反思及启示》，载《外国教育研究》2011年第6期。

［203］王景、张学强：《当前我国农村义务教育阶段寄宿制学校发展的问题研究》，载《教育科学》2010年第3期。

［204］王娟涓、徐辉：《美国农村中小学合并研究》，载《比较教育研究》2011年第12期。

［205］王铭铭：《社会人类学与中国研究》，广西师范大学出版社2005年版。

［206］王强：《20世纪美国农村“学校合并”运动述评》，载《外国中小学教育》2007年第8期。

[207] 王蓉:《中国教育财政政策咨询报告(2005—2010)》,教育科学出版社2011年版。

[208] 王善迈:《教育经济学概论》,北京师范大学出版1989年版。

[209] 王少非:《新课程背景下的教师专业发展》,华东师范大学出版社2005年版。

[210] 王树涛、毛亚庆:《寄宿对留守儿童社会情感能力发展的影响:基于西部11省区的实证研究》,载《教育学报》2015年第5期。

[211] 王树涛、毛亚庆:《农村学校布局调整政策逻辑的反思与重构》,载《教育发展研究》2015年第10期。

[212] 王思斌:《改革中弱势群体的政策支持》,载《北京大学学报(哲学社会科学版)》2003年第2期。

[213] 王晓杰:《试析印度政府对弱势群体义务教育的管理》,https://www.ixueshu.com/document/3750cf6b88dc8b128e50a2070b6173e2318947a18e7f9386.html。

[214] 王欣、孙鹰、胡芳芳:《专用校车和非专用校车的国家标准要求差异分析》,载《交通标准化》2011年第2期。

[215] 王学真、郭剑雄:《刘易斯模型与托达罗模型的否定之否定——城市化战略的理论回顾与现实思考》,载《中央财经大学学报》2002年第3期。

[216] 王一雄、郑柏玲、张瑞勇:《农村闲置校产如何盘活》,载《闽南日报》2011年10月12日第009版。

[217] 王颖、杨润勇:《新一轮农村中小学布局调整后的负面效应:调查反思与对策分析》,载《教育理论与实践》2008年第12期。

[218] 王玉国、翟慎娟:《农村学校布局调整的动因与底线标准》,载《中国教师》2011年第11期。

[219] 王远伟、钱林晓:《关于农村中小学合理布局的设计》,载《华中师范大学学报(人文社会科学版)》2008年第3期。

[220] 文部科学省:《文部科学省统计要览(2008年版)》,http://www.mext.go.jp/b_menu/toukei/002/002b/1305705.htm,2012-03-07。

[221] 文部科学省:《学校の適正配置について》,www.soumu.go.jp/main_sosiki/.../c.../kasokon20_05_02_s2-1.pdf。

[222] 翁乃群等:《村落视野下的农村教育——以西南四村为例》,社会科学文献出版社2009年版。

[223] 邬志辉:《农村学校撤并决策的程序公正问题探讨》,载《湖南师范大学教育科学学报》2010年第6期。

[224] 邬志辉:《中国农村学校布局调整标准问题探讨》,载《东北师大学

报（哲学社会科学版）》2010 年第 5 期。

［225］吴宏超：《农村中小学布局调整的困境与出路》，载《华中师范大学学报（人文社会科学版）》2007 年第 2 期。

［226］吴宏超、赵丹：《农村学校合理布局标准探析——基于河南省的调查分析》，载《教育发展研究》2008 年第 17 期。

［227］吴瑞林、钮梅玲、满鑫：《寄宿制对双语教育小学生学业成绩的影响——基于新疆大规模测评数据的分析》，载《民族教育研究》2017 年第 2 期。

［228］吴亚林：《义务教育学校布局：10 年来的政策回顾与思考》，载《教育与经济》2011 年第 2 期。

［229］［澳］西蒙·马金森著，沈雅雯、周心红、蒋欣译：《现代澳大利亚教育史》，浙江大学出版社 2007 年版。

［230］新浪网：《百名教师因学校撤并看门养猪当厨师》，http：//hsb. hsw. cn/2010－09/15/content_7866347. htm。

［231］熊向明：《对当前农村中小学布局调整的反思——河南中原地区农村中小学布局调整调查分析》，载《教育与经济》2007 年第 2 期。

［232］徐杰舜：《人类学教程》，上海文艺出版社 2005 年版。

［233］许宇：《襄州区石桥镇探索“小幼一体”办学模式》，载《中国教育报》2013 年 2 月 28 日 第 06 版。

［234］杨春华：《农村留守儿童与寄宿制教育——试析生活经验缺失对未成年人的影响》，载《南开学报（哲学社会科学版）》2018 年第 2 期。

［235］杨海燕：《超大规模学校的现实困境与规模选择》，载《国家教育行政学院学报》2007 年第 8 期。

［236］杨靳、廖少廉：《美国农村人口迁移与启示》，载《人口学刊》2001 年第 4 期。

［237］杨菊华、王毅杰、王刘飞、刘传江、陈友华、苗国、王谦：《流动人口社会融合：“双重户籍墙”情景下何以可为?》，载《人口与发展》2014 年第 3 期。

［238］杨清溪：《当前我国农村寄宿制学校建设反思》，载《中国农村教育》2010 年第 4 期。

［239］杨润勇：《农村“教学点”相关教育政策分析》，载《当代教育科学》2010 年第 3 期。

［240］杨润勇：《中部地区农村义务教育阶段办学面临的突出问题研究》，载《当代教育科学》2009 年第 3 期。

［241］杨玉春：《山东省农村义务教育学校布局调整的实证调查分析》，载

《当代教育科学》2010 年第 13 期。

[242] 杨兆山、杨清溪、朱雪研：《加拿大学校布局调整研究及其启示——基于萨斯喀彻温省的个案分析》，载《外国教育研究》2007 年第 12 期。

[243] 養葉正明：《公立小中が濃く統廃合に関するプロジェクト研究を終了するに当たって-》，国立教育研究所，2011 年。

[244] 姚佳胜：《中小学布局调整政策地方执行动力机制及启示》，载《教育探索》2016 年第 5 期。

[245] 叶敬忠、陆继霞、孟祥丹：《不同社会行动者对农村中小学布局调整政策的回应》，载《中国农村经济》2009 年第 11 期。

[246] 叶敬忠、潘璐：《农村小学寄宿制问题及有关政策分析》，载《中国教育学刊》2008 年第 2 期。

[247] 叶庆娜：《农村中小学布局调整的评价：家长视角》，载《教育发展研究》2012 年第 24 期。

[248] 叶运伟：《从学校运营规模谈学校整并——屏东小型学校合并计划为例》，载《现代教育论坛》2002 年第 11 期。

[249] 葉養正明：《少子高齢化における小中学校の配置と規模に関する資料集（第一集)》，公立教育政策研究所，2009 年。

[250] 易宗喜、许远南：《试论农村初中的办学规模》，载《南京师大学报(社会科学版)》1990 年第 3 期。

[251] 于宁宇：《德清模式：把校车当做一种文化来运作》，http：//www.chinabuses.com/buses/2012/1102/article_10434.html。

[252] 于胜刚、邬志辉：《简述美国农村学区布局调整（1930—1998)》，载《学术论坛》2010 年第 6 期。

[253] 于正伟、胡曼云：《政策、政策供求与政策均衡——公共政策研究的供求分析框架》，载《内蒙古农业大学学报（社会科学版)》2010 年第 1 期。

[254] 袁桂林、宗晓华、陈静漪：《中国分城乡学龄人口变动趋势分析》，载《教育科学》2006 年第 1 期。

[255] [美] 约翰·奥布主编，石中英译：《教育大百科全书——教育人类学》，西南师范大学出版社 2011 年版。

[256] [美] 约翰·罗尔斯，何怀宏、向包钢、廖申白译：《正义论》，中国社会科学出版社 2011 年版。

[257] 岳伟、徐洁：《农村中小学布局调整的公正性反思》，载《湖南师范大学教育科学学报》2015 年第 3 期。

[258] 悦中山、李树茁、靳小怡、费尔德曼：《从“先赋”到“后致”：农

民工的社会网络与社会融合》，载《社会》2011 年第 6 期。

［259］曾荣光：《教育政策研究：议论批判的视域》，载《北京大学教育评论》2007 年第 4 期。

［260］曾新、高臻一：《赋权与赋能：乡村振兴背景下农村小规模学校教师队伍建设之路——基于中西部 6 省 12 县〈乡村教师支持计划〉实施情况的调查》，载《华中师范大学学报（人文社会科学版）》2018 年第 1 期。

［261］张传武：《农村寄宿制学校办学模式新探索》，载《人民教育》2006 年第 23 期。

［262］张大庆：《农村寄宿制学校办学模式探析——以湘西自治州为例》，载《当代教育论坛》2010 年第 10 期。

［263］张冠生：《"人们现在有一种需要"——费孝通教授近读访谈》，载《博览群书》1998 年第 3 期。

［264］张洪华：《农村中小学布局调整中的利益博弈——基于苏镇个案的实地研究》，华东师范大学博士学位论文 2011 年。

［265］张济洲：《文化视野下的村落、学校与国家》，教育科学出版社 2011 年版。

［266］张路秋：《校车应按公交化的套路出牌》，载《运输经理世界》2007 年第 11 期。

［267］张铁道、赵学勤：《建立适应社会人口流动的接纳性教育——城市化进程中的流动人口子女教育问题研究》，载《山东教育科研》2002 年第 8 期。

［268］张菀洺：《政府公共服务供给的责任边界与制度安排》，载《学术研究》2008 年第 5 期。

［269］张新平：《巨型学校的成因、问题及治理》，载《教育发展研究》2007 年第 1 期（A）。

［270］张学敏、陈相亮：《论学校适度规模及其类型——基于数量与质量双重因素的分析》，载《高等教育研究》2008 年第 11 期。

［271］张源源、邬志辉：《美国乡村学校布局调整的历程及其对我国的启示》，载《外国中小学教育》2010 年第 7 期。

［272］张源源、邬志辉：《美国学校布局调整的标准、结果及其改进原则》，载《外国教育研究》2011 年第 3 期。

［273］赵丹、范先佐：《国外农村小规模学校研究综述》，载《外国教育研究》2012 年第 2 期。

［274］赵丹：《农村教学点问题研究》，华中师范大学硕士学位论文 2008 年。

［275］赵丹：《农村学校布局调整的过程、问题及结论——基于 GIS 的分

析》，载《教育与经济》2012 年第 1 期。

[276] 赵丹：《农村中小学布局调整后教学点师资状况的调查与思考——以中西部地区的调研为基础》，载《天津市教科院学报》2009 年第 12 期。

[277] 赵丹、吴宏超、Bruno Parolin：《农村学校撤并对学生上学距离的影响——基于 GIS 和 Ordinal Logit 模型的分析》，载《教育学报》2012 年第 3 期。

[278] 赵丹、吴宏超：《农村教学点的现状、困境及对策分析》，载《教育与经济》2007 年第 3 期。

[279] 赵家琎、方爱伦：《当代澳大利亚社会与文化》，上海外语教育出版社 2004 年版。

[280] 赵杰：《农村义务教育学校布局调整政策：变迁、反思与展望》，载《教育发展研究》2013 年第 8 期。

[281] 赵贞、邬志辉：《撤点并校带来的乡村文化危机》，载《现代中小学教育》2015 年第 1 期。

[282] 赵中建等：《印度基础教育》，广东教育出版社 2007 年版。

[283] 赵忠平、秦玉友：《农村小规模学校的师资建设困境与治理思路》，载《教师教育研究》2015 年第 6 期。

[284] 赵瑞瑞、周国华：《城镇化背景下农村寄宿制学校建设探究》，载《教育理论与实践》2015 年第 1 期。

[285] 郑琼：《中外农村小学撤点并校的比较分析》，载《现代教育科学·普教研究》2011 年第 6 期。

[286] 郑燕祥、谭伟明、张永明：《整全性家庭与学校合作的理念》，载《亚洲辅导学报》1996 年第 4 期。

[287] 法制日报：《校车公交化改革的“张家港样本”》，http：//finance. ifeng. com/roll/20111203/5190907. shtml。

[288]《中国城市发展报告》编委会：《中国城市发展报告》，http：//www. china. com. cn/aboutchina/data/07cs/node_7039769. htm。

[289] 中国金融信息网：《陕西：西安市阎良区创新机制破解校车运行困境》，http：//news. xinhua08. com/a/20120417/940706. shtml。

[290] 中国统计信息网：《荆州市监利县 2011 年国民经济和社会发展统计公报》，http：//www. stats - hb. gov. cn/wzlm/tjgb/ndtjgb/jzs/jl/17073. htm。

[291] 中国政府网：《周洪宇代表：建议实施全国“校车安全工程”》，http：//www. gov. cn/govweb/jrzg/2011 - 03/04/content_1816487. htm。

[292] 中华人民共和国教育部发展规划司：《全国教育事业发展简明统计分析 2011》，人民教育出版社。

[293] 中华人民共和国教育部发展规划司：《全国教育事业发展简明统计分析2009》，人民教育出版社。

[294] 中华人民共和国教育部发展规划司：《中国教育统计年鉴》（2005－2010年），人民教育出版社。

[295] 中华人民共和国教育部发展规划司：《中国教育统计年鉴2001》，人民教育出版社。

[296] 中华人民共和国教育部发展规划司：《中国教育统计年鉴1978》，人民教育出版社。

[297] 中华人民共和国教育部网站：《全国教育事业发展统计公告》（1998－2010），http：//www.moe.gov.cn/jyb_sjzl/sjzl_fztjgb/。

[298] 中西部地区农村中小学合理布局结构研究课题组：《我国农村中小学布局调整的背景、目的和成效——基于中西部地区6省区38个县市177个乡镇的调查与分析》，载《华中师范大学学报（人文社会科学版）》2008年第4期。

[299] 中央教育科学研究所课程教学研究中心、教育督导与评估研究中心：《中国小学教育质量稳步提升》，载《中国教育报》2009年12月4日。

[300] 中央教育科学研究所课题组：《贫困地区农村寄宿制学校学生课余生活管理研究——基于广西壮族自治区都安县、河北省丰宁县的调研》，载《教育研究》2008年第4期。

[301] 中央教育審議会：《小・中学校の設置・運営のあり方について》，www.mext.go.jp/b_menu/shingi/chukyo/.../08071404.htm。

[302] 周芬芬：《农村中小学布局调整对教育公平的损伤及补偿策略》，载《教育理论与实践》2008年第19期。

[303] 周国雄：《博弈：公共政策执行力与利益主体》，华东师范大学出版社2008年版。

[304] 周洪宇：《实施“全国校车安全工程”的建议》，载《中小学管理》2011年第4期。

[305] 周廷勇等：《北京市中小学校车问题的调查研究》，载《教育科学研究》2010年第9期。

[306] 周兆海、邬志辉：《工作量视角下义务教育教师编制标准研究——以农村小规模学校为例》，载《中国教育学刊》2014年第9期。

[307] 朱敏：《寄宿制小学卫生和健康状况的调查——四川省通江县正文小学个案分析》，载《现代中小学教育》2006年第11期。

[308] 朱秀艳：《美国小规模学校研究》，华中师范大学硕士学位论文2004年。

［309］祝小宁、陈小真：《成本转嫁与校车安全管理研究》，载《国家行政学院学报》2013年第2期。

［310］庄孔韶：《人类学概论》，中国人民大学出版社2006年版。

［311］庄孔韶：《人类学通论》，山西教育出版社2002年版。

［312］A. J. DeYoung & C. B. Howley. The Political Economy of Rural School Consolidation. Peabody Journal of Education，Vol. 67，Summer，1990：63－89.

［313］Alsbury T. L. & Shaw N. L.. Policy Implications for Social Justice in School District Consolidation. Leadership and Policy in Schools，Vol. 4，No. 2，2005.

［314］Andrew Barr. ACT Government Submission－Inquiry into School Closures and Reform of the ACT Education System. Standing and Committee on Education，Training and Youth Affairs，2009：2.

［315］Angela W. Little. Size Matters for EFA，http：//www. create－rpc. org/pdf_documents/PTA26. pdf.

［316］Angel Ibeas，ect. Costing School Transportation in Spain. Transportation Planning and Technology，Vol. 29，No. 6，2006：483－501.

［317］Anjini Kochar. Can Schooling Policies Affect Inequality? An Empirical Evaluation of School Location Policies in India，2007：10－13.

［318］Anything But Research-based：State Initiatives to Consolidate Schools and Districts，2013－08－02.

［319］Attfield & M. Tamiru & B. Parolin，A. D. Grauwe. Improving Micro-planning in Education through a Geographical Information System：Studies on Ethiopia and Palestine. Paris，France：International Inst. for Educational Planning，June，2002.

［320］Australian Demographic Statistics of Australian Bureau of Statistics.. Australian Education Union－ACT Branch Submission to the Inquiry into School Closures and Reform of the ACT Education System. www. parliament. act. gov. au，2009－3.

［321］Australian Education Union ACT Branch. Beyond Rhetoric：AEU Submission in Response to Towards 2020：Renewing Our Schools，2013－01－31.

［322］Azim Premji Foundation. The Social Context of Elementary Education in Rural India，2004：15－16.

［323］Bickel R. & Howley C. & Williams T. & Glascock，C.. High School Size，Achievement Equity and Cost：Robust Interaction Effects and Tentative Results，Education Policy Analysis Archives，Vol. 9，No. 40，2001.

［324］Bradley. School Size and Its Relationship to Achievement and Behavior，2000.

[325] Bryman. A Quantity and Quality in Social Research. Unwin Hyman, 1988.

[326] Chicago Public Schools Policy Manual. Closing of Schools, 2007 - 5 - 23.

[327] Closing a School Best Practices Guide. California Department of Education. Closing a School Best Practices Guide. California Department of Education, 2008.

[328] Cohen & Daniel & Marcello Soto. Growth and Human Capital: Good Data, Good Results. Journal of Economic Growth, Vol. 12, 2007: 51 - 76.

[329] Cohn E. and Hu, T W.. Economies of Scale, by Program, in Secondary Schools. Journal of Educational Administration, Vol. 11 No. 2, 1973: 302 - 313.

[330] Common wealth of Australia. Budget Overview. http://www.ag.gov.au/cca, 2013 - 02 - 05.

[331] Craig B. Howley. Riding the School Bus: A Comparison of the Rural and Suburban Experience in Five States. Journal of Research in Rural Education, Spring, Vol. 17, No. 1, 2001: 41 - 63.

[332] Craig B. Howley. Small by Design: Critiquing The Urban Salvation of Small Schools. the annual meeting of the International Society for Educational Planning, 2004: 10.

[333] Craig Howley & Jerry Johnson & Jennifer Petrie. Consolidation of Schools and Districts: What The Research Says And What It Means, http://nepc.colorado.edu/publication/consolidation - schools - districts, 2013 - 06 - 09.

[334] Creswell J. W. Educational Research: Planning, Conducting, and Evaluating Quantitative and Qualitative Research. Upper Saddle River, Merrill Prentice Hall, 2005.

[335] Creswell J. W. Research Design: Qualitative and Quantitative Approaches. Thousand Oaks, CA: Sage, 1994.

[336] Dave Aiken. Class I School District Consolidation Ballot Referendum, http://digitalcommons.unl.edu/agecon_cornhusker/240/, 2013 - 06 - 09.

[337] David W. Holland and John L. Baritelle. School Consolidation in Sparsely Populated Rural Areas: A Separable Programming Approach. American Journal of Agricul-tural Economics, Vol. 57, No. 4, 1975.

[338] Delyth Hopkins, P. David Ellis. The Effective Small Primary School: Some Significant Factors. School Organisation, Vol. 11, No. 1, 1991: 115 - 122.

[339] Dennis M. Mulcahy. Rural and Remote Schools: A Reality in Search of a Policy.

[340] DISE. Elementary Education in Rural India: Where Do We Stand?, ht-

tp：//www. dise. in/Downloads/Publications/Publications% 202010 – 11/RURAL2010_11F. pdf.

[341] DISE – Flier，http：//www. dise. in/Downloads/DISE_Flier2011 – 12. pdf，2011 – 12.

[342] D. Lehman. Bringing the School to the Children：Shortening the Path to EFA. Oringnally Published by World bank，August，2003.

[343] Dona Dawson. Economies of Scale in the Ontario Public Secondary Schools. TheCanadian Journal of Economics，ld A. Vol. 5，No. 2，1972.

[344] D. Strang. The Administrative Transformation of American Education：School District Consolidation，1938 – 1980. Administrative Science Quarterly，Vol. 32，1987：352 – 366.

[345] Eduardo A Vasconcellos. Rural Transport and Access to Education in Developing Countries：Policy Issues. Journal of Transport Geography，Vol. 5，No. 2，1997：127 – 136.

[346] Education Act 1972 of South Australia，2013 – 01 – 23.

[347] Education Amendment Bill，2013 – 02 – 04.

[348] Education (Closure and Amalgamation of Government Schools) Amendment Bill，2013 – 01 – 31.

[349] E. Fredua – Kwarteng. School Closures in Ontario：Who Has the Final Say? Journal of Educational Administration and Policy，No. 19，2005.

[350] Elchanan Cohn. Economies of Scale in Iowa High School Operations. The Journal of Human Resources，Vol. 3，No. 4，1968.

[351] Elchanan Cohn & Teh – Wei Hu. Economies of Scale by Program in Secondary Schools. Journal of Educational Administration，Vol. 11，No. 2，1973.

[352] Emmanuel Jimenez. The Structure of Educational Costs：Multiproduct Cost Functions for Primary and Secondary Schools in Latin America. Economics of Education Review，Vol 5，Issue 1，1986.

[353] Erin McHenry – Sorber. School Consolidation in Pennsylvania：An Analysis of Governor Rendell' Policy Proposal.

[354] Esko Kalaoja，Janne Pietarinen. Small Rural Primary Schools in Finland：A Pedagogically Valuable Part of the School Network. International Journal of Educational Research，2009：48.

[355] Evolution of Educational Systems in Australia，http：//www. abs. gov. au/，2012 – 02 – 03.

[356] Forbes, R. H. , Fortune, J. C. , Packed, A. L. . North Carolina Rural Initiative Study of Secondary Schools: Funding Effects on Depth of the Curriculum, http: //www. eric. ed. gov/PDFS/ED360133. pdf. 1993.

[357] Foreman – Peck, J. & Foreman – Peck, L. Should Schools Be Smaller? The size – Performance Relationship for Welsh Schools, Economics of Education Review, 2006.

[358] Fowler, W. J. & Walberg, H. J. . School Size, Characteristics, and Outcomes. Educational Evaluation and Policy Analysis, No. 13, 1991: 189 – 202.

[359] Fox, W. F. Reviewing Economies of Size in Education. Journal of Educational Finance, No. 6, 1981: 273 – 296.

[360] Hampel, R. L. Historical Perspectives on Small Schools. Phi Delta Kappan, Vol. 83, No. 5, 2002.

[361] Human Rights and Equal Opportunity Commission Report. Education Access National. Inquiry into Rural and Remote Education.

[362] Hung – Lin Tao, Ming – Ching Yuan. Optimal Scale of A Public Elementary School With Commuting Costs – A Case Study of Taipei County. Economics of Education Review, Vol 24, No. 4, 2005.

[363] J. Bard, C. Gardener, R. Wieland. Rural School Consolidation Report: History, Research Summary, Conclusions and Recommendations. Norman, OK: National Rural Education Association, 2005.

[364] Jewell, R. W. . School and School District Size Relationships: Costs, Results, Minorities, and Private School Enrollments. Education and Urban Society, No. 21, 1989: 140 – 153.

[365] Jimenez, E. The Structure of Educational Costs: Multiproduct Cost Functions for Primary and Secondary Schools in Latin America. Economics of Education Review, Vol. 5, No. 1, 1986: 25 – 39.

[366] Joe Bard and Clark Gardener & Regi Wieland. National Rural Education Association Report—Rural School Consolidation: History, Research Summary, Conclusions, and Recommendations. The Rural Educator, Vol. 27, No. 2, 2006, 40.

[367] Joe Bard et al. . Rural School Consolidation Rreport. History Research Summary Conclusions and Recommendations. Prepared for the National Rural Education Association Executive Board, 2005.

[368] John Engberg et al. Closing Schools in a Shrinking District: Does Student Performance Depend on Which Schools are Closed, http: //www. aefpweb. org/sites/

default/files/webform/Closing% 20Schools% 20Engberg% 20Gill% 20Zamarro% 20Zimmer% 20201103. pdf, 2013 - 09 - 12.

[369] Johnson R. B. & Onwuegbuzie A. J. . Mixed methods research: A Research Paradigm Whose Time has Come. Educational Researcher, Vol. 33, No. 7, 2004: 12 - 26.

[370] J. R. Harris & M. P. . Todaro. Migration, Unemployment and Developmen, Vol. 60, No. 1, 1970: 126 - 142.

[371] Kalyan Chakraborty. Basudeb Biswas, W. Cris Lewis. Economies of Scales in Public Education: An Econometric Analysis. Contemporary Economic Policy, Vol. 18, No. 2, 2000.

[372] Kathryn Rooney, John Augenblick. An Exploration of District Consolidatio.

[373] Keith A. Nitta, Marc J. Holley, Sharon L. Wrobel. A Phenomenological Study of Rural School Consolidation. Journal of Research in Rural Education, Vol. 25, No. 2, 2010.

[374] Kieran Killeen, John Sipple. School Consolidation and Transportation Policy An Empirical and Institutional Analysis. Randolph, VT: Rural School and Community Trust. Retrieved August 31, 2001.

[375] Kuziemko, I. Using Shocks to School Enrollment to Estimate the Effect of School Size on Student Achievement, Economics of Education Review, No. 25, 2006: 63 - 75.

[376] Lee, V. E. , Smith, J. B. . High School Size: Which Works Best and For Whom Educational Evaluation and Policy Analysis, No. 19, 1997: 205 - 227.

[377] Lewin, K. M. Costs and Finance of Multigrade Strategies for Learning: How do the Books Balance? In Little, A. W. (ed.) Education for All and Multigrade Teaching: Challenges and Opportunities. Dordrecht: Springer, 2006: 257 - 258.

[378] Lewis, W. A. . Economic Development with Unlimited Supply of Labor. The Manchester School of Economic and Social Studies, 1954, 22 (2): 139 - 191.

[379] Linda Hargreaves, Rune Kvalsund & Maurice Galton. Reviews of Research on Rural Schools and Their Communities in British and Nordic countries: Analytical perspectives and cultural meaning. International Journal of Educational Research, 2009: 48.

[380] Lindsay, P. . High School Size, Participation in Activities, and Young Adult Socia Participation: Some Enduring Effects of Schooling. Educational Evaluation

and Policy Analysis, No. 6, 1984: 73 -83.

[381] Lorna Jimerson. The Hobbit Effect: Why Small Works in Public Schools, 2006: 8.

[382] Lyson Thomas A.. What Does a School Mean to a Community? Assessing the Social and Economic Benefits of Schools to Rural Villages in New York. Journal of Research in Rural Education, Vol. 17, No. 3, 2002: 131 -137.

[383] Marion Walker. Choice, Cost and Community: The Hidden Complexities of the Rural Primary School Market Education Management Administration & Leadership, Vol. 38, No. 6, 2010: 712 -727.

[384] Mark A. Edelman, James J. Knudsen. A Classic Economies of Size Analysis on Average School Costs: An Iowa Case Study. North Central Journal of Agricultural Eco-nomics, Vol. 12., No. 1, 1990.

[385] Mark Bray. Are Small Schools the Answer? Cost-effective Strategies for Rura School. London: Commonwealth Secretariat, 1987: 32.

[386] Mark Witham. The Economic Rationale for Closing All Country School, htp//www. nexus. edu. au/teachstud/dexed/docs/closure. html, 2013 -02 -03.

[387] McKenzie, P.. The Distribution of School Size: Some Cost Implications. Paper presented at the Annual Meeting of the American Educational Research Association, Montreal, Quebec, Canada, April, 1983: 232 -256.

[388] MHRD. Outcome Budget, 2011 -12.

[389] Mhrd. Xith Plan Documenton Education, http: //mhrd. gov. in/sites/upload_files/mhrd/files/XIPlandocument_1. pdf.

[390] Midwest Research Institute. Decision Criteria and Policy for School Consolidation. Final Report. MRI Project RA -115 -D (1). Kansas City, MO: Kansas City School District, MO, 1974 -3.

[391] Mills & Nicolaus. Busing: Who's Being Taken For a Ride. ERIC - IRCD Urban Disadvantaged Series, June, No. 27, 1972.

[392] Ministry of Human Resource Development. National Policy On Education, 1986.

[393] Molly M. McClell. An Evaluation of Rural School Consolidation. Athens: Ohio University, 2010.

[394] New York State Education Dept, Albany. Educational Research Service Unit. School Transportation Costs, Policies and Practices: A Review of Issues in New York and Selected States, No. 38, 1980.

[395] Norma Kennedy, Mike MacDougall, Nova Scotia. School Closure Process Review. Review Committee Report and Recommendations, No. 8, 2007.

[396] NREA Consolidation Task, . Rural School Consolidation Report, 2005: 4.

[397] Peshkin, A.. Growing up American: Schooling and the Survival of Community. The Univesity of Chicago Press, 1978.

[398] Philip Power Consolidation of Rural School and Transportation of Pupils. Master's degree paper. University of California, 1919.

[399] Phipps. A. G., Holden. W. J.. Intended Mobility Response to Inner-city School Closure (Canada). Environment and Planning, No. 17, 1985.

[400] Planning Commission. Government of India, Approach Paper To The Tenth Five Plan (2002 -2007), 2001: 37.

[401] Prem Kalra, Anupam Rastogi (eds). India Infrastructure Report, 2007. Rural Infrastructure, 2007: 292, http: //www. idfc. com/pdf/report/IIR -2007. pdf.

[402] Ramesh C. Kumar. Economic of Scale in School Operation: Evidence from Canada. Applied Economics.

[403] Randall Eberts, Ellen K. Schwartz, Joe A. Stone. School Reform, School Size, And Student Achievement. Economic Review. Issue QⅡ, 1990.

[404] Raywid, Mary Ann. Current Literature on Small Schools. ERIC Digest EDO -RC -98 -8, January, 1999.

[405] Ready, D. D. & Lee, V. E.. Optimal Context Size in Elementary Schools: Disentangling the Effects of Class Size and School Size. Brookings Papers on Education Policy, No. 9, 2006: 99 -135.

[406] R. Govinda. Reaching the Unreached Through Participatory Planning: School Mappig in Lok Jumbish, India, 1999: 117 -128, http: //unesdoc. unesco. org/images/0011/001175/117580e. pdf.

[407] R. John Halsey. Small Schools, Big Future. Australian Journal of Education, No. 55, 2011.

[408] R. John Halsey. The Establishment of Area Schools in South Australia 1941 -1947. History of Education Review, No. 2, 2011.

[409] Robert A. McGuire, T. Norman Van Cott. Public versus Private Economic activity: A New Look at School Bus Transportation. Public Choice, Vol. 43, No. 1, 1984: 25 -43.

[410] Robert L. Leight. Country School Mermorie. Westport: Greenwood Press, No. 8, 1999.

[411] Rob French, Geeta Kingdon. The Relative Effectiveness of Private and Government Schools in Rural India: Evidence from ASER Data.

[412] RSU Decision Criteria – Questions – Msad 71 Responses, Draft (Rev. 8/2/07), http://www.rsu21.net/SchoolBoard/DraftPolicy.htm, 2007.

[413] Rune Kvalsunda, Linda Hargreaves. Reviews of Research in Rural Schools and Their Communities: Analytical Perspectives and a New Agenda International. Journal of Educational Research, 2009: 48.

[414] Russel L. Ackoff. Reading the Future: A System Approach to Social Problem, New. Russo. A. Mergers, Annexations, Dissolutions. School Administrator, Vol. 63, No. 3, 2006.

[415] Sarah Carleton, Christine Lynch & Robert O'Donnell. School District Consolidation in Massachusetts: Opportunities and Obstacles, http://www.doe.mass.edu/research/reports/1109consolidation.pdf, 2013 – 06 – 09.

[416] Schneider, B., Wyse, A. E., Kessler, V.. Is Small Really Better? Testing some assumptionsabout high school size. Project MUSE. 2007. Retrieved on August 8th, 2007, http://muse.jhu.edu.

[417] School transport: basic law and best practice, http://www.teachingexpertise.com/articles/school – transport – part1 – basic – law – and – best – practice – 1347.

[418] Self, T.. Evaluation of a Single School District Consolidation in Ohio. American Secondary Education, Vol. 30, No. 1, 2001.

[419] S. Heshcovitz. Socio – Spatial Aspects of Changes in Educational Services: TelAviv and Jerussalem, 1970 – 1988. Originally Published in The Service Industries Journal, No. 11, 1991.

[420] Special Commission. Special Commission on School District Collaboration& Regionalization, 2013 – 08 – 09.

[421] Spence, Beth. Long School Bus Rides: Their Effect on School Budgets, Family Life, and Student Achievement. Rural Education Issue Digest, http://www.ael.org/rel/rural/pdf/digest1.pdf.

[422] Stephen J. Ball, M. Maguire, A. Braun, Kate Hoskins. Policy Actors: Doing Policy Work in Schools. Discourse: Studies in the Cultural Politics of Education, No. 10, 2011: 625 – 639.

[423] Stiefel. L., Berne, R., Intarola, P., Fruchter, N.. High School Size: Budgets and Performance in New York City. Educational Evaluation and Policy Analy-

sis, No. 22, 2000: 27 – 39.

[424] Sun Go. The Rise and Centralization of American Public Schools in the 19th Cnetury. Davis. CA. University of California (Davis), 2009: 110 – 111.

[425] Tashakkor, I A., Teddlie, C.. Mixed Methodology: Combining Qualitative and Quantitative Approaches. Thousand Oaks. CA: Sage, 1998.

[426] Terry E. Spradlin & Fatima R. Carson, Sara E. Hess, Jonathan A. Plucker. Revisiting School District Consolidation Issues, http://ceep.indiana.edu/projects/PDF/PB_V8N3_Summer_2010_EPB.pdf, 2013 – 03 – 08.

[427] Texas Education Agency. School Size and Class Size in Texas Public Schools, 2013 – 09 – 20.

[428] Timar, T. B., Guthrie, J. W.. Public Values and Public School Policy in the 1980s, Educational Leadership. Transportation and School Busing—The School Bus. History of Pupil Transportation. Issues in Pupil Transportation, http://education.stateuniversity.com/pages/2512/Transportation – School – Busing.html.

[429] Trevor, Cobbold. The Tasmanian Government's Case to Close Schools is Threadbare, 2013 – 01 – 31.

[430] Turner, Claude C., Thrasher, James M.. School Size Does Make a Difference. San Diego, CA: Institute for Educational Management. ERIC Document Reproduction Service, No. ED043946.

[431] Tyler J. Bowles, Ryan Bosworth. Scale Economies in Public Education Evidence from School Level Data. Journal of Education Finance, Vol. 28, No. 2, 2002.

[432] UNESCO – IBE. India: World Data on Education, Sixth Edition, http://www.ibe.unesco.org/fileadmin/user_upload/archive/Countries/WDE/2006/ASIA_ and_ the_PACIFIC/India/India.pdf.

[433] U. S. Department of Education National Center for Education Statistics. Digest of Education Statistics, http://nces.ed.gov/programs/digest/d07/tables/dt07_176.asp? referrer = list, 2007.

[434] Vimala Ramachandran, Harsh Sethi. Rajasthan Shiksha Karmi Project: An Overal Appraisal, http://www.sida.se/Dodument/Import/pdf, 2001 – 5.

[435] V. Lavy. School Supply Constraints and Children's Educational Outcomes in Rural Ghana. Journal of Development Economics, No. 51, 1996: 291 – 313.

[436] William F. Fox. Reviewing Economies of Size in Education. Journal of Education Finance, Vol. 6, No. 3, 1981.

[437] Williams Davant. T.. The Dimensions of Education: Recent Research on

School Size (Working Paper Series). The Strom Thurmond, 1990: 12.

[438] Witham, M. The Economics of (not) Closing Small Rural Schools. Paper Presented at Symposium on the Doctor of Philosophy for Candidates and Supervisors A: Focus on Rural Issues. July, Townsville, Queensland, Australia, 1997.

后 记

本书系教育部哲学社会科学研究重大课题攻关项目“义务教育学校布局问题研究”（09JZD0035）的最终成果，从2009年立项到2019年成果出版，可谓是十年磨一剑。剑是否锋利尚未知，但其间的甘苦自知。此书的出版，是对所有关心支持课题研究的学者、学生、朋友的一个交代，也是华中师范大学团队在农村教育研究道路上的一个学术印记。

自2001年《国务院关于基础教育改革与发展的决定》颁布后，大范围的学校布局调整和“撤点并校”工作得以铺开。部分地区学校撤并运动导致学生上学路途变远、交通安全隐患增加，家庭经济负担加重，师生家长对布局调整褒贬不一，部分县市在学校撤并过程中程序不规范、决策不民主，大量校产闲置废弃，以及学校管理中出现的城镇“大班额”，农村小规模学校和寄宿制学校存在发展困境等问题集中凸显。在此背景下，本课题组综合运用教育学、经济学、社会学和人类学分析范式对学校布局调整问题进行大规模实证研究，聆听不同利益主体的需求和期望，全面评估义务教育学校布局调整政策实施的利弊得失，揭示学校布局中的矛盾冲突及其化解措施。基于问题的实证研究，使我们得以重新审视学校布局调整中教育公平、教育效率与教育质量等不同价值取向的互动与角力。中国经济快速发展、社会结构急剧转型及城镇化进程迅速推进，导致学校布局调整所处政策环境和现实需求发生了较大变化。一系列相关问题与学校布局政策相互重叠与交织，加大了学校布局调整政策研究的不确定性。比如，城市学校布局调整问题、农村留守儿童问题、农民工随迁子女问题、学生营养餐问题、农村代课教师问题、教师绩效工资改革问题等，这些问题将成为本团队开展学校布局调整后续研究的方向和线索。

本书是团队努力的结果，我要感谢给予我帮助的每一位前辈和同道。20年来，导师范先佐教授始终关心我的成长，范老师的细心指导与诲人不倦令我感怀；原教育部基础教育一司杨念鲁副司长大力支持本课题研究，在项目论证、实地调研给予我极大的帮助和指导，感念杨司长的殷切关爱！十年来直接或间接参与本书研究的团队成员达100余人，华中师范大学、南京大学、中国人民大学、北京师范大学、西北民族大学等院校的专家学者，在调研工具研发方面为本研究提供了专业化指导；30多位参与课题的博士生和硕士生，在资料收集、问卷调查、深度访谈、个案追踪等方面做了大量工作，他（她）们的足迹遍布中国11个省份，是实证调查的“生力军”；我真诚地谢谢各位老师和同学！

感谢所有为本书研究提供无私帮助的村民、家长、教师、校长和教育行政人员。来自田间地头的农村家长，你们鲜活的人生故事，令我们感受到学校布局调整真实的情境脉络；一线教师是学校布局调整的亲历者，也是乡土中国的文化传播者，你们的故事为学校布局调整研究注入了浓浓真情；600多个区县教育行政部门鼎力支持课题研究，在样本选择、个案访谈和交通住宿等方面为我们提供了极大便利。研究之路筚路蓝缕，幸有您们的参与和陪伴！

感谢教育部社科司和基础司领导对本书研究的指导和帮助，感谢原华中师范大学社科处石挺处长对本书研究具有针对性的指导，感谢华中师范大学教育学院各位领导和老师对本书研究的关心和支持！感恩我的父亲和母亲，你们几十年如一日地关心、支持、陪伴我成长，深深感谢！感谢我的姐妹、爱人和孩子，你们的支持是我不懈前进的动力！

在本书撰写过程中，凝结了每一位写作者辛勤的汗水与努力，感谢他们为本书的写作和成书所付出的努力！本书篇章布局由我策划，并参与绝大部分章节的撰写与修改工作。相关章节的执笔人如下：第一章、第二章、第三章：雷万鹏；第四章：雷万鹏、张雪艳；第五章：雷万鹏、徐璐；第六章：雷万鹏、汪曦；第七章：雷万鹏、叶庆娜、汪传艳；第八章：方彤；第九章：熊淳；第十章、第十一章：王建梁；第十二章：陈沛照；第十三章：雷万鹏、蒋龙艳；第十四章：雷万鹏、王浩文；第十五章、第十六章：雷万鹏、张婧梅；第十七章、第十八章：雷万鹏、谢瑶；第十九章：雷万鹏、季洋。

义务教育学校布局调整的实质是教育资源优化配置问题，当前我国义务教育发展的主要矛盾已发生转变：人民日益增长的美好需要和不平衡不充分的发展之间的矛盾——追求更公平、更高质量的教育成为新时代教育发展的重点。华中师范大学研究团队始终秉持“求真务实、学术报国”的传统，在新的历史时期，我们将更加勤勉努力，矢志不渝地探索农村教育发展之道。

雷万鹏

2020年8月于桂子山

教育部哲学社會科学研究重大課題攻関項目

成果出版列表

序号	书　名	首席专家
1	《马克思主义基础理论若干重大问题研究》	陈先达
2	《马克思主义理论学科体系建构与建设研究》	张雷声
3	《马克思主义整体性研究》	逄锦聚
4	《改革开放以来马克思主义在中国的发展》	顾钰民
5	《新时期　新探索　新征程 ——当代资本主义国家共产党的理论与实践研究》	聂运麟
6	《坚持马克思主义在意识形态领域指导地位研究》	陈先达
7	《当代资本主义新变化的批判性解读》	唐正东
8	《当代中国人精神生活研究》	童世骏
9	《弘扬与培育民族精神研究》	杨叔子
10	《当代科学哲学的发展趋势》	郭贵春
11	《服务型政府建设规律研究》	朱光磊
12	《地方政府改革与深化行政管理体制改革研究》	沈荣华
13	《面向知识表示与推理的自然语言逻辑》	鞠实儿
14	《当代宗教冲突与对话研究》	张志刚
15	《马克思主义文艺理论中国化研究》	朱立元
16	《历史题材文学创作重大问题研究》	童庆炳
17	《现代中西高校公共艺术教育比较研究》	曾繁仁
18	《西方文论中国化与中国文论建设》	王一川
19	《中华民族音乐文化的国际传播与推广》	王耀华
20	《楚地出土戰國簡册［十四種］》	陈　伟
21	《近代中国的知识与制度转型》	桑　兵
22	《中国抗战在世界反法西斯战争中的历史地位》	胡德坤
23	《近代以来日本对华认识及其行动选择研究》	杨栋梁
24	《京津冀都市圈的崛起与中国经济发展》	周立群
25	《金融市场全球化下的中国监管体系研究》	曹凤岐
26	《中国市场经济发展研究》	刘　伟
27	《全球经济调整中的中国经济增长与宏观调控体系研究》	黄　达
28	《中国特大都市圈与世界制造业中心研究》	李廉水

序号	书　名	首席专家
29	《中国产业竞争力研究》	赵彦云
30	《东北老工业基地资源型城市发展可持续产业问题研究》	宋冬林
31	《转型时期消费需求升级与产业发展研究》	臧旭恒
32	《中国金融国际化中的风险防范与金融安全研究》	刘锡良
33	《全球新型金融危机与中国的外汇储备战略》	陈雨露
34	《全球金融危机与新常态下的中国产业发展》	段文斌
35	《中国民营经济制度创新与发展》	李维安
36	《中国现代服务经济理论与发展战略研究》	陈　宪
37	《中国转型期的社会风险及公共危机管理研究》	丁烈云
38	《人文社会科学研究成果评价体系研究》	刘大椿
39	《中国工业化、城镇化进程中的农村土地问题研究》	曲福田
40	《中国农村社区建设研究》	项继权
41	《东北老工业基地改造与振兴研究》	程　伟
42	《全面建设小康社会进程中的我国就业发展战略研究》	曾湘泉
43	《自主创新战略与国际竞争力研究》	吴贵生
44	《转轨经济中的反行政性垄断与促进竞争政策研究》	于良春
45	《面向公共服务的电子政务管理体系研究》	孙宝文
46	《产权理论比较与中国产权制度变革》	黄少安
47	《中国企业集团成长与重组研究》	蓝海林
48	《我国资源、环境、人口与经济承载能力研究》	邱　东
49	《"病有所医"——目标、路径与战略选择》	高建民
50	《税收对国民收入分配调控作用研究》	郭庆旺
51	《多党合作与中国共产党执政能力建设研究》	周淑真
52	《规范收入分配秩序研究》	杨灿明
53	《中国社会转型中的政府治理模式研究》	娄成武
54	《中国加入区域经济一体化研究》	黄卫平
55	《金融体制改革和货币问题研究》	王广谦
56	《人民币均衡汇率问题研究》	姜波克
57	《我国土地制度与社会经济协调发展研究》	黄祖辉
58	《南水北调工程与中部地区经济社会可持续发展研究》	杨云彦
59	《产业集聚与区域经济协调发展研究》	王　珺

序号	书　名	首席专家
60	《我国货币政策体系与传导机制研究》	刘　伟
61	《我国民法典体系问题研究》	王利明
62	《中国司法制度的基础理论问题研究》	陈光中
63	《多元化纠纷解决机制与和谐社会的构建》	范　愉
64	《中国和平发展的重大前沿国际法律问题研究》	曾令良
65	《中国法制现代化的理论与实践》	徐显明
66	《农村土地问题立法研究》	陈小君
67	《知识产权制度变革与发展研究》	吴汉东
68	《中国能源安全若干法律与政策问题研究》	黄　进
69	《城乡统筹视角下我国城乡双向商贸流通体系研究》	任保平
70	《产权强度、土地流转与农民权益保护》	罗必良
71	《我国建设用地总量控制与差别化管理政策研究》	欧名豪
72	《矿产资源有偿使用制度与生态补偿机制》	李国平
73	《巨灾风险管理制度创新研究》	卓　志
74	《国有资产法律保护机制研究》	李曙光
75	《中国与全球油气资源重点区域合作研究》	王　震
76	《可持续发展的中国新型农村社会养老保险制度研究》	邓大松
77	《农民工权益保护理论与实践研究》	刘林平
78	《大学生就业创业教育研究》	杨晓慧
79	《新能源与可再生能源法律与政策研究》	李艳芳
80	《中国海外投资的风险防范与管控体系研究》	陈菲琼
81	《生活质量的指标构建与现状评价》	周长城
82	《中国公民人文素质研究》	石亚军
83	《城市化进程中的重大社会问题及其对策研究》	李　强
84	《中国农村与农民问题前沿研究》	徐　勇
85	《西部开发中的人口流动与族际交往研究》	马　戎
86	《现代农业发展战略研究》	周应恒
87	《综合交通运输体系研究——认知与建构》	荣朝和
88	《中国独生子女问题研究》	风笑天
89	《我国粮食安全保障体系研究》	胡小平
90	《我国食品安全风险防控研究》	王　硕

序号	书　名	首席专家
91	《城市新移民问题及其对策研究》	周大鸣
92	《新农村建设与城镇化推进中农村教育布局调整研究》	史宁中
93	《农村公共产品供给与农村和谐社会建设》	王国华
94	《中国大城市户籍制度改革研究》	彭希哲
95	《国家惠农政策的成效评价与完善研究》	邓大才
96	《以民主促进和谐——和谐社会构建中的基层民主政治建设研究》	徐　勇
97	《城市文化与国家治理——当代中国城市建设理论内涵与发展模式建构》	皇甫晓涛
98	《中国边疆治理研究》	周　平
99	《边疆多民族地区构建社会主义和谐社会研究》	张先亮
100	《新疆民族文化、民族心理与社会长治久安》	高静文
101	《中国大众媒介的传播效果与公信力研究》	喻国明
102	《媒介素养：理念、认知、参与》	陆　晔
103	《创新型国家的知识信息服务体系研究》	胡昌平
104	《数字信息资源规划、管理与利用研究》	马费成
105	《新闻传媒发展与建构和谐社会关系研究》	罗以澄
106	《数字传播技术与媒体产业发展研究》	黄升民
107	《互联网等新媒体对社会舆论影响与利用研究》	谢新洲
108	《网络舆论监测与安全研究》	黄永林
109	《中国文化产业发展战略论》	胡惠林
110	《20 世纪中国古代文化经典在域外的传播与影响研究》	张西平
111	《国际传播的理论、现状和发展趋势研究》	吴　飞
112	《教育投入、资源配置与人力资本收益》	闵维方
113	《创新人才与教育创新研究》	林崇德
114	《中国农村教育发展指标体系研究》	袁桂林
115	《高校思想政治理论课程建设研究》	顾海良
116	《网络思想政治教育研究》	张再兴
117	《高校招生考试制度改革研究》	刘海峰
118	《基础教育改革与中国教育学理论重建研究》	叶　澜
119	《我国研究生教育结构调整问题研究》	袁本涛 王传毅
120	《公共财政框架下公共教育财政制度研究》	王善迈

序号	书名	首席专家
121	《农民工子女问题研究》	袁振国
122	《当代大学生诚信制度建设及加强大学生思想政治工作研究》	黄蓉生
123	《从失衡走向平衡：素质教育课程评价体系研究》	钟启泉 崔允漷
124	《构建城乡一体化的教育体制机制研究》	李　玲
125	《高校思想政治理论课教育教学质量监测体系研究》	张耀灿
126	《处境不利儿童的心理发展现状与教育对策研究》	申继亮
127	《学习过程与机制研究》	莫　雷
128	《青少年心理健康素质调查研究》	沈德立
129	《灾后中小学生心理疏导研究》	林崇德
130	《民族地区教育优先发展研究》	张诗亚
131	《WTO 主要成员贸易政策体系与对策研究》	张汉林
132	《中国和平发展的国际环境分析》	叶自成
133	《冷战时期美国重大外交政策案例研究》	沈志华
134	《新时期中非合作关系研究》	刘鸿武
135	《我国的地缘政治及其战略研究》	倪世雄
136	《中国海洋发展战略研究》	徐祥民
137	《深化医药卫生体制改革研究》	孟庆跃
138	《华侨华人在中国软实力建设中的作用研究》	黄　平
139	《我国地方法制建设理论与实践研究》	葛洪义
140	《城市化理论重构与城市化战略研究》	张鸿雁
141	《境外宗教渗透论》	段德智
142	《中部崛起过程中的新型工业化研究》	陈晓红
143	《农村社会保障制度研究》	赵　曼
144	《中国艺术学学科体系建设研究》	黄会林
145	《人工耳蜗术后儿童康复教育的原理与方法》	黄昭鸣
146	《我国少数民族音乐资源的保护与开发研究》	樊祖荫
147	《中国道德文化的传统理念与现代践行研究》	李建华
148	《低碳经济转型下的中国排放权交易体系》	齐绍洲
149	《中国东北亚战略与政策研究》	刘清才
150	《促进经济发展方式转变的地方财税体制改革研究》	钟晓敏
151	《中国—东盟区域经济一体化》	范祚军

序号	书　名	首席专家
152	《非传统安全合作与中俄关系》	冯绍雷
153	《外资并购与我国产业安全研究》	李善民
154	《近代汉字术语的生成演变与中西日文化互动研究》	冯天瑜
155	《新时期加强社会组织建设研究》	李友梅
156	《民办学校分类管理政策研究》	周海涛
157	《我国城市住房制度改革研究》	高　波
158	《新媒体环境下的危机传播及舆论引导研究》	喻国明
159	《法治国家建设中的司法判例制度研究》	何家弘
160	《中国女性高层次人才发展规律及发展对策研究》	佟　新
161	《国际金融中心法制环境研究》	周仲飞
162	《居民收入占国民收入比重统计指标体系研究》	刘　扬
163	《中国历代边疆治理研究》	程妮娜
164	《性别视角下的中国文学与文化》	乔以钢
165	《我国公共财政风险评估及其防范对策研究》	吴俊培
166	《中国历代民歌史论》	陈书录
167	《大学生村官成长成才机制研究》	马抗美
168	《完善学校突发事件应急管理机制研究》	马怀德
169	《秦简牍整理与研究》	陈　伟
170	《出土简帛与古史再建》	李学勤
171	《民间借贷与非法集资风险防范的法律机制研究》	岳彩申
172	《新时期社会治安防控体系建设研究》	宫志刚
173	《加快发展我国生产服务业研究》	李江帆
174	《基本公共服务均等化研究》	张贤明
175	《职业教育质量评价体系研究》	周志刚
176	《中国大学校长管理专业化研究》	宣　勇
177	《“两型社会”建设标准及指标体系研究》	陈晓红
178	《中国与中亚地区国家关系研究》	潘志平
179	《保障我国海上通道安全研究》	吕　靖
180	《世界主要国家安全体制机制研究》	刘胜湘
181	《中国流动人口的城市逐梦》	杨菊华
182	《建设人口均衡型社会研究》	刘渝琳
183	《农产品流通体系建设的机制创新与政策体系研究》	夏春玉

序号	书　名	首席专家
184	《区域经济一体化中府际合作的法律问题研究》	石佑启
185	《城乡劳动力平等就业研究》	姚先国
186	《20世纪朱子学研究精华集成——从学术思想史的视角》	乐爱国
187	《拔尖创新人才成长规律与培养模式研究》	林崇德
188	《生态文明制度建设研究》	陈晓红
189	《我国城镇住房保障体系及运行机制研究》	虞晓芬
190	《中国战略性新兴产业国际化战略研究》	汪　涛
191	《证据科学论纲》	张保生
192	《要素成本上升背景下我国外贸中长期发展趋势研究》	黄建忠
193	《中国历代长城研究》	段清波
194	《当代技术哲学的发展趋势研究》	吴国林
195	《20世纪中国社会思潮研究》	高瑞泉
196	《中国社会保障制度整合与体系完善重大问题研究》	丁建定
197	《民族地区特殊类型贫困与反贫困研究》	李俊杰
198	《扩大消费需求的长效机制研究》	臧旭恒
199	《我国土地出让制度改革及收益共享机制研究》	石晓平
200	《高等学校分类体系及其设置标准研究》	史秋衡
201	《全面加强学校德育体系建设研究》	杜时忠
202	《生态环境公益诉讼机制研究》	颜运秋
203	《科学研究与高等教育深度融合的知识创新体系建设研究》	杜德斌
204	《女性高层次人才成长规律与发展对策研究》	罗瑾琏
205	《岳麓秦简与秦代法律制度研究》	陈松长
206	《民办教育分类管理政策实施跟踪与评估研究》	周海涛
207	《建立城乡统一的建设用地市场研究》	张安录
208	《迈向高质量发展的经济结构转变研究》	郭熙保
209	《中国社会福利理论与制度构建——以适度普惠社会福利制度为例》	彭华民
210	《提高教育系统廉政文化建设实效性和针对性研究》	罗国振
211	《毒品成瘾及其复吸行为——心理学的研究视角》	沈模卫
212	《英语世界的中国文学译介与研究》	曹顺庆
213	《建立公开规范的住房公积金制度研究》	王先柱

序号	书　名	首席专家
214	《现代归纳逻辑理论及其应用研究》	何向东
215	《时代变迁、技术扩散与教育变革：信息化教育的理论与实践探索》	杨　浩
216	《城镇化进程中新生代农民工职业教育与社会融合问题研究》	褚宏启 薛二勇
217	《我国先进制造业发展战略研究》	唐晓华
218	《融合与修正：跨文化交流的逻辑与认知研究》	鞠实儿
219	《中国新生代农民工收入状况与消费行为研究》	金晓彤
220	《高校少数民族应用型人才培养模式综合改革研究》	张学敏
221	《中国的立法体制研究》	陈　俊
222	《教师社会经济地位问题：现实与选择》	劳凯声
223	《中国现代职业教育质量保障体系研究》	赵志群
224	《欧洲农村城镇化进程及其借鉴意义》	刘景华
225	《国际金融危机后全球需求结构变化及其对中国的影响》	陈万灵
226	《创新法治人才培养机制》	杜承铭
227	《法治中国建设背景下警察权研究》	余凌云
228	《高校财务管理创新与财务风险防范机制研究》	徐明稚
229	《义务教育学校布局问题研究》	雷万鹏
	……	